HISTOIRE
DE LA PAROISSE
DE
NOTRE-DAME DE BONNE-NOUVELLE

PAR

L.-M. CASABIANCA

CURÉ DE NOTRE-DAME DE BONNE-NOUVELLE
CHANOINE HONORAIRE D'AJACCIO, DE FRÉJUS ET DE LORETTE

Post fata resurgo.

PARIS
LIBRAIRIE Vve Ch. POUSSIELGUE
15, RUE CASSETTE

1908

HISTOIRE
DE LA PAROISSE
DE
NOTRE-DAME DE BONNE-NOUVELLE

OUVRAGES DE M. L.-M. CASABIANCA

Curé de NOTRE-DAME DE BONNE-NOUVELLE

Jésus mieux connu, in-12, de 300 pages. Prix   2 fr. 50
Ouvrage honoré d'un Bref de S. S. Léon XIII, et approuvé par Nosseigneurs les Archevêques et Évêques d'Aix, d'Alger, d'Ajaccio, d'Evreux, etc., etc. (POUSSIELGUE.)

Je vais à Jésus, destiné aux enfants de la Première Communion. (POUSSIELGUE). . . . .   1 fr. 25

L'Écrin de Notre-Dame de Lourdes, revêtu de l'approbation des Cardinaux Donnet et Pie, de Messeigneurs les Archevêques et Évêques de Chambéry, Toulouse, Ajaccio, Vannes, Nevers, etc. (VICTORION.) Prix . . . .   1 fr.

« Comme chrétien j'ai été ravi de la lecture de votre *Écrin de Lourdes*, et bien édifié aussi. Comme lettré, j'y ai trouvé de vraies jouissances... » (Paul FÉVAL.)

Trente jours à la Campagne, in-12, 450 pages. « Nous venons de lire *Trente jours à la Campagne*, et cette lecture nous a charmé. M. l'abbé Casabianca a déployé une grande habileté dans l'application de sa méthode, de plus, il a tiré un excellent parti des Saintes Écritures. Son livre a de brillantes qualités et réunit à une gravité toute chrétienne, les charmes de la saine poésie... » (VICTORION) *(L'Univers).* Prix . . . .   1 fr. 50

Le Prêtre en Voyage. (VICTORION) . . . .   2 fr.

Glorification Religieuse de Christophe Colomb. (POUSSIELGUE.) Prix . . . .   1 fr. 50

Le Berceau de Christophe Colomb et la Corse   1 fr.

Le Berceau de Christophe Colomb devant l'Institut et l'opinion publique . . . .   1 fr.

Étude critique sur la correspondance de Toscanelli et de Christophe Colomb. . . . . . .   1 fr.

Saint François d'Assise . . . .   0 fr. 50

L'Ambassadeur Pozzo di Borgo . . . .   1 fr.

Le Saint Suaire de Turin et les mesures linéaires. (BOUASSE jeune.) . . . .   1 fr.

La Sainte Vierge dans l'Art . . . . .   0 fr. 50

L'Histoire de la Paroisse de Notre-Dame de Bonne-Nouvelle, contenant 162 gravures, in-8° carré de 528 pages. (POUSSIELGUE.) Prix . . . .   6 fr.

Mélanges : Histoire, Polémique, etc., etc.

On trouve aussi tous ces Ouvrages chez la Vendeuse de Cierges, à l'Église de Bonne-Nouvelle

HISTOIRE
DE LA PAROISSE
DE
NOTRE-DAME DE BONNE-NOUVELLE
PAR

L.-M. CASABIANCA

CURÉ DE NOTRE-DAME DE BONNE-NOUVELLE
CHANOINE HONORAIRE D'AJACCIO, DE FRÉJUS ET DE LORETTE

Post fata resurgo.

PARIS
LIBRAIRIE Vve CH. POUSSIELGUE
15, RUE CASSETTE
—
1908

Fig. 2. — Saint Laurent distribuant l'aumône aux pauvres. Tableau de Fra Angelico. (Chapelle Nicolas V au Vatican.)

INDEX

		Pages.
I.	— Table générale des matières.	VI
II.	— Table des gravures par numéro d'ordre.	XIII
III.	— Table des gravures par ordre de sujet.	XVIII
IV.	— Note explicative des gravures qui sont en tête des chapitres	XXIII
V.	— Appendice.	XXV
VI.	— Préface.	XXVII

I

TABLE GÉNÉRALE DES MATIÈRES

Pages.

Chapitre premier. — **1552 à 1672**. 1

SOMMAIRE

Les origines topographiques de Bonne-Nouvelle.—Vulgaire colline artificielle.— Village de Ville-Neuve-en-Gravois. — Ses inconvénients. — La Butte-aux-Moulins. — Nouvel aspect de cette butte. — Charmant coup d'œil. — Pétition des habitants pour avoir une chapelle. — Information de la cour. — Réponse favorable. — Construction de la chapelle. — Ses premiers patrons. — Sa consécration dix ans après. — Sa démolition décrétée pour faire place à des fortifications. — Montmorency chargé de cette démolition. — Denier du Culte. — Paix rétablie; reconstruction de la chapelle. — Anne d'Autriche pose la première pierre du chœur de Notre-Dame de Bonne-Nouvelle. — Origine de ce vocable.

Gravures : Fonts baptismaux de Bonne-Nouvelle. — Etat de la colline sous François Ier. — Un moulin symbolique. — Les premières maisons. — Augmentation des maisons. — Église Saint-Laurent. — Réfectoire de l'abbaye Saint-Martin des Champs. — Saint Louis. — Sainte Barbe. — Premier plan donnant la première chapelle. — Montmorency. — Plaque commémorative de la pose de la première pierre par Anne d'Autriche. — Salomon prédisant la Nativité de la Sainte Vierge.

Chapitre deuxième. — **1672 à 1790** 27

SOMMAIRE

Conflit entre les marguilliers de Bonne-Nouvelle, les prieurs de Saint-Martin et le curé de Saint-Laurent. — Requête pour l'érection de la chapelle en paroisse. — Décret favorable du Parlement. — Ordonnance de l'archevêque de Paris. — Nomination du premier curé de Bonne-Nouvelle. — Contrat d'achat d'une propriété pour l'achat d'un presbytère. — Contrat d'achat avec les Filles-Dieu. — Ordonnance archiépiscopale pour l'agrandissement de la paroisse. — Convention entre les prieurs de Saint-Martin et le curé de Bonne-Nouvelle touchant certains privilèges. — Autorisation accordée pour la construction d'une chapelle sur le terrain du cimetière. — Concession, par la Ville, d'un terrain pour la construction d'un cimetière. — Projet de réunion des paroisses de Bonne-Nouvelle et de Saint-Sauveur et de construction d'une église centrale. — Achat de six cloches. — Les tribunaux obligent les paroissiens à offrir le pain bénit. — Décret du Parlement, supprimant Bonne-Nouvelle, heureusement rapporté. — L'église de Bonne-Nouvelle transformée en salle de vote, en temple de la raison. — Noms retrouvés des six premiers curés depuis son érection en cure.

Gravures : Maître-autel actuel de Bonne-Nouvelle. — La première chapelle. — Son plan. — Anne d'Autriche. — Sa médaille commémorative. — Mgr de Harlay. — Plan de fusion de Bonne-Nouvelle avec Saint-Sauveur et emplacement de la nouvelle église en projet. — Bénédiction des drapeaux à Notre-Dame. — Moïse président l'Immaculée Conception de la Sainte-Vierge.

CHAPITRE TROISIÈME. — **1790 à 1801** 43

SOMMAIRE

Suppression de Bonne-Nouvelle par l'Assemblée Nationale et sa réunion à la paroisse de Saint-Sauveur. — La vente de l'église. — Ses nouveaux propriétaires. — Déclaration des revenus ecclésiastiques par M. Favre, curé. — Nouvelle déclaration — Le clergé de Bonne-Nouvelle et le serment à la Constitution civile. — Protestation des paroissiens contre la suppression de leur paroisse. — Réponse du ministre de la Justice. — La police veut enlever les ornements de l'église. — Protestation des paroissiens. — Réunions pacifiques et puis tumultueuses dans l'église transformée en Temple de la Raison. — Attitude courageuse de deux paroissiennes, d'un abbé. — Emprisonnement. — Mise en liberté. — Beau trait d'un tapissier. — Un marguillier refuse de livrer la clef du clocher au commissaire de police. — Livraison des cloches pour être changées en canons. — Discours tenus par trois abbés dans l'église.

Gravures : Aiguière. — Trois anges annonçant à Sara la naissance d'un fils.

CHAPITRE QUATRIÈME. — **1790 à 1801** (*suite*). . . . 57

SOMMAIRE

Discours prononcés par le citoyen Charron à propos du serment. — Par un chef de bataillon condamnant aux flammes l'*Ami du Peuple* de Marat. — Par Jault, membre de la Commune. — Représentation d'un vaudeville. — Discours par un citoyen de Philadelphie. — Nouveau discours de Jault sur l'aristocratie muscadine. — Rapport en faveur de la relaxation des suspects. — Discours sur les moyens d'éviter le matérialisme. — Exercice du culte pendant la période révolutionnaire. — Salon de Mme Vigée-Le Brun transformé en oratoire. — Pillage de l'église de Bonne-Nouvelle; ses vases sacrés livrés à l'encan. — Gobel, évêque schismatique, dit la messe à Bonne-Nouvelle. — Tentative du baron de Batz pour délivrer Louis XVI. — Résultat de la protestation des paroissiens. — La paroisse de Saint-Sauveur supprimée en faveur de Bonne-Nouvelle. — Historique de cette paroisse disparue. — Curieux détails. — Apostasie de son curé. — Situation des paroisses de Paris en 1789.

Gravures : Encensoirs. — Salle Le Brun transformée en oratoire. — Episode de la vie de saint Thomas tirée du cabinet Le Brun. — Révolutionnaires saccageant une église. — Gobel remettant à la Convention ses insignes épiscopaux. — Conspiration du baron de Batz. — La tour de la rue Pavée. — L'église de Saint-Sauveur. — Trois comédiens enterrés dans cette église. — Cimetière de Bonne-Nouvelle. — Plan de la paroisse par Turgot. — Isaïe prédisant la Maternité de la Sainte Vierge.

CHAPITRE CINQUIÈME. — **1801 à 1853** 85

SOMMAIRE

Rétablissement du culte. — Conservation de Bonne-Nouvelle, grâce à Napoléon. Le cardinal de Belloy nomme « le citoyen de Cagny » curé de Bonne-Nouvelle. — Premier procès-verbal et premier conseil de fabrique. — Convocation des propriétaires de l'église. — Entente parfaite. — La Ville de Paris achète l'immeuble. — Reconstruction de l'église. — Sa description. — Sa consécration en 1830. — Le clergé de Bonne-Nouvelle reçu par Pie VII. — Les fabriciens de Bonne-Nouvelle présentent leurs vœux à **Louis XVIII**.

TABLE GÉNÉRALE DES MATIÈRES

Gravures : Un ostensoir. — Pie VII. — Napoléon. — Mgr de Belloy. — L'église actuelle de Bonne-Nouvelle d'après un vieux dessin. — Mgr de Quélen. — Rachel pleurant ses enfants.

Chapitre sixième. — **1816 à 1853** (*Suite*) 103

SOMMAIRE

Inauguration du buste de Louis XVIII dans la salle des délibérations de la fabrique. — Visite de Charles X à Bonne-Nouvelle. — Sac de Bonne-Nouvelle. — Bonne-Nouvelle menacée d'un démembrement en faveur de Saint-Leu. — Elle échappe à ce péril. — Nouvelles menaces en faveur de la création de la paroisse de Saint-Eugène. — Cette fois, malgré une éloquente protestation du Conseil de fabrique, elle est gravement atteinte. — M. l'abbé Portalès meurt quelques semaines après ce démembrement. — Sa nouvelle circonscription.

Gravures : Plaque commémorative de la consécration de l'église en 1830. — Vue du sanctuaire regardant la porte de la rue Beauregard. — Charles X. — Vue du bas-côté de l'évangile. — Laroche et ses cuisines économiques. — Circonscription de la paroisse au moment de la création de la paroisse Saint-Eugène. — Évanouissement d'Esther.

Chapitre septième. — **1853 à 1908** 123

SOMMAIRE

Bonne-Nouvelle pendant la guerre de 1870-1871. — Faute d'organiste et de chantres, ce sont des dames qui dirigent le chant. — En 1871, l'église reste quelques jours fermée. — Des fédérés de Belleville la saccagent, y mettent le feu. — Arrestation, emprisonnement et mort de M. l'abbé Bécourt, curé de Bonne-Nouvelle. — Les écoles des Frères et des Sœurs décrétées de suppression. — Loi de séparation. — Historique de cette triste période tel qu'il a été fait dans les *Annales de Bonne-Nouvelle*. — Belle attitude du clergé, de la fabrique et des paroissiens. — Pièces justificatives.

Gravures : Pillage de l'église de Bonne-Nouvelle. — La médaille commémorative de la profanation des saintes Reliques et de la cérémonie de réparation. — La Porte de Mazas où avait été emprisonné M. l'abbé Bécourt. — Soldat français et l'empereur Guillaume en 1871. — La mère des Machabées.

CHAPITRE HUITIÈME. — **1673 à 1908** 159

SOMMAIRE

Le clergé de Bonne-Nouvelle. — Liste des curés : MM. De Lestocq. — De Cambefort. — Gauthier. — De la Broise. — Huguehard. — Parant. — Bulot. — De Puibusque. — Favre. — De Cagny. — J.-B. Paradis. — L. Paradis. — Portalès. — Bernier. — Millaut. — Bécourt. — Chirac. — De Montferrier. — Casabianca. — Liste des vicaires jusqu'à l'année 1908.

Gravures : La Sorbonne. — Portraits de onze curés. — M. Paradis chez Francœur. — Panneau des curés de Bonne-Nouvelle. — Deux calices et un carillon. — Mort de Judith.

CHAPITRE NEUVIÈME. — **Communautés religieuses** . . . 203

SOMMAIRE

Les Filles-Dieu. — Les Filles de l'Union Chrétienne dites Petit-Saint-Chaumont. — Les Filles de la Charité. — Les Frères des Écoles chrétiennes.

Gravures : Reliquaires. — Les Filles-Dieu et le dernier repas du condamné. — Sœur Marguerite Nazeau. — Le Frère Hiéron. — Le boulevard de Bonne-Nouvelle.

CHAPITRE DIXIÈME. — **Les Bienfaiteurs de Bonne Nouvelle.** 216

SOMMAIRE

Ceux qui ont donné des propriétés. — Des sommes d'argent. — Des objets sacrés. — Statues. — Tableaux. — Autels. — Cloches, etc.

Gravures : Porte-Missel. — Plaque commémorative du don de l'autel de la chapelle Saint-Antoine.

CHAPITRE ONZIÈME. — **Fondations** 229

SOMMAIRE

Complication des formalités à remplir sous le régime du Concordat. — Simplicité de procédure avant 1790. — Modèle d'un acte de fondation fait en pleine santé, au moment de la mort, pour l'exécution des volontés du fondateur. — Modèle d'acte de fondation par voie testamentaire. — Liste des fondations depuis 1639 jusqu'à 1904.

TABLE GÉNÉRALE DES MATIÈRES XI.

Pages

Gravures: Tableau des fondations. — Hôtel Montholon. — Statue en bois de la Sainte Vierge.

CHAPITRE DOUZIÈME. — **OEuvres d'Art** 242

SOMMAIRE

Fresque. — Tableaux. — Peintures. — Sculpture. — Nouvelles peintures.

Gravures : Anne d'Autriche et Henriette d'Angleterre. — Henriette d'Angleterre et ses trois enfants. — Assomption de la Sainte Vierge. — Naissance de la Sainte Vierge. — Sa présentation au temp'e. — Ses fiançailles. — Son annonciation. — Sa divine maternité. — Présentation de Jésus au temple. — Rencontre de Jésus sur le chemin du calvaire. — La Sainte Vierge au pied de la Croix. — La Sainte Vierge recevant le corps de son Fils. — Sa mort. — Plaque commémorative des nouvelles peintures.

CHAPITRE TREIZIÈME. — **Sollicitude des fabriciens dans l'accomplissement de leur mandat** 269

SOMMAIRE

Institution des Conseils de fabrique. — Cérémonie de l'installation des fabriciens. — Leur sollicitude portait sur le service des enfants de chœur, sur le respect envers le clergé, sur le matériel de l'église. — Noms des fabriciens depuis 1803 jusqu'à 1907. — Membres du Conseil curial.

Gravures : Le banc-d'œuvre. — Panneau des renseignements généraux de la paroisse. — M. Ernest Lefébure. — Hôtel Delessert.

CHAPITRE QUATORZIÈME 287

SOMMAIRE

Quelques notabilités de la paroisse Bonne-Nouvelle.

Gravures : Clocher. — Pierre Corneille. — Necker. — Frédéric Febvre. — Intérieur de l'hôtel Delessert.

CHAPITRE QUINZIÈME. — **Portraits à la plume** 297
SOMMAIRE

De Tourville. — La Voisin. — Fouquier-Tinville. — Hébert, dit le Père Duchêne. — André Chénier. — Mme Vigée-Le Brun. — Louise de Marillac (Mlle Le Gras), fondatrice des sœurs de Saint-Vincent-de-Paul. — La Pompadour. — Joséphine de Beauharnais. — Le prince Eugène de Beauharnais, vice-roi d'Italie. — Mme de Staël. — Talma. — Mme de Provigny. — Félix Villé.

Gravures : La chaire actuelle de Bonne-Nouvelle. — Toutes les personnes dont il est question dans ce chapitre. — La porte du jardin de la Voisin. — Emplacement de l'hôtel de la Voisin. — Mme Vigée-Le Brun avec sa fille. — Sainte Geneviève par Mme Vigée-Le Brun. — Un dîner chez Mme Vigée-Le Brun. — La tombe de Mme Vigée-Le Brun.

CHAPITRE SEIZIÈME. — **Les rues de Bonne-Nouvelle en 1908.** 361
SOMMAIRE

Les rues de Bonne-Nouvelle. — Leur histoire. — Un arrêt sur la porte et la rue Saint-Denis, sur la cour des Miracles et la rue du Croissant. — Quelques enseignes. — Trois traits. — Une première Communion. — Le cachet de première Communion de Mgr de Quélen. — L'œuvre de la Messe Réparatrice.

Gravures : Deux bénitiers. — La Cour des Miracles. — Fête à la Cour des Miracles. — L'ancienne porte Saint-Denis. — Entrée de Louis XI. — La porte actuelle de Saint-Denis. — Bataille d'Aboukir. — Rue de Cléry. — Maison d'André Chénier. — Après la bataille d'Aboukir. — Jacques Molay. — Maison égyptienne, place du Caire. — Hôtel Grétry. — Poste de police. — Hôtel de la rue Thévenot. — La Pompadour. — Enseigne, Au soleil d'or. — Saint-Fiacre. — Cimetière de Saint-Joseph. — Sortie de l'hôtel d'Uzès. — Élévation du Portail. — Détail du Portail. — Vue d'ensemble de l'hôtel. — Deux ciboires. — Cachet de première communion de Bonne-Nouvelle représentant le sanctuaire. — Sœur Rose Griselain. — Le sanctuaire pendant l'Adoration perpétuelle.

ÉPILOGUE 417

Gravures : Deux vases de fleurs en marbre et bronze doré. — La Vraie Croix entre quatre burettes.

II
TABLE DES GRAVURES PAR NUMÉRO D'ORDRE

	Pages.
Fig. 1. — Plan actuel de la paroisse de Notre-Dame de Bonne-Nouvelle	1
Fig. 2. — Saint Laurent distribuant des aumônes (Fra-Angelico)	V
Fig. 3. — L'Annonciation (La Garofalo)	XXVII
Fig. 4. — Fresque d'Abel de Pujol	XXXIV
Fig. 5. — Les fonds baptismaux	1
Fig. 6. — Plan de la Butte aux Moulins. Édition Taride	2
Fig. 7. — Un moulin symbolique	3
Fig. 8. — Plan de la Butte avec quelques maisons. Édition Taride.	4
Fig. 9. — Plan avec un plus grand nombre de maisons. Édition Taride	6
Fig. 10. — L'ancienne église de Saint-Laurent.	7
Fig. 11. — L'abbaye de Saint-Martin-des-Champs.	8
Fig. 12. — Saint Louis; premier patron de la chapelle de la Butte	11
Fig. 13. — Sainte Barbe; première patronne de cette chapelle.	12
Fig. 14. — Plan du quartier représentant la première chapelle (F. Gomboust)	14
Fig. 15. — Maréchal de Montmorency qui fit raser la chapelle pour y élever des fortifications.	15
Fig. 16. — Plaque commémorative de la pose de la première pierre de la nouvelle chapelle	21
Fig. 17. — Salomon prédisant la Nativité de la Sainte Vierge.	25
Fig. 18. — Le maître-autel actuel	27
Fig. 19. — La première chapelle	30
Fig. 20. — Plan de cette chapelle	31
Fig. 21. — Anne d'Autriche.	33
Fig. 22. — Plan donnant les quinze premières rues. Édition Taride.	34
Fig. 23. — Médaille d'Anne d'Autriche	35
Fig. 24. — Mgr de Harlay, qui a érigé Bonne-Nouvelle en paroisse	36
Fig. 25. — Plan d'un projet de fusion de Bonne-Nouvelle et de Saint-Sauveur	38

TABLE DES GRAVURES

Pages.

Fig. 26. — Bénédiction des drapeaux en 1789 41
Fig. 27. — Moïse prédisant l'Immaculée Conception (Félix Villé) 42
Fig. 28. — Une aiguière 43
Fig. 29. — Trois anges annonçant à Sara la naissance d'Isaac (F. Villé). 56
Fig. 30. — Deux encensoirs 57
Fig. 31. — La grande salle de Mme Vigée-Le Brun transformée en oratoire, pendant la Révolution. . . . 62
Fig. 32. — Épisode de la vie de saint Thomas, par Le Brun . 64
Fig. 33. — Sans-culottes saccageant une église. 66
Fig. 34. — Gobel, qui a dit quelquefois la messe à Bonne-Nouvelle, remettant ses insignes épiscopaux à la Convention 67
Fig. 35. — Conspiration de Batz, boulevard de Bonne-Nouvelle. 69
Fig. 36. — La Tour de la rue Pavée qui rappelle la première église Saint-Sauveur 70
Fig. 37. — L'église de Saint-Sauveur dont le territoire appartient actuellement à Bonne-Nouvelle. . . . 72
Fig. 38. — Trois comédiens enterrés dans l'église Saint-Sauveur 75
Fig. 39. — Plan du cimetière de Bonne-Nouvelle. 80
Fig. 40. — Plan de la paroisse, par Turgot, 1734. Édition Taride. 81
Fig. 41. — Isaïe prophétisant la Maternité de la Sainte Vierge. 83
Fig. 42. — Un ostensoir 85
Fig. 43. — Pie VII, auteur du Concordat, qui rendit Bonne-Nouvelle au culte 86
Fig. 44. — Napoléon, auteur du Concordat 87
Fig. 45. — Le cardinal de Belloy qui a nommé le premier curé de Bonne-Nouvelle. 88
Fig. 46. — L'église de Bonne-Nouvelle, d'après une vieille gravure 93
Fig. 47. — L'intérieur de l'Église de Bonne-Nouvelle. . . 94
Fig. 48. — Mgr de Quélen qui a consacré l'église actuelle en 1830 95
Fig. 49. — L'église actuelle de Bonne-Nouvelle dessinée en 1908. 97
Fig. 50. — Rachel pleurant ses enfants (F. Villé). 101
Fig. 51. — Plaque commémorative de la consécration de l'église en 1830. 103
Fig. 52. — Vue du sanctuaire avec quelques membres du clergé. 106
Fig. 53. — Charles X 109
Fig. 54. — Vue du sanctuaire sur le bas-côté de l'évangile. . 114
Fig. 55. — La Roche et ses cuisines économiques. 117
Fig. 56. — Plan de la paroisse en 1846 119
Fig. 57. — Évanouissement d'Esther (F. Villé). 122
Fig. 58. — Pillage de Bonne-Nouvelle. 123

TABLE DES GRAVURES

Pages.

Fig. 59. — Médailles commémoratives de la profanation et de la réparation des saintes reliques 125
Fig. 60. — La porte de Mazas 125
Fig. 61. — Soldat français et empereur d'Allemagne en 1871. 126
Fig. 61 bis. — La mère des Machabées et ses enfants (F. Villé). 158
Fig. 62. — La Sorbonne et ses docteurs 159
Fig. 63. — M. de Puibusque. 162
Fig. 64. — M. Favre 163
Fig. 65. — M. de Cagny 165
Fig. 66. — M. Paradis. 168
Fig. 67. — M. Paradis chez Francœur 169
Fig. 68. — M. Portalès 173
Fig. 69. — M. Bernier. 176
Fig. 70. — M. Millaut. 177
Fig. 71. — M. Bécourt. 178
Fig. 72. — M. Chirac. 184
Fig. 73. — M. de Montferrier 186
Fig. 74. — M. Casabianca (Gysels). 190
Fig. 75. — Panneau portant le nom des curés 196
Fig. 76. — Deux calices, un carillon 198
Fig. 77. — Mort de Judith 202
Fig. 78. — Trois reliquaires. 203
Fig. 79. — Les Filles-Dieu et le dernier repas du condamné. 205
Fig. 80. — La Sœur Marguerite Nazeau 210
Fig. 81. — Le Frère Hiéron. 213
Fig. 82. — Le boulevard Bonne-Nouvelle 215
Fig. 83. — Un porte-missel 217
Fig. 84. — Plaque commémorative de l'érection de l'autel Saint-Antoine 221
Fig. 85. — Hôtel Delessert. 228
Fig. 86. — Tableau des fondations. 229
Fig. 87. — Statue en bois de la Sainte Vierge. 237
Fig. 88. — Hôtel Montholon. 240
Fig. 89. — Anne d'Autriche et Henriette d'Angleterre . . . 241
Fig. 90. — Henriette d'Angleterre et ses trois enfants . . . 245
Fig. 91. — L'Assomption de la Sainte Vierge 248
Fig. 92. — Nativité de la Sainte-Vierge (F. Villé). 250
Fig. 93. — Présentation de la Sainte Vierge au Temple (F. Villé). 252
Fig. 94. — Le mariage de la Sainte Vierge (F. Villé) . . . 254
Fig. 95. — L'annonciation de la Sainte Vierge (F. Villé) . . 255
Fig. 96. — La maternité de la Sainte Vierge (F. Villé) . . . 256
Fig. 97. — La présentation de Jésus au Temple (F. Villé) . . 258
Fig. 98. — La rencontre de Jésus sur le chemin du Calvaire (F. Villé). 259

TABLE DES GRAVURES

	Pages.
Fig. 99. — La Sainte Vierge au pied de la Croix (F. Villé)	260
Fig. 100. — La Sainte Vierge recevant le corps inanimé de son Fils (F. Villé)	261
Fig. 101. — La mort de la Sainte Vierge (F. Villé)	262
Fig. 102. — Plaque commémorative des nouvelles peintures	268
Fig. 103. — Le banc-d'œuvre	269
Fig. 104. — Chapelle de Notre-Dame Consolatrice	273
Fig. 105. — Chapelle du Calvaire	279
Fig. 106. — Panneau des renseignements généraux de la paroisse	281
Fig. 107. — Ernest Lefébure	282
Fig. 108. — Chapelle du Purgatoire	285
Fig. 109. — Le Clocher	287
Fig. 110. — Pierre Corneille	289
Fig. 111. — Necker	293
Fig. 112. — Frédéric Febvre	294
Fig. 113. — Intérieur de l'hôtel Delessert	295
Fig. 114. — La chaire actuelle	297
Fig. 115. — Maréchal de Tourville	298
Fig. 116. — La Voisin	303
Fig. 117. — Porte du jardin de la Voisin	306
Fig. 118. — Emplacement supposé de sa maison. Plan du quartier à cette époque	307
Fig. 119. — Fouquier-Tinville	309
Fig. 120. — Hébert, dit le Père Duchêne	314
Fig. 121. — André Chénier	321
Fig. 122. — Mme Vigée-Le Brun (par elle-même)	328
Fig. 123. — Mme Vigée-Le Brun avec sa fille	331
Fig. 124. — Sainte Geneviève par Mme Vigée-Le Brun	336
Fig. 125. — Festin chez Mme Vigée-Lebrun	337
Fig. 126. — Tombe de Mme Vigée-Le Brun à Louveciennes	339
Fig. 127. — Mlle Le Gras	341
Fig. 128. — Joséphine de Beauharnais	346
Fig. 129. — Le prince Eugène de Beauharnais	348
Fig. 130. — Mme de Staël	353
Fig. 131. — Talma	356
Fig. 132. — Félix Villé	358
Fig. 133. — Mme de Provigny	363
Fig. 134. — Deux bénitiers	365
Fig. 135. — La Cour des Miracles	368
Fig. 136. — Fête à la Cour des Miracles	370
Fig. 137. — L'ancienne porte Saint-Denis	375
Fig. 138. — Entrée de Louis XI	376
Fig. 139. — La porte actuelle de Saint-Denis	378

TABLE DES GRAVURES XVII

Pages.
Fig. 140. — Bataille d'Aboukir 381
Fig. 141. — Rue de Cléry, Maison d'André Chénier 382
Fig. 142. — Après la bataille d'Aboukir. 384
Fig. 143. — Jacques Molay 386
Fig. 144. — Maison égyptienne, place du Caire 389
Fig. 145. — Hôtel Grétry 394
Fig. 146. — Poste de police 395
Fig. 147. — Hôtel de la rue Thévenot 397
Fig. 148. — La Pompadour 398
Fig. 149. — Enseigne, au Soleil d'Or 400
Fig. 150. — Saint Fiacre. 401
Fig. 151. — Cimetière de Saint-Joseph 403
Fig. 152. — Portail de l'hôtel d'Uzès. 405
Fig. 153. — Élévation du portail 406
Fig. 154. — Détail du portail. 407
Fig. 155. — Vue d'ensemble de l'hôtel 409
Fig. 156. — Deux ciboires 410
Fig. 157. — Cachet de première communion de Bonne-Nouvelle représentant le sanctuaire. 412
Fig. 158. — Sœur Rose Griselain 413
Fig. 159. — Deux vases en marbre et bronze doré encadrant la croix du banc-d'œuvre 417
Fig. 160. — Le sanctuaire pendant l'Adoration perpétuelle . 421
Fig. 161. — La Vraie Croix entre quatre burettes 422

Comme il y a un 61 *bis* dans le corps de l'ouvrage, il en résulte qu'il y a 162 gravures.

III

TABLE DES GRAVURES PAR ORDRE DE SUJETS

I

Plans de la paroisse depuis son origine jusqu'à nos jours.

Pages.
1. Plan de la butte avec quelques moulins 2
2. Plan de la butte avec les premières maisons. 4
3. Plan de la butte avec un plus grand nombre de maisons. 6
4. Plan de la butte avec les premières rues et la première chapelle 14
5. Plan où l'on compte quinze rues 34
6. Plan où le quartier atteint un grand développement . . 81
7. Plan de la paroisse en 1846. 119
8. Plan de la paroisse en 1908. 1
9. Plan d'un projet de fusion de Bonne-Nouvelle avec Saint-Sauveur 38

II

L'église de Notre-Dame de Bonne-Nouvelle et ses vues diverses.

1. La première chapelle 30
2. Plan de cette chapelle 31
3. Le cimetière 80
4. L'église actuelle, sans ses deux colonnes du portique . 93
5. L'église actuelle, dessin de 1908 97
6. L'intérieur de l'église 94
7. Le maître-autel 27
8. La nef du côté de l'évangile, avec M. de Montferrier, curé de la paroisse 114
9. Le sanctuaire avec quelques membres du clergé . . . 106
10. La chapelle de la Sainte Vierge 273
11. La chapelle des âmes du purgatoire 285
12. La chapelle du calvaire 279
13. Le chœur pendant l'adoration perpétuelle 421
14. La cérémonie de la première communion 412

TABLE DES GRAVURES　　　　　XIX

　　　　　　　　　　　　　　　　　　　　　　Pages.
15. L'église saccagée pendant la Commune. . . . . . .　123
16. Le clocher de Bonne-Nouvelle. . . . .　287

III
Vases sacrés et mobilier de l'église.

1. Deux calices et un carillon . . . .　198
2. Deux ciboires . . . .　410
3. Un ostensoir. . . . .　85
4. Deux encensoirs et deux navettes. . . . .　57
5. Trois reliquaires . . . .　203
6. Deux bénitiers . . . .　365
7. Relique de la Vraie Croix . . . .　422
8. Statue de la Sainte Vierge . . . .　237
9. La chaire. . . . .　297
10. Une aiguière. . . . .　43
11. Le couvercle des fonts baptismaux . . . .　1
12. Le banc-d'œuvre . . . .　269
13. Un porte-missel. . . . .　217
14. Deux vases à fleurs en marbre et cuivre doré . . . .　417

IV
Quelques tableaux.

1. Saint Laurent distribuant l'aumône . . . .　v
2. L'Annonciation . . . .　XXXVII
3. La fresque d'Abel de Pujol. . . . .　XXXIV
4. Saint Louis . . . .　11
5. Sainte Barbe. . . . .　12
6. Salomon prédisant la Nativité de la Sainte Vierge. . .　25
7. Moïse prophétisant l'Immaculée Conception . . . .　42
8. Trois anges annonçant à Sara la naissance d'un fils. . .　56
9. Isaïe prophétisant la Maternité de la Sainte Vierge. . .　83
10. Rachel pleurant ses enfants. . . . .　101
11. Évanouissement d'Esther . . . .　122
12. La mère des Machabées . . . .　158
13. La mort de Judith. . . . .　202
14. Anne d'Autriche et Henriette d'Angleterre. . . . . .　241
15. Henriette d'Angleterre et ses trois enfants. . . . . .　245
16. L'Assomption de la Sainte Vierge. . . . .　248
17. La Nativité de la Sainte Vierge . . . .　250
18. La Présentation de la Sainte Vierge au Temple . . .　252

XX   TABLE DES GRAVURES

                                                                    Pages.
19. Le Mariage de la Sainte Vierge   254
20. L'Annonciation de la Sainte Vierge.   255
21. La Nativité de Notre-Seigneur   256
22. La Sainte Vierge présentant Jésus au Temple. . . .   257
23. La Sainte Vierge rencontrant Jésus sur le chemin du
     Calvaire   259
24. La Sainte Vierge au pied de la Croix.   260
25. La Sainte Vierge recevant le corps inanimé de son Fils . 261
26. La Mort de la Sainte Vierge.   262
27. Sainte Geneviève par Mme Vigée-Le Brun   336
28. Épisode de la vie de saint Thomas (c'est le titre que porte
     l'original).   64

V
Les plaques commémoratives de Bonne-Nouvelle.

1. Pose de la première pierre du chœur par Anne d'Autriche.   21
2. Médaille d'Anne d'Autriche.   35
3. Plaque de la consécration de l'église en 1830. . . .   103
4. Plaque de l'érection de l'autel Saint-Antoine   221
5. Panneau portant le nom des curés   196
6. Règlement général concernant les offices et les œuvres de
     la paroisse.   281
7. Plaque de l'inauguration des peintures en 1908 . . .   268
8. Médailles commémoratives de la profanation et de la céré-
     monie de réparation des reliques   125

VI
Portraits de MM. les curés de Bonne-Nouvelle.

1. MM. de Puibusque   162
2. Favre   163
3. De Cagny.   165
4. J.-B. Paradis (l'original appartenait à M. Georges Pellerin,
     petit-neveu de M. Paradis)   168
5. M. Paradis chez Francœur.   169
6. Portalès   173
7. Bernier   176
8. Millaut.   177
9. Bécourt   178
10. Chirac.   184
11. De Montferrier   186
12. Casabianca   190

VII

Notabilités de Bonne-Nouvelle et personnes qui y ont joué un certain rôle glorieux, néfaste ou comique.

		Pages.
1.	Maréchal de Montmorency.	15
2.	Ernest Lefébure	282
3.	Maréchal de Tourville	298
4.	Anne d'Autriche	33
5.	Mgr de Harlay, archevêque de Paris.	36
6.	Les Filles-Dieu.	205
7.	Mlle Le Gras.	341
8.	Les comédiens de l'hôtel de Bourgogne.	75
9.	Saint Fiacre	401
10.	La Voisin.	303
11.	La cour des Miracles.	368
12.	Scènes de la cour des Miracles	370
13.	Les docteurs de Sorbonne	159
14.	Mme de Pompadour	398
15.	Pierre Corneille.	289
16.	Necker.	293
17.	Gobel remettant ses insignes à la Convention.	67
18.	André Chénier	321
19.	Les Septembriseurs saccageant une église.	66
20.	Fouquier-Tinville	309
21.	Hébert, dit le père Duchêne	314
22.	Le baron de Batz voulant délivrer Louis XVI.	69
23.	Mme Vigée-Le Brun	328
24.	Mme Vigée Le-Brun et sa fille	331
25.	Festin chez Mme Vigée-Le Brun	337
26.	Kléber acclamant Bonaparte à Aboukir	384
27.	L'empereur Napoléon.	87
28.	L'impératrice Joséphine.	346
29.	Le prince Eugène, vice-roi d'Italie	348
30.	Le pape Pie VII	86
31.	Talma.	356
32.	Le cardinal de Belloy.	88
33.	Mme de Staël.	353
34.	Le roi Charles X	109
35.	Mgr de Quélen.	95
36.	Laroche inventeur des cuisines économiques.	117
37.	Soldat français et l'empereur Guillaume en 1871	126

TABLE DES GRAVURES

Pages.

38. Sœur Rose Griselain 413
39. Le Frère Hiéron 213
40. Mme de Provigny 363
41. Félix Villé. 358
42. La Sœur Marguerite Nazeau 210
43. Frédéric Febvre 294

VIII

Monuments.

1. Ancienne porte Saint-Denis. 375
2. Un moulin symbolique 3
3. L'ancienne église Saint-Laurent 7
4. L'abbaye de Saint-Martin-des-Champs 8
5. L'église Saint-Sauveur 72
6. La tour de la rue Pavée 70
7. La maison de la rue Thévenot 397
8. Entrée de Louis XI 376
9. L'enseigne « Au Soleil d'Or » 400
10. La porte actuelle de Saint-Denis 378
11. Boulevard Bonne-Nouvelle 215
12. Hôtel Grétry 394
13. La porte du jardin de La Voisin 306
14. La salle Le Brun 62
15. La bataille d'Aboukir 381
16. Après la bataille 384
17. Bénédiction des drapeaux à Notre-Dame 41
18. Le portail de l'hôtel d'Uzès 405
19. Deux coupes de ce portail . . . . 406 et 407
20. Vue générale de l'hôtel d'Uzès 409
21. Coin de la rue de Cléry « maison d'André Chénier » . . 382
22. Hôtel Montholon 240
23. Maison égyptienne 389
24. Hôtel Delessert 295
25. Hôtel Delessert, vu du jardin 228
26. Tombe de Mme Vigée-Le Brun 339
27. Poste de police boulevard Bonne-Nouvelle . . . 395

IV

EN-TÊTES DES CHAPITRES
Note explicative

  Nous avons placé en tête de chaque chapitre une gravure qui représente un objet — vase sacré ou mobilier — appartenant à Notre-Dame de Bonne-Nouvelle et qui a quelque analogie avec les matières qu'on y traite. Deux exceptions ont été faites : l'une pour la préface, l'autre pour la table des matières : en tête de la préface, qui est comme *l'annonce* de l'Histoire de Bonne-Nouvelle, nous avons mis une délicieuse *Annonciation* du Garofalo. Comme cul-de-lampe de cette *entrée* en matière, nous avons mis la magnifique fresque d'Abel de Pujol qui sert de frise au sanctuaire.

  Quant à la table des *matières*, nous lui avons donné, comme en-tête, le *Saint-Laurent* de Fra Angelico ; car comme ce saint se trouve être, à la fois, le patron de la paroisse Saint-Laurent d'où dépendait autrefois Bonne-Nouvelle et notre patron personnel, il embrasse, par cela même, le *passé* et le *présent* de cette *Histoire*.

  Voici donc les en-têtes avec les chapitres correspondants :

  Au CHAPITRE I, qui traite de *l'origine* topographique de Bonne-Nouvelle, nous avons mis les fonts baptismaux, qui rappellent *l'origine sacramentelle* de la vie chrétienne de la paroisse.

  Au CHAPITRE II, qui traite de l'*érection* de la chapelle en cure ; — le *maître-autel* où le prêtre se tient toujours *debout*.

  Au CHAPITRE III, qui traite de la Révolution, période *sombre et souillée* ; — une *aiguière* pour la *purifier* et un *bougeoir* pour *l'éclairer*.

  Au CHAPITRE IV, qui traite des *désordres* de la Révolution, — deux *encensoirs* pour *l'assainir*.

  Au CHAPITRE V, qui traite du *rétablissement du culte*, — un ostensoir en signe *d'action de grâces*.

  Au CHAPITRE VI, qui traite de la *consécration* de l'église actuelle ; — la *plaque commémorative* de cette cérémonie.

  Au CHAPITRE VII, qui traite des douloureux événements de 1871 ; — le pillage de Bonne-Nouvelle.

  Au CHAPITRE VIII, qui traite des *curés* de Bonne-Nouvelle ; — la Sorbonne avec trois *docteurs* rappelant les curés qui étaient investis de ce *titre*.

Au chapitre IX, qui traite des *communautés religieuses*, dont il ne reste que des *ruines* ; — trois *reliquaires*.

Au chapitre X, qui traite des *bienfaiteurs* de la paroisse ; — un *porte-missel* dont l'Évangile répand les *bienfaits de la foi*.

Au chapitre XI, qui traite des *fondations* ; — *tableau* des *fondations*.

Au chapitre XII, qui traite des *œuvres d'art* ; — le beau tableau qui représente Anne d'Autriche et Henriette d'Angleterre.

Au chapitre XIII, qui traite des *fabriciens* ; — le *banc-d'œuvre* qui est leur *place à l'église*.

Au chapitre XIV, qui traite des *sommités* de la paroisse ; — le *clocher*.

Au chapitre XV, qui contient des *portraits* à la plume ; — la *chaire* qui *grave* la Parole de Dieu dans les *âmes*.

Au chapitre XVI, qui traite des *rues* de Bonne-Nouvelle ; — deux *bénitiers* qui ont servi à les bénir au temps des *processions*.

Devant le récit d'une *première communion* ; — deux *ciboires* destinés aux *saintes hosties*.

Devant le récit d'un *cachet de première communion* ; — *le cachet de première communion de Bonne-Nouvelle*.

Devant l'institution de *l'œuvre de la Messe Réparatrice* ; — le portrait de *Sœur Rose Griselain* qui en a eu la première idée.

Enfin, avant l'*épilogue* ; — deux *vases* de fleurs en guise de *bouquet spirituel*.

V
APPENDICE

A. — Observations sur la plaque d'Anne d'Autriche.
B. — Cause de béatification de l'abbé Anger.
C. — Délibération touchant la création de Saint-Eugène.
D. — Visite pastorale et compte-rendu des œuvres de Bonne-Nouvelle.
E. — Règlement général de la vie paroissiale.
F. — La *Gazette de France* et la fresque d'Abel de Pujol.
G. — La presse et les nouvelles peintures de Bonne-Nouvelle.

Galerie Capitoline, Rome.
Fig. 3. — L'Annonciation. (*Le Garofalo.*)
L'humble artiste a mis sa signature sous le symbole des trois œillets (en italien Garofalo) qu'on voit au pied du prie-dieu de la Sainte-Vierge.

PRÉFACE

Notre-Dame de Bonne-Nouvelle avait une histoire sans avoir son Histoire. L'incurie et le temps avaient accompli leur œuvre néfaste.

Elle ressemblait à un de ces châteaux antiques, tombé en ruine, et dont les débris épars gisent, misérablement ignorés sous un lourd manteau de lierre, sous d'épais monceaux d'herbes folles et dans les profondeurs de la terre.

Les débris historiques de N.-D. de Bonne-Nouvelle, quatre fois séculaire, avaient subi le même sort. Dispersés aux quatre coins de Paris, enfouis dans les cartons poussiéreux des archives, sous les parchemins moisis des tabellions, et dans les sous-sols des bibliothèques, ils étaient voués à l'humiliation de l'oubli.

On avait même perdu la date de son acte de naissance;

on conservait à peine quelques bribes de celui de son baptême ; la circonstance qui avait déterminé son propre nom, devenue la proie de la légende, était perdue pour l'histoire, et le nom des six premiers pasteurs avait complètement disparu.

Quant aux événements et aux faits, aux progrès et aux épreuves, aux luttes et aux personnes qui ont marqué dans sa vie paroissiale tout cela était resté lettre morte ; il n'en était plus question ; personne ne s'en était jamais occupé.

Les deux pages que l'abbé Le Bœuf a consacrées à N.-D. de Bonne-Nouvelle, contiennent des dates sujettes à caution, des inexactitudes et des erreurs. N'empêche qu'il faut lui savoir gré d'avoir posé une pierre d'attente pour un édifice plus sérieux.

Comme on le voit, il y avait là une grande lacune ; lacune d'autant plus regrettable, qu'on semblait avoir perdu la notion de l'importance d'une paroisse.

Rien cependant de plus important qu'une paroisse, cette cellule primordiale de la vie chrétienne en ce monde ; ce champ de culture spirituelle de notre âme ; ce composé d'éléments mystérieux qui nous font passer par les émotions variées du lieu saint, du musée, du théâtre.

Une paroisse ! mais c'est l'église où Dieu lui-même réside sacramentellement pour y recevoir nos hommages, pour écouter nos prières, pour nous instruire, nous bénir et nous consoler.

C'est là que, comme dans un musée, nous avons constamment sous les yeux, des objets, des souvenirs et des dates qui piquent notre curiosité, retiennent notre attention et nous impressionnent salutairement. Ces dalles, ces bancs, ces chaises ont servi à nos ancêtres qui les ont sanctifiés par leurs prières et probablement arrosés de leurs larmes : ces croix, ces statues, ces tableaux, quelquefois leur don ou leur ouvrage, ont été l'objet de leur vénération et se sont inclinés vers eux pour leur sourire ou les exaucer : ces nappes d'autel, ces ornements sacrés ont été probablement brodés par nos mères ou nos filles, nos épouses ou nos sœurs : cette Table de Communion a tressailli sous les doux battements du cœur de nos enfants; ces fonts baptismaux ont consacré les fruits de nos chastes amours; ces bénitiers ont purifié nos mains et nos fronts; enfin, ces murs et ces voûtes, qui ont si souvent retenti de nos chants, sont encore imprégnés de notre foi et de notre piété et gardent comme une partie de notre âme meurtrie, consolée, réjouie.

C'est là aussi que, comme dans un théâtre, des prêtres et des pontifes revêtus d'ornements sacerdotaux, à la démarche grave et solennelle, à la voix douce et pénétrante, dans un merveilleux décor d'encens, de lumières et de fleurs et dans le pieux recueillement du silence, font passer sous nos yeux, tantôt la majestueuse représentation des saints Mystères, tantôt les drames effrayants du Vice, de la Mort et de l'Enfer, et tantôt, les scènes ineffables de la Grâce, de la Vertu, du Paradis.

C'est là que nous-mêmes, à la fois acteurs et spectateurs, passant par toutes les émotions de la crainte et de l'espérance, du remords et du repentir, de la tristesse et de la joie, nous avons tremblé ou rougi, souri ou pleuré, après un sermon, au sortir du confessionnal, sur un prie-Dieu de mariage, ou à côté d'un cercueil.

Une paroisse! mais c'est le cimetière attenant à l'église, telle une tombe à côté d'un berceau. Ce coin de terre nous est particulièrement cher parce qu'il est plusieurs fois sacré; sacré par la religion qui l'a béni, par la dépouille de nos chers défunts, par les larmes dont nous l'avons arrosé et par la croix d'espérance qui nous invite à les rejoindre dans la bienheureuse éternité.

Une paroisse! mais c'est quelque chose de plus vaste encore : c'est la maison qui nous a vu naître, où nous avons assisté aux fêtes de baptême et de mariage de nos frères et de nos sœurs, et où nous avons pleuré la mort de nos parents ; c'est l'école qui a abrité notre enfance ; ce sont les rues, les places et les arbres qui ont été témoins de nos jeux.

En somme, une paroisse c'est tout un monde créé par nos ancêtres, tout pétri de leur cœur et de leur âme, de nos joies et de nos amertumes et où la grâce et la nature, le ciel et la terre, Dieu et l'homme ont combiné leurs efforts pour adoucir nos peines et nous procurer quelques joies.

S'il en est ainsi, quoi de plus intéressant que de reconstituer les divers éléments de cette vie paroissiale ? de réveiller ces souvenirs, de les faire revivre, de les interroger, de faire parler ces lieux, ces personnes, ces choses ?

Malheureusement personne n'avait songé à faire ce travail pour N.-D. de Bonne-Nouvelle.

Eh bien ! en présence de cette lacune, notre cœur s'est ému ; nous avons senti qu'il y avait là un acte, pour ne pas dire un devoir pastoral, à accomplir. Ouvrier de la dernière heure, malgré notre insuffisance, nos grandes occupations, nos lourdes charges et le manque de temps, nous avons entrepris cette tâche, non sans appréhension, mais avec une grande confiance en notre sainte Patronne.

Nous nous sommes donc mis à l'œuvre. Nous avons interrogé les hommes de science et les rares témoins de quelques faits contemporains ; nous avons cherché dans les manuscrits des archives, dans les imprimés des bibliothèques, dans les cartons des musées, dans les actes des notaires, dans les arrêts des tribunaux, dans les rapports de police, et dans les mémoires privés. Nous avons mis à contribution les diverses sources d'information : histoire, archéologie, peinture, architecture, sculpture, numismatique et topographie.

C'est le fruit de ces recherches que nous offrons au public.

Nous osons espérer que l'histoire d'une paroisse aussi

ancienne que N.-D. de Bonne-Nouvelle, intéressera beaucoup de monde : l'historien, par le récit des événements locaux qui s'y sont déroulés ; le penseur, par les leçons et les enseignements de son histoire ; le philosophe, par l'appréciation des efforts, des travaux, des luttes et des progrès qui s'y sont accomplis ; l'archéologue, par la vue rétrospective des monuments, des ruines et des reliques d'un passé disparu ; l'observateur, qui retrouvera dans ce coin de Paris, le XVIe siècle avec ses guerres religieuses, le XVIIe, avec sa splendeur des lettres et des arts ; le XVIIIe, avec sa farouche Terreur et le commencement du XIXe, avec sa brillante épopée militaire ; l'homme du peuple lui-même, par la chronique des mœurs et des faits populaires ; enfin et surtout, le clergé et les paroissiens de Bonne-Nouvelle qui, après avoir assisté au début de la semence religieuse, en suivront les progrès et les péripéties, les fruits et les triomphes, comme aussi les revers, les déchéances et les restaurations.

Cette histoire leur fera connaître le nom retrouvé de tous leurs curés, ainsi que de tous les ecclésiastiques qui, depuis 1801 jusqu'à nos jours, y ont rempli le Saint Ministère ; elle leur dira le nom de tous les bienfaiteurs, des fondateurs de messes, de tous les fabriciens, des personnes notables qui ont habité la paroisse et des personnages qui y ont acquis une célébrité glorieuse ou triste : elle mettra sous leurs yeux différents plans du lieu qui devint le territoire de Bonne-Nouvelle ; celui de la première chapelle, du cimetière et des diverses limites de la paroisse aux différentes époques de son existence ; elle leur dira l'histoire de ses communautés religieuses, de ses écoles et de ses œuvres ; elle leur racontera la généalogie de ses rues et les enseignes de ses maisons.

Enfin, elle leur montrera leur église, deux fois rasée et deux fois reconstruite, échappant plusieurs fois à la suppression, devenant salle de vote et temple de la Raison ; profanée par le pillage et l'incendie, comme aussi honorée par la visite de têtes couronnées, par le martyre d'un de ses pasteurs, par l'intrépidité des paroissiens et par les splendeurs de l'art chrétien.

Et puis, que de curieux souvenirs dans cette paroisse ! telles rues ont vu saint Louis, Louis XI, Anne d'Autriche et Charles X, aller en pèlerinage, accomplir un vœu ou faire un jubilé; telles autres ont vu saint Vincent de Paul et la vénérable Mlle Le Gras (Louise de Marillac) aller à la pauvreté et à la souffrance, au dévoûment et à la charité; celles-ci ont vu saint Denis, Louis XVI et l'abbé Bécourt aller au martyre; celles-là ont été sanctifiées par les processions des religieux de la Trinité, par les chants de pénitence des Frères de la Passion et par la piété des Filles-Dieu qui mendiaient en criant : « Du pain pour Jésus notre Sire ! ».

Les unes ont été illustrées par les entrées triomphales des rois et par le défilé de nos armées victorieuses; les autres ont été souillées par les gueux de la cour des Miracles et par le passage de la Voisin, d'Hébert et de Fouquier-Tinville allant au supplice du feu ou à la guillotine.

Telles maisons ont été habitées par des poètes comme Corneille, Regnard et André Chénier; par des artistes, tels que Guyon-le-Doux, Lantara et Mme Vigée-Le Brun; et telle autre a vu mourir la première sœur de charité, victime de son dévoûment.

Tels hôtels ont été la propriété somptueuse des d'Uzès, des Richelieu, des Dargout, des Necker, des Mme de Staël, du président Hénault et de la Pompadour; tels autres ont servi de résidence à Talma, à Joséphine de Beauharnais, à son fils, le futur vice-roi d'Italie, à Mmes Rattazzi, née Bonaparte Wyse et à Juliette Adam.

Enfin, tels coins de Bonne-Nouvelle ont vu l'élite de la cour, la fine fleur de la noblesse, un escadron, comme on disait alors, ou comme on dit aujourd'hui, le club des raffinés d'honneur, affluer en bandes joyeuses au Gymnase, aux Menus-Plaisirs, au Café de France et à Parisiana.

Et maintenant, il nous faut dire un mot des illustrations qui enrichissent cet ouvrage ; nos gravures ont une double signification : les unes sont documentaires et les autres sont ornementatrices.

Les premières représentent des saints, des personnes, des monuments, des objets et des scènes qui tiennent à Bonne-Nouvelle par la possession, la célébrité, la bienfaisance ou par certaines convenances.

Les autres, celles qui servent d'en-tête aux chapitres, sont à la fois décoratives et documentaires, car, tout en ornant ce livre, elles représentent des vases, des ornements, le mobilier et des objets sacrés qui appartiennent à Notre-Dame de Bonne-Nouvelle.

Cette histoire peut avoir d'autres avantages ; n'ayons garde d'oublier, qu'en notre qualité de prêtre catholique, nous devons aussi nous préoccuper de l'histoire générale de l'Église.

Or, en réunissant les faits individuels, les actions privées, les événements locaux, les mœurs et les coutumes de notre paroisse, nous travaillons à l'histoire du diocèse de Paris, de notre province ecclésiastique, de la France chrétienne et de l'Église elle-même. Le plus petit caillou trouve toujours sa place dans un grand édifice.

Nous savons que Pie X, ayant été longtemps curé et connaissant l'importance et l'intérêt d'une paroisse, a chargé un éminent prélat, Mgr Benigni, de publier un opuscule, bien petit en apparence, 24 pages, mais bien grand en réalité, par les idées qu'il émet. Il est intitulé : « *Pour le clergé gardien de monuments et de documents* ». Nous y lisons la proposition suivante : « *Constituer en chaque diocèse un commissariat de l'Ordinaire pour les documents et monuments de la circonscription ecclésiastique* ». Cette motion a déjà produit les meilleurs résultats en Italie et il y a actuellement en France, un certain nombre d'évêques qui commencent à l'introduire dans leurs diocèses.

Enfin, ce genre de travail peut devenir — dans notre siècle essentiellement scientifique — un précieux instrument d'apostolat.

Ne savons-nous pas qu'il y a beaucoup d'hommes qui vivent absolument en dehors des questions religieuses; qui ne mettent jamais les pieds à l'église et qui nourrissent contre la religion et le clergé, des préventions et des préjugés indéracinables?

Ce sont souvent des intellectuels qui, insensibles à l'éclat de la vertu, ne s'inclinent que devant le prestige du savoir.

Eh bien! le prêtre qui se présente à eux avec un certain bagage scientifique, fixe leur attention, s'impose à leurs réflexions, gagne leur estime. Bientôt, les préventions tombent, les préjugés se dissipent, des entretiens s'engagent; du domaine de l'esprit on passe au domaine de l'âme; du domaine de la pensée au domaine du cœur; du domaine de la raison au domaine de la foi; de là, il n'y a qu'un pas pour l'instruction religieuse et la conversion: des faits multiples confirment cette observation.

Notre tâche est finie: en la mettant au jour nous demandons à Notre-Dame de Bonne-Nouvelle, sa bénédiction; à nos chers paroissiens, leurs prières et au lecteur, son indulgence.

Paris, 10 août 1908, en la fête de saint Laurent.

Cl. Conte.

Fig. 4. — La vision de l'Apocalypse. (Fresque d'Abel de Pujol dans l'abside du chœur.)

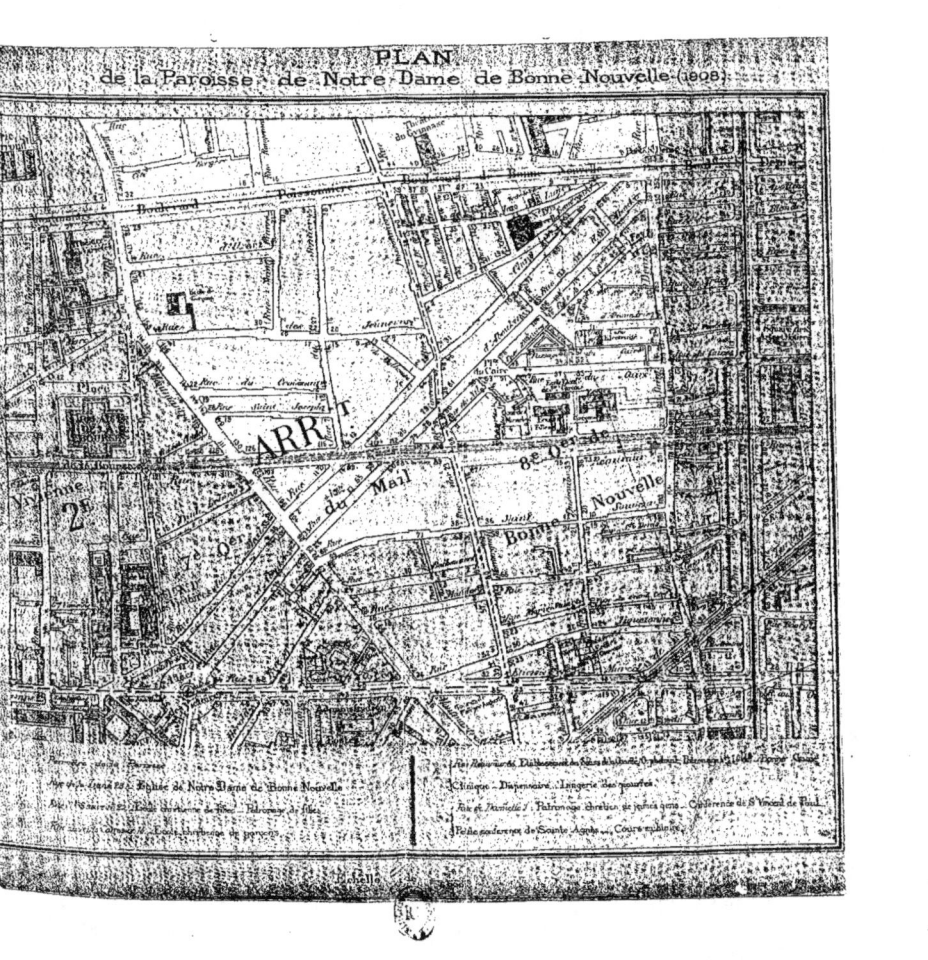

Fig. 5. — Les Fonts Baptismaux.

CHAPITRE PREMIER
1551 à 1672

SOMMAIRE

Origines topographiques de la paroisse de Notre-Dame-de-Bonne-Nouvelle. — Vulgaire colline artificielle. — La Butte aux Moulins. — Village de Ville-Neuve-en-Gravois. — Pétition des habitants pour avoir une chapelle. — Construction de cette chapelle. — Sa démolition décrétée pour faire place à des fortifications. — Sa reconstruction. — Anne d'Autriche pose la première pierre du chœur. — Son vocable.

GRAVURES : Les Fonts Baptismaux de Bonne-Nouvelle — État de la colline du temps de François Ier. — Un moulin symbolique. — Les premières maisons. — Augmentation des maisons. — Église Saint-Laurent. — Abbaye de Saint-Martin. — Saint Louis. — Sainte Barbe. — Premier plan donnant la première chapelle. — Montmorency. — Plaque commémorative de la pose de la première pierre du chœur par Anne d'Autriche. — Salomon prédisant la Nativité de la Sainte Vierge.

E promeneur qui, sous le règne de Louis XII, eût dirigé ses pas vers la partie septentrionale de Paris, à l'extrémité de la rue Saint-Denis, en dehors des murs d'enceinte (1), n'eût trouvé à l'endroit où s'élève actuellement l'église

(1) A propos d'enceinte, il convient de noter le fait suivant : le

de Notre-Dame-de-Bonne-Nouvelle, qu'une butte solitaire. Dénuée des charmes de la nature, sans arbustes fleuris ni roches mousseuses, elle était purement artificielle, car elle devait son existence aux misérables détritus, aux

Fig. 6. — Plan de Paris dressé vers 1530, par Georges Braun. Plan dit des trois personnages. — On y voit les trois premiers moulins. Il existe cependant à la Bibliothèque Carnavalet, un plan de Paris, fac-similé de la Grande Gouache, 1512, qui accuse déjà la présence des moulins.

grossiers débris, aux vulgaires décombres et aux *gra-*

18 octobre 1356, Étienne Marcel, Prévost des Marchands, avait fait bâtir une haute muraille flanquée de tours carrées. Cette muraille suivait la rue d'Aboukir jusqu'à la Porte Montmartre, pour y enfermer tous les édifices élevés depuis Philippe-Auguste et pour défendre Paris contre les troupes anglaises. C'était comme le commencement

Du mur murant Paris rend Paris murmurant.

vois de toutes sortes qui lui venaient des divers points de la ville.

Plus tard, voulant user du vent qui soufflait sur cette colline improvisée, quelques habitants du centre vinrent y construire des moulins qui étaient une source de grands

Fig. 7. — Moulin symbolique.

Mon gain eſt dans l'orage.

Un Molin ne fait rien quand l'air eſt en repos,
Et tout ſon gain eſt dans l'orage :
C'eſt dans l'affliction qu'un Chrêtien, s'il eſt ſage,
Doit mettre à profit tous ſes maux.

bénéfices; et alors nous voyons s'élever le *Moulin Basset,* le *Moulin Neuf,* le *Moulin Vieux,* le *Petit Moulin,* le *Moulin de La Motte.* De là est venu à cette colline le nom de la *Butte-aux-Moulins* (voir fig. 6).

C'est probablement la qualité de la farine que produisaient ces moulins qui a fait la vogue séculaire des brioches de *la Lune.*

C'est aussi probablement la vue de ces moulins qui a inspiré à un poète humoristique de l'époque, ce quatrain sur le *Moulin* et qui renferme, en même temps, une leçon chrétienne (voir fig. 7).

Plus tard, sur ces terrains consolidés, on vit apparaître quelques maisons (fig. 8). La vie commençait à prendre possession de ce coin jusqu'alors inhabité.

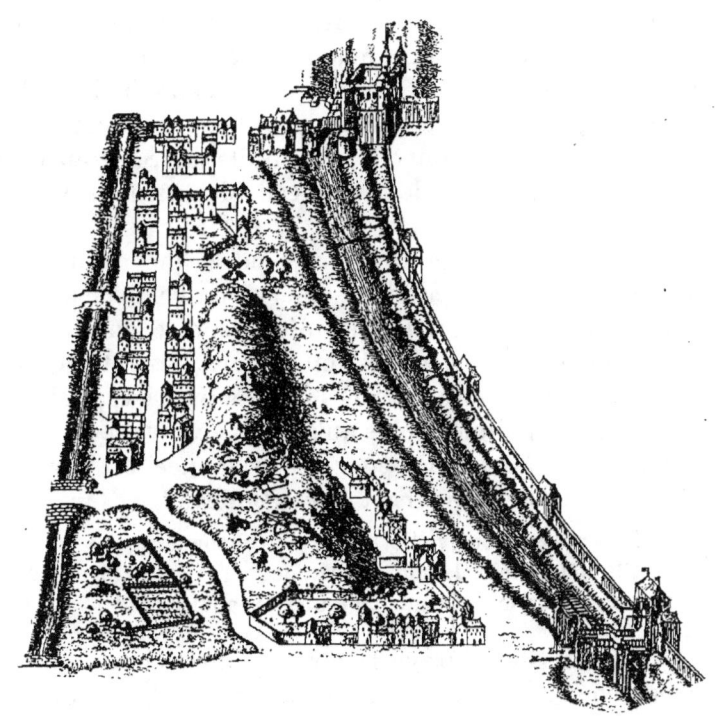

Fig. 8. — Plan de Paris tel qu'il était sous Charles IX, 1560-1574, gravé d'après une tapisserie conservée à l'Hôtel-de-Ville. On y voit un assez grand nombre de maisons au sud et du côté nord de la Butte ; il y a encore des moulins. Ces constructions couvraient en partie l'espace compris entre la Porte Saint-Denis et la Porte Montmartre.

Sous le règne de Henri II, plusieurs familles voulant se donner de l'air, émigrèrent vers cette butte qui offrait certains avantages de salubrité, de silence et de perspective si appréciés des Parisiens. Cette agglomération devint un gros village auquel on donna le nom de ville, tiré de la nature même des terrains rapportés ; c'était la *Ville-Neuve-en-Gravois* (1).

Ce nom de *Gravois* perpétuera dans ce quartier, à travers les âges, son souvenir démocratique et peu stable ; aucune maison n'y est en équilibre : toutes les constructions, l'église actuelle même ont fléchi sous l'affaissement des fondations mal assises. Ces fléchissements se remarquent surtout aux fentes, aux fissures des murailles, à l'inégalité des planchers, et à l'inclinaison des meubles ; c'est ce qui donne à la physionomie générale du quartier de Bonne-Nouvelle, des traits de ressemblance avec la Tour penchée de Pise et celle des Asinelli de Bologne.

La nature de ces terrains avait d'autres inconvénients : des exhalaisons malsaines et une véritable invasion de souris et de rats infectaient et infestaient ce quartier. Si actuellement les exhalaisons ont disparu, les rats ne font que se multiplier : je ne sais s'il y a dans la capitale un endroit où ils pullulent plus qu'à Bonne-Nouvelle ; c'est ce ce qui fait qu'à certaines époques de l'année, on éprouve l'horrible torture qui faisait dire à Boileau :

> Est-ce donc pour veiller qu'on se couche à Paris ?
> Et quel fâcheux démon, durant des nuits entières,
> Rassemble ici les chats de toutes les gouttières ?

Tout cela avait effrayé la population et occasionné un exode en règle. Ce fut pour arrêter cette émigration et y attirer de nouveaux habitants, que Louis XIII accorda à toutes les personnes qui viendraient pour y exercer des arts et des métiers, des franchises entières, c'est-à-dire, des privilèges pour travailler librement, publiquement et pour y tenir boutique (2).

---

(1) Il existe à la bibliothèque Carnavalet, un plan de Paris, dit plan de Bâle, par Clavier Truchet et Germain Hoyaux 1552 ; cote 490 : à côté d'un pâté de maisons, on voit figurer pour la première fois, le nom de *Villeneuve* ; les moulins sont toujours à leur place.

(2) Lettres patentes de 1623.

Voulant profiter de ces exemptions et des précieux avantages atmosphériques, plusieurs habitants du centre vinrent y construire des maisons en plus grand nombre : c'est ce que nous montre la gravure suivante (fig. 9).

En peu de temps, cette colline changea de physionomie :

Avec un air abondant et pur et une brise agréable,

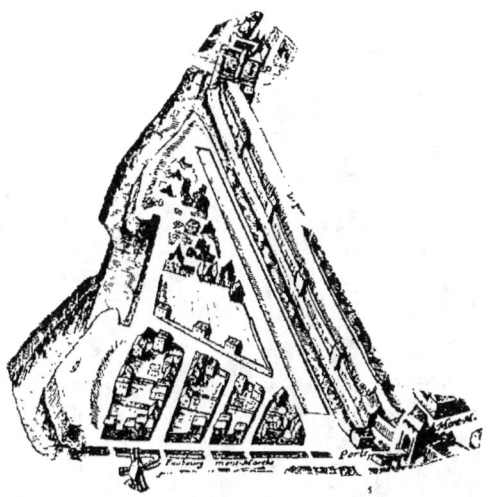

Fig. 9. — Plan de Paris sous Louis XIII, par Mathieu Merian 1615, édité par Taride.

D'après ce plan on voit que les constructions deviennent un peu plus nombreuses; on y constate beaucoup de terrains vagues, mais il n'y a plus trace de moulins.

cette colline avait d'autres charmes. De son sommet, le regard embrassait une vaste étendue : du côté sud-ouest, c'était Paris avec ses beaux monuments, les tours de ses églises, les flèches de ses abbayes, le haut donjon de l'Hôtel de Bourgogne et le cours majestueux de la Seine; au nord, c'étaient de riants coteaux de verdure, piqués de blanches villas; plus près, presque à ses pieds, c'étaient de nombreux jardins potagers qui occupaient une grande partie des faubourgs Saint-Denis, Saint-Martin, Poissonnière et Montmartre. C'est de là qu'est venu le nom de *Beauregard* donné à une des premières rues de cette butte. C'est qu'elle était le belvédère de Paris.

A. Robida.

Fig. 10. — L'église Saint-Laurent au xv.ᵉ siècle.

C'est également pour exprimer la fière satisfaction qu'on éprouvait sur cette gracieuse colline, qu'on donna à la principale rue qui y conduit, et qui subsiste encore, le nom de *Montorgueil* (1). Ce minuscule Parnasse est devenu

(1) *Vicus Montis Superbi*. — C'était aussi à cause de la beauté de ce site qu'on avait percé au pied de la butte, la rue Beaurepaire, de *Bellus Locus*.

plus tard le rendez-vous chéri des poètes : le grand Corneille a habité, un certain temps, rue de Cléry; Regnard

S. Sulpis. scul.

Fig. 11. — Abbaye de Saint-Martin-des-Champs. Vue intérieure du réfectoire.

a passé plus d'une nuit dans un hôtel à la mode, *Au Soleil d'or*, rue de la Lune; Balzac y a logé dans une pauvre mansarde; « Lucien de Rubempré y a composé des chansons libertines pour payer l'enterrement de sa chère Coralie (1) », et le n° 97 de la rue de Cléry était l'habitation d'André Chénier.

Ce quartier, propice aux distractions et aux plaisirs, a vu s'élever plus tard, les théâtres du *Gymnase* et des *Variétés*; et tout ce que Paris comptait de léger et de frivole y accourait comme dans un Éden enchanteur.

Tel était le cadre admirable de ce nouveau quartier où trônaient le gai savoir, la poésie, la musique, la danse et le plaisir.

Mais ses heureux habitants ne se contentaient pas des charmes de la nature et de l'art, ils recherchaient, aussi et surtout, les bienfaits de la Religion et de la Grâce. Il leur manquait un centre religieux pour y prier et y accomplir leurs devoirs de chrétiens. Ils avaient bien autour d'eux, la paroisse de Saint-Laurent (fig. 10) dont ils faisaient partie (2), l'abbaye de Saint-Martin-des-Champs et l'église Saint-Sauveur; mais les deux premières étaient trop éloignées et la dernière était insuffisante pour ses propres paroissiens. Ils réclamaient donc une chapelle qui leur évitât fatigue, perte de temps et qui fût à leur portée; ils voulaient avoir une chapelle à eux, une chapelle pour pouvoir dire, comme Notre-Seigneur : « c'est notre Maison » *Domus mea*.

Mais pour cela, il fallait l'autorisation de l'archevêque de Paris, du curé de Saint-Laurent et du Parlement.

Les deux premières ne souffrirent aucune difficulté; restait la troisième : les habitants adressèrent donc leur requête au Parlement qui fit la réponse suivante :

Du Mardy XIIe jour d'avril, avant Pasque.

La Court avant que d'ordonner aucune chose sur la Rqte a elle cy devant présentée par les habitants de la Villeneufve aux

---

(1) Georges Cain, *Les coins de Paris*.
(2) Les habitants de ce quartier, en souvenir de leur ancienne paroisse, donnèrent le nom de rue Neuve-Saint-Laurent à une de leurs rues qui coupait la rue des Fossés-Saint-Denis et qui aboutissait à la rue Poissonnière.

forsbourgs de ceste ville paroisse de sainct Laurent a ce qu'il leur fust permis parachever de construire une petite chappelle aud. lieu de la Villeneufve suivant la permission a eulx octroyée par levesque de paris, A ordonné et ordonne que l'un des Conseillers dicelle ensemble le prévost des marchans de ceste Ville de paris se transporteront aud. lieu de la Villeneufve pour veoir, visiter et enquerir sur la cômodité ou incômodité de lad. construction dicelle chappelle et pareillement Informer de la qualite des habitans dud. lieu. Pour ce faict Rapporte et veu par lad. Court estre ordonne Ce que de raison (1).

Effectivement, le 12 avril 1552, le Parlement, par un arrêt, députa un des conseillers de la Cour conjointement avec le prévost des marchands, pour informer de la commodité ou incommodité; sur le rapport favorable fait par la Commission, il fit la réponse suivante :

Permission aux habitants de la Ville-Neufve, paroisse de St.-Laurent de bastir une chapelle.

Du samedy XXI May, veu par la Court la requeste présentée par les habitants de Ville-Neufve aux faubourgs de cette Ville de Paris paroisse de sainct Laurent à ce qu'il leur seust permis parachever de construire une petite Chapelle audict lieu de la Ville-Neufve suivant la permission à eux octroyée par l'Evesque de Paris.

La permission dudict Evesque. Consentement du Curé de ladicte paroisse St.-Laurent et du Procureur Général du Roy. L'arrest de la dicte Court du XII d'Avril dernier passé par lequel aurait esté ordonné que l'un des Conseillers dicelle Court, ensemble le Prévost des Marchands de cette Ville se transporteraient au dict lieu de Ville-Neufve, pour voir, visiter et enquérir de la commodité ou l'incommodité de la construction dicelle chapelle et pareillement informer de la qualité des habitants dudit lieu.

L'information ou enqueste et visitation faicte suivant ledict arrest par l'un des Conseillers dicelle Court et Prévost des Marchands de la Ville de Paris, et tout considéré : la Court a permis et permet aux dicts habitants de la dicte Ville-Neufve procéder à la perfection et parachevement de la Chapelle, de la hauteur de 4 thoises sous le comble et 13 thoises le long sur 4 thoises de

(1) Archives Nationales, X1, 1571, Registre du Conseil de Parlement.

large tant seulement, et le tout suivant la permission dudict Evesque et aux charges contenues en icelle (1).

Aussitôt les habitants de la Ville-Neuve construisirent

S.^T LOUIS IX. ROI DE FRANCE
Après son retour de la terre Sainte.

Fig. 12.

leur petite chapelle sur la Montagne des *Moulins*, entre la rue Beauregard et la rue de la Lune. Les quatre premières pierres, au dire des historiens, furent posées par les mar-

(1) Arrêts du Parlement. Bibl. Nat., I, 23. 668-52-95 et L⁷ K. 64, 84 et *Histoire de Paris*, par D. Felibien, t. IV, p. 756, Paris, MDCCXXV.

guilliers de Saint-Laurent, le 21 août 1551 (1). On observa les dimensions requises, c'est-à-dire 13 toises de longueur sur 4 de largeur. Elle fut placée sous le vocable de Saint-Louis (fig. 12) et de Sainte-Barbe (fig. 13). C'est du moins ce qu'affirme Piganiol de la Force. Mais la sincé-

Coxie pinx.

Fig. 13. — Sainte-Barbe.

rité historique nous oblige à dire que Jaillot, le géographe ordinaire du roi, affirme n'avoir trouvé ce fait nulle part (2).

Pourquoi ces deux patrons? Est-ce parce que, d'après une tradition, saint Louis aurait, en 1250, fait construire l'église Saint-Sauveur dans le quartier voisin? Cela n'est pas possible, cette église, ayant été bâtie avant 1216, exis-

(1) Cette date est évidemment fausse, puisque l'autorisation de bâtir ne fut accordée que l'année suivante, 21 mai 1552. C'est donc à tort que l'abbé Le Bœuf et tous les historiens après lui, fixent l'ouverture de cette chapelle au culte, au mois d'août 1551. Ils ont confondu la date de la demande avec celle de l'autorisation.

(2) *Recherches critiques, historiques et topographiques sur la Ville de Paris*, par Jaillot, 9ᵉ quartier, Saint Denis, p. 80.

tait bien avant la naissance de saint Louis : nous le prouverons plus loin. Pour ce qui est de sainte Barbe, on ne voit aucun lien qui rattache cette jeune martyre du iiie siècle à un quartier si récent. Il semblerait plus raisonnable de chercher l'explication de ce double patronage dans la dévotion de deux pieux époux, Louis et Barbe, qui auraient été les fondateurs, ou tout au moins, les bienfaiteurs insignes de cette chapelle. La dévotion seule lui aurait donné ce nom.

D'ailleurs, ce vocable ne lui resta pas longtemps ; c'est ce qui prouve la non vraisemblance de l'origine qu'on lui attribue. En effet, le 23 décembre 1563, nous voyons Jean-Baptiste Tiercelin, évêque de Luçon, la bénir et la placer sous l'invocation de la Sainte Vierge. Ici aucun auteur ne donne la dénomination exacte de ce vocable. Plus loin, nous tirerons de ce silence, une induction en faveur du vocable de *Notre-Dame-de-Bonne-Nouvelle*.

Cette première petite chapelle, venue au monde au milieu des convulsions religieuses suscitées, en Suisse, en Allemagne et en Angleterre, par les chefs de la Réforme, devait nécessairement en ressentir le contre-coup. Les guerres de religion déchaînées en France, dix ans après son érection, en 1562, commencèrent à lui inspirer de sérieuses inquiétudes. Cette même année, François de Montmorency (fig. 15), maréchal de France et gouverneur de Paris, chef du parti catholique, vint sur la Butte-aux-Moulins de la Ville-Neuve-en-Gravois, pour en préparer la fortification. On sait qu'il n'y allait pas de main morte avec les huguenots. Quelques années auparavant, envoyé par le roi pour étouffer l'esprit de révolte et la cruauté des Bordelais qui avaient assassiné Moneins, son parent, il leur donna une leçon bien méritée : comme une députation de Bordeaux était allée à sa rencontre pour lui présenter les clefs de la ville et le prier de ne point y faire entrer à sa suite les lansquenets : « Il vous appartient bien, leur dit il, de m'apprendre avec quelles troupes je dois entrer dans Bordeaux ; je ne veux pas de vos clefs ; en voici d'autres — en montrant ses canons — qui m'ouvriront vos portes et

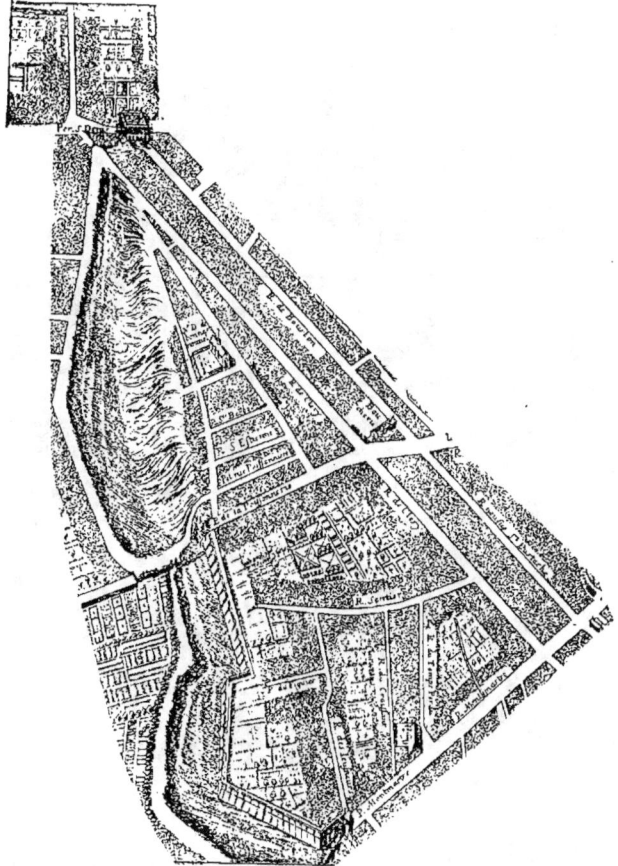

Fig. 14. — Plan de Jacques Gomboust, en 1652, dédié à Louis XIV. C'est le premier plan de Paris qui mentionne l'existence et qui donne la configuration de la première chapelle de Notre-Dame de Bonne-Nouvelle.

Nous devons cependant y signaler une petite erreur architectonique ; d'après ce plan, la porte d'entrée se trouve à la partie opposée au clocher, ainsi que cela a lieu actuellement ; or, d'après le dessin original que nous avons trouvé aux Archives Nationales, la porte se trouve presque au pied du clocher. Nous verrons d'ailleurs plus loin, sur le plan Turgot, qu'il en était réellement ainsi. Notre plan montre le cimetière parfaitement indiqué à gauche de l'église ; on y voit non-seulement un plus grand nombre de maisons, mais aussi les premières rues avec leur dénomination : rues Sainte-Barbe, Beauregard, Saint-Estienne, petite rue Poissonnière, petite rue de la Poissonnerie, Cléry, Sentier, Neufve Saint-Eustache, Petits-Carreaux, Bourbon Jeufneurs, Croissant, Du Figuier, Temps Perdu, Montmartre : 15 rues.

je vous apprendrai à massacrer les lieutenants du roi ».
Voici donc à quel propos le maréchal vint à la Ville-Neuve-en-Gravois.

Mes^r Francois de Montmorency Conte
souverain de luffe Baron de Bouteuille Baglit et gouverneur
de senlis.

Fig. 15.

A la suite de l'assassinat, par les huguenots, du duc de Guise et du regrettable incident de Vassy que les protestants ont qualifié de *massacre*, alors que ce n'était qu'une juste quoique trop sévère représaille, les huguenots, ayant à leur tête Colligny, d'Andelot et le prince de Condé, déclarèrent la première guerre de religion en France. Ils fomentèrent les révoltes dans les provinces, rassemblèrent des armées et contractèrent des alliances avec les étrangers et spécialement avec les Anglais, afin de marcher sur Paris, de s'emparer de la personne du roi Charles IX, à peine âgé de douze ans, et travailler ainsi à l'extermination des catholiques. Ce fut pour s'opposer à ce coup de force que François de Montmorency se transporta, le 4 mars 1562, à la Ville-Neuve-en-Gravois pour fortifier la colline. Saint-Germe, l'ingénieur qui l'accompagnait, lui dressa un plan des maisons à abattre, des endroits à entourer, des murailles et des points à fortifier; de sorte que cette butte servit de bastide ou de fort détaché devant la porte Saint-Denis. Ces travaux n'étaient pas d'un bon augure pour la petite chapelle.

Excitée par les grands seigneurs du royaume, fomentée par les criminelles intrigues de Catherine de Médicis, encouragée par la faiblesse de Charles IX et l'incurie de Henri III, tout entier à ses débauches, l'hérésie battait son plein en 1589. La France livrée aux passions politiques et religieuses, se débattait au milieu des trahisons et des assassinats. Les huguenots devenus formidables et ayant formé une ligue offensive, les catholiques se virent obligés de se défendre et de défendre leur religion. Ils établirent donc la Ligue du Denier du Culte qui fonctionnait dans toutes les paroisses de Paris; en conséquence, le 14 janvier 1589, on lut dans la petite chapelle de Ville-Neuve-en-Gravois, la circulaire suivante :

Mandement-circulaire aux curés de Paris pour que les Deniers recueillis soient remis à l'Elleu Rolland et non pas à d'autres.

Monsieur le Curé,

Nous vous prions de continuer, avec les Députez de votre paroisse, la levée par advance des deniers du Culte pour subvenir à la deffense de la Religion Catholique, Apostolique et Romaine et pour estre portés en mains de Maistre Martin Rolland, Esleu de Paris.

Fait au bureau de la Ville le XIIII jour de Janvier l'an mil V quatre vingt neuf (1).

En lisant ce document, on ne peut s'empêcher de faire un douloureux rapprochement. Il y a quatre siècles, c'étaient les pouvoirs publics qui avaient établi le Denier du Culte pour défendre, contre ses ennemis, la religion catholique, considérée comme une base sociale, et aujourd'hui, c'est la religion elle-même qui institue le Denier du Culte pour sa propre défense contre les pouvoirs publics qui lui ont déclaré une haine mortelle.

Mais voici que les guerres de la Ligue deviennent plus furieuses, plus ardentes que jamais : Henri IV arrive sous les murs de Paris et en fait le siège.

Cette fois, c'est la mort de la chapelle qui doit faire place à de nouvelles fortifications pour défendre la capitale. Nous avons pu mettre la main sur le décret de démolition, le voici :

Du mercredy XXXe et penultième jour de Janvier MVIII^{xx} unze,

En l'assemblée le jourd'hui faicte en l'Hostel et Bureau de ceste ville de Paris, de Messirs les Prevost des Marchands, Echevins et Conseillers de la ditte Ville pour adviser sur la desmolition qui se fait journellement de l'église et Chapelle de Nostre-Dame de Bonnes-Nouvelles, fondée hors les portes Sainct Denis, à la Villeneulve sur Gravoys, sont comparus,

   Mess.

Boucher Chevalier, Seigneur de Dampierre, Conseiller au Conseil d'État et Maistre des Requêtes ordinaires de l'Hostel du Roy, Prevost des Marchands,

Me Martin Langlois, advocat,

Me Robert Despray aussi advocat,

Poncher Eschevin,

Mess. le Président d'Assy, M. Dorsay, Du Chemin, Le Comte Rochefort, Dugnet, et Duprez Conseillers de la Ville.

Après que Mond. Le Sieur Prevost des Marchands a remontré à

---

(1) *Histoire générale de Paris.* Registre des Délibérations du Bureau de la Ville. Bibl. Nat., 523/39, t. X, 1590-1594, p. 97-98.

la Compagnie, la difficulté et conséquence qui se trouvait en la desmolition tant de la dite Chapelle de Nostre-Dame de Bonne-Nouvelle que des Maisons estans du faubourg lui adjacents le fossé à la dite porte St. Denis.

Le tout mis en deliberation,
a esté advisé et deliberé à la pluralite des voix en la dite Assemsemblée qu'il sera usé de connivence l'abatis et desmolition d'icelle Chapelle (1).

Notons ici, en passant, la dénomination de Notre-Dame-de-Bonne-Nouvelle, dès 1591 ; ceci nous permet de conclure déjà que cette chapelle portait ce vocable depuis sa consécration.

Effectivement le 23 mai 1591, il était enjoint aux propriétaires des dites maisons et aux confrères de la dite chapelle de faire promptement et dès ce jour, lesdites démolitions pour les continuer de telle sorte qu'elles pussent être parachevées dans vingt-quatre heures. On construisit donc des remparts sur l'emplacement de ces maisons et de cette chapelle. Il s'agissait de défendre Paris catholique contre un prince huguenot.

Pendant ce siège mémorable, il ne nous déplaît pas de voir, suivant les mœurs du temps, le clergé de la chapelle de Saint-Louis et Sainte-Barbe s'unir au clergé de Saint-Laurent et de Saint-Sauveur ainsi qu'aux religieux de Saint-Martin-des-Champs, aux frères âniers de la Trinité et à ceux de la Passion, pour exciter et entretenir les ardeurs de la Ligue ; tantôt organisant des processions, récitant des prières et chantant des cantiques ; tantôt ordonnant des marches, faisant presser le pas, commandant des salves ; tantôt enfin, l'arquebuse ou la hallebarde au poing, la fourchette ou la mèche à la main, menant leurs paroissiens à de fréquentes escarmouches pour repousser les audacieuses pointes du bouillant Béarnais.

Une fois la paix et la tranquillité rétablies, les populations

---

(1) Bibliothèque Nationale, dans la salle. Casier V. *Histoire des Délibérations de la Ville de Paris*, t. IX, p. 250.

revinrent bien vite dans ce lieu abandonné ; les remparts furent rasés pour faire place à des maisons.

Les motifs qui avaient milité en faveur de la construction de la première chapelle militaient, encore avec plus de force, en faveur de la reconstruction d'une seconde.

Voilà pourquoi les habitants du quartier obtinrent une nouvelle autorisation de Pierre d'Hardivilliers, curé de Saint-Laurent qui retira, paraît-il depuis, cette autorisation. Le terrain, sur lequel on éleva la nouvelle église c'était l'ancien emplacement des maisons et de la première chapelle, et il appartenait au couvent des Filles-Dieu : les marguilliers de Bonne-Nouvelle leur payaient une redevance annuelle qui dura jusqu'en 1789. Il existe aux Archives Nationales un grand nombre de quittances des supérieures de ce couvent délivrées aux marguilliers sus-indiqués.

Le retrait de l'autorisation du curé de Saint-Laurent amena une interruption dans les travaux et, par là-même, du retard dans l'achèvement de la nouvelle chapelle. Le 21 mai 1652, un arrêt du Parlement autorisa la reprise des travaux, ce qui n'empêcha pas d'y célébrer le service divin, avant leur achèvement.

Toujours est-il que la première pierre fut posée par Bernard, duc de la Vallette et bénite par Louis de Guyard, vicaire général le 28 mai 1624.

Sa reconstruction sur un plan (fig. 20) plus vaste que la première n'offre, au point de vue du style, rien de remarquable, ainsi qu'on a pu s'en convaincre lors de sa démolition en 1822 et qu'on peut en juger d'après la gravure qu'on verra plus loin (fig. 19). L'entrée se trouvait rue Notre-Dame de Bonne-Nouvelle, à côté du clocher, au coin de la rue Beauregard (1).

(1) Comme ameublement de cette chapelle, nous ne savons pas grand'chose : L'auteur (M. L. R.) des *Curiositez de Paris,* MDCCLXXI, t. I, p. 263, nous dit qu'elle était proprement ornée de sculptures faites par les maîtres de cette profession qui habitaient la Ville-Neuve, en assez grand nombre. M. Germain Brice, précise un peu en disant « qu'on y voyait un autel de menuiserie, construit, depuis peu, sur

Sa voûte, en bois et en plâtre, était soutenue par des poutres transversales. Il y avait au frontispice une inscription qui parlait du rétablissement du culte en 1626. Anne d'Autriche, femme de Louis XIII, posa la première pierre du chœur au mois d'avril 1628 (fig. 21). Le fait est attesté par une plaque, parfaitement conservée, que les ouvriers, employés à des fouilles de déblaiement autour de l'église, trouvèrent en 1845 et qui porte l'inscription suivante :

Anne d'Autriche
Par la grâce de Dieu, Reyne de France et de Navarre
a mis et posé
Ceste première pierre du Cœur (sic) de l'Esglise de
Nostre-Dame de Bonne-Nouvelle
au mois d'avril 1628 (fig. 16)

Une boîte en plomb était incrustée dans sa partie supérieure, renfermant une belle médaille d'or (fig. 23) à l'effigie de Louis XIII et d'Anne d'Autriche. L'inscription est surmontée d'un écusson couronné mi-partie de France et d'Autriche, entre une palme et une branche de laurier liées par un ruban ; au-dessus, les initiales de Louis XIII et d'Anne d'Autriche, entourées de rameaux et accostant une médaille d'or à l'effigie de la reine, incrustée dans la pierre. En voici le fac-simile (fig. 16) (1).

D'où lui est venu le titre de *Notre-Dame de Bonne-Nouvelle* ?

Jusqu'ici, les historiens et l'abbé Le Bœuf lui-même, ont généralement cru que c'était Anne d'Autriche qui lui avait donné ce vocable et qu'elle l'avait ainsi baptisée en souvenir du rétablissement de son neveu Charles II, sur le trône d'Angleterre, dont elle avait appris la nouvelle en passant devant cette chapelle.

un dessin agréable et assez bien imaginé. » *Description de la Ville de Paris*, t. II, p. 46 : Paris, MDCCXXI. Ces deux ouvrages se trouvent aux archives du sous-secrétariat d'État des Beaux-Arts.

(1) Voir à l'Appendice A, le Rapport de la *Gazette Numismatique de la Société des Antiquaires de France*, par M. R. Mowat. La médaille d'or a été soustraite par les Communards au mois de mai 1871. — Le musée Carnavalet possède un très beau moulage de cette plaque.

Or, il convient de dire que ce sont là deux erreurs, et il est juste de les détruire.

Cl. Conte.
Fig. 16. — Plaque commémorative de la pose de la première pierre du chœur, par Anne d'Autriche. Cette plaque se trouve dans la chapelle Saint-Laurent.

Ce n'est pas Anne d'Autriche qui lui a donné ce nom,

à cause de la circonstance dont on vient de parler, par la raison bien simple que son neveu, Charles II, n'a été rétabli par Monk qu'en 1660, c'est-à-dire, 32 ans après la construction de Bonne-Nouvelle.

Cette paroisse portait ce titre bien avant cet événement ; nous en avons la preuve indéniable ; indépendamment de ce que nous avons déjà vu plus haut, nous la trouvons dans de nombreuses quittances délivrées en 1658, 1656, 1654, 1651, 1640, 1639, etc., par les supérieures du couvent des Filles-Dieu, aux sieurs marguilliers de la paroisse de *Nostre-Dame de Bonne-Nouvelle* sur Ville-Neuve-en-Gravois (1).

Ces quittances avaient trait à certaines redevances de cette paroisse dont l'église avait été bâtie sur un terrain qui appartenait à ces religieuses, ainsi que nous l'avons déjà vu et dont nous parlerons longuement plus loin.

Bien mieux ; nous avons trouvé un contrat de vente d'une moitié de maison du n° 16 de la rue Beauregard, fait devant les notaires Dietier et Grougeau « Aux Sieurs Marguilliers de *l'Église de Nostre-Dame de Bonne-Nouvelle-en-Gravois* », et cet acte porte la date du 9 octobre 1582 (2).

Ceci revient à dire qu'à cette époque, Anne d'Autriche n'était pas encore de ce monde et, par conséquent, pas reine de France, puisqu'elle est née en 1602 et qu'elle s'est mariée le 25 décembre 1615.

Mais si Anne d'Autriche n'a pas donné cette dénomination à la paroisse, il est juste de reconnaître qu'elle lui a porté un grand intérêt. Tout le monde sait que, ce ne fut qu'après 23 années de stérilité, que cette reine donna le jour au Dauphin, le 5 septembre 1638. Cette stérilité lui avait même valu d'amers reproches. Pour y remédier, elle faisait de nombreux pèlerinages à différents sanctuaires de la Sainte Vierge (3) pour que la Mère de Jésus

---

(1) Arch. Nat., S. 3467. Liasse contenant de bien curieux documents.
(2) *Ibid.*
(3) *Hist. de France sous Louis XIII*, par Bazin, t. II, p. 96.

lui fit la grâce de donner à la Cour, la bonne nouvelle d'une grossesse si impatiemment attendue. Or, le pèlerinage à l'église de Notre-Dame de Bonne-Nouvelle, dont on venait de commencer la reconstruction, en 1624, s'imposait d'autant plus naturellement « que son vocable provenait de l'Annonciation faite par un ange à la Vierge qu'elle mettrait au monde un fils qui serait roi de l'Univers et son Sauveur (1) ».

Anne d'Autriche alla donc à Bonne-Nouvelle y faire son pieux pèlerinage et lui offrit, d'après une tradition, un tableau, dont nous parlerons plus loin, pour rappeler le vœu qu'elle avait fait dans ce sanctuaire, avant la naissance de Louis XIV. Par conséquent, si ce n'est pas Anne d'Autriche qui lui a donné ce nom, l'histoire de la nouvelle dont il est question plus haut, doit être repoussée par la plus élémentaire critique.

Notre-Dame de Bonne-Nouvelle, ainsi que nous le verrons plus loin, témoigna de sa gratitude à la reine en donnant son nom à une de ses rues, et en élevant une petite chapelle sous le vocable de Sainte-Anne, rue de la Lune, — Les Filles de l'Union Chrétienne, — et une Porte d'Honneur au coin de la rue Poissonnière, à l'endroit où elle débouche sur le boulevard Bonne-Nouvelle.

Il y a une explication bien simple de cette dénomination, elle est toute naturelle : on n'a qu'à la chercher dans les principes qui inspirent généralement l'Église pour la fixation des titres paroissiaux.

En général, l'Église donne aux paroisses qu'elle fonde, le nom d'un patron accolé à celui du quartier où elles sont érigées, mariant ainsi le titre canonique au titre civil. C'est ainsi que, sans sortir de Paris, nous trouvons Saint-Pierre de Chaillot, Saint-Pierre du Gros-Caillou, Notre Dame-de-Grâce-de-Passy, Saint-Louis en l'Ile, Saint-Ferdinand-des-Ternes, Notre-Dame de Clignancourt, etc. Or, comme on l'a vu plus haut, la petite ville qui s'était fondée

---

(1) Dom Félibien, *Hist. de la Ville de Paris*, 1725, t. II, p. 1327.

dans ce quartier, s'appelant *Ville-Neuve*, l'autorité ecclésiastique s'est empressée de donner à la *nouvelle* église, un titre qui rappelât, en même temps que son nom civil, un mystère de la Sainte Vierge, *l'Annonciation* de la grande et *Bonne Nouvelle* de la venue du Messie que l'Ange du Seigneur annonça à Marie, *Angelus Domini nuntiavit Mariæ*. Disons ici, que ce n'est pas Notre-Dame des *Bonnes Nouvelles* qu'il faut écrire, mais Notre-Dame de Bonne-Nouvelle.

Les historiens semblent croire que ce vocable était nouveau et que la Reine Anne d'Autriche, avait fait une grande trouvaille; or il est certain qu'il existait, déjà bien avant cette époque, des églises dédiées à Notre-Dame de Bonne-Nouvelle.

C'est ainsi que dans la crypte de la fameuse abbaye de Saint-Victor, à Paris, on vénérait, dès 1593, une statue de Notre-Dame de Bonne-Nouvelle : Charlotte de Montmorency, la mère du grand Condé, y allait souvent faire ses dévotions ; Catherine de Médicis alla remercier Notre-Dame de Bonne-Nouvelle de l'avoir préservée de la mort ainsi que son royal époux, lors de leur chute dans le bac de Neuilly; Marguerite de Valois, épouse répudiée de Henri IV, y allait, tous les samedis, avec les musiciens de l'Hôtel de Bourgogne, y chanter des cantiques en l'honneur de la Sainte Vierge, et la princesse Conti donna à Notre-Dame de Bonne-Nouvelle un enfant, en argent, comme ex-voto pour la naissance de son fils François (1).

En 1400, il existait au Mont Valérien, une chapelle dédiée à Notre-Dame de Bonne-Nouvelle; enfin, dès 840, nous trouvons à Orléans, une abbaye de Sainte-Marie de Bonne-Nouvelle, *Sancta Maria de Bono-Nuncio* (2).

En Province, nous trouvons la chapelle de Notre-Dame de Bonne-Nouvelle près de Saint-Jean-de-Maurienne.

Notre-Dame de Bonne-Nouvelle à Nancy, fondée au

---

(1) *Hist. de l'abbaye royale de Saint-Victor*, Fourier Bon. *Revue du Monde Catholique*, septembre-octobre 1907.

(2) *Gallia Christiana*, t. IV, 423, p. 1581. Arch. Nat.

xiv⁰ siècle par les ducs de Lorraine en 1525. Notre-Dame de Bonne-Nouvelle à Nyons, (diocèse de Valence) ; Notre-Dame de Bonne-Nouvelle à Paimpol. Notre-Dame de Bonne-Nouvelle à Palluais. Notre-Dame de Bonne-Nouvelle à Saint-Aubin de Rennes, fondée par les Dominicains en 1638. Notre-Dame de Bonne Nouvelle à Tuchan. Notre-Dame de Bonne-Nouvelle à la Chevalleraye (diocèse de Nantes) Notre-Dame de Bonne-Nouvelle à Lempdes (Clermont).

Dans notre voyage en Espagne, en 1907, nous avons trouvé une église de Notre-Dame de Bonne-Nouvelle — *Bouena-Nova* — à quelques kilomètres de Barcelone, d'une date antérieure à la nôtre.

En Italie, il y a à Florence, l'église de Santa-Maria Novella qui date du xiii⁰ siècle.

S'il en est ainsi, il convient de renvoyer au pays des légendes, l'invention de la Bonne-Nouvelle d'Anne d'Autriche.

Avant d'aller plus loin, il est juste de remarquer que tout en étant fort agréable, ce quartier possédait en 1645, une prison dite *Prison de la Ville-Neuve-en-Gravois*. Il existe aux Archives Nationales, plusieurs registres d'écrou. — 3ᵉ. 4655-65 31 f 580 — années 1635-1636. Plus tard on y a même bâti une caserne, rue Poissonnière qui a servi d'imprimerie au fameux Père Duchêne.

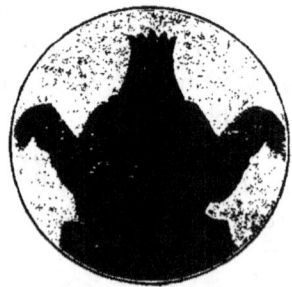

Fig. 17. — Salomon prédisant la Nativité de la Sainte-Vierge.

Fig. 18. — Maître-autel actuel de Notre-Dame de Bonne-Nouvelle.

CHAPITRE DEUXIÈME
1672 à 1790

SOMMAIRE

Requête pour l'érection de la Chapelle en paroisse. — Nomination du premier curé de Bonne-Nouvelle. — Évènements divers. — Concession d'un terrain par la ville pour la construction d'un cimetière. — Projet de réunion de Bonne-Nouvelle et de Saint-Sauveur et de construction d'une église centrale. — Achat de six cloches. — Les tribunaux obligent des paroissiens à offrir le pain bénit. — Décret du Parlement, supprimant Bonne Nouvelle, heureusement rapporté. — L'église de Bonne-Nouvelle transformée en salle de vote. — Noms retrouvés des six premiers curés de cette paroisse depuis son érection en cure.

GRAVURES. — Maître-autel de Bonne-Nouvelle. — La première chapelle. — Son plan. — Anne d'Autriche. — Sa Médaille commémorative. — Mgr de Harlay. — Plan de fusion de Bonne-Nouvelle avec Saint-Sauveur et emplacement de la nouvelle église. — Bénédiction des drapeaux à Notre-Dame. — Moïse prédisant l'Immaculée Conception de la Sainte-Vierge.

A nouvelle chapelle, tout en donnant pleine satisfaction aux pieux paroissiens de Bonne-Nouvelle, devint l'objet d'un conflit, pour ne pas dire d'un procès, entre ses marguilliers et

la paroisse de Saint-Laurent et les prieurs (1) de Saint-Martin des Champs : les premiers voulaient échapper à la domination de ces deux autorités, afin de vivre de leur propre vie. Ils se croyaient assez grands et assez nombreux pour se diriger eux-mêmes; cela leur semblait d'autant plus juste et raisonnable qu'ils avaient, en somme, plus de cent vingt années d'existence. Ils exposèrent leurs doléances et leurs réclamations au roi. Par un arrêt du 31 mai 1672, année de la déclaration de la guerre à la Hollande, Louis XIV faisait droit à la demande des marguilliers de Bonne-Nouvelle et l'érigeait en paroisse, après en avoir conféré avec l'autorité diocésaine.

Voici d'ailleurs le texte même de cet important document qui voit le jour pour la première fois comme d'ailleurs tous ceux que nous publions dans ce travail.

Versailles, le 1er décembre 1672.

Sur la Requeste présentée au Roy, en son Conseil par les Marguilliers Administrateurs et anciens de l'Eglise Nostre-Dame de Bonne-Nouvelle à Paris, Contenant que par Arrest du Conseil d'Estat du XXXI May dernier, il auroist pleu à Sa Majesté renvoyer la question pendante au Conseil, entre M. Nicolas Gobillon Curé de St. Laurent et les Mrs de la Confrairie Royalle establie en la d. Eglise en les suppliant touchant l'érection en paroisse de la d. Eglise Nostre Dame de bonne Nouvelle pardevant le S. Archevesque de Paris lequel ayant coutume d'y travailler avec son Conseil, il auroist été trouvé nécessaire de faire juger la d. instance avec le S. abbé de Lyonne, prieur de St. Martin (fig. 11) et en ceste qualité patron de la Cure de St. Laurent lequel auroist cy devant esté compris dans les qualités du procès, comme ayant intérest en celluy.

Requervient à ces Causes les supplians qu'il pleust à Sa Majesté desclarer l'arrest du XXXI may dernier commun avec le d. S^r prieur de St Martin Ordonner qu'il satisfera incessemment de sa part à remettre ses pièces par devers le d. S. Archevesque pour estre le procès jugé entre les d. partis ainsy qu'il appartiendra.

Veu la d. Requeste Signée de Croissy advo au d. Conseil, les appointements de réglement pris en l'instance avec le S. Prieur

(1) Il convient de remarquer que les prieurs de cette abbaye, sous la juridiction desquels se trouvait la paroisse de Saint-Laurent dont le curé était à leur nomination, exerçaient logiquement les mêmes droits sur la petite chapelle de la Butte-aux-Moulins.

de St. Martin l'arrest portant renvoi des différens concernant la d. Erection entre le d. S' Curé et les M. de la dite Confrairie Royalle et les suppliant par devant le d. S. Archevesque du XXXI may dernier, Oui le Rapor du S' de Musillat et tout considéré.

Le Roy en son Conseil a déclaré et déclare l'Arrest du trente et uniesme May Commun avec le S' Prieur de St. Martin. En conséquence a ordonné et ordonne qu'il satisfaira de sa part à remettre par devant le S' Archevesque de Paris ses titres et Pièces pour estre le d. Procès terminé et jugé entre toutes les parties.

DEMAVILLAC.

A Versailles, 1er décembre 1672 (1).

En conséquence de ce décret, François II de Harlay de Champvallon (fig. 24), archevêque de Paris, par ordonnance du 22 juin 1673, l'érigea en cure ou vicariale perpétuelle à la nomination des religieux de Saint-Martin-des-Champs, *Sacellum. M. B. a fausto nuntio in parochiam erigi.*

Le 22 juillet 1673, Charles de Lestoc, bachelier en théologie, était nommé premier curé de Notre-Dame de Bonne-Nouvelle. Le même jour cet ecclésiastique signifiait aux sieurs curé de Saint-Laurent et aux marguilliers de cette paroisse, ainsi qu'au prieur et religieux de Saint-Martin, cette ordonnance de l'archevêque de Paris et prenait les rênes de sa paroisse.

Et maintenant que Notre-Dame de Bonne-Nouvelle est érigée en cure, essayons de découvrir quelques faits qui se sont acccomplis sur son territoire depuis le commencement du XVIe siècle jusqu'en 1790.

Disons tout de suite que les archives de la paroisse et celles qui avaient été déposées à l'archevêché ont été détruites pendant la Révolution et en 1830, ou tout au moins, ont presque complètement disparu. Nous n'avons donc pu relever quelques faits que d'après un sommaire bien succinct que nous avons trouvé aux Archives Nationales et dont nous donnons plus loin la cotte. Voici donc quelques-uns de ces faits.

Le 9 octobre 1582, il est passé, entre les marguilliers de

---

(1) Archives Nat., E. 1767, fol. 324.

Bonne-Nouvelle et le propriétaire, un contrat d'achat d'une moitié de maison de la rue Beauregard. Le 16 décembre 1622, nouveau contrat d'achat de l'autre moitié.

Fig. 19. — Fac-similé de la première chapelle, agrandi d'après la gravure du plan de Paris, de Turgot. La porte d'entrée se trouve près du clocher.

Le 15 octobre 1622, un contrat entre la prieure des Filles-Dieu et les marguilliers de Bonne-Nouvelle stipulant les conditions d'achat d'un terrain destiné à la construction de l'église, du cimetière et du presbytère; ce terrain avait 3.181 toises et trois pieds de superficie.

Le 24 juillet 1624, Mgr Louis-Antoine, archevêque de Paris, rend une ordonnance sur parchemin au sujet de l'agrandissement de la paroisse de Notre-Dame de Bonne-Nouvelle, contre celle de Saint-Sauveur (1).

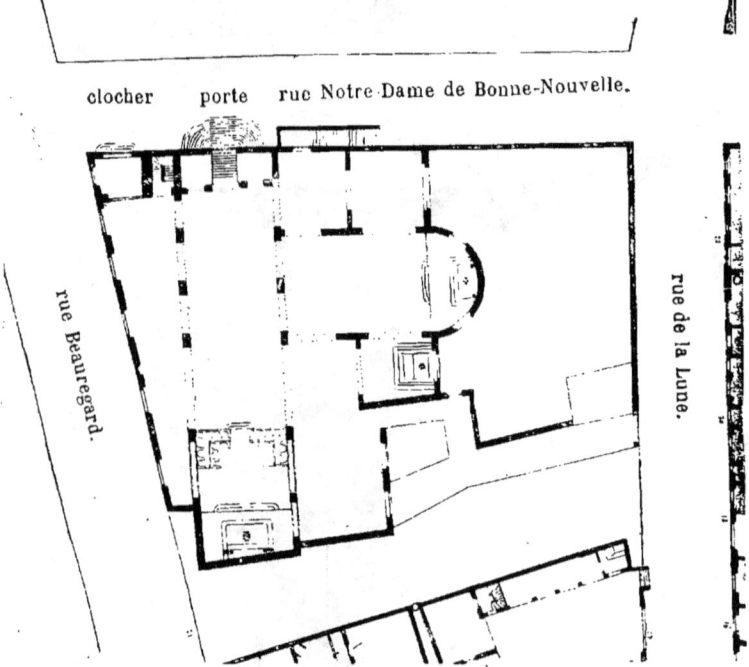

Fig. 20. — Plan de la première chapelle. Archives Nationales. Cadastre de 1807. Atlas, f. 117, 431.

Par une convention sous seing privé le 1er avril 1674, entre les prieurs et religieux de Saint-Martin-des-Champs, curés primitifs de la paroisse de Notre-Dame de Bonne-Nouvelle, et les curés et marguilliers de la paroisse, il est stipulé que les sieurs prieur et religieux seront et demeureront en droit et possession d'aller dire et célébrer la

(1) Arch. Nat , S. 3466-67.

grande et principale messe paroissiale et les vêpres le jour de l'Annonciation de Notre-Dame, fête patronale de ladite église, et que le curé, ce jour là, leur tiendra compte d'une redevance de trois livres.

Le 6 novembre 1676, par arrêt du grand conseil, rendu entre les religieux, prieur claustral du couvent de Saint-Martin et Charles de Lestocq, prêtre et vicaire perpétuel de l'église de Notre-Dame de Bonne-Nouvelle, ce dernier fut condamné à assister aux rogations et à payer la redevance de trois livres. Cet arrêt n'apaisa pas complètement le différend : le 16 août 1681, il y eut une transaction par laquelle il fut stipulé que ledit vicaire perpétuel et les marguilliers feront délivrer auxdits sieurs prieur et religieux les ornements les plus précieux pour la célébration de l'office divin et servir le repas au presbytère, et qu'il leur sera payé, par chacun an, pour les droits d'offrande ou oblation et par forme de patronage la somme de trois livres, le tout payable au dit jour de la fête de l'Annonciation de Notre-Dame. Les curés de Bonne-Nouvelle durent se soumettre et cette situation ne prit fin qu'en 1789.

En 1681, les marguilliers de Bonne-Nouvelle intentent un procès au curé de la paroisse : 23 pièces figurent au dossier. Par un acte passé devant notaire, on règle les droits respectifs du curé, des vicaires et de la fabrique. Le 7 juillet 1707, le cardinal de Noailles, archevêque de Paris, autorise le curé et les marguilliers de Bonne-Nouvelle à reconstruire le maître-autel, à la place de l'autre devenu trop petit.

Le 10 mars, M. le prince Charles de Lorraine, grand écuyer de France, autorise le suisse de Bonne-Nouvelle à porter la casaque de la livrée du roy.

Le 27 janvier 1721, les marguilliers acceptent la fondation de 12 livres destinées aux quatre prêtres chargés de passer auprès du tombeau de Notre Seigneur, la nuit du jeudi au vendredi saint.

Le 2 juin 1722, le cardinal de Noailles, accorde aux

marguilliers et curé de Bonne-Nouvelle, la permission d'acheter un terrain du cimetière pour y construire une chapelle à côté de celle de la communion.

Louis Lucas scul.
Fig. 21. — Anne d'Autriche.
F. Pourbus pinx. (Collection de M. Gustave Rothan), Cl. Gysels.

En 1748, la ville accorde le terrain de dessus le boulevard pour l'agrandissement du cimetière, rue Basse Saint-Denis.

Le 1ᵉʳ décembre 1751, le curé Léonard Euguehard fait au bureau de la ville, la déclaration des biens et revenus de la fabrique.

En 1756, les marguilliers achètent six cloches au prix de 4.840 livres. Le 31 décembre 1769, le curé de Puibusque fait également la déclaration de tous les biens et produits de la fabrique.

En 1769, les marguilliers obligent, par exploit d'huissier, la dame veuve Vincent, bourgeoise de Paris, à offrir le

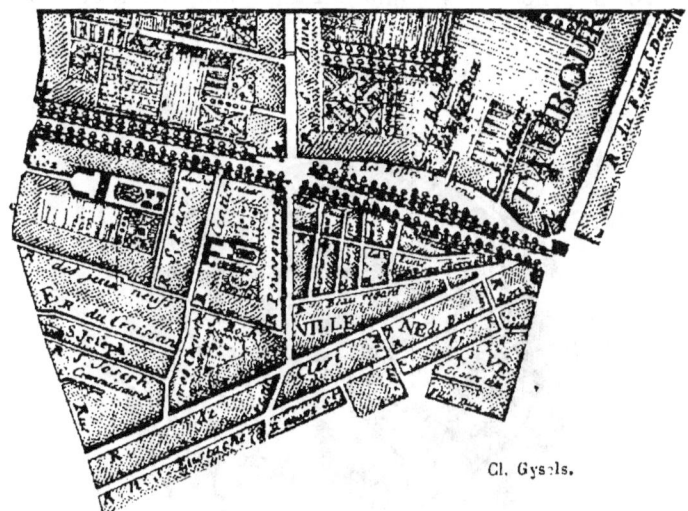

Fig. 22. — Plan de l'abbé Delagrive, dressé en 1724, 1726, 1728, sous Louis XV. Edité par Taride.

D'après ce plan, la paroisse avait, à cette époque, 16 rues : Beauregard, Bonne-Nouvelle, Croissant, Centier, Gros-Chenêt, Cul-du-Commissaire, Jeux-Neufs, de la Lune, Poissonnière, N.-D. de Recouvrance, Saint-Estienne, Sainte-Foy, Saint-Philippe, Saint-Joseph, Saint-Fiacre, Neuve-Saint-Eustache. Le quartier, qui garde encore le nom de *Ville-Neuve*, est entièrement dans Paris, en deçà de la Nouvelle porte Saint-Denis. Les limites de la paroisse finissent aux arbres qu'on aperçoit au Nord.

pain destiné à être béni. Il y a plus : la même année, ils obtiennent des sentences et des arrêts condamnant différents particuliers à rendre le pain bénit.

Il convient de parler ici d'un projet (1) — dont nous n'avons pas pu trouver la date — qui a failli coûter la vie à Notre-Dame de Bonne-Nouvelle.

(1) Bibl. Nat., Estampes, Topographie de Paris, IIe arrondissement, 8e quartier, V a. 241. 11. 8. 19.

Il doit être probablement du règne de Louis XIII, époque où nous voyons Saint-Sauveur s'acharnant à démembrer Bonne-Nouvelle, pour l'absorber. Des financiers, comme dans la fable, avaient imaginé de réconcilier les deux paroisses en les supprimant et, par ce moyen, opérer de gros bénéfices. Ils voulaient faire une fructueuse spéculation.

Fig. 23. — Fac-similé de la médaille d'Anne d'Autriche qui se trouve incrustée dans la plaque commémorative.

Voici d'ailleurs ce curieux *Mémoire* et l'emplacement de la nouvelle église en projet (fig. 25).

Mémoire servant à prouver le produit d'une somme de cinq cent mille livres si le Gouvernement décide la réunion des Paroisses de Saint-Sauveur et de Bonne-Nouvelle et la construction d'une église sur un emplacement que l'on nomme la maison de campagne des religieuses de Sainte-Catherine, rue Saint-Denis, en face la rue du Ponceau.

Il est inutile de répéter ici tous les avantages qui doivent donner à cet emplacement la préférence sur tous les autres terrains proposés pour la construction de ce monument, ils ont été détaillés dans les précédents mémoires et démontrés par plusieurs guides qui y désignent un accès facile par une rue large, isolément de tous côtés par les rues circulantes autour de cette église qui procureront beaucoup d'avantages et éviteront le danger de

Fig. 24. — FRANÇOIS DE HARLAY De CHANVALLON Conseiller du Roy En ses Conseils, ARCHEVESQVE de PARIS, Et Commandeur des Ordres du Roy, Duc Et Pair de France, Proviseur de la Sorbonne.

Cl. Gysels.

l'incendie : solidité du sol qui n'exige point de fondations profondes ; tout se réunit en faveur de ce projet.

On se permettra seulement de rappeler que dans tous les autres projets, il y a lieu d'acquisition de maisons, de démolitions ruineuses à faire et que dans celui-ci, il n'y a que des légumes et des arbres à arracher ; aucun établissement de trouble, aucun concours de propriétaires à réunir et très peu de constructions à démolir.

En effet, il n'y a que deux seuls traités à faire, l'un avec les religieuses pour un jardin qu'elles ne viennent occuper que pendant quatre mois de la belle saison et par une maison joignante : l'autre avec un particulier propriétaire de deux maisons contiguës sur la rue Saint-Denis par la rue en face.

Telles sont les seules opérations à faire; mais ces opérations sont d'autant plus faciles que le prix de ces acquisitions sera plus que couvert par les portions de terrains restant à vendre après le prélèvement fait de l'emplacement de la nouvelle église et des rues qui circuleront autour par les rues entièrement isolées.

On a effectivement démontré par le plan et le premier mémoire que les acquisitions monteront environ à la somme de trois cent mille livres.

D'où il résulte que, sans troubler aucun propriétaire, et en mettant en valeur un terrain qui ne produit actuellement que des légumes, l'emplacement nécessaire à ce projet n'aura, non seulement rien coûté, mais qu'il aura un bénéfice de cent mille livres, bénéfice net pour la nouvelle construction. Mais il est encore un autre avantage bien évident, c'est la vente fructueuse des emplacements certains des églises de Saint-Sauveur et de Bonne-Nouvelle.

L'emplacement de Saint-Sauveur, situé rue Saint-Denis, est par sa position avantageuse, susceptible d'être divisé en plusieurs parties et vendu à différents particuliers pour bâtir des maisons de commerce d'un produit considérable dans ce quartier.

Cet emplacement et les matériaux de la dite église, produiront au moins la somme de deux cent cinquante mille livres.

L'emplacement de Notre-Dame de Bonne-Nouvelle, situé rue Beauregard, dans un quartier actuellement très recherché pour des maisons bourgeoises, tant à cause de la proximité des boulevards que par la faveur que ce quartier acquiert journellement, produira au moins cent cinquante mille livres, ce qui fait en sus de quatre cent mille livres de bénéfices nets qui, ajoutés au premier bénéfice des terrains du jardin de Sainte-Catherine, les cent mille livres ci-dessus énoncées, forment un capital de cinq cent mille livres en dédommagement de la nouvelle église.

Tant d'avantages réunis ne peuvent que concourir au succès de ce projet qui aurait, en outre, le mérite d'être le premier monument de notre Auguste Monarque.

Ce projet resta heureusement à l'état de lettre morte.

38   HISTOIRE DE LA PAROISSE

En 1779, les marguilliers de Bonne-Nouvelle intentent un procès au curé et aux marguilliers de Saint-Sauveur

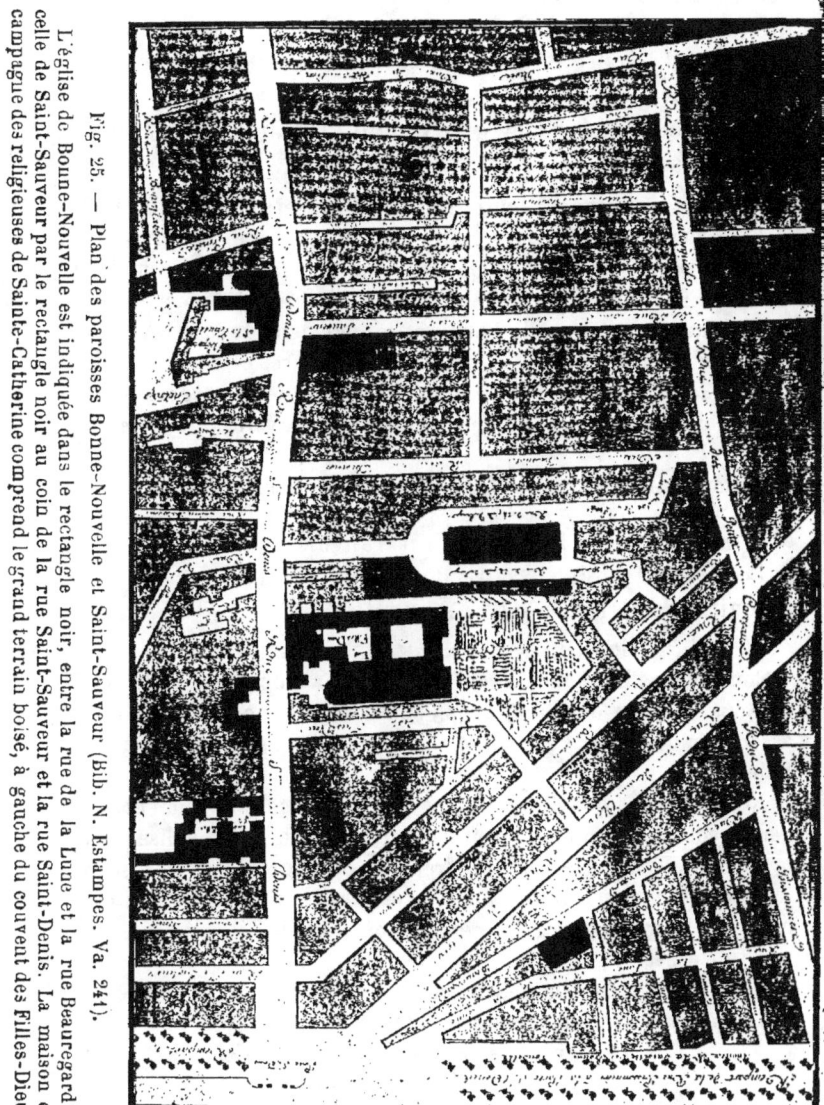

Fig. 25. — Plan des paroisses Bonne-Nouvelle et Saint-Sauveur (Bib. N. Estampes. Va. 241). L'église de Bonne-Nouvelle est indiquée dans le rectangle noir, entre la rue de la Lune et la rue Beauregard ; celle de Saint-Sauveur par le rectangle noir au coin de la rue Saint-Sauveur et la rue Saint-Denis. La maison de campagne des religieuses de Sainte-Catherine comprend le grand terrain boisé, à gauche du couvent des Filles-Dieu.

qui, par des moyens probablement peu avouables, avaient obtenu la suppression de leur paroisse et son adjonction à Saint-Sauveur. M. le curé de Puibusque donna même sa démission. Heureusement, Mgr le cardinal de Beaumont, mieux informé, cassa et annula le décret et maintint la paroisse et le curé de Bonne-Nouvelle dans le même état qu'auparavant.

Voici le libellé exact de l'inventaire dont nous avons parlé plus haut.

« Vu le sac contenant toutes les pièces concernant le procès de la Fabrique contre le Curé et les Marguilliers de St. Sauveur ; contre le Décret de suppression et d'union de la paroisse de N.-D. de Bonne-Nouvelle à celle de St. Sauveur, par Monsieur de Beaumont, Archevêque de Paris ; et le jugement de Mgr l'Archevêque de Sion qui casse et annule le dit Décret et maintient le Curé et la paroisse de Bonne-Nouvelle ainsi que la révocation de M. de Puibusque, Curé, de la démission qu'il avait donnée de sa cure.

Le tout joint au sac. — Cotte comme à la marge (1) 10 J.

Nous arrivons à la Révolution française.

Le 19 avril 1789, le curé de Bonne-Nouvelle, reçut de la mairie de Paris, la lettre suivante :

Monsieur,

Nous avons l'honneur de vous prévenir d'avance de la nécessité où nous sommes d'établir, dans l'église de Bonne-Nouvelle, une assemblée de district pour la Convocation du tiers-état de cette ville.

Nous espérons que l'importance de la destination vous engagera à consentir pour mardi prochain, à celle de votre église pour le même objet, et que vous voudrez bien concourir, par toutes les facilités qui dépendront de vous, au succès des mesures qu'on est obligé de prendre dès ce moment-ci pour qu'elle soit convenablement disposée.

Nous sommes, avec les sentiments les plus distingués, Monsieur, vos humbles et très obéissants serviteurs.

Les Prévosts des Marchands et Échevins de la
Ville de Paris (2).

(1) On trouve tous ces documents aux Arch. Nat. S. 3467. Dossier 4 T. T. T. T.
(2) Chassin. *Elections de Paris*, 1789, t. I. p. 414.

L'église de Bonne-Nouvelle devint donc, le 21 avril de la même année, une salle de vote, pour le quartier des Saints-Innocents, destinée à l'élection du Tiers-État. Comme on le voit, les églises furent ainsi, comme le berceau de la démocratie parisienne qui les récompensa par l'ingratitude et la sauvagerie.

L'introduction de la politique dans le sanctuaire de la religion, devait d'ailleurs engendrer les plus douloureuses conséquences. Cet acte de faiblesse du clergé, enhardit les révolutionnaires qui le lui firent expier d'une manière bien cruelle.

Le curé de Bonne-Nouvelle avait accepté, sans protestation, sachant que son archevêque, Mgr de Juigné, avait mis son palais archiépiscopal à la disposition des pouvoirs publics, le 23 avril pour les élections et, après les sombres journées des 5 et 6 octobre, pour recevoir l'Assemblée Nationale qui ne pouvait encore siéger dans la salle du Manège : Mgr de Juigné n'eut guère à se louer de sa généreuse hospitalité, car son propre palais fut compris dans l'aliénation des biens du clergé votée sous son propre toit, par cette assemblée spoliatrice.

Le 27 septembre 1789, lors de la cérémonie de la bénédiction des drapeaux à Notre-Dame (fig. 26), par Mgr de Juigné, le quartier de Bonne-Nouvelle, au milieu de drapeaux, aux inscriptions plus ou moins farouches, telles que : « *N'obéir qu'à la loi* » (1) « *Il est enfin terrassé* » (2) « *Mort ou Liberté* » (3) se présentait avec le district des Filles-Dieu, avec un drapeau fond rouge et bleu, semé de fleurs de lys et au milieu, une croix blanche, sur laquelle se détachait la douce et fière image de Jeanne d'Arc (4). Il est à espérer que cette pacifique et chrétienne manifestation a attiré sur Bonne-Nouvelle la protection de Jeanne d'Arc.

Avant d'aller plus loin, il convient de nous demander

---

(1) District de Saint-Magloire.
(2) District de Nazareth.
(3) Section de Saint-Marcel.
(4) *Paris à travers l'histoire* par Robida, p. 648.

quels ont été les curés qui ont gouverné Notre-Dame de Bonne-Nouvelle depuis son érection en cure.

L'abbé Le Bœuf et, à sa suite, Mgr Caron et tous les autres historiens ont affirmé que « depuis l'année 1551 (1), date

r inv. et del.   Berthaud scul.
6. — Bénédiction des drapeaux de la Garde Nationale Parisienne, à Notre-Dame, le 27 septembre 1789.

de sa construction jusqu'en 1730, l'histoire n'a pas conservé les noms des curés qui l'ont administrée ».

(1) Nous avons fait remarquer plus haut que cette date est erronée ; c'est 1552 qui est celle de l'ouverture de la chapelle au Culte. Pendant la correction des épreuves, nous avons découvert un seul historien qui reconnaît bien cette date : « Ce ne fut qu'en 1552 que le curé de Saint-Laurent, l'évêque de Paris et le Parlement donnèrent les autorisations nécessaires pour la construction de cette chapelle. » *Paris ancien et moderne*, par J. de Marlès, t. III, p. 294. Paris 1838. Archives du sous-secrétariat d'Etat des Beaux-Arts.

Il convient de remarquer, tout d'abord, que depuis l'ouverture de la chapelle, jusqu'à 1672, Bonne-Nouvelle n'était pas une paroisse mais une simple chapelle de secours qui devait être desservie soit par un prêtre de Saint-Laurent, soit par les religieux de l'abbaye de Saint-Martin-des-Champs : ces derniers n'ayant pas le titre de curé, il n'est pas étonnant que les noms des religieux qui l'ont desservie, n'aient pas été conservés par l'histoire. Ce n'est donc qu'à partir de son érection en cure, en 1673 que doit commencer la série des véritables curés de Bonne-Nouvelle : or, ainsi que nous le verrons plus loin, lorsque nous parlerons du personnel ecclésiastique de la paroisse, nous avons eu la bonne fortune de mettre la main sur les curés disparus de 1673 à 1750.

Voici, en attendant, leurs noms dans l'ordre chronologique :

Charles de Lestocq, 1673-1690.
Paul-Joseph de Cambefort, 1690-1720.
Maxime-Georges Gauthier, 1720-1723.
Jacques-Barthélemy de La Broise, 1723-1739.
Léonard-André Euguehard, 1759-1760.
Jean-Tiburce de Puibusque, 1769 (1).

(1) Arch. Nat., L. 691, n° de 1 à 22. *Passim.*

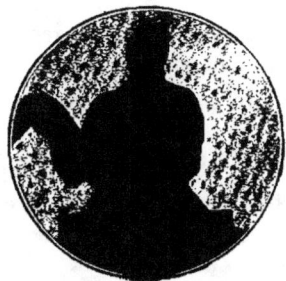

Fig. 27. — Moïse prophétisant l'Immaculée-Conception de la Sainte Vierge.

Cl. Conte.

Fig. 28. — Aiguière.

CHAPITRE TROISIÈME

1790 à 1801

SOMMAIRE

Suppression de Bonne-Nouvelle par l'Assemblée Nationale et sa réunion à la paroisse de Saint-Sauveur. — Sa vente. — Ses propriétaires. — Déclaration des biens ecclésiastiques par M. Favre, curé. — Nouvelle déclaration. — Le clergé de Bonne-Nouvelle et le serment à la Constitution civile. — Protestation des paroissiens contre la suppression de leur paroisse. — Réponse du ministre de la Justice. — La police veut enlever les ornements de l'église. — Protestation des paroissiens. — Réunions pacifiques et puis tumultueuses dans l'église transformée en Temple de la Raison. — Attitude courageuse de deux paroissiennes, d'un abbé. — Emprisonnement. — Mise en liberté. — Beau trait d'un tapissier. — Un marguillier refuse de livrer la clef du clocher au commissaire de police. — Livraison des cloches pour être changées en canons. — Discours tenus par trois abbés dans l'église.

GRAVURES : Aiguière. — Trois anges annonçant à Sara la naissance d'un fils.

A tourmente révolutionnaire, qui devait emporter le trône et l'autel, ne pouvait laisser subsister la paroisse de Notre-Dame de Bonne-Nouvelle, déjà ébranlée par le décret de 1779.

Voici le premier document que nous trouvons de cette triste époque. C'est un procès-verbal concernant une déclaration des biens ecclésiastiques, faite par M. Favre, curé de Bonne-Nouvelle.

Le Vendredi 5 mars 1790, à dix heures du matin, audience tenante, M. Jacques-François Favre, curé de N. D. de Bonne-Nouvelle, y demeurant, s'est présenté et, après avoir prêté serment en la manière accoutumée, a réitérée la présente déclaration et affirmé qu'elle contenait la vérité, et qu'il n'avait connaissance qu'il ait été, directement ou indirectement, fait aucune soustraction de titres, papiers, mobilier de la Fabrique de Bonne-Nouvelle (1).

L'année suivante, le même curé faisait la déclaration qui suit :

« Je soussigné, Jacques-François Favre, prêtre du Diocèse de Genève, partie de France, Curé de la Paroisse de N. D. de Bonne-Nouvelle à Paris, supprimée par l'Assemblée Nationale et réunie à celle de St. Sauveur de la même ville, déclare que les revenus de ladite Cure de Bonne-Nouvelle, consistent dans la somme de cinq cent soixante trois livres, payées par la Fabrique pour acquit de Messes de fondations et généralement portant le revenu fixé de la susdite Cure de Bonne-Nouvelle, affirmant qu'il y avait en sus des bénéfices, charge de cent cinquante livres dues au Curé de St. Laurent. »

Paris, 12 avril 1791.

FAVRE (2).

Mais arrivons aux événements généraux. Le 12 juillet 1790, l'Assemblée Nationale avait décrété une nouvelle constitution des paroisses : à Paris, sur 52 il y en eut 27 de supprimées. Celle de Bonne-Nouvelle fut comprise parmi ces dernières. M. Fabre s'étant trouvé parmi les 317 ecclésiastiques employés au ministère paroissial et du nombre des 27 curés de Paris qui eurent le courage de refuser le serment à la Constitution civile du clergé, se trouva, de ce fait, démissionnaire et jeté dans la rue avec une pension alimentaire des plus modiques.

Que devinrent les membres de son clergé ? Il est curieux et intéressant de nous demander tout de suite ici, quelle fut l'attitude de ce clergé vis-à-vis du serment à la Constitution civile, imposée par l'Assemblée Nationale.

Le samedi 8 janvier 1791, les portes, les murs et les

---

(1) Arch. Nat., N. S. 3467, fol. 251.
(2) Arch. Nat., N. S, 3467, fol. 441.

piliers de Bonne-Nouvelle furent tapissés, par la commune de Paris, d'affiches portant l'avis suivant :

Messieurs les ecclésiastiques, attachés ou domiciliés dans la Paroisse de N. D. de Bonne-Nouvelle, qui se sont présentés au secrétariat et greffe de la Municipalité pour y déclarer qu'ils étaient dans l'intention de prêter le serment ordonné par le décret de l'Assemblée Nationale du 27 novembre 1790, accepté par le Roi le 26 décembre suivant, transcrit le 30 sur le registre de la Municipalité, sont prévenus que Dimanche 9 Janvier 1791, MM. les Commissaires députés par le Conseil Général de la Commune, se transporteront dans l'église paroissiale susdite pour y être présents au serment qui sera prêté à l'issue de la Messe paroissiale.

BAILLY, Maire.

Dans ces temps troublés le clergé, comme beaucoup d'autres personnes, se trouvait un peu dérouté : soit contraints, soit faute d'y voir assez clair, soit espoir qu'un accord interviendrait entre le pape et le roi pour faire cesser cet état de chose, plusieurs ecclésiastiques prêtèrent le serment à la constitution civile du clergé, constitution approuvée par le roi, serment prêté par le grand-maître de l'Université et par 23 curés de Paris sur 52.

Voici donc quelle fut l'attitude du clergé de Bonne-Nouvelle dans cette grave circonstance.

Non-jureur : Jean-François Favre, curé;

Jureurs : Claude-François Colombard, premier vicaire; Jean-François-Antoine Sombarde, deuxième vicaire; Pierre-Lucien Destremau, prêtre; Jean-François Boulay, prêtre; Louis-François Déhelle, prêtre; Augustin-Jérôme Hanquez, diacre, choriste; Jean-Baptiste Sanson, diacre, choriste; Luc Kaiser, prêtre sacristain; Antoine Maillard, prêtre; Jean-Gabriel Douche, prêtre; Philibert Duval, prêtre.

Total : 1 non jureur ; 11 jureurs (1).

Mais il est juste de reconnaître, tout de suite, que tous ces ecclésiastiques éclairés par les événements et surtout

(1) *Histoire du serment à Paris pendant la Révolution*, par de Joly, t. II, p. 96. — Bibliothèque Carnavalet 11944.

par la grâce firent, quelques temps après, leur rétractation (1).

Cette abominable loi de suppression jeta le trouble et la désolation parmi les paroissiens de Bonne-Nouvelle.

Profondément attachés à leur église, à leur paroisse et à leur pasteur, ces bons chrétiens voyaient avec effroi la fermeture du lieu saint, la cessation du culte et la dispersion de leur clergé. Ils ne purent se résigner à un pareil malheur. Leur foi blessée et indignée se révolta contre la tyrannie et fit entendre de fiers, de nobles accents.

Usant de leurs droits de citoyens, ils rédigèrent une protestation et une demande de conservation de leur paroisse. Tout d'abord ce fut un simple particulier qui ouvrit le feu : M. Dutron de Villétang, ancien capitaine de la Grande Fauconnerie du Roi et Marie Titon, sa femme, écrivirent au comité ecclésiastique de l'Assemblée Nationale pour demander la conservation de Notre-Dame-de-Bonne-Nouvelle qui avait été dotée, par leurs parents, d'une fondation de 6.000 livres. Cette lettre était datée du 24 février 1791 (2).

Le 10 février 1791, les marguilliers lurent aux paroissiens assemblés dans l'église, une pétition qu'ils adressèrent au ministre de la Justice, demandant le maintien de l'église et de la paroisse, au moins jusqu'à la fin de la construction de celle de Saint-Sauveur (3).

Enfin le 22 juin 1791, une pétition collective, au nom des marguilliers et des paroissiens, était adressée au ministre de la Justice : cette pièce avait été rédigée par un ecclésiastique de Bonne-Nouvelle et qui était en même temps un homme de loi ; à part le ton emphatique qui se ressent de la boursouflure de cette époque enfiévrée, cette lettre est un chef-d'œuvre de bon sens, de justesse, de

---

(1) Il faut malheureusement en excepter l'abbé Colombard, 1er vicaire, qui se fit élire curé constitutionnel de Saint-Nicolas-des-Champs, le 20 février 1791.

(2) Arch. Nat., DXIX, 82, fol. 46.

(3) Arch. Nat., DXIX, 82, Fol. 46.

science juridique et d'argumentation serrée et irréfutable.

Voici ce document avec les annotations placées en tête par le Ministre de la Justice :

Annotations. — Renvoyé au Département de Paris au Comité ecclésiastique de l'Assemblée Nationale.

Il n'y a lieu de délibérer, sauf aux exposants à se pourvoir à la prochaine législation.

Reçu le 16 juin 1791.

Signé : Despatys.

Pétition à fin de rétablissement de l'église de Bonne-Nouvelle de Paris en paroissiale lors de la revision des décrets.

Pour fixer le sort des Établissements publics qui devaient subir la réforme de nos lois toujours fidèles aux principes sacrés qui ont dicté le travail immortel de la Constitution Française, l'Assemblée Nationale n'a cessé de prendre l'utilité, la nécessité générales pour base de ses opérations.

Grande et magnifique dans tout ce qui tient à la majesté du peuple, généreuse dans tout ce qui doit exprimer ses munificences, économe dans tout ce qui peut affecter la classe pauvre et laborieuse de la Nation, pourrait-on croire qu'elle eût voulu même paraître insensible au vœu légitime et légitimement exprimé d'un grand nombre de citoyens attachés à une église paroissiale dont l'utilité, dont la nécessité se trouvent prononcées par un suffrage universel?

Cependant, du nombre des Paroisses supprimées dans la nouvelle enceinte de Paris, se trouve celle de Bonne-Nouvelle. Cette Paroisse à la vérité, n'a pas l'avantage d'une élévation antique au titre d'Église baptismale; mais son existence présente aujourd'hui les mêmes vues de sagesse et d'utilité qu'elle présentait en 1673 lorsque, de simple oratoire paroissial de Saint-Laurent, elle devint paroisse elle-même. Le décret de suppression — il est impossible de le dissimuler — parut amer et affligeant aux paroissiens de Bonne-Nouvelle; leur sensibilité extrême ne laissa aucun intervalle entre l'autorité de la loi et leur obéissance.

Convaincus qu'ils sont que la loi — parût-elle susceptible de modification, d'abrogation même —, exige la soumission entière d'un peuple libre par elle, ils ne le sont pas moins que la surprise faite au législateur est un obstacle essentiel à la perfection de la loi et un moyen déterminant qu'il puisse en obtenir le rapport.

De quoi s'agissait-il avant que l'Assemblée Nationale eût rendu le décret du 4 février ? Il fallait décider, dans l'espèce, si la paroisse de Bonne-Nouvelle éprouverait ou n'éprouverait pas la suppression.

D'où devaient parvenir les traits de lumière qui devaient éclairer une si importante opération ? La loi va nous l'apprendre.

L'article XIV des décrets sur la Constitution Civile du Clergé des 14 et 15 Novembre dernier est conçu ainsi : « Pour accélérer leur travail sur les suppressions et unions des paroisses, les Directoires et les Districts chargeront les Municipalités des villes et des bourgs de chaque Canton de leur envoyer toutes les instructions et tous les éclaircissements nécessaires sur les convenances des suppressions et unions à faire dans les territoires et aux environs... » Voilà la loi.

Suivant l'article XVII, les « Municipalités devaient faire connaître la population de chaque paroisse ; elles devaient expliquer les raisons qui les déterminaient à proposer de supprimer, de conserver, d'unir ou d'ériger ; et, du tout, elles devaient dresser procès-verbal ; elles devaient envoyer ce procès-verbal au Directoire du District qui lui-même devait l'envoyer au Directoire du Département dont la fonction était de le faire passer, avec son avis, dans l'Assemblée Nationale pour y être décrété... »

D'après ces dispositions, qui exigent les précautions les plus sages, qui ordonnent les informations les plus scrupuleuses, afin de motiver la formation ou la suppression des Paroisses, peut-on douter que les Municipalités aient pu, par elles-mêmes et sans consulter le vœu des paroissiens, adresser des procès-verbaux de convenance, de localité, au pouvoir Législatif ? Quand il s'agit du bien public c'est l'opinion publique qu'il faut consulter.

C'étaient les paroissiens de Bonne-Nouvelle qu'on allait juger ; c'étaient les paroissiens de Bonne-Nouvelle qu'il fallait entendre. Ils ne l'ont pas été.

Dans l'esprit de la Constitution, lorsqu'il s'agit de la suppression de la plus petite Paroisse des départements, les paroissiens ont trois, quatre tribunaux progressifs où ils peuvent requérir la réformation des inexactitudes des procès-verbaux ; les Municipalités, les Districts et les Départements et l'Assemblée Nationale ; et à Paris, des Paroisses auront moins de recours parce que la réunion provisoire du District et du Département à la Municipalité a été un des fléaux de la Révolution ? Faut-il donc les punir parce qu'ils ont été plus accablés ?

Si dans le régime des abus, il eût été impossible que les habitants de Bonne-Nouvelle se vissent privés de leur Paroisse, et d'une église paroissiale, à qui persuadera-t-on que, dans le système d'une liberté fondée sur la loi, sur la justice, ils dussent subir à peine d'une inaction qu'il n'a pas été dans leur pouvoir de surmonter?

Dans l'ancien régime, lorsqu'il fut résolu d'ériger l'église de Bonne-Nouvelle en paroissiale, on procéda à l'information de l'utilité de l'établissement de cette nouvelle Paroisse; l'homme de loi qui défendait le Roi et les intérêts du peuple, l'Archevêque de Paris, Cotateur, le Prieur de St. Martin des Champs, Patron-Curé de la Paroisse St. Laurent, furent entendus, et, par un jugement solennel, l'opération fut consommée.

Si dans le même régime, on eut cru convenable, quelque temps après, de supprimer ou de réunir la Paroisse de Bonne-Nouvelle, il aurait fallu observer les mêmes formalités, obtenir un concours de suffrages tel qu'il avait été lorsqu'elle avait été érigée; et nécessairement, les paroissiens auraient été entendus, il aurait été impossible d'éluder leurs vœux. Et l'on ne pourra croire, que dans le régime de la liberté, on aura pu, par surprise et avec effet, sacrifier arbitrairement l'intérêt public. Non, les paroissiens ne le penseront jamais.

Qu'au lieu de considérer la réduction de son plan, comme une opération de géométrie, la Municipalité en ait calculé l'objet d'après les instructions et le vœu de la Paroisse; qu'elle eût exposé que l'absence de supérieur ecclésiastique, que l'attente du successeur que la Constitution lui préparait privât les paroissiens d'un arbitre des convenances particulières au réglement du Culte.

Qu'elle eût présenté cette suppression comme impraticable par la distance considérable qui se trouve entre le territoire paroissial de Bonne Nouvelle et l'église St. Sauveur.

Parce que cette suppression opérait la réunion d'une église construite à une église qui tardera sûrement beaucoup à l'être parce que ses moyens sont au-dessous de son entreprise.

Parce qu'enfin la population de Bonne-Nouvelle, d'environ 13.000 âmes, en démontrant l'impossibilité à la réunir avec ceux de St. Sauveur en un même temple, devait éloigner toute idée de suppression.

L'Assemblée Nationale eût pris ces motifs en considération comme elle adopta les observations des Députés de Province lorsqu'il fallut faire une nouvelle division du royaume. A la vérité, l'Assemblée Nationale a rendu son Décret, mais ce décret est essentiellement réglementaire ; et, si par l'article IV elle n'a que provisoirement statué sur la circonscription des 33 Paroisses comprises dans l'état annexé, il serait absurde de penser qu'elle se soit privée de la faculté de modifier, en cas de besoin et d'utilité démontrée, quand les convenances sans nombre, quand enfin le vœu général sollicite, une décision définitive, aussi honorable pour les législateurs que digne de respect et de la reconnaissance des paroissiens de Bonne-Nouvelle et spécialement du soussigné,

Fourquet-Damalis,

homme de loi, rue Neuve St. Etienne, Bonne-Nouv., n° 17 (1).

Cette pétition motiva la réponse indiquée aux annotations.

La supplique des marguilliers frappa l'esprit du citoyen Duport, ministre de la Justice. Voici ce qu'il écrivit comme réponse :

« Je cède volontiers au désir que m'ont exprimé les Marguilliers de la Paroisse de N. D. de Bonne-Nouvelle, que je vous adressasse les observations ci-jointes sur la réunion de cette Paroisse à celle de St. Sauveur. Je vous prie de les examiner dans votre sagesse. Je pense qu'il serait plus convenable de laisser subsister Bonne-Nouvelle, comme succursale, jusqu'à ce que l'église de St. Sauveur fût bâtie.

Le Ministre de la Justice,
Duport.
Paris, 20 mai 1791 (2).

Nous verrons plus loin l'heureux effet produit par ces diverses pétitions et comment la Providence veilla particulièrement sur Bonne-Nouvelle.

Disons tout de suite que dès 1790 l'église de Bonne-Nouvelle avait été transformée en temple de la Raison.

---

(1) Arch. Nat., E XIX, n° 720. Sixième n° 9.

(2) Tous ces renseignements et ceux qui suivront ont été puisés aux archives de la préfecture de police, F. 19, 1259, n° 49 et suivants. — Voir aussi Tuetey, *Répertoire des choses de la Révolution*, t. II, p. 141-142, n° 1330, t. III, p. 363. Voir tome IV-V. Table. Section de Bonne-Nouvelle.

Pour se conformer à la nouvelle législation, l'autorité civile avait ordonné le transfert des ornements sacrés de Bonne-Nouvelle dans l'église de Saint-Sauveur. Mais cette opération ne se fit pas aussi aisément que l'espéraient ses inspirateurs. Les biens qui étaient dans l'église de Bonne-Nouvelle, appartenant aux paroissiens, ceux-ci ne purent se résigner à les laisser partir sans en revendiquer la propriété et sans en empêcher la soustraction. C'est ce qui arriva. Le lundi 16 mai 1791 (1), les paroissiens ayant appris que les agents de la municipalité se trouvaient dans leur église pour prendre les ornements sacrés et les transporter à Saint-Sauveur, accoururent immédiatement sur les lieux. D'après les rapports de la police, il y avait trois cents femmes et une vingtaine d'hommes ; comme la police, dans ce cas, est assez disposée à donner un chiffre inférieur, nous pouvons croire qu'il y avait quatre à cinq cents paroissiens réunis dans l'église. M. Duval, un des marguilliers en charge, se trouvait présent. Au moment où les agents allaient commencer leur triste besogne, les femmes jetèrent les hauts cris : une d'entre elles, Mme Macé, marchande de marée, demeurant 108, rue de Cléry, déploya une extraordinaire énergie : craignant qu'il n'y eut pas assez de monde pour empêcher la spoliation sacrilège, elle monta au clocher et sonna hardiment le tocsin ; immédiatement la foule, émue d'indignation, envahit le lieu saint. Le citoyen Louis-Marie Cafin, commissaire de police du quartier, fit requérir le sieur Bélizaire, capitaine de la compagnie des Centraux ; cinquante hommes du bataillon entrèrent brusquement dans l'église ; une bousculade s'ensuivit pendant laquelle les agents parvinrent à enlever de l'église, un dais et une bannière qu'ils portèrent à l'église de Saint-Sauveur.

Le 22 mai 1791, l'abbé Fourquet de Damalis, qui était naturellement du clergé de Bonne-Nouvelle, à en juger d'après les sympathies dont il y jouissait, avait réuni dans l'église, une assemblée de fidèles ; ils y étaient en très

(1) *Ibid.*

grand nombre, sous la surveillance de douze gardes nationaux, commandés par un sergent. Le commissaire de police Cafin, ayant appris cette réunion, s'y rendit aussitôt. Il demanda à l'abbé Fouquet de Damalis pourquoi il tenait cette assemblée; l'abbé lui répondit que c'était d'abord pour rendre compte aux citoyens présents, d'une procession faite l'année dernière à l'occasion de la petite Fête-Dieu; ensuite, comme il avait constaté, dans les décrets de l'Assemblée Nationale, certains dispositifs qui portaient préjudice au bien public, il voulait les interpréter de manière à donner satisfaction au peuple, même au point de vue de ses intérêts matériels.

Le commissaire de police accepta ces explications. En présence des bonnes dispositions de ce magistrat, l'abbé proposa à l'assemblée de se réunir tous les dimanches, pour discuter ces questions et d'autres qui avaient pour but le bonheur du peuple : il demanda même que la municipalité restituât les fondations destinées au soulagement des pauvres. Ces diverses explications et motions, étant accueillies par des applaudissements, et l'assemblée ayant été parfaitement paisible, le commissaire de police fut obligé d'en convenir et de le consigner dans son procès-verbal.

M. Duval, marguillier, en profita pour justifier la fabrique du reproche qu'on lui avait adressé d'avoir laissé inventorier et prendre les biens de l'église. On se donna rendez-vous à huitaine. Mais, avant de se séparer, plusieurs femmes prirent la parole pour protester contre la réunion de Bonne-Nouvelle à la paroisse de Saint-Sauveur, disant qu'elles ne voudraient pas M. Desforges, curé de cette paroisse, pour leur curé (1). Comme de juste, les agents de police intervinrent; l'abbé de Damalis finit par obtenir un peu de calme; mais le commissaire de police se crut obligé de dire que ces assemblées étaient inconstitutionnelles; qu'elles dégénéraient en désordre et qu'il était de son devoir de

(1) Nous verrons, plus loin, combien était fondée leur aversion pour cet ecclésiastique.

les signaler au procureur de la commune. Il dressa donc procès-verbal.

La réponse ne se fit pas attendre : le 25 mai 1791, il fut signifié à l'abbé Fourquet de Damalis de ne plus tenir d'assemblée dans l'église. Le procureur, en dehors des motifs d'ordre, invoqua des raisons personnelles, disant que cet abbé avait déjà excité des troubles dans d'autres réunions et qu'il avait eu un très gros procès avec le curé de Saint-Roch, procès qu'il avait d'ailleurs perdu. Le tenace abbé ne se tint pas pour battu : le 29 du même mois, il revenait dans l'église. Intervention nouvelle du vigilant commissaire de police. Le magistrat lut un arrêté aux termes duquel « l'église de Bonne-Nouvelle ne serait ouverte que pour la durée de l'Office divin et pour les seules assemblées de Bonne-Nouvelle ».

Ce genre de restriction ne satisfaisait pas le président ecclésiastique de l'assemblée. L'abbé, soutenu par plus de quatre cents personnes, fit opposition à cet arrêté ; de là, tumulte dans l'église : on crie, on se dispute, on se bouscule. Le commissaire de police invite l'abbé Fourquet de Damalis à le suivre au poste. L'abbé refuse : puis, se rendant au banc d'œuvre, il crie d'une voix forte : « Je me mets sous la garde du peuple ». Au même instant, on se groupe autour de lui, on l'isole des agents et on l'empêche de sortir de l'église. Naturellement, il s'en suivit une bagarre, des cris et un tumulte indescriptibles. La force armée fit irruption : à la vue des soldats, les esprits s'échauffent, les cœurs bondissent d'indignation, les dames sont surexcitées au point qu'une d'elles, Marguerite-Françoise Rosson, donne un coup de poing au soldat Goscol et lui casse plusieurs dents ; puis elle administre une bonne volée à un autre qui s'appelait Daniel — qui a dû se croire dans une fosse aux lionnes — et lui arrache en même temps son fusil. Mais le dernier mot resta, comme de juste, à la force armée. L'abbé Fourquet de Damalis, la dame et les deux soldats furent conduits au poste pour donner des explications. L'abbé répondit courageusement au long interrogatoire; la dame mit ses violences sur le compte de ses nerfs; procès-verbal fut dressé et les deux inculpés furent conduits, sous la surveillance de Fossier, caporal de la Garde Nationale, l'abbé, à l'Hôtel de la Grande-Force et la dame, à l'Hôtel de la Petite Force. Ils ne devaient pas y rester longtemps.

Le lendemain matin, un brave paroissien, Génard, tapissier, demeurant au 14 rue de la Lune, alla demander leur élargissement. Il dit qu'il connaissait particulièrement ces deux personnes; qu'il se portait garant pour elles et qu'on pouvait les mettre en liberté; que d'ailleurs, elles se tiendraient à la disposition de la justice.

Sur sa parole, Caffin, commissaire de police, signa leur mise en liberté : et voilà nos deux prisonniers rentrés à la paroisse, à la grande satisfaction de la population. C'était le 30 mai 1790.

Honneur au courageux tapissier! bravo à l'abbé Damalis et la dame Rosson!

Après le clergé, ce sont les marguilliers qui furent mis à l'épreuve.

Le 11 août 1791, le commissaire de police envoya l'ordre au sieur Lebrun, marguillier de Bonne-Nouvelle, d'avoir à se rendre à l'église pour faire l'inventaire des cloches. Le vaillant marguillier lui répondit crânement que « non-seulement, il n'irait pas à l'église et ne laisserait pas inventorier les cloches, mais qu'il refusait même de donner la clef du clocher. L'église de Bonne-Nouvelle, étant toujours succursale de Saint-Sauveur, et en plein exercice de ses droits, ne pouvait se dessaisir de ses cloches » (1).

Procès-verbal fut dressé de ce refus catégorique. Le 24 mai 1792, une ordonnance royale intimait l'ordre d'enlever les grosses cloches de Bonne-Nouvelle pour être transformées en canons.

L'agent de la municipalité se présenta à l'église où il trouva Jean-Baptiste-Pierre Duval, marguillier en charge,

---

(1) Tuetey, t. III, n° 1336.

demeurant rue Sainte-Barbe et Jean Perrot, bedeau, chargé du clocher. Cette fois, le marguillier, en présence d'une nécessité patriotique, répondit à l'envoyé du gouvernement que, non-seulement il ne s'opposait pas à l'enlèvement des cloches, mais qu'il prêterait tout son concours pour l'exécution de cette ordonnance.

En effet, le 10 septembre 1792, Antoine Boursier, président de la section de Bonne-Nouvelle, fit descendre les quatre grosses cloches pesant 3.225 livres, les fit porter sur un chariot aux Barnabites et elles furent remises à Savary, administrateur de l'entreprise. Il fallut en briser deux pour les faire passer par l'étroit escalier : ce fut le charpentier Boucault qui fut chargé de cette opération (1).

Pendant ce temps, les baptêmes, les mariages et les enterrements se faisaient à l'église de Saint-Sauveur : plusieurs rapports de police signalent le fait, au moins pour ce qui regarde les baptêmes. Nous avons même trouvé une anecdote assez curieuse au sujet de l'administration des sacrements. Le 14 juillet 1792, le citoyen Charles-François Dupont, demeurant rue Bourbon Ville-Neuve, alla chercher un prêtre à Saint-Sauveur pour administrer sa femme qui était mourante : le prêtre de Saint-Sauveur, l'abbé Bouvert, refusa de s'y rendre, sous prétexte qu'il ne lui avait pas présenté un certificat du chirurgien accoucheur. Ce brave homme mécontent et déconcerté de ce refus, courut à Bonne-Nouvelle où il trouva heureusement un prêtre qui voulut bien aller administrer sa pauvre malade ; puis, il alla au commissariat de police porter plainte contre le clergé de Saint-Sauveur en exigeant que sa plainte fût envoyée au procureur de la commune.

Mais, revenons à l'église de Bonne-Nouvelle. Après l'abbé Fourquet de Damalis, deux autres ecclésiastiques y prirent la parole. C'était d'abord en 1791, un abbé Dehelle, prêtre administrateur de la paroisse, qui y fit un prône

(1) *Ibid.*

civique sur le caractère sacré de cette église et qu'il dédie « aux vrais amis de la religion » (1).

Ce fut ensuite, en 1792, un abbé Le Comte, aumônier militaire, qui prononça un discours, à propos de la bénédiction du drapeau du bataillon de Bonne-Nouvelle (2).

(1) Bibl. Nat., L^b 40/1349.
(2) N. B. N^b ^{40}. 1340.

Fig. 29. — Trois anges annonçant à Sara la naissance d'un fils.

Fig. 30. — Deux encensoirs et une navette.

CHAPITRE QUATRIÈME
1790 à 1801 (suite).

SOMMAIRE

Discours prononcé par le citoyen Charron à propos du serment — Par un chef de bataillon condamnant aux flammes l'*Ami du Peuple* de Marat. — Par Jault, membre de la Commune. — Représentation d'un vaudeville. — Discours par un citoyen de Philadelphie. — Nouveau discours de Jault sur l'aristocratie muscadine. — Rapport en faveur de la relaxation des suspects. — Discours sur les moyens d'éviter le matérialisme. — Exercice du culte pendant la période révolutionnaire. — Salon de Mme Vigée-Lebrun transformé en oratoire. — Pillage de l'église de Bonne-Nouvelle ; ses vases sacrés livrés à l'encan. — Gobel, évêque schismatique, dit la messe à Bonne-Nouvelle. — Tentative du baron de Batz pour délivrer Louis XVI. — Résultat de la protestation des paroissiens. — Saint-Sauveur supprimé en faveur de Bonne-Nouvelle. — Historique de cette paroisse. — Curieux détails. — Apostasie de son curé. — Situation des paroisses de Paris en 1789.

GRAVURES : *Encensoirs* — *Salle Le Brun transformée en oratoire.* — *Episode de la vie de saint Thomas tirée du cabinet Le Brun.* — *Révolutionnaires saccageant une église.* — *Gobel remettant à la Convention ses insignes épiscopaux.* — *Conspiration du baron de Batz.* — *La Tour de la rue Pavée.* — *L'Eglise de Saint-Sauveur.* — *Trois comédiens enterrés dans cette église.* — *Cimetière de Bonne-Nouvelle.* — *Plan Turgot.* — *Isaïe prédisant la maternité de la Sainte Vierge.*

ES voûtes de Bonne-Nouvelle n'ont pas retenti que des paroles d'ecclésiastiques : comme elle avait été transformée en Temple de Raison, plusieurs orateurs laïques s'y firent également entendre. C'est ainsi que le 15 janvier 1790, le citoyen

Charron y présida une assemblée et y prononça un long discours sur la prestation du serment. Voici quelques passages de ce discours où le creux et la sonorité le disputent à l'emphatique et au burlesque. L'orateur monta en chaire et commença ainsi :

> Messieurs,
>
> Au spectacle sublime que vous offrez en ce moment, un frémissement religieux me saisit : Enfants de la Patrie, vous êtes réunis pour prononcer au pied des autels le serment qui doit faire trembler vos ennemis. . . . .
> En venant répéter sur l'autel de la Patrie le serment de fidélité à la Nation, à la Loi. . . et au Monarque bienfaisant autour duquel vous ferez un rempart d'amour et de respectueuse reconnaissance, vous offrez, Messieurs, un grand exemple . . . .
> . . . .
> Jurons d'être fidèles à la Loi . . . au plus juste et au plus humain des monarques et de lui décerner le titre glorieux de *Restaurateur de la Liberté.*
> Et quand l'aristocratie a voulu faire de vous de vils esclaves, qu'elle voie, au contraire, que le peuple français, devenu un peuple de frères, ne connaît plus d'autre devise que celle si heureusement adoptée par le district de Bonne-Nouvelle : *Union, Force et Liberté* (1).

Après ce discours — qui a duré au moins une heure — M. le président, M. le commandant de la troupe et M. le secrétaire montèrent au maître-autel où le serment ci-dessus fut répété avec un enthousiasme difficile à décrire.

On avait demandé à grands cris qu'on priât pour le roi dans cette *cérémonie auguste* et *solennelle*, mais comme il n'y avait pas de prêtre, un chantre et quelques enfants de chœur l'entonnèrent; *mais si le pasteur de Bonne-Nouvelle n'avait pu y faire assister un clergé nombreux, les mille bouches citoyennes qui firent retentir les voûtes de l'église de cette prière patriotique ont prouvé que les Français n'ont pas besoin de prêtres quand il faut prier pour le roi.*

(1) Bibl. Nat., N L^b 39-8269.

En 1791, 31 janvier, un chef de bataillon des Centraux de Bonne-Nouvelle y prononça un discours pour condamner et livrer aux flammes *l'Ami du Peuple* de Marat (1).

Le 18 avril de la même année, le même citoyen pérora, devant un public houleux, au sujet du pacte fédéral de la Bretagne et de l'Anjou et invita les autres districts à célébrer solennellement ce pacte (2).

En 1792, Jault, membre de la commune de Paris, y prononça un discours, d'une extrême violence, contre le Gouvernement anglais et sur les mesures à prendre pour donner à ce peuple la liberté qui faisait, à son sens, le bonheur de la France (3).

En novembre 1793, le même citoyen y prononça un discours philosophique sur la liberté.

Le 30 novembre 1793, le même Jault y fit un discours sur la nécessité de baser l'éducation sur un calendrier des vertus dignes de la République; le 20 mars 1794, il lut un rapport de la *Fête de la Morale* qui eut lieu dans le *Temple de la Raison*, et y prononça deux discours; l'un, sur la nécessité d'une prochaine réunion, l'autre, sur un projet de modification des rues du quartier (4).

Le 19 avril 1794, on joua dans l'église de Bonne-Nouvelle, un vaudeville intitulé : *Les deux petits montagnards* ; il fut chanté par le citoyen Lefèvre, artiste de l'Opéra. A la suite, le citoyen Dubut chanta des couplets patriotiques composés par le citoyen Léonidas Latournelle (5).

Le 10 mai 1794, ce furent un citoyen de Philadelphie, qui avait servi sous Washington, dans la guerre des États-Unis, et un citoyen Maurin, employé aux Affaires étrangères, qui conversèrent, sous forme d'entretien, sur les vertus civiques (6).

(1) B. N. L$^{b\,40}$ 1350.
(2) *Ibid.*, $^{b\,40}$. 1348.
(3) Tourneux, t. II, p. 178 et Bib. N. L$^{b\,40}$ 1350.
(4) B. Nat., L$^{b\,40}$, 20 pages.
(5) Tourneux, t. II, p. 269.
(6) *Ibid.*, p. 270.

La même année, l'infatigable Jault, qui s'intitulait maintenant artiste, prononça un discours sur l'aristocratie muscadine, sur les jardins de luxe et la nécessité de borner au plus simple nécessaire, le nombre des animaux domestiques, pour éviter la peste et les maladies épidémiques (1).

Le 7 août 1794, il y fut donné lecture d'un volumineux « Rapport en faveur de la relaxation des suspects et contre les oppresseurs des patriotes ». Il y fut également approuvé le projet d'adresser des félicitations aux armées et ce projet était signé : Bourde président, et Chéret secrétaire de la section (2).

En 1794, Jault y prononça un discours « sur les moyens d'éviter le matérialisme par la morale propre à élever l'âme dans les sentiments de sa véritable grandeur par la liberté » (3).

On pourrait croire que l'exercice du culte fut suspendu à Bonne-Nouvelle pendant la Terreur; nous avons des preuves du contraire. Une population qui s'était montrée si énergique pour réclamer la conservation de sa paroisse, pour s'opposer à l'enlèvement des ornements sacrés et pour défendre ses prêtres, ne se laissa pas intimider par la crainte de la prison et même de la mort, lorsqu'il s'agissait de remplir ses devoirs religieux.

Par les registres de mariages et de baptêmes, dont quelques-uns datent de 1793, nous savons qu'on y célébrait secrètement les cérémonies, tantôt dans un oratoire, tantôt dans des maisons particulières et tantôt chez les parents des mariés, ou des baptisés.

Voici un échantillon d'acte de baptême et d'acte de mariage :

« Le 29 Janvier 1793, a été baptisée en la maison paternelle, par nous, prêtre Catholique Romain, chef de l'Oratoire de Bonne-Nouvelle, Marie Elisabeth Hoch, née le 26 dudit mois, fille de Jean Gaspard Hoch, joaillier et d'Elisabeth Acker, son épouse.

(1) Tourneux, t. III, p. 513.
(2) *Ibid.*, t. II, p. 270.
(3) *Ibid.*, t. II, p. 436.

Spécimen d'acte de mariage :

L'An mil sept cent quatre vingt dix sept, ont été mariés et ont reçu la bénédiction nuptiale, selon les rites et Ordonnances de la Ste Eglise Catholique Apostolique et Romaine, André Charles Rousseau fils majeur de feu Jean Claude Rousseau et de défunte Madeleine Lempereur, son épouse, domicilié à Paris, rue du Bouloi, l'une part, et Aimée Sophie Richard fille mineure de Jean Joseph François Richard et de Marie Rouveau, son épouse domiciliés de droit et de fait à Pays, sur Eure, diocèse d'Evreux, d'autre part.

Ont été témoins, André Joseph Marius, demeurant rue St. Honoré, Jacques Philippe Kaysen, rue du Frg. St. Denis. Louis-Laurent demeurant rue Croix de la Bretonnerie et Joseph Sitter, 9, rue Meslay, lesquels ont certifié les âges, la Catholicité et la liberté des parties contractantes.

Il est vrai de noter qu'il n'y avait aucune signature ni des parties, ni des parrains et marraines, ni des célébrants.

Remarquons même que les signatures des parties contractantes, des parrains et des marraines n'ont commencé à figurer, au bas des registres de mariages et de baptêmes, qu'au commencement de 1802. Il est juste cependant de relever quelques courageuses exceptions.

En 1797, nous trouvons le nom de l'abbé Mesléart au bas de l'acte de baptême que voici :

L'an de grâce mil sept cent quatre vingt dix sept, le trois Janvier, a été baptisée par moi prêtre soussigné, Célestine Louise Le Duc St. Claire, fille de François Louis Le Duc St. Claire et de Marie Jeanne Louise Mandran, son épouse : le parrain a été François Thomas Elisabeth Le Duc St. Claire et la marraine Charlotte Louise Manon de Malboue.

Délivré à l'Oratoire de la rue de Cléry (1) les dits jour et an ainsi signé

MESLÉART.

La même année, nous trouvons également un nommé

(1) Cet oratoire était tout simplement le salon de Madame Vigée-Le Brun, dont nous parlerons plus loin. Cette circonstance nous autorise à croire que le marguillier Le Brun, qui s'était si courageusement opposé à l'enlèvement des cloches, pourrait bien être son mari et le propriétaire de cet oratoire (fig. 31).

Eiffel et M. Esselé femme Barbotin qui n'ont pas craint de signer leur nom au bas d'un acte de baptême.

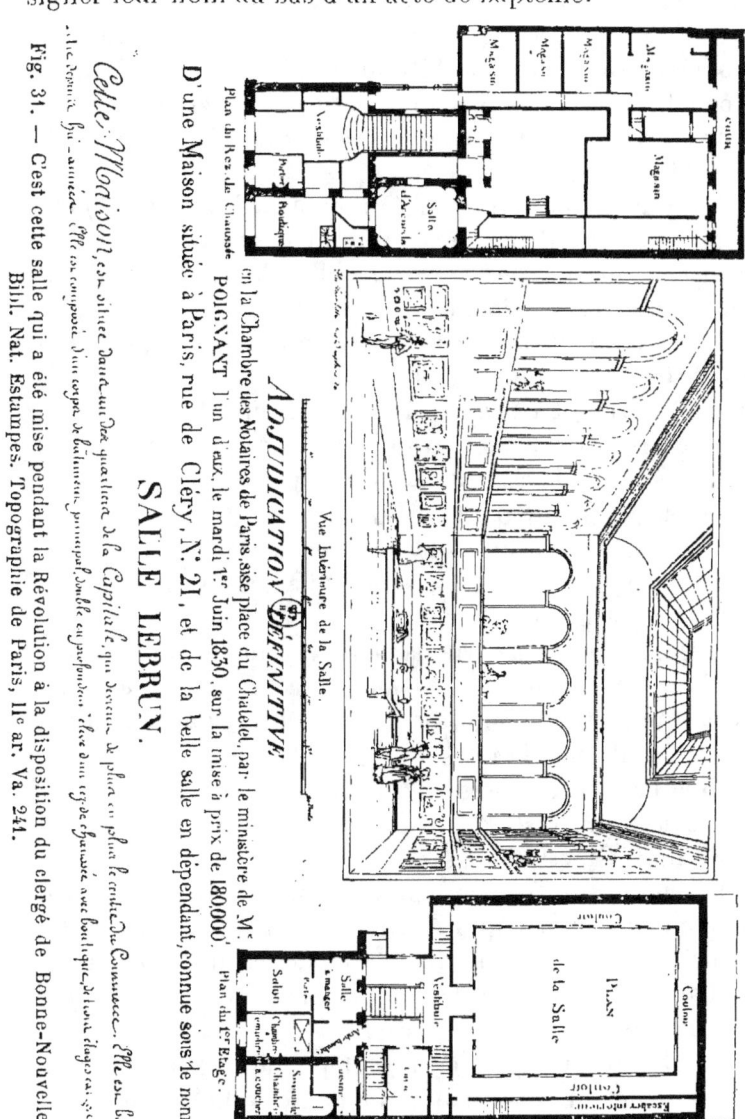

Fig. 31. — C'est cette salle qui a été mise pendant la Révolution à la disposition du clergé de Bonne-Nouvelle. Bibl. Nat. Estampes, Topographie de Paris, IIe ar. Va. 241.

Cette Maison est situee dans un des quartiers de la Capitale, qui devient de plus en plus le centre du Commerce. Elle se compose d'un corps de batiment principal double en profondeur, élevé d'un rez de Chaussée avec boutique, de trois étages carrés, ... grenier au-dessus...

Pour ce qui est du culte public, nous savons qu'en 1797, grâce à de nombreuses rétractations et au dévouement d'ecclésiastiques qui n'avaient pas quitté Paris pendant la persécution, il fut permis d'ouvrir dans quelques paroisses des oratoires; or cette autorisation fut accordée à Bonne-Nouvelle. Déjà, après le 11 prairial (30 mai 1795) Bonne-Nouvelle avait obtenu l'autorisation d'ouvrir ses portes (abbé Delarc, *l'Église de Paris pendant la Révolution* t. III, 328-369).

Nous avons découvert trois rapports de police (1) qui tiennent l'administration civile au courant de la vie religieuse du quartier de Bonne-Nouvelle. Ces rapports offrent un intérêt tout particulier.

En 1793, 21-22-23 nivôse, Jean-Baptiste Lucas, président du district, accompagné de Dumontet, commissaire de police, se rendit à l'église de Bonne-Nouvelle. Là, il a vu quatre prêtres officier devant *de nombreux paroissiens* : voici les noms de ces courageux ecclésiastiques :

Déjour, demeurant 15, rue Grenéta.
Labutte, demeurant ci-devant, rue des Petits-Augustins.
Boursier, demeurant place des Victoires Nationales.
Douard, rue Saint-Denis.

De là, il s'est transporté dans la chapelle des Filles-Dieu, où, il a vu également quatre autres prêtres disant la messe devant une grande multitude; ces prêtres s'appelaient :

Nicolas Barbier, 44 ans.
Noël Principe, 38 ans.
Jacques Hubarest, 27 ans.
Philippe Gibert, 27 ans.

Le commissaire, ayant pris des informations sur ces délinquants, apprit qu'ils enseignaient aux enfants, des principes contraires aux lois de la Constitution et même qu'ils renvoyaient de l'école tout enfant qui prononçait le mot de *citoyen*.

Le 24 prairial, de l'an IV de la République, le même commissaire de police revenait à Bonne-Nouvelle. Il constatait que l'église, tenue par un sieur Ménard, demeurant 27, rue des Vieux-Augustins, avait été louée à quatre ecclésias-

(1) Archives de la Préfecture de Police.

tiques qui y exerçaient le culte catholique. De la porte de la sacristie, pour ne pas troubler l'office divin, il a compté dans l'église 85 individus qui y faisaient leurs dévotions ; cela se passait le matin. Ce fonctionnaire, après avoir fait un tour à l'église des Filles-Dieu, où il constata plus de

Fig. 32. — Épisode de la vie de saint Thomas, à Paris, chez l'auteur, rue du Gros-Chenet, 47 (1).

quatre cents personnes revint, à 3 heures, à Bonne-Nouvelle; il y trouva un aussi grand nombre d'assistants qu'il en avait trouvé le matin.

(1) Disons ici qu'en témoignage de notre gratitude pour la famille Le Brun, nous avons recueilli le plus de documents possible la concernant : le portrait de Mme Vigée-Le Brun, son portrait avec sa fille, une sainte Geneviève dont nous parlons plus loin, sa tombe, le salon de la rue de Cléry et deux scènes peintes par M. Le Brun dont nous avons vainement cherché le portrait.

Enfin, le 3 nivôse de l'an VI de la République, le même Dumontet se transportait dans l'église de Bonne-Nouvelle qu'il trouvait remplie de monde. Il se donna la peine de relever les noms des ecclésiastiques suivants :

André-Nicolas Feuillard, 22, rue de la Lune ;

François Chevallier, 26, rue Beauregard ;

Marcel Lestre, rue Honoré, 57 ;

Jean-Baptiste Ansart, à l'hospice des Vieillards.

Il est juste de constater que ces noms étaient relevés sur une affiche qui portait ces mots : « Noms des citoyens prêtres qui ont fait leur soumission ».

A ces noms, il convient d'ajouter ceux des abbés Boursais, 20, rue Beauregard ; Rivière, Cailleau et Clavelot qui, pendant cette triste période, ont travaillé au salut des âmes, au péril de leur vie.

Naturellement, ce zélé fonctionnaire dressait procès-verbal de tout ce qu'il voyait et, il faut le reconnaître, il n'a jamais employé, ni dans son langage ni dans ses rapports, aucun propos malsonnants ni à l'adresse des prêtres, ni à l'adresse des fidèles, pas plus que sur les cérémonies du culte.

Ici, il est permis de se demander comment il se fait que l'on ait continué à célébrer le culte dans l'église de Bonne-Nouvelle, malgré sa fermeture et la suppression de la paroisse.

La réponse à cette question la voici : le Directoire, par un reste de libéralisme, avait, le 16 avril 1791, lancé une longue proclamation dont l'article 11 était ainsi conçu : « Tout édifice que des particuliers destineront à l'exercice du culte, portera une inscription pour le distinguer des églises publiques (1) ».

Profitant de cette quasi-autorisation, les paroissiens de Bonne-Nouvelle avaient formé une société qui loua l'église pour y exercer le culte privé ; cette société plaça sur la porte l'inscription suivante : « *Edifice consacré au culte religieux par une société particulière. Paix et liberté.* Ça sent un peu les fameuses associations cul-

(1) *Moniteur* du 20 avril 1791.

tuelles que voulait nous imposer la troisième République.

Ce qu'il y a de curieux, c'est que la municipalité était chargée de garantir les réunions privées contre toute atteinte et de veiller ainsi au libre exercice du culte privé. Cette tolérance ne dura malheureusement pas longtemps.

Fig. 33. — Révolutionnaires saccageant une église.

Il est juste aussi de remarquer que, dans les diverses assemblées tenues dans l'église de Bonne-Nouvelle, on n'y vit aucune des saturnales dont on souilla Notre-Dame; on n'y entendit ni blasphèmes, ni imprécations, ni vociférations tumultueuses, rien enfin qui fût de nature à profaner outrageusement le lieu saint. On y parlait, en général, de la liberté, de la morale, des vertus civiques et des intérêts généraux du quartier et de la nation, avec une certaine décence et modération.

Cependant, il paraît qu'en 1793, des malfaiteurs pénétrèrent dans l'église (fig. 33); ils brûlèrent des armoires et des boiseries, brisèrent des vitraux et descellèrent les épitaphes. Quant au reste du mobilier, il fut vendu à un brocanteur au prix de cinquante-neuf livres (1).

Un autre fait est tristement certain : la section de Bonne-

Launay, marchand sc.

Fig. 34. — Gobel, entouré de prêtres assermentés, coiffé du bonnet rouge, remet à la Convention, sa crosse, sa croix et son anneau. 17 brumaire 1793.

Nouvelle présenta, en 1794, à la Convention, des ornements, des ustensiles d'or et des vases d'argent et de cuivre qui servaient dans cette église au culte catholique qu'elle (la section) avait abjuré pour ne plus suivre que celui de la raison et de la liberté.

La Convention lui décerna une mention honorable avec insertion au *Bulletin*.

Nous savons enfin, que Gobel, l'évêque assermenté, qui s'intitulait pompeusement « par la miséricorde divine, la

(1) Pessard, *Nouveau dictionnaire de Paris*. Bibl. Nat., L 7 K. 35338.

grâce du peuple et surtout par la puissance universelle des *Jacobins*, évêque de Paris », venait souvent dire sa messe à Bonne-Nouvelle (fig. 34). François Gobel, évêque *in partibus* de Lidda, avait été élu évêque de Paris, le 13 mars 1791, dans Notre-Dame même, par cinq cents citoyens comptant dans leurs rangs, des philosophes, des déistes, des protestants et des juifs. Il mourut le 13 avril 1794.

Eh bien! tandis que les rues de Bonne-Nouvelle retentissaient de vociférations infernales, clamées par des sans-culottes avinés, et que les habitants tremblaient de frayeur aux sanguinaires menaces du Père Duchêne, des scènes empreintes de calme, de recueillement et d'édification, se passaient sur d'autres points de la paroisse. C'étaient des fidèles qui se réfugiaient sous l'aile de la religion. Les uns, allaient furtivement chercher un prêtre pour se confesser, recevoir un conseil, pour administrer un parent qui se mourait; les autres, se réunissaient en cachette pour assister à une petite cérémonie, pour entendre un bout de prédication. C'étaient des prêtres qui s'ingéniaient à trouver des moyens pour remplir discrètement leur ministère, soit pour célébrer la messe, bénir des mariages, conférer le baptême, soit pour porter aux malades les secours de la religion. A un moment donné, les habitants du quartier crurent même voir la fin de leurs maux, la cessation de la Révolution ou, tout au moins, assister et participer à la délivrance du roi. Ce fut, en effet, à l'angle de la rue de la Lune et du boulevard Bonne-Nouvelle (fig. 35), à quelques pas de l'église, que le 21 janvier 1793, le courageux baron de Batz donna rendez-vous à cinq cents conspirateurs royalistes, pour enlever Louis XVI, au moment de son transfert du Temple à l'échafaud. Malheureusement son cri « A nous, mes amis, ceux qui veulent sauver leur roi! » ne trouva pas d'échos dans cette foule en délire : le coup manqua; les piqueurs et les lanciers se pressèrent autour de la voiture royale et l'espoir des habitants de Bonne-Nouvelle tomba comme la tête du roi martyr. On dit même que deux royalistes, qui voulaient se réfugier dans l'église, furent tués à coups de lance au moment où ils en gravissaient les marches.

Ainsi donc, dans cette période troublée, la paroisse de Bonne-Nouvelle fut témoin d'événements disparates, contradictoires; les uns, pleins de terreur et les autres, pleins de consolations.

Nos contemporains. (*Bonne Presse*). Cl. Gysels.
Fig. 35. — Conspiration de Batz.

Maintenant que nous connaissons les principaux événements qui se sont produits dans l'église de Bonne-Nouvelle, durant la période révolutionnaire, nous avons le devoir de nous demander quel fut le résultat de la protestation des habitants pour la conservation de leur église et de leur paroisse. Nous donnerons la réponse à cette question en parlant de la paroisse de Saint-Sauveur (fig. 37) dont nous allons nous occuper quelques instants.

Nous avons vu que l'Assemblée Nationale l'avait réunie à la paroisse de Saint-Sauveur, et qu'en fait, les paroissiens de Bonne-Nouvelle, bon gré, mal gré, allaient dans cette dernière église pour l'accomplissement de leurs devoirs religieux. Par un curieux retour des choses d'ici-bas, comme cette paroisse de Saint-Sauveur était appelée à disparaître au profit de Notre-Dame de Bonne-Nouvelle, il nous convient de faire un rapide historique de cette paroisse dont l'église se trouvait au coin de la rue Saint-Sauveur et de la rue Saint-Denis à l'endroit où se voit actuellement le n° 183.

Tous les historiens s'accordent à dire qu'elle s'appelait anciennement la chapelle *de la Tour*, à cause du voisinage d'une tour (fig. 36) (1). Quant à l'époque de sa fondation, on l'ignore. Sauval croit qu'elle fut bâtie par saint Louis vers 1250, pour y faire ses prières et se reposer lorsqu'il allait à pied à Saint-Denis; mais cela n'est pas possible, puisque ce prince, parti en Terre-Sainte en 1248 n'en revint qu'en 1254. Cependant il aurait pu en préparer le plan. Mais voici ce qui détruit cette opinion :

Fig. 36. — La Tour de la rue Pavée (2).

Cette chapelle existait déjà avant la naissance de saint Louis, dès 1216, ainsi que cela résulte d'une sentence arbitrale rendue (3) en faveur du doyen de Saint-Germain-l'Auxerrois dans la perception de ses droits sur cette chapelle.

---

(1) Aucun historien n'avait pu dire, jusqu'à présent, où était située cette tour ni quelle en était la forme. En fouillant dans les cartons du Musée Carnavalet, nous avons eu la joie de la découvrir. Elle était dans la rue Pavée qui était située entre la rue actuelle Dussoubs et la rue Montorgueil. Elle était carrée, ainsi qu'on le voit dans la gravure qu'on a sous les yeux (Estampes, quartier Saint-Denis). Elle a été abattue en 1778.

(2) A la Bibliothèque du ministère des Beaux-Arts, il existe, à l'appendice, page 28 des *Souvenirs du Vieux Paris*, un grand spécimen de cette tour, avec de bien curieux détails.

(3) *Gallia Christ.*, t. VII, Coll. 257.

L'abbé Le Bœuf croit qu'elle portait le titre de Saint-Sauveur en 1303 et que, en 1335, Thomas de Ruel, qui en était curé, avait prêté serment aux chanoines de Saint-Germain, en cette qualité.

C'est ce qui a fait dire à l'auteur des *Tablettes Parisiennes* que Saint-Sauveur était paroisse en 1335. Mais le règlement cité par l'abbé Le Bœuf porte expressément qu'il s'agissait des offrandes et des rétributions que le doyen de Saint-Germain percevait sur les églises *paroissiales de Saint-Sauveur et de Saint-Eustache*.

De plus, il existe deux actes antérieurs : l'un est un amortissement de 1204 (1) de 10 francs parisis, accordé par l'évêque de Paris au curé de Saint-Sauveur, sur trois maisons situées près de la porte Montmartre ; l'autre est un acte du 10 août 1209 (2) par lequel Mathilde donne au *prêtre* de Saint-Sauveur 12 deniers de cens à prendre sur la maison située rue Saint-Sauveur. Dans le rôle de taxe fait, en 1203, la *paroisse de Saint-Sauveur* est énoncée, ainsi que les neuf rues qui en dépendaient. Les faubourgs de Paris s'étant considérablement accrus et peuplés depuis l'enceinte de Philippe-Auguste, il est assez vraisemblable que la difficulté pour l'administration des sacrements et l'éloignement de l'église Saint-Germain, obligèrent le chapitre, dès le XIIIe siècle, à faire ériger en paroisse la chapelle qui se trouvait en dehors de cette enceinte. On ne voit donc pas sur quels fondements se basent certains auteurs pour faire dater son érection en paroisse en 1560. Cette erreur a évidemment pour point de départ, l'autorisation accordée en 1455, par le pape Calixte III, à la cure de Saint-Sauveur de s'unir à la mense du chapitre de Saint-Germain, union qui fut proscrite par arrêt du 1er avril 1560. C'est assurément une faute de copiste qui a trompé M. Robert lorsqu'il a dit que cette église avait été rebâtie en 1550. Les auteurs précités fixent cette époque en 1560. Ils ne se sont pas sans doute aperçus que

(1) Archives de l'archevêché.
(2) Cartul. de S. Germain.

ces dates ne conviennent guère au règne de François Ier, mort le 31 mars 1547, sous lequel on place, avec raison, la reconstruction de cette église. Sept chapelles y furent bénites en 1537. Elle fut agrandie en 1571 et en 1622, et, au moyen du secours que procura le bénéfice d'une loterie que Sa Majesté lui accorda en 1713, elle a été réparée et

A. Robida. Imp. Taillandier.
Fig. 37. — L'église de Saint-Sauveur.

embellie assez convenablement. Mais vers la fin du règne de Louis XV, elle menaçait ruine et une ordonnance de police avait décrété sa démolition. En 1784, une commission fut instituée pour la relever de ses ruines.

En octobre 1784, Louis XVI avait accordé un million de livres pour sa reconstruction : cette somme devait être prélevée sur les loteries royales et payable à raison de cinquante mille livres par an. Les travaux commencés furent interrompus faute d'argent. Plus tard, M. Des Forges, curé de Saint-Sauveur et ses marguilliers écrivirent au ministre de la Justice « que la paroisse Saint-Sauveur, à laquelle on avait adjoint celle de Bonne-Nouvelle, comprenant à l'avenir 30.000 âmes, avait absolument besoin de voir s'achever le plus tôt possible, la reconstruction de la nouvelle église; que les entrepreneurs ayant avancé des sommes considérables — 50.000 livres — demandaient à être remboursés; que faute de remboursement, ils étaient décidés à cesser les travaux ».

Ceci se passait le 28 septembre 1791. Cettre lettre resta sans réponse. Nouvelle réclamation de la part du clergé de Saint-Sauveur et démarche pressante des entrepreneurs auprès du ministre de la Justice. Le 1er mai, Duport, ministre de la Justice, la transmit à Cahier, ministre de l'Intérieur, l'invitant à donner satisfaction aux réclamants. Le ministre de l'Intérieur faisait la sourde oreille.

Ce ministre qui avait placé un de ses amis intimes, le citoyen Lucet, à la tête des archives des communautés et des édifices sacrés et des secours à distribuer dans le domaine ecclésiastique; ce ministre qui savait que son subordonné avait de l'argent en caisse pour faire face à ces dépenses prévues et votées; ce ministre qui avait pleine confiance en son délégué, ne comprenait rien à toutes ces réclamations. Ce qui devenait inquiétant, c'est qu'aux réclamations succédaient des dénonciations motivées, précises et d'une gravité exceptionnelle contre le citoyen Lucet.

Voici que le ministre commença à avoir des soupçons et à se fâcher. Il écrivit à Lucet, en le tutoyant, pour lui reprocher sa négligence dans l'accomplissement de son devoir. Il lui disait qu'il était indélicat de garder pour lui, l'argent qui était destiné à l'église Saint-Sauveur; qu'il parlait à bon escient; qu'il n'avait pas été induit en erreur et qu'il avait entre les mains la preuve écrite de ses indélicatesses. Lucet, au lieu de se reconnaître coupable, répondit au ministre avec arrogance : il lui disait que s'il ne recevait pas satisfaction de ces imputations mensongères, il saurait se défendre; il alla plus loin; il devint menaçant pour l'administration tout entière et pour le ministre lui-même. Le ministre lui répondit du tic au tac, en nommant une commission chargée de vérifier ses comptes. La commission acquit la preuve indéniable de concussion de la part de Lucet. En 1789 Lucet avait en caisse pour les travaux d'édifices sacrés 352.400 livres : or, sur cette somme, il avait versé 26.000 livres pour l'église de Saint-Germain-des-Prés et 16.000 pour Saint-Pierre-du-Gros-Caillou, ce qui faisait 42.000 livres : c'étaient donc 310.400 livres qu'il avait détournées. Telle était la probité des premiers-nés de la République honnête, égalitaire et fraternelle.

Il existe aux Archives Nationales une grosse liasse intitulée : *Affaire Lucet et l'église Saint-Sauveur* (1); elle est très instructive; elle mérite d'être consultée.

Si cette enquête eut pour résultat de démontrer la dilapidation des deniers publics, elle n'obtint pas l'effet espéré, nous voulons dire, les fonds nécessaires pour la continuation de l'église Saint-Sauveur.

Ces fonds ne vinrent jamais et, conformément à la crainte du curé et des marguilliers de cette paroisse et aux menaces des entrepreneurs, les travaux furent arrêtés; l'église, au lieu de rouvrir ses portes à ses anciens paroissiens et à ses nouveaux, fut transformée en une salle de spectacle et finit par devenir un établissement de bains (2). Dans cette église avaient été enterrés les curés Jean Frémin, 1584, Quentin Guénault, 1614, et Jean de Hollande, 1624 ainsi que Turlupin Gauthier, Garguille, Gros et Guillou (fig. 38), qui étaient les plus grands comédiens de

---

(1) Arch. Nat., F 19-1259, n° 771.

(2) Cet établissement n'existe plus. Cependant, au fond de la cour du n° 183, rue Saint-Denis, on voit encore sur un portail monumental, l'inscription : *Bains Saint-Sauveur*. Ce grand immeuble appartient à trois propriétaires qui sont : M. Sully-Prud'homme et Mme Gerbaud sa sœur; Mme Nozet et la Société des Immeubles de France.

l'Hôtel de Bourgogne (Piganiol, III, 370); de Tourville et Talma y avaient reçu le baptême.

La mort de l'église Saint-Sauveur fut le salut de Bonne-Nouvelle. Dieu récompensait ainsi la foi, la piété et l'énergique attitude du pasteur, du clergé, des marguilliers et des paroissiens de cette église. Cette paroisse s'enrichit providentiellement des dépouilles matérielles de celle qui venait d'être supprimée : c'est ainsi que Bonne-Nouvelle

A. Robida. Imp. Taillandier.

Fig. 38. — Gros, Guillou, Turlupin Gauthier et Garguille enterrés dans l'église Saint-Sauveur.

hérita, non seulement d'une grande partie de son territoire et d'une partie de son mobilier, tel que fondations, vases sacrés, le beau tableau de la Mort et de l'Assomption de la Sainte Vierge (voir au chapitre *des œuvres d'art*), mais aussi de la gloire d'un de ses prêtres martyrs, M. l'abbé Paul Angar.

Ici, il nous est permis de rechercher, en dehors de la cause financière et matérielle, s'il n'y en avait pas eu une autre plus grave qui avait probablement amené la disparition de Saint-Sauveur. Cette cause, nous l'avons déjà fait entrevoir ; la voici : nous la donnons à regret, mais c'est l'histoire qui nous oblige à la produire au grand jour ; et puis, elle comporte une leçon terrible pour les pasteurs prévaricateurs qui sont parfois la ruine d'une paroisse.

Le lecteur doit se rappeler les exclamations indignées des paroissiens de Bonne-Nouvelle, lorsqu'on leur avait annoncé qu'ils devaient être réunis à Saint-Sauveur : « Non ! non ! jamais ! jamais ! nous ne voulons Desforges pour notre curé ! » Pourquoi cette répugnance ? Pourquoi ce sentiment de réprobation ? Pourquoi ce *tolle général* ?

En voici la raison :

Louis-François Desforges n'avait pas été nommé canoniquement curé de Saint-Sauveur. Il y avait été placé au mois de mars 1791, par Gobel, évêque schismatique de Paris, qui lui-même avait été nommé par voie d'élection. Ce curé était donc un intrus, un schismatique, sans pouvoirs de juridiction et frappé d'excommunication. Et, comme pour mieux accentuer sa rupture avec la hiérarchie catholique, il débaptisa la paroisse de Saint-Sauveur pour lui donner le nom de *Saint-Jacques-de-l'Hôpital*. C'est qu'en effet, avec un pasteur aussi indigne, cette paroisse était bien malade ; sa place était à l'hôpital. Enfin, mettant le comble à son scandale, il apostasia publiquement. Voici en effet la pièce que nous trouvons inscrite au *Bulletin de la Convention* :

Le Citoyen Desforges donne sa démission de sa cure de St. Sauveur à Paris et renonce à ses fonctions ; il prie la Convention de lui accorder sa retraite ; il y joint ses lettres d'ordre.

      Insertion au Bulletin
       Procès Verbal de la Convention
        XXV. P. 339 (1).

Voilà l'explication de l'aversion des paroissiens de Bonne-Nouvelle pour ce malheureux ecclésiastique.

Disons, pour l'honneur de la pauvre paroisse de Saint-Sauveur, que les autres membres du clergé valaient mieux que le pasteur : la preuve en est que MM. Rouillier premier vicaire, Paul Angar deuxième vicaire, Colin, Dien,

(1) Delarc, *L'Église de Paris pendant la Révolution*, t. II, p. 249.

Le Maitre, Faucher, et Louis-François Dufour, prêtres, refusèrent courageusement le serment à la Constitution civile du clergé.

Il y a mieux : l'abbé Angar, conduit à Saint-Lazare, périt sur l'échafaud; on s'occupe actuellement de son procès de béatification; la Commission d'enquête nous a demandé une somme de cinq cents francs pour les frais du procès; comme Bonne-Nouvelle avait hérité d'une partie du mobilier, de l'église et du territoire de Saint-Sauveur, il était juste que le curé endossât aussi une partie de ses charges. C'est donc de grand cœur que nous avons donné notre faible contribution (1) et nous faisons des vœux pour que ce procès aboutisse : Bonne-Nouvelle aura eu deux de ses prêtres martyrs, deux protecteurs : M. Angar et M. Bécourt prieront pour nous au ciel.

L'attitude de nos paroissiens, lors des événements du 21 et 23 février 1906, au moment des inventaires, a prouvé qu'ils n'avaient pas dégénéré de leurs ancêtres de 1790, 1793 et 1794. C'est ainsi que grâce à Dieu, notre paroisse a échappé trois fois à la mort : en 1779, en 1790 et en 1906. Que le Ciel veille toujours sur elle !

Nous savons que l'église de Bonne-Nouvelle, achetée par la Ville de Paris, avait été vendue le 21 florial (11 mai 1797) à trois propriétaires du quartier qui l'achetèrent *dans le but de la soustraire aux profanations et de la conserver pour l'exercice du culte, lorsque l'ordre aurait été rétabli dans le pays.*

Voici les noms de ces vaillants et généreux paroissiens : ils méritent une mention spéciale dans l'histoire de Bonne-Nouvelle.

MM. *Pierre Martin, Charpentier*, demeurant rue de Cléry, 286;

Jean-Antoine Bruns, demeurant rue de Cléry, 284 et auparavant faubourg Saint-Martin, 270;

Louis Letellier, demeurant rue Saint-Denis, 15.

---

(1) C'est à Mgr Péchenart, alors recteur de l'Institut catholique de Paris, que nous avons versé cette somme en 1905.

Ici, se place un fait qui touche un peu à la paroisse de Bonne-Nouvelle et qui ne fait pas honneur aux religieux de Saint-Martin-des-Champs qui avaient droit de nomination de ses curés.

Par décret du 26 septembre 1789, l'Assemblée Nationale, inaugurant la spoliation de l'église, obligeait le clergé à verser dans les caisses de l'État, le quart de son revenu et par l'arrêté du 29, à porter à la Monnaie, l'argenterie et l'orfèvrerie des églises qui ne seraient pas nécessaires à la décence du culte.

Or, ces religieux, au milieu des réclamations de la Droite et des applaudissements de la Gauche, offrirent en pleine assemblée tous les biens de l'Ordre de Cluny dont ils faisaient partie, c'est-à-dire, un revenu de un million huit cent mille livres. Il nous répugne de publier la lettre (1) qui accompagnait ce don : il est vraiment regrettable que l'Ordre de Cluny, qui avait jeté, au moyen-âge, un si vif éclat par son savoir, sa prudence et sa sainteté, ait eu, pour ses derniers représentants, ces étranges moines qui, sous prétexte de générosité, ne cherchaient que le moyen de liquider les biens de l'Ordre pour vivre librement et commodément avec leurs 1.500 livres de pension.

Ce scandale porta immédiatement ses fruits. Trouvant la porte de l'Église entrebaillée, un prélat appartenant à la plus vieille noblesse de France, Charles-Maurice de Talleyrand-Périgord, évêque d'Autun, l'enfonça sans vergogne et, onze jours après la motion des religieux de Saint-Martin, il fit décréter par l'Assemblée Nationale, la vente de tous les biens du clergé au profit de l'État qui *resterait chargé de pourvoir aux dépenses du culte*. La loi de Séparation de 1906, nous a montré de quelle manière l'État tient ses engagements et quel fond il faut faire sur les promesses de certaines assemblées républicaines.

Dans tous les cas, les paroissiens et le clergé de Bonne-Nouvelle ne devaient pas être fiers de vivre sous la dépen-

---

(1) Lettre des religieux de Saint-Martin-des-Champs à Paris à l'assemblée Nationale. Baudouin, Paris, 1789, in-8, 5 pages.

dance de ces moines qui signèrent maladroitement leur arrêt de mort : une conséquence heureuse en résultait pour Bonne-Nouvelle ; c'est qu'à partir de cette époque, elle échappait totalement à la tutelle de cette abbaye dégénérée. Nous verrons que cette émancipation favorisa merveilleusement sa prospérité.

A ce propos, voici quelle était la situation des paroisses de Paris en 1789. Il y en avait 52 : sur ce nombre, 19 curés à peine, étaient à la nomination de l'autorité diocésaine ; le restant était à celle des prieurs de Saint-Martin ; Bonne-Nouvelle, ainsi qu'on l'a déjà vu, rentrait dans cette dernière catégorie.

Clôturons cette lugubre période par une pièce de vers qui prouve que la gaieté ecclésiastique et française ne perd jamais ses droits, même au milieu des plus angoissantes conjonctures.

Un curé de Paris, comme un matelot qui garde sa bonne humeur au milieu de l'orage, accompagnait de ses refrains joyeux, les mugissements de la tempête.

> Ou le serment ou l'indigence :
> Mon cœur pourrais-tu balancer ?
> Adieu pour toujours Opulence.
> De toi je pourrai me passer.
> La barque sans être dorée
> N'arrive-t-elle pas au port ?
> Par les revers, l'âme épurée,
> Vole au Ciel avec moins d'effort (bis).
>
> Autour de moi, l'onde écumante
> Fait tonner ses flots menaçants,
> Calme, je ris de la tourmente
> Et de ses assauts impuissants.
> O mer ! fonds sur moi tout entière,
> Tu ne pourras pas m'engloutir,
> Je suis dans la barque de Pierre
> Elle ne peut jamais périr (bis).

Avant de terminer ce triste chapitre il est bon de faire connaître le cimetière (fig. 39) et la configuration de la paroisse de Notre-Dame de Bonne-Nouvelle à cette époque (fig. 40).

LÉGENDE

A. — Grand corps de logis bâti par M. Hardy.

B. — Remises bâties par M. Hardy, changées, augmentées et fait des caves dessous par M. de Ségur : le comble est un égoût en tuile.

C. — Ecurie avec grenier, le comble à deux égoûts couverts de tuiles à clairevoye.

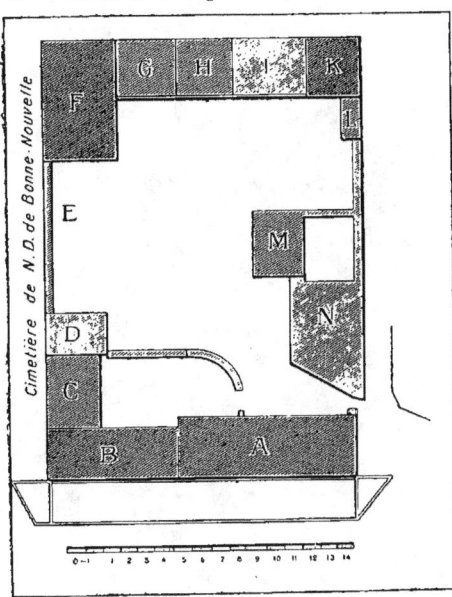

Fig. 39.

D. — Bâtiment avec premier étage bas et grenier, le comble à deux égoûts couverts en tuiles à claire voye, bâtis par M. Perraud.

E. — Apentis avec grenier et toit couvert en tuiles à clairevoye, bâtis par M. Collet.

H, I. — Hangard avec combles à deux égoûts couvert en tuiles à clairevoye, bâti par M. Hardy.

K. — Bâtiment d'un étage avec comble à deux égoûts couvert en tuiles pleines bâti par M. Hardy.

L. — Escalier du dit bâtiment avec couverture en tuile à clairevoye.

M. — Ecurie avec grenier et comble à un égoût, couvert en tuiles à clairevoye bâti par M. Hardy.

N. — Remise avec comble à deux égouts, un côté couvert en ardoises et l'autre en tuiles pleines, bâtie par M. de Laval.

Arch. Nat. Topographie, n° 3. 610 Seine.

Au dos de ce plan, voici ce qu'on lit :

Pour copie conforme à la minute annexée au procès-verbal de M. Pessard expert.

Le XXIIII janvier M Ell C LXX (24 janvier 1770).

Liébault Delaneuville. Cotte 9 L.

Renvoi du plan d'un terrain appartenant à Notre-Dame de Bonne-Nouvelle.

Nota, touchant le millésime. — M = *mil* ; E, cinquième lettre de l'alphabet = *cinq* ; les deux bâtons = *deux* ; le C = *cent* ; L = *cinquante* ; XX, deux fois dix = *vingt*, soit 1770.

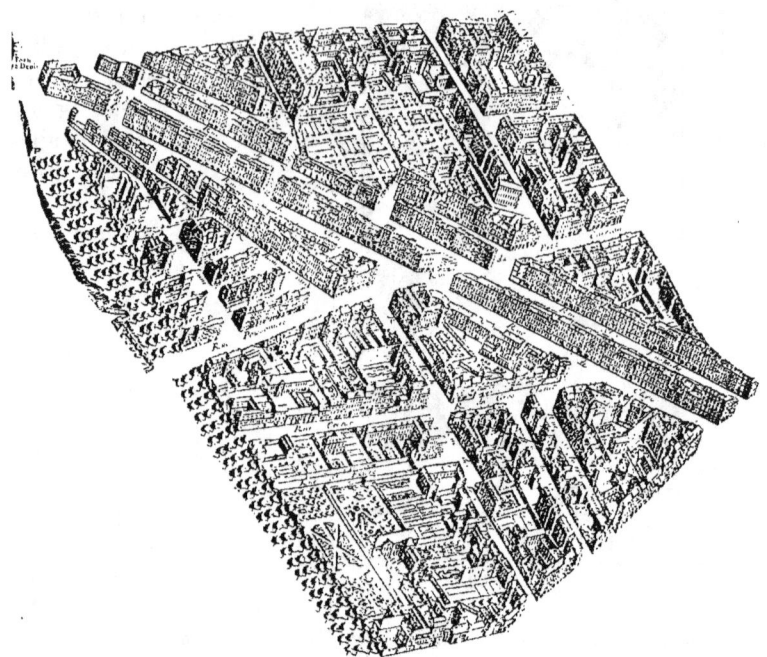

Fig. 40. — Plan Turgot, commencé en 1734, achevé de graver en 1739. Chalcographie du Musée du Louvre. Edition Taride.

Le cimetière était attenant à l'église : cela résulte de 22 pièces. Arch. Nat. S 3467. *Inventaire de toutes les pièces qui sont dans l'armoire de Bonne-Nouvelle et qui ont été mises à la disposition du sieur Marc Marchand, ancien Marguillier, et qui a été nommé syndic de ladite paroisse le 19 juin 1701.*

A propos du cimetière, il convient de dire ici, qu'il en existait un autre, dit cimetière de *Bonne-Nouvelle*, et qui occupait le terrain sur lequel on a construit depuis, le Gymnase, les rues d'Hauteville, de l'Echiquier et d'Enghien. Il existe un petit in-12 écrit dans un latin barbare et intitulé : *De memorabilibus quibusdam dictis et factis, touchant le cimetière de N. D. de Bonne-Nouvelle.* On y trouve une histoire, plus que grivoise, concernant un certain frère Triptolème qui ne nous paraît pas de première authenticité (*Les rues de Paris*, par Lurine, p. 387.)

La paroisse avait la forme d'un triangle un peu irrégulier. A cette époque elle avait presque atteint son complet développement.

Voici le nom de ses rues dans l'ordre alphabétique :

Beauregard, Bourbon, Centier, Croissant, Cléry, Cour des Miracles, Cul-de-Sac-des-Commissaires (1), Cul-de-Sac-Sainte-Catherine (2), Gros-Chenêt (3), Grosse-Tête (4), Cul-de-Sac-du-Petit-Jésus (5), Filles-Dieu, Jeûneurs, de la Lune, Notre-Dame de Bonne-Nouvelle, des Petits-Carreaux, Poissonnière, Notre-Dame-de-Recouvrance, Sainte-Barbe (6), Sainte-Catherine (7) Saint-Étienne entre la rue Sainte-Barbe et Notre-Dame de Recouvrance, Sainte-Foy, Saint-Joseph (8), Saint-Roch (8), Neuve-Saint-Sauveur, Neuve-Saint-Eustache (9), Thévenot (10), Temps Perdu (11), de la VilleNeuve.

Ce coin de Paris était alors un des plus coquets de la capitale : avec ses jardins fleuris, ses grands parcs ombragés, ses hôtels spacieux et ses blanches maisons

---

(1) Elle allait de la rue des Petits-Carreaux à la rue Saint-Denis.
(2) Entre la rue des Filles-Dieu et la rue Sainte-Foy.
(3) A côté de la rue de Cléry, longeant les rues Saint-Joseph et du Croissant.
(4) Entre les rues Filles-Dieu et Sainte-Foy.
(5) Commençant rue Beauregard et finissant au boulevard.
(6) Actuellement rue Thorel.
(7) De la rue Beauregard au boulevard.
(8) De la rue Poissonnière à la rue des Jeûneurs.
(9) De la rue des Petits-Carreaux à la rue Saint-Denis.
(10) Traverse la rue des Petits-Carreaux jusqu'à la rue Saint-Denis.
(11) Parallèle à la rue Saint-Sauveur.

nichés dans la verdure, enrichis de tout ce que la sculpture, la peinture et l'ameublement avaient de plus élégant et de plus précieux, il était le séjour favori de la fortune, de la science et du plaisir. « Pour tout grand seigneur, dit M. A. Robida, c'était presque l'annexe obligée de l'hôtel patrimonial, maison officielle de l'époux et de la famille » (1).

Que les temps sont changés! De luxueusement aristocratique et bourgeois, ce quartier est devenu essentiellement laborieux et commerçant.

(1) A. Robida, *Paris à travers l'histoire*, p. 392.

Fig. 41. — Isaïe prophétisant la maternité de la Sainte-Vierge.

Cl. Conte.
Fig. 42. — Ostensoir de Bonne-Nouvelle.

CHAPITRE CINQUIÈME
1801-1830

SOMMAIRE

Rétablissement du culte. — Conservation de Bonne-Nouvelle grâce à Napoléon. — Le cardinal de Belloy nomme « le citoyen de Cagny » curé de Bonne-Nouvelle. — Premier procès-verbal et premier conseil de fabrique. — Convocation des propriétaires de l'église. — Entente parfaite. — La Ville de Paris achète l'immeuble. — Reconstruction de l'église. — Sa description. — Sa consécration en 1830. — Le clergé de Bonne-Nouvelle reçu par Pie VII. — Les fabriciens de Bonne-Nouvelle présentent leurs vœux à Louis XVIII.

GRAVURES : *Ostensoir.* — *Pie VII.* — *Napoléon.* — *Monseigneur de Belloy.* — *L'église actuelle de Bonne-Nouvelle d'après un vieux spécimen.* — *Intérieur de l'Église Bonne-Nouvelle.* — *Monseigneur de Quélen.* — *Eglise actuelle.* — *Rachel pleurant ses enfants.*

Nous avons déjà vu que M. Favre était curé de Bonne-Nouvelle au moment de la suppression de la paroisse et pendant la suspension du culte. Il fut le témoin attristé de cette douloureuse situation, quoique nous ne le voyions jamais figurer ni dans l'église, ni dans la paroisse. Qu'était-il devenu ? S'était-il caché ? Avait-il quitté Paris ? L'histoire est muette sur ce point. Ce qui est certain c'est qu'il n'eut pas, comme tant d'autres curés de Paris, la douleur de voir son église démolie, ni même complètement fermée. Peut-être vivait-il discrètement retiré, priant pour la conservation de sa paroisse.

Après avoir rétabli l'ordre matériel et social, Bonaparte (fig. 44) se préoccupa de l'ordre moral et religieux. Sentant

Fig. 43.

que la religion est la base de toute société, il s'empressa de lui assigner en France sa place d'honneur. Voilà pourquoi, après avoir rappelé les prêtres déportés, il procéda à l'ouverture des églises. Le concordat, qu'il signa avec Pie VII (fig. 43), fut un acte éminemment politique, national et religieux.

Le 7 nivôse (28 décembre 1800) il publia le décret suivant : « Les citoyens des communes qui étaient en possession, aux premiers jours de l'an II (21 septembre 1793) d'édifices originairement destinés au culte, continueront à en user librement. » (*Moniteur* du 6 prairial, an X).

En exécution de ce décret, Notre-Dame de Bonne-Nouvelle eut la joie de rouvrir ses portes.

NAPOLÉON EMPEREUR
Fig. 44.

D'autre part, voici le mandement que le cardinal de Belloy (fig. 45) adressait au curé de Bonne-Nouvelle au sujet de la réorganisation du culte :

J.-B. de Belloy, par la grâce de Dieu et du St. Siège apostolique, Archevêque de Paris, au Clergé et aux fidèles de notre diocèse, salut et bénédiction apostolique.

Nous devons, N. T. C. F., conformément à la Convention signée à Paris, entre le Gouvernement et le St. Siège, le 26 Messidor. — 15 juillet 1801 — et au décret exécutorial rendu par son Eminence, le Cardinal Caprara, Légat *a latere*, près le Consul de la

Gravé par L. C. Ruotte.

Fig. 45. — S. E. Mgr le cardinal de Belloy, sénateur, archevêque de Paris, qui a nommé le premier curé de Bonne-Nouvelle, lors du concordat.

République Française, procéder, dans le plus bref délai, à l'organisation des Paroisses du Diocèse de Paris qui nous est confié.

Notre premier devoir, comme notre premier soin a été de consulter sur cet important objet, les besoins des localités, les habitudes et les rapports mutuels de chacun de nos diocésains.

Nous devions également présenter au Gouvernement, par l'organe du Conseiller d'État chargé de toutes les affaires concernant les Cultes, nos vues et nos projets pour l'organisation des Paroisses qui pût également s'accorder avec le vœu que la loi exprime dans les articles organiques du Concordat, vos désirs et vos besoins.

Nous sommes assuré que le Gouvernement l'a pour agréable et le ratifie dans tous ses points. Il ne nous reste plus qu'à donner à ce plan solennellement agréé par le héros qui a daigné nous rendre la paix temporelle, la paix plus précieuse encore des cœurs et des consciences, la forme canonique exigée par l'Église.

A ces Causes, nous déclarons et ordonnons, de l'aveu et du consentement exprès du Gouvernement, ce qui suit :

I. La division de la Ville de Paris en 12 cures.

II. La désignation de Paroisses sous le titre de Succursales avec le nom des Curés respectifs.

C'est ici que nous trouvons la paroisse de Bonne-Nouvelle avec la désignation du « *Citoyen Cagny pour Desservant* ». Notons, que nous avons trouvé le nom de M. de Cagny (1) le 31 décembre 1800, approuvant les actes de baptêmes et de mariages. A la fin du journal paru en 1800, il s'intitulait déjà : *Desservant de la paroisse de Notre-Dame de Bonne-Nouvelle.*

Le 7 nivôse (28 décembre) paraissait à l'*Officiel* le décret suivant :

« Tous les fonctionnaires publics, les ministres des cultes, les instituteurs, etc., assujettis par les lois antérieures à prêter un serment quelconque, y satisferont désormais en faisant la déclaration suivante : *Je promets fidélité à la Constitution.* »

Cette formule qui supprimait la haine à la royauté, qui n'obligeait pas à maintenir la Constitution, mais seulement à y être *fidèle* fut acceptée par le clergé de Paris, puisqu'elle avait été acceptée par l'autorité diocésaine.

Les archives de la paroisse n'ont gardé nulle trace particulière d'ordonnance de l'autorité civile ou ecclésiastique au sujet du rétablissement du culte.

(1) Lors de la prestation du serment à la Constitution civile du clergé M. de Cagny, qui était vicaire de Saint-Barthélemy, avait refusé ce serment.

Le premier procès-verbal de délibération de la fabrique, est daté du 10 frimaire, l'an XII (2 décembre 1803).

Le voici dans toute sa teneur :

L'An douze de la République, le dix Frimaire,
Sur la Convocation faite par M. Nicolas de Cagny, Curé de la Paroisse Succursale de Bonne-Nouvelle, se sont assemblés dans la demeure du Citoyen Chéret, rue de Cléry au coin de la rue St. Claude, les Citoyens cy après nommés : Jean Baptiste François Chéret, rue de Cléry 39. Jean Baptiste Pierre Duval rue Ste. Barbe n° 16. Bénigne Floriet rue St. Denis 13. Georges-Marie Race, rue Thévenot 1. Augustin Charles-Alexandre Ollivier, rue du Frg. Poissonnière 3. Pierre-Gabriel Tiron rue St. Denis 44. Tous domiciliés dans l'arrondissement de ladite Paroisse Succursale de Bonne-Nouvelle.

M de Cagny annonça à chacun des Membres assemblés, leur nomination officielle suivant les dispositions de l'Article du règlement pour l'institution des Fabriques, arrêté par Jean Baptiste de Belloy, Archevêque de Paris et MM. Nicolas Thérèse Benoit Frochot, Préfet du Département de la Seine, du 20 Brumaire dernier, (12 novembre 1803).

De suite M. le Curé a fait lecture aux dits Administrateurs du règlement pour l'institution des Fabriques du deux Thermidor, an onze.

Chacun des susdits Membres convoqués a déclaré accepter la nomination faite de chacun d'eux. Et pour satisfaire aux dispositions de l'article trois, du Chapitre premier du dit règlement, les Membres convoqués ont d'abord procédé à l'élection du Président par la voie du Scrutin.

Les Scrutins ouverts par le S. Chéret, doyen d'âge, d'après le dépouillement qui en a été fait, le S. Chéret a réuni la très grande Majorité. En conséquence, il a été élu Président, ce qu'il a accepté. De suite, on a procédé à l'élection des Administrateurs également au Scrutin, et les scrutins dépouillés, ont réuni la majorité des suffrages, les Citoyens Chéret, Tiron et Duval qui ont également accepté.

Pour remplir le vœu de l'article 4 du même Règlement, les administrateurs ont délibéré entr'eux pour la nomination d'un Trésorier et d'un Secrétaire : le Citoyen Duval a été nommé Trésorier, le Citoyen Tiron a été nommé Secrétaire ce qu'ils ont accepté.

Les Membres arrêtent, d'après l'offre qui leur a été faite par

M. Duval, que le lieu pour la tenue des Assemblées sera fixé rue de la Lune, dans la salle où se tient habituellement le Comité de Bienfaisance.

L'installation des Administrateurs dans l'Œuvre placé dans l'église, aura lieu Dimanche prochain, à la Messe paroissiale.

Fait et délibéré à Paris le dit jour et an.

Ont signé : Chéret, Président ;
    Duval, trésorier ;
    Tiron ;
    A. C. Ollivier ;
    Race ;
    Benigne. Floriet.

Nous devons constater ici l'absence de la signature du curé, laquelle ne paraît sur les registres de délibération, que le 1er nivôse, l'an XII.

Après s'être régulièrement constitués, les marguilliers se mirent immédiatement à l'œuvre. La première chose à faire était de rentrer en possession de l'église. Aussi dès le 18 frimaire, l'an XII, convoquèrent-ils les acquéreurs de l'édifice sacré, c'est-à-dire, MM. Charpentier, Letellier et Bruns. Comme ces Messieurs, pour se dédommager des avances qu'ils avaient faites, s'étaient réservé la perception des chaises, ils les prièrent de rendre leurs comptes ainsi que toutes les pièces des recettes et dépenses, en un mot, tout ce qui pouvait servir à renseigner la nouvelle administration.

Les propriétaires répondirent *qu'à la vérité, dès le premier instant de leur acquisition, ils avaient manifesté la ferme intention de conserver cet immeuble au culte ; qu'ils étaient tout disposés à lui rendre sa destination naturelle, soit que le Gouvernement veuille l'acheter ou le louer, mais que cependant, ils désiraient certaines garanties pour sauvegarder leurs droits ; qu'ils espéraient que MM. les marguilliers s'emploieraient auprès du Gouvernement pour obtenir pleine satisfaction et qu'enfin, ils étaient tout prêts à rendre compte de leur administration.*

Il serait trop long et inutile d'entrer ici dans le détail de nombreuses démarches, pourparlers et négociations qui aboutirent, en somme, à une entente qui donna satisfaction aux propriétaires et aux marguilliers.

L'église, étant restée de longues années sans réparations, menaçait ruine. La Ville l'acheta 60.000 fr. démolit la partie la plus endommagée et ne laissa au culte que la partie qui ne courait aucun risque.

Sur les instances du curé et des marguilliers, la Ville se décida à la reconstruire entièrement.

L'emplacement du jardin curial fut réuni à l'ancien emplacement de l'église, et ce fut sur ce terrain que l'on construisit l'église que nous possédons aujourd'hui (fig. 46).

Les fouilles exécutées pour asseoir les fondations, amenèrent la découverte de quantités d'objets; puis, quand on arriva au sol naturel on fut tout surpris de rencontrer un champ de vigne enseveli, pour ainsi dire, sous l'accumulation des ordures; c'était comme une évocation des temps lointains où Cybèle, la déesse féconde, protectrice de toute cette banlieue verdoyante du Paris gallo-romain, avait son temple à l'endroit où fut bâti au XIIIe siècle, une chapelle dédiée à sainte Agnès où se trouve actuellement l'église Saint-Eustache.

Les travaux dirigés par M. Godde, architecte, furent commencés en 1823 et ne furent terminés qu'en 1830. Ils coûtèrent cinq cent mille francs. Pendant les travaux, en 1826, on trouva beaucoup d'ossements qui furent transportés religieusement aux catacombes par M. l'abbé Portalès, alors premier vicaire de la paroisse.

Comme architecture, cette église n'a rien de remarquable. Le portail, d'ordre ionique, est décoré de deux pilastres et de deux colonnes. L'intérieur (fig. 47) est divisé en trois nefs voûtées, séparées par des colonnes d'ordre ionique. Le maître-autel est placé dans une abside éclairée par une demi-coupole. Comme ensemble, c'est un carré inégal, avec un chœur assez disproportionné avec le reste de l'édifice.

Du côté de l'Évangile, en commençant par le haut, se trouvent les chapelles de Saint-Vincent de Paul de Sainte-

Geneviève, la grande et belle chapelle de la Sainte-Vierge, éclairée par quatre fenêtres, celle de Saint Louis et celle du Calvaire. Les fonts-baptismaux se trouvent presque entre ces deux chapelles.

Du côté de l'Épître, nous trouvons les chapelles de Saint-Laurent, de Saint-Pierre, du Sacré-Cœur, de Saint-Joseph, de Saint-Antoine, des Ames du Purgatoire.

L'église de Bonne-Nouvelle peut contenir, tant bien que

Fig. 46. — Église de Bonne-Nouvelle, d'après une vieille gravure.

mal, quinze cents personnes. Il y a deux sacristies : celle dite des mariages — au temps de son ancienne splendeur — et la sacristie actuelle, spacieuse et largement éclairée par trois grandes fenêtres. Elle est chauffée par deux bouches de calorifère et servie par un robinet d'eau nécessaire aux ablutions du clergé et aux besoins du service. Le cabinet de M. le curé est attenant à la sacristie; et au-dessus de celle-ci, se trouve la chapelle des catéchismes bien aérée et ajourée; sur ce même palier, c'est le vestiaire des enfants de chœur. Dans une courette, se trouve une prise d'eau et les water-closet.

Enfin, de la chapelle de la Sainte-Vierge, il y a accès à une grande pièce de débarras où, à côté d'un petit cabinet pour les employés, se trouve un grand espace destiné au matériel des mariages et des convois.

L'église a deux portes d'entrée : l'une, qui est la princi-

Cl. Conte.
Fig. 47. — Intérieur de l'église de Bonne-Nouvelle.

pale, se trouve n° 23 rue de la Lune; elle est précédée d'un portique à deux colonnes; l'autre, rue Beauregard, donne accès à la plus grande partie de la population, parce qu'elle se trouve du côté où la paroisse possède la plus grande étendue.

L'église est éclairée par douze grandes fenêtres et par deux grandes ouvertures pratiquées dans la voûte.

Paulin Guérin pinx.

Fig. 48. — S. G. Mgr Hyacinthe Louis de Quélen, archevêque de Paris, né à Paris, le 8 octobre 1778.

Disons en terminant la description de l'église, qu'on a eu la bonne pensée, malgré l'avis contraire de l'architecte, de conserver l'ancien clocher qui ne manque pas d'un certain cachet et qui nous donne un spécimen de l'architecture du XVIIe siècle.

Les travaux durèrent environ six années ; pendant les trois premières, l'Office divin ne put être célébré que dans la partie plus promptement terminée. Le jeudi 25 mars 1830, eut lieu la consécration de l'église par Mgr Louis-Hyacinthe de Quélen (fig. 48), archevêque de Paris, assisté par M^{grs} de Villèle, archevêque de Bourges, du Chatellier, évêque d'Évreux, de Fayet, évêque de Tulle, Dupont, évêque de Samosate — depuis évêque de Saint-Dié, archevêque d'Avignon et puis de Bourges — et de Mgr l'évêque du Tempé; en présence de M. le comte de Chabrol de Volvic, préfet de la Seine, de M. Mangin, préfet de police et de M. Jousselin, maire du 5e arrondissement.

Voici d'ailleurs la plaque commémorative placée à cette occasion, dans la chapelle de Saint-Laurent.

D. O. M.

L'an 1830, le Jeudi, 2 Mars, jour de l'Annonciation, fête patronale de la Paroisse royale de Notre-Dame de Bonne-Nouvelle,
Cette Eglise, de fondation royale, ayant été démolie,
puis reconstruite en sa totalité,
a été à la Supplique de Mre Léonard Paradis
Curé de cette Paroisse
de nouveau solennellement consacrée, avec le maître-autel
sous l'invocation de la Très Sainte Vierge Marie
par Monseigneur Hyacinthe Louis de Quélen
Archevêque de Paris, pair de France
en présence de Monseigneur l'Archevêque de Bourges,
de Monseigneur l'Evêque d'Evreux,
de Mgr. Sagey, ancien Evêque de Tulle,
de Mgr. l'Evêque de Tempé, et de Mgr. l'Evêque de Samozate
et de M. le Comte de Chabrol, Préfet du Département,
de M. Maugin, Préfet de Police,
de M. Jousselin, Maire du cinquième arrondissement,
ainsi que de M. Foucher, président de la Fabrique
de MM. Coustaud, trésorier, Dessaigne, secrétaire,
Saulot-Baguenault,
Empaire, Hains, Fougeroux, Des-Etangs, Bonnet
membres du Conseil de fabrique et d'un grand nombre de fidèles.
Monseigneur l'Archevêque a accordé les indulgences
accoutumées pour le jour de la Dédicace et pour le jour
anniversaire.

E. H. GODDE, architecte (fig. 51)

Quelques années après, la chapelle de la Sainte-Vierge

fut ajoutée à l'église et bénite par Mgr de Quélen en 1836.

Bonne-Nouvelle a porté depuis longtemps le titre de *Paroisse Royale* à cause de la première pierre du chœur qui en fut posée par la reine Anne d'Autriche.

Cl. Conte.

Fig. 49. — L'église actuelle de Notre-Dame de Bonne-Nouvelle. Dessinée en juillet 1908.

Revenons un peu en arrière pour reprendre le fil de notre récit.

Après le rétablissement du culte par le concordat, il s'est produit à Bonne-Nouvelle quelques événements qu'il convient de noter.

Le 28 nivôse, an XIII (29 janvier 1805), M. le curé de Cagny fut admis, avec le clergé et quelques notables de la paroisse, à 3 heures, à une audience particulière de Sa Sainteté le pape Pie VII, au château des Tuileries. M. le curé prononça un discours en latin, écouté avec bonté par le pape : Sa Sainteté daigna admettre les personnes présentes à l'honneur de lui baiser l'anneau et leur donna l'espoir, qui n'a pu d'ailleurs se réaliser, de venir incessamment visiter l'église de Bonne-Nouvelle.

A l'époque de la Restauration des Bourbons, toutes les fabriques du diocèse de Paris ayant été invitées à présenter une adresse au roi Louis XVIII, la fabrique de Notre-Dame-de-Bonne-Nouvelle désigna, dans sa séance du 21 juin 1814, M. Tiron, président du Conseil pour la représenter à cet effet.

Une députation des administrateurs des fabriques des paroisses de Paris eut donc, le 16 du mois d'août 1814, l'honneur d'être admise à l'audience du roi, à l'issue de la messe, et d'être présentée à Sa Majesté par M. le grand-maître des cérémonies.

Cette députation était composée de :

MM. Le comte Clément de Ris, pair de France,
   Le comte Canelaux, pair de France,
   Ricatte, avocat,
   Pernod, conseiller référendaire à la Cour des Comptes,
   Charron, propriétaire,
   Cahier, substitut du Procureur général en la Cour royale de Paris,
   Beaufils, directeur du Mont-de-Piété,
   Lourmaud, avocat,
   Walkenaer, membre de l'Institut,
   de Neufvillette, juge au Tribunal civil de Paris,
   Pantin, avocat,
   Forcade de la Roquette, propriétaire,
   Gervais, secrétaire de l'administration de l'hospice des Quinze-Vingts.
   Guérin, propriétaire,
   La Vertu, négociant,
   Puissant, receveur des contributions.

M. Cahier a porté la parole, au nom de la députation, en ces termes :

Sire,

Députés vers V. M. par les Administrateurs des Paroisses de votre bonne Ville de Paris, nous venons lui offrir l'humble tribut de notre amour, de notre dévoûment et de notre respect.

Associés à nos vénérables Pasteurs dans la gestion des revenus de nos Eglises ; comme eux, confidents des vœux des Fidelles, qui, chaque jour demandaient au Dieu de Saint Louis et de Louis XVII, le retour de notre légitime Souverain, comme eux aussi, témoins des hymnes d'amour et d'allégresse dont nos temples ont retenti aux jours de la Restauration, il nous tardait, *Sire*, de venir devant V. M. ajouter à tant d'autres, le nouveau témoignage de la fidélité des habitants de cette Capitale à l'antique Religion de nos pères et à l'antique Famille de nos Rois.

Par votre présence, *Sire*, est enfin marqué le terme aux maux de la Patrie, aux douleurs de l'Eglise Catholique. Vos exemples rappellent chaque jour la nation Française à ces maximes universelles, bases fondamentales de toute Législation : *Point de société sans morale; point de Morale sans Religion; point de Religion sans Culte public.*

Sire, il veille sur Vous, ce Roi des Rois, dont la main puissante Vous a, par le plus manifeste des miracles, replacé sur le trône de vos Ancêtres; il veille sur ces Princes Augustes, soutien, espérance de ce trône; sur cette Princesse adorée, sur cet Ange de la France, qui semble appartenir bien moins à la terre qu'elle habite, qu'au ciel qui nous l'a conservée : Lui seul vous arma de toute force nécessaire pour soutenir cette Couronne dont vous n'avez pas hésité à charger votre front.

Dans le retour général à l'ordre que les Français appelaient de tous leurs vœux, l'héritier du sceptre des Rois très chrétiens, vos regards, auxquels rien ne peut échapper, s'arrêteront sur les besoins de la Religion dont le sert se lie si étroitement à celui de la Monarchie.

Tout ce que vos peuples attendent de votre cœur paternel, depuis longtemps V. M. le méditait en silence. Déjà par sa fermeté courageuse et sa prévoyante activité, chaque jour Elle presse, Elle hâte les temps où se fermeront toutes les plaies de l'Etat ; et bientôt, réparant vingt-cinq années d'erreurs et de calamités, V. M. nous rendra les beaux jours de notre vieille

France où se mêlaient et se confondaient dans tous les cœurs ces deux noms sacrés par qui furent enfantés tant de prodiges : *Dieu et le Roi.*

Le roi répondit en ces termes :

Je vous remercie des sentiments que vous m'exprimez. Vous ne pouvez douter de mon attachement à la Religion ; je tâcherai de mériter le titre de Roi-Très-Chrétien que je porte. Je vous exhorte à secourir chacun de vos Pasteurs dans leurs pénibles fonctions et à ce titre, comptez sur ma protection.

Le roi a bien voulu autoriser tous les administrateurs des paroisses de Paris à porter la décoration du Lis.

La députation a eu ensuite l'honneur d'être présentée à S. A. R. Madame la duchesse d'Angoulême.

M. Cahier lui a adressé la parole en ces termes :

Madame,

Les Administrateurs des Fabriques des Paroisses de Paris viennent déposer aux pieds de votre Altesse Royale, l'hommage de leur dévoûment et de leur respect.

Par combien de vœux, unis à nos fidèles Pasteurs, nous avons redemandé au Dieu de Blanche et de Clotilde l'auguste Fille de Louis XVI ; Qu'il nous soit permis d'en féliciter V. A. R. Ce même Dieu dont le doigt seul disposa les événements merveilleux qui ont enfin rendu les Français à leur Roi, avait d'avance fait choix de V. A. R. pour le rendre en même temps aux mœurs simples, aux antiques vertus, à cette Religion sainte, seule consolatrice des grandes infortunes, unique et véritable base des droits comme des devoirs des Princes et des Peuples.

Avec quel attendrissement nos citoyens ont vu hier V. A. R. unir ses vœux à ceux du Peuple dans cette solennité qui, en réveillant de si grands et si pieux souvenirs a fait naître de secrètes et de douces espérances dans les cœurs.

Ainsi, Madame, par la force de vos augustes exemples, chaque jour, Notre Religion verra son empire s'affermir et s'étendre en même temps que s'affermissent chaque jour les nouveaux liens qui ont rattaché pour jamais la France à son roi.

Paris, le 16 Août 1814.

Nous avons tenu à rapporter ces discours, malgré leur longueur et leur ton emphatique, parce que, dans cette députation, il y avait trois personnages qui étaient de Bonne-Nouvelle : MM. Forcade de la Roquette, Walkenaer et celui qui les a prononcés, M. Cahier.

Fig. 50. — Rachel pleurant ses enfants.

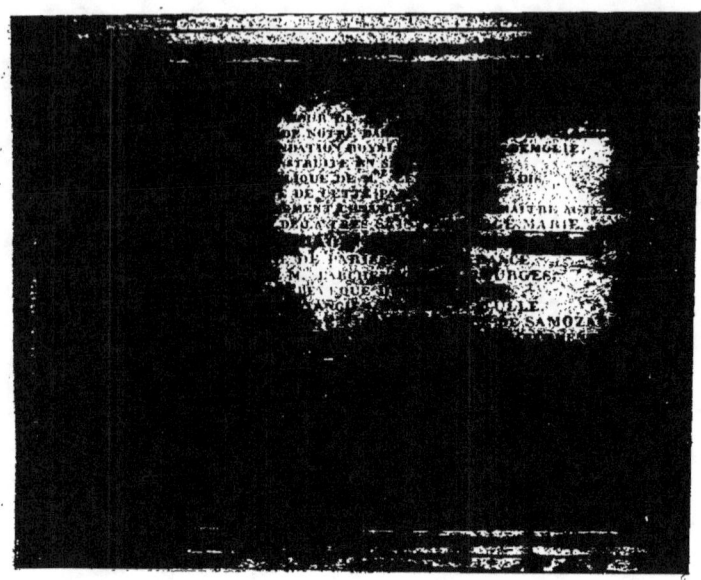

Cl. Conte.
Fig. 51. — Plaque de la consécration de l'Église 1830.

CHAPITRE SIXIÈME
1816 à 1853 (*Suite.*)

SOMMAIRE

Inauguration du buste de Louis **XVIII** dans la salle des délibérations de la fabrique. — Visite de **Charles X** à Bonne-Nouvelle. — Sac de Bonne-Nouvelle. — Bonne-Nouvelle menacée d'un démembrement en faveur de Saint-Leu. — Elle échappe à ce péril. — Nouvelles menaces en faveur de la création de la paroisse de Saint-Eugène. — Cette fois, malgré une éloquente protestation du Conseil de fabrique elle est gravement atteinte. — **M.** l'abbé Portalès meurt quelques semaines après. — Sa nouvelle circonscription.

GRAVURES : Plaque commémorative de 1830. — Vue du sanctuaire du côté de la porte de la rue Beauregard. — Charles X. — Circonscription de Bonne-Nouvelle au moment de la création de la paroisse de Saint-Eugène. — Evanouissement d'Esther.

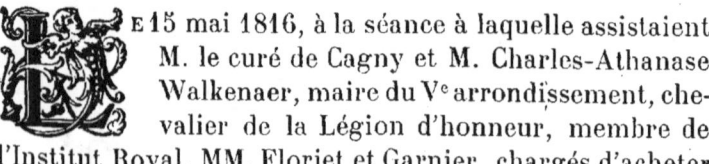E 15 mai 1816, à la séance à laquelle assistaient M. le curé de Cagny et M. Charles-Athanase Walkenaer, maire du Ve arrondissement, chevalier de la Légion d'honneur, membre de l'Institut Royal, MM. Floriet et Garnier, chargés d'acheter

le buste de Louis XVIII, annoncèrent qu'ils s'étaient acquittés de leur mission.

Aussitôt, l'assemblée, d'un commun accord, décida de mettre le buste de Sa Majesté en place ; dès qu'il fut posé sur une colonne en stuc, eut lieu la cérémonie de l'inauguration.

M. Téron, président du Conseil de fabrique, prononça le discours suivant :

> Respectable Pasteur,
> Monsieur le Maire,
> Messieurs,
>
> C'est en ce temple, particulièrement devant un clergé modèle d'édification et devant un des Magistrats qui est spécialement chargé de nous accorder ses soins paternels, que nous devons trouver du bonheur à nous occuper de consacrer le vœu unanime de tous les paroissiens représentés ici par leur clergé et leurs administrateurs, en élevant un trophée au Monarque Chéri qui sait si bien imprimer dans nos cœurs des sentiments d'amour et de reconnaissance.
>
> Nous avons plus que d'autres, ce droit de voir nos vœux s'accomplir en plaçant ce Buste Auguste au milieu de nous, puisque déjà, dans des temps bien reculés, et dans cette antique Chapelle que notre temple représente aujourd'hui, on y remarque un autel sacré dédié à Saint Louis, cet ancien Monarque notre Protecteur perpétuel placé par ses vertus auprès de la Divinité.
>
> Quelques détails que les fastes de notre Église vous feront connaître avec intérêt la légitimité de nos droits à la protection de Louis XVIII dont nous couronnons aujourd'hui le Buste.
>
> La Paroisse de l'onne-Nouvelle n'était, dans son enfance, qu'une simple et très petite Chapelle construite sur une montagne près de l'Ancien Paris et dite alors : « du Moulin ».
>
> Cette Chapelle fut consacrée par M. Thiercelin, Evêque de Luçon en 1563. Il y fut notamment établi trois autels, un à la Vierge, un autre à St. Louis et le dernier à Ste Barbe : elle s'appelait : « Saint-Louis et Sainte-Barbe ». C'est probablement d'après cette première fondation de l'autel de Saint-Louis que notre paroisse, toujours jalouse de conserver ses avantages, a été autorisée à porter le titre de Paroisse Royale.

Cette Chapelle avait alors si peu d'importance que l'on n'y pouvait administrer le baptême, ni y remplir les fonctions de l'inhumation.

Nos anciens Collègues alors occupant l'œuvre de St. Laurent, en posèrent les quatre premières pierres le 20 août 1551 : elle fut leur succursale.

Elle éprouva dans son berceau, et plus qu'une autre, les rigueurs des révolutions; et, dans les guerres de la Ligue en 1593, cette Chapelle fut rasée ainsi que les maisons qui l'entouraient et l'on construisit en leur place des fortifications.

Ce ne fut qu'en 1624 qu'on songea à la rebâtir parce qu'on en reconnut la nécessité en raison de la population immense qui avait adopté ce quartier et qui lui avait fait donner le nom de la Ville-Neuve-sur-Gravois.

Ce fut le 18 mai 1624 que M. Bernard de La Valette en posa la première pierre : elle fut érigée en cure le 22 juillet 1673 par une sentence de l'Archevêché de Paris. Cette église fut bénite par M. Le Guyard, Vicaire Général sous le titre de Notre-Dame de Bonne-Nouvelle et consacrée spécialement à la fête de l'Annonciation rappelant aux fidèles l'heureuse nouvelle apportée par l'Ange Gabriel à la Sainte Mère de Dieu.

Angelus Domini Nuntiavit Mariae.

Les Moines de St. Martin-des-Champs y venaient officier chaque année, le jour de l'Annonciation et on leur payait une rétribution de trois livres le même jour. Par une singulière analogie, notre paroisse s'est faite remarquer dans deux principales époques de notre histoire. Elle fut détruite de fond en comble dans les Guerres de la Ligue et elle a été fermée et presque anéantie dans la première année de notre Révolution.

C'est au mois de mai 1624 que l'on en posa les premières pierres et c'est en mai 1816, que nous plaçons au milieu de nous le digne successeur de St. Louis comme devant être notre protecteur spécial. Oui, on peut dire que c'est par une protection toute particulière et bien remarquable de la Divine Providence que, nouvelle Jérusalem, l'Eglise de Bonne Nouvelle a reparu et a été réouverte deux fois pour le bonheur de ceux qui composent son arrondissement.

Empressons-nous de publier que c'est par les louables et tout appréciables efforts de son vénérable Pasteur qui, habile pilote, a su par sa religieuse et savante manœuvre, conduire pour cette seconde fois son vaisseau au port.

Si par l'institution originaire de la fondation de cette église comme paroisse, on a voulu que l'Annonciation fût la fête principale, si par ce motif elle fut appelée Notre-Dame de Bonne-Nouvelle, combien notre paroisse a dû être jalouse et s'énorgueillir

Fig. 52. — Vue du sanctuaire regardant la porte de la rue Beauregard.

elle-même s'il est possible de porter ce nom lorsque toute la France en apprenant l'heureux retour de notre Monarque Chéri et de sa digne famille a prononcé ce nom dans le plus grand enthousiasme : ils arrivent : Bonne-Nouvelle ! Bonne-Nouvelle !

Rappelons-nous, Messieurs, le moment qui a précédé cette arrivée l'espérance et bientôt la joie, le ravissement remplissent tous les cœurs. Les vieillards, les pères, les épouses attendries pressent leurs enfants sur leur sein, versant des larmes de tendresse, n'avaient qu'un cri dans l'effusion de leur cœur : ils reviennent : Bonne Nouvelle ! nos enfants vivront (sic) avec nous, ils ne nous seront plus enlevés. Le canon du bonheur a retenti, il a ému tous les cœurs sensibles et les échos réunis se sont plu à répéter : Bonne Nouvelle ! Bonne Nouvelle !

Respectable Pasteur qui chaque jour nous a édifié par un zèle religieux presqu'inexprimable ajoutez à vos avantages celui de conserver ce titre antique qui vous en est particulièrement attribué : *Pastor a bono nuncio.*

Près du Throne Céleste, il existe un Angelus *a bono nuncio* que nous révérons ici-bas sous le nom de Gabriel comme vous, il porte ce titre angélique et l'encensoir à la main, au milieu du chœur des Chérubins en présence de l'Arche Sainte et de l'Agneau sans tache, il renouvelle l'hommage à la Mère de notre Dieu, lorsqu'au milieu de nous vous remplissez ici-bas le même office en entonnant avec l'orgue harmonieux ce religieux cantique :

Hoec illa solemnis Die	Le voici ce jour solennel qui
Dies salutis nuncia	nous annonce le Salut.
Quae missa Coelo tristibus	Ce jour où l'humanité souffrante
Venere terris gaudiis	a reçu du Ciel la nouvelle la plus consolante.

Chef de notre Eglise, nous avons vu gémir sur nos maux, sous ces mêmes voûtes, dans ces moments orageux dont la seule pensée et pour vous et pour nous, nous fait encore frémir, votre front est devenu radieux et nous avons partagé vos transports quand vous êtes devenu le Pasteur *a bono nuncio* en nous annonçant la bonne nouvelle d'un prochain retour.

Hoec illa solemnis dies
Dies salutis nostrae.

N'en doutons pas, ce titre va recevoir de plus en plus son application et devenir plus intéressant à mesure que par ses longues veillées et ses longs travaux multipliés, celui dont nous voyons ici le buste, vous pourrez nous dire chaque jour, sa Majesté vient encore de faire cela pour votre bonheur.

Puisque quelques recherches ont mis à même de savoir que dans l'origine. St. Louis notre bienheureux et Céleste Protecteur, avait un autel spécial dans notre chapelle antique, plaçons incessamment sa statue, offrons-là à la mémoire, à l'admiration à la Religion des fidèles, osons former le vœu que sous la protection de notre Monarque ici présent nous fonderons de nouveau cette même chapelle qui manque à notre bonheur, comme à notre honneur. Appelons à cet égard le zèle de nos paroisiens et, n'en doutons pas, nos vœux seront bientôt remplis.

Vous, Monsieur le Maire que nous avons l'honneur de posséder pour la première fois dans notre sein, recevez notre pressante et ferme invitation de nous faire jouir de votre présence, permettez-nous dans ce jour prospère de vous prendre pour témoin du juste tribut de respect et d'amour que nous portons à notre Monarque, à son Auguste famille de l'hommage authentique que nous aimons à leur rendre en votre présence et du serment que nous leur renouvelons de leur rester toujours fidèles.

VIVE LE ROY !

Après ce discours, les enfants de la maîtrise ont été introduits dans la salle et ils ont chanté le *Vivat in oeternum*.

Visite de Charles X

Le 7 mars 1826, le roi Charles X assisté de son A. R. Mgr le duc d'Angoulème, Dauphin de France et de son A. R. Mme la Dauphine sont allés à l'église de Notre-Dame de Bonne-Nouvelle pour y faire leur station de Jubilé. Sa Majesté, le prince et la princesse ont été reçus à la porte extérieure par M. le maire du Ve arrondissement et par M. l'abbé Portalès, premier vicaire, la cure étant vacante, par le clergé et les administrateurs de la fabrique. Ils furent conduits sous le dais processionnellement au chœur, puis reconduits, à leur sortie, avec le même cérémonial. Ces augustes princes exprimèrent leur édification en présence de l'assistance nombreuse et recueillie que leur pieuse visite avait attirée dans l'église.

Sac de l'église de Bonne-Nouvelle.

Le 13 février 1830, l'église de Bonne-Nouvelle fut assaillie par une bande de 3 ou 400 hommes mêlée d'en-

nts et d'adolescents. La porte de la rue Bonne-Nouvelle
t brisée et enfoncée à coups de pavés. Ces misérables,
rès avoir pillé les troncs commencèrent à tout saccager,
rsqu'arriva un bataillon de la Garde Nationale ; le capi-

CHARLES DIX,
Roi de France et de Navarre
Proclamé le 16 Septembre 1824 Né à Versailles, le 9 Octobre 1757

Fig. 53.

taine Legentil, qui le commandait, après avoir essuyé les
insultes de ces malfaiteurs, finit par en avoir raison. La
paroisse est heureuse de transmettre, avec reconnaissance
à la postérité, le nom de ce vaillant officier.

En 1836, Mgr de Quélen revint à Bonne-Nouvelle pour y

bénir la chapelle de la Sainte-Vierge, ajoutée aux anciennes constructions.

En 1847, la paroisse de Bonne Nouvelle eut à subir un assaut dont elle sortit victorieuse. Il s'agissait d'un projet de démembrement en faveur de celle de Saint-Leu.

Voici en effet la lettre que Mgr l'archevêque de Paris adressait le 30 mars 1847 à M. le curé de Bonne-Nouvelle.

Monsieur le Curé,

La fabrique de St. Leu réclamait depuis longtemps, une augmentation de territoire. Le Conseil Municipal qui avait joint souvent ses réclamations aux demandes de cette fabrique, vient de les renouveler par l'entremise de M. le Préfet de la Seine, de la manière la plus pressante. Ce magistrat me prie de faire délibérer, sans retard sur cette question, les Conseils de Fabrique des Paroisses dont on diminuerait les territoires en faveur de St. Leu.

En conséquence, vous voudrez bien, Monsieur le Curé, appeler le Conseil de Fabrique de votre Paroisse, à donner son avis dans la séance la plus prochaine, etc., etc.

Or voici la délibération de l'assemblée fabricienne :

« Vu la lettre ci-dessus et le projet qui s'y trouve joint pour la nouvelle circonscription actuelle de la paroisse de St. Leu dont l'exécution tiendrait à distraire de la circonscription actuelle de la paroisse de Bonne-Nouvelle, pour l'attribuer à la paroisse de St. Leu, l'îlot de maisons compris entre ces rues St. Denis, Thévenot, les Deux Portes, St. Sauveur et St. Sauveur Nos pairs jusqu'à la rue des Deux Portes.

Vu le plan de circonscription actuelle tant des paroisses de Bonne-Nouvelle et St. Leu, que des autres paroisses environnantes, après une mise en délibération.

Considérant que l'examen de cette circonscription, relativement à la Fabrique de Bonne-Nouvelle, annonce le soin qui a été apporté lors de sa fixation : qu'en effet, elle présente aux paroissiens toutes les facilités désirables pour leurs exercices religieux et que la fréquentation de cette église par les nombreux fidèles prouve les ressources qu'ils trouvent dans une sage délimitation du Territoire.

Considérant que le concours ne tient pas à des idées passagères, mais à de véritables besoins, en raison de la situation toute spéciale de l'église de Bonne-Nouvelle qui attire à ses orifices, indépendamment de ses paroissiens actuels, ceux de quelques quartiers qui ne sont pas compris dans son territoire ; qu'il résulte de là, pour la paroisse de Bonne-Nouvelle la nécessité d'entretenir un nombreux Clergé pour satisfaire par des messes et des offices successifs et souvent simultanés, à l'affluence non interrompue des fidèles ; qu'un changement de circonscription ne détournerait pas cette affluence, qu'il n'aurait pour résultat que de contrarier quelques paroissiens dans leur affection en les obligeant de porter dans une paroisse qu'ils n'auraient pas adoptée, leurs actes de famille « baptême, mariages et décès » et en divisant ces actes si précieux pour chacun d'eux.

Considérant que bien que la portion de territoire dont la distraction est demandée, soit une des plus éloignées de l'église de Bonne-Nouvelle, les motifs qui viennent d'être exposés ne lui sont pas moins applicables : qu'en effet, cet îlot, situé à une distance linéaire au moins aussi grande de l'église St. Leu que de l'église Bonne-Nouvelle, se trouve réellement bien plus rapprochée de cette dernière église, par les moyens de communication et les habitudes qui portent plus activement vers les boulevards et les quartiers de la Porte St. Denis et de la Porte S. Martin.

Le Conseil par tous ces motifs, déclare être d'avis de supplier Monseigneur l'Archevêque de Paris de peser dans sa sagesse les conséquences d'une distraction dont le grave préjudice pour les paroissiens enlevés à la paroisse de Bonne-Nouvelle ne serait nullement compensé par le faible accroissement de revenu que la fabrique de St. Leu pourrait y trouver.

Cette protestation, si ferme et à la fois si digne, si sage et si respectueuse, trouva un écho favorable dans le conseil de l'autorité diocésaine qui coupa court au projet de la fabrique de Saint-Leu.

Comme les gens riches, la paroisse de Bonne-Nouvelle faisait des envieux.

Après avoir échappé à un danger de morcellement, voilà que, quelques années après, elle fut menacée d'un danger plus sérieux.

Le rétablissement de l'ordre et de l'empire, après la

secousse de 1848, avait ranimé la confiance et favorisait le développement des idées religieuses.

Napoléon III venait de célébrer son mariage avec une jeune fille de la grandesse espagnole qui lui apportait, comme dot, une âme essentiellement chrétienne.

L'utilité d'un nouveau centre religieux dans le quartier de Bonne-Nouvelle et aussi, très probablement, le désir de flatter la piété de la jeune impératrice Eugénie furent, sans conteste, les motifs qui firent naître la pensée de la fondation de la paroisse de Saint-Eugène. Ce projet ayant été ébruité, la fabrique de Bonne-Nouvelle en fut justement émue et alarmée. Elle ne manqua pas de faire part de ses craintes à l'autorité archiépiscopale.

Comme tout mauvais cas est niable, M. l'abbé Buquet, vicaire général écrivit, à la date du 14 février 1852, la lettre suivante à M. le curé :

Monsieur le Curé,

Monseigneur l'Archevêque vous autorise à démentir, si vous le croyez utile, le bruit répandu par un journal qu'une nouvelle paroisse devait être érigée dans le quartier St. Denis. Il n'en a été nullement question. Cependant, il est probable qu'on n'y pense plus ; il vaudrait peut-être mieux laisser tomber ce bruit dans l'eau.

En tous cas, je vous prierai de me communiquer la note que vous seriez dans l'intention de faire à ce sujet, avant de l'envoyer aux journaux.

Veuillez, etc., etc.
Signé :
S. Bucquet V. G

A la suite de cette lettre, lue par M. le curé, le Conseil décida de conserver ce document dans les archives, pour servir à détruire les bruits qui avaient été répandus, mais qu'il n'y avait pas lieu d'adresser aux journaux aucune note rectificative de la nouvelle qu'ils avaient donnée.

Malheureusement, cette fausse nouvelle était un mauvais son de cloche pour Bonne-Nouvelle. Le 15 novembre 1853, M. le curé recevait une nouvelle lettre de Mgr l'archevêque, le priant de réunir extraordinairement le

Conseil de fabrique à l'effet de donner son avis sur la création d'une nouvelle paroisse succursale, formée d'une partie du territoire dépendant actuellement des deux paroisses de Saint-Vincent de Paul et de Notre-Dame de Bonne-Nouvelle.

Voici textuellement le libellé de la délibération du vaillant et sage conseil de fabrique :

Considérant que si, tout en appelant sur cet important projet, la délibération du Conseil de Fabrique, la lettre de Sa Grandeur semble indiquer qu'il y a dès à présent parti pris et résolution arrêtée dans son esprit sur la question soumise. Il est toutefois du devoir dudit Conseil d'émettre respectueusement, mais franchement son opinion, fût-elle contraire à celle du Chef spirituel du Diocèse et de signaler les objections et les difficultés graves qui ont pu échapper à un examen auquel n'ont pas été jusqu'à présent appelés les représentants naturels de la paroisse et les organes légitimes de ses vœux et de ses besoins.

Considérant que la création d'une nouvelle paroisse pour le retranchement d'une partie des territoires de Notre-Dame de Bonne-Nouvelle et de St. Vincent-de-Paul doit être examiné sous ce triple rapport :

1° De la commodité et de la facilité que trouveront les fidèles à se rendre à l'église ;

2° Des voies et moyens de pourvoir à l'entretien et à la solennité du Culte ;

3° Enfin et surtout de la possibilité d'assurer aux paroissiens les secours et avantages dont ils ont besoin.

Considérant sur le premier point, qu'en retranchant à la paroisse de Notre-Dame de Bonne-Nouvelle, toute la partie comprenant le côté Nord des Boulevards Poissonnière et Bonne-Nouvelle, les rues et faubourg Poissonnière, de l'Echiquier, d'Enghien et du faubourg St. Denis, pour les adjoindre à l'église en projet sur les terrains des Menus plaisirs, en éloigne très sensiblement les fidèles qui y sont domiciliés, de la maison de prière, sans en rapprocher à peine de quelques minutes, ceux des paroissiens qui habitent aux points les plus voisins de la nouvelle paroisse.

Considérant que d'ailleurs chacun préfère, en général, suivre la ligne des Boulevards qui les ramène vers ses affaires plutôt que de remonter le faubourg Poissonnière qui les en éloigne ; qu'en effet, la preuve de cette tendance de la population se remarque à Bonne-Nouvelle même qui est fréquentée par une partie des fidèles habitant les boulevards St. Denis et St. Martin et la rue

Fig. 54. — Le sanctuaire avec vue du côté de la porte de la rue Beauregard.

Meslay qui viennent dans cette église plutôt que d'aller à St. Laurent et à St. Nicolas des Champs.

Considérant au surplus, que le retranchement projeté aurait ce résultat bizarre de séparer de Notre-Dame de Bonne-Nouvelle la portion de son territoire qui en est la plus rapprochée pour lui conserver celle qui en est le plus éloignée.

Considérant que l'étendue territoriale de la paroisse de Notre-Dame de Bonne-Nouvelle est assez restreinte pour que des points les plus éloignés et surtout de la partie à retrancher, on puisse en très peu de temps se rendre à l'église et pour que le Clergé puisse sans difficulté pourvoir aux exigences du service extérieur, qu'elle offre cet avantage important de comprendre une population assez nombreuse pour subvenir aux besoins du Culte sur un territoire suffisamment aggloméré, pour en diminuer les frais ; que sur le premier point de vue, la mesure proposée ne paraît présenter que des inconvénients sans aucune compensation.

Considérant sur le second point que la partie du territoire que l'on propose de retrancher est la plus riche et celle qui offre le plus de ressources pour subvenir aux besoins et au service du Culte; que dans l'état actuel de sa situation financière, la Paroisse Notre-Dame de Bonne-Nouvelle arrive à peine à combler ses frais, qu'il y a depuis plusieurs années, nécessité reconnue de remplacer les deux orgues ; que l'urgence de racheter une grande partie du linge et des ornements commence à se faire sentir et que cependant, le Conseil de Fabrique, malgré l'ordre le plus scrupuleux et l'économie la plus rigoureuse, ayant peine à subvenir aux charges ordinaires, se voit obligé d'ajourner des améliorations qui tiennent essentiellement à la décence du Culte et à la solennité des cérémonies.

Considérant que la mesure proposée, en diminuant les ressources de la Paroisse de Notre-Dame de Bonne-Nouvelle, n'aurait pas pour effet de diminuer ses charges d'une manière notable; qu'il lui faudrait toujours en dehors du Clergé, le même personnel d'employés et qu'elle ne pourrait alors continuer à entretenir cette excellente institution d'une Maîtrise qui, en assurant aux cérémonies du Culte la décence et la solennité convenables, sert à élever dans des sentiments de Religion et de piété près de soixante enfants qui, par leur bonne tenue à l'église et au dehors, font l'édification des fidèles.

Considérant qu'il résulte des renseignements pris que le projet aurait pour résultat de diminuer d'au moins trois cents francs la part des vicaires de Bonne-Nouvelle dans le casuel, et que cette perte qui nécessiterait une augmentation de subvention sur les revenus de la Fabrique, tomberait encore à la charge de ressources déjà absorbées.

Considérant d'un autre côté que la création d'une nouvelle Paroisse entraînerait l'installation d'un personnel nombreux qui ne rend pas, comme le Clergé, de services spirituels, et qui ferait évidemment double emploi avec le personnel des églises amoindries, et causerait ainsi, en pure perte, une dépense d'argent considérable qui ne saurait être évaluée à moins de 12.000 francs par an.

Considérant enfin, que la partie du territoire que l'on propose de retrancher est en quelque sorte le centre administratif et religieux de la Paroisse de Notre Dame de Bonne-Nouvelle, puisque c'est là qu'habitent la plupart des Dames de Charité et cinq sur sept des Membres du Conseil de Fabrique.

Considérant sur le troisième point que dans l'état actuel, la Paroisse Notre Dame de Bonne-Nouvelle, grâce au zèle de son Clergé suffit complètement aux besoins spirituels de sa population, qu'il se dit chaque jour 16 à 18 Messes entre 6 heures et 1 heure après midi, de sorte qu'à quelque heure de la matinée que l'on se rende à l'église, on est certain de pouvoir assister au Saint Sacrifice; qu'il est célébré chaque dimanche et jour de fête, trois grand'Messes et trois Vêpres, le tout à des heures tellement différentes que quelles que soient les exigences de sa profession, chacun peut facilement assister aux offices.

Considérant que les instructions sont tellement multipliées et à des heures diverses que chacun peut venir entendre la parole divine, qu'en effet il a été calculé que le nombre des prédications et des instructions s'est élevé à plus de mille dans le courant de l'année qui vient de s'écouler.

Considérant que personne ne se plaint de l'insuffisance de la paroisse sous le rapport de l'administration des sacrements et des autres secours spirituels et qu'au surplus, si les nécessités du service se faisaient sentir, il serait facile d'y pourvoir par l'adjonction d'un ou de deux nouveaux vicaires, adjonction moins dispendieuse que la création d'une nouvelle paroisse.

Considérant que cette création d'une nouvelle paroisse, en diminuant les ressources et par suite le personnel du clergé de Bonne-Nouvelle, ferait cesser ces importants avantages spirituels pour ceux des paroissiens qui lui seraient attachés, sans les procurer à ceux qui en seraient séparés et que sous ce rapport, la mesure proposée ne présente que de fâcheuses conséquences.

Considérant de plus, qu'il existe sur la paroisse de Notre-Dame de Bonne-Nouvelle, plusieurs œuvres de charité et une conférence de Saint-Vincent de Paul qui ne se soutiennent que par la participation active des habitants de la paroisse que l'on veut retrancher et qui seraient complètement désorganisées, probablement même détruites, au moins temporairement, par suite de l'adoption de la mesure proposée et qu'ainsi, au lieu de procurer la gloire de Dieu et le salut des âmes, on atteindra la désorganisa-

Fig. 55. — Laroche et ses cuisines économiques, rue Saint-Étienne.
Bibl. Nat. Estampes, topographie de la Seine, Va, III 240, quartier de Paris-Bonne-Nouvelle.

tion et la ruine des institutions charitables les plus propres à ramener les cœurs à Dieu.

Considérant que si la fabrique a souvent fait entendre le vœu que l'église fût agrandie, ce serait à tort que l'on croirait satisfaire à ce vœu par la destruction d'une partie de ce qui forme aujourd'hui la population proprement dite de la paroisse, le nombreux concours des fidèles dans cette église étant surtout la conséquence de sa situation topographique, ainsi que cela a été exprimé ci-dessus ; que l'application des sommes importantes qu'il faudra employer à l'acquisition d'un terrain et aux dépenses des constructions provisoires pour la nouvelle église, suffirait pour obtenir le développement complet de Notre-Dame de Bonne-Nouvelle et satisfaire ainsi réellement aux besoins inévitables de la population catholique du quartier, qu'il est donc permis de dire qu'on ferait par là une chose utile, moins coûteuse et définitive au lieu d'une autre véritablement nuisible et précaire.

Considérant enfin que la mesure en projet ne paraît pas devoir être moins funeste pour la paroisse Saint-Vincent de Paul à laquelle elle retrancherait également la partie la plus riche et la plus active au point de vue religieux de sa population pour ne lui laisser, comme à la paroisse de Notre-Dame de Bonne-Nouvelle, que la partie la plus nécessiteuse et par conséquent les charges sans les ressources pour y satisfaire.

Est d'avis qu'il n'y a pas lieu de donner suite au projet soumis à ses délibérations.

Délibéré en séance, les jour, mois et an susdits ; ont les fabriciens présents signé après lecture.

    Gauneron ; Pison ; Guiffry ; Auguste Godard ; G. Durst ; Germont.

M. Bonnet écrivit pour s'excuser de ne pouvoir assister à la réunion.

Malgré cet avis longuement et éloquemment motivé, l'autorité diocésaine passa outre ; la paroisse de Bonne-Nouvelle fut notablement démembrée et celle de Saint-Eugène fondée à son détriment (1). Le 15 janvier 1854, M. l'abbé Portalès, douloureusement impressionné par cette mesure, mourait en laissant un renom de sainteté à sa paroisse éplorée.

Le même conseil se montra également soucieux des intérêts de la paroisse lors de la fondation de la paroisse de Saint-Augustin. Chose curieuse, cette paroisse qui est

(1) Voir à l'appendice C.

actuellement une des plus florissantes du diocèse, a eu des débuts bien modestes. Mgr l'archevêque de Paris constatait « que la population pauvre et ouvrière du

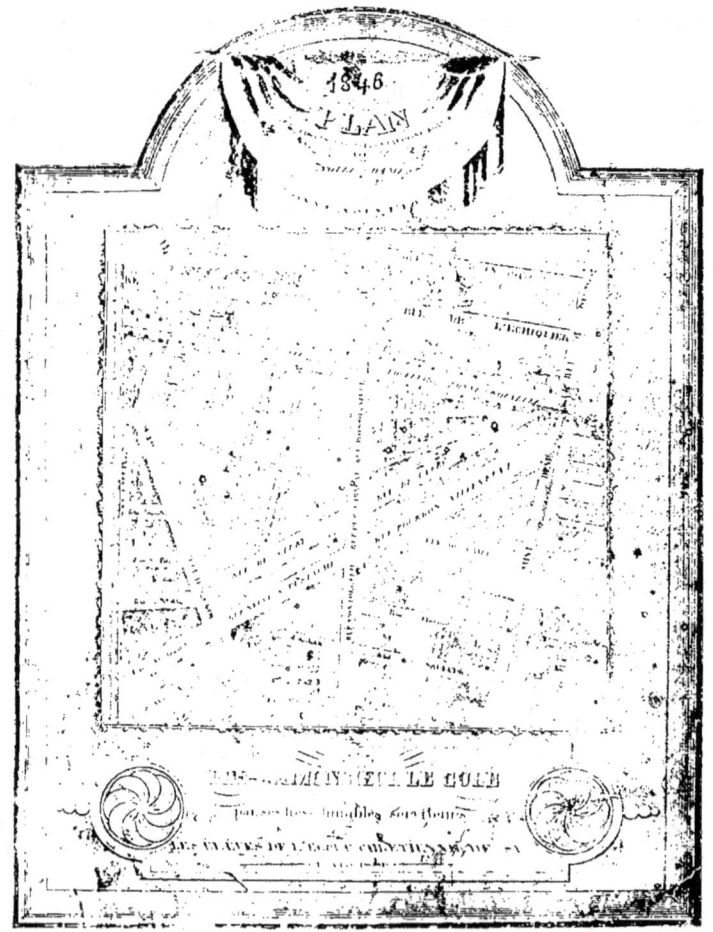

Fig. 56. — Plan de la paroisse, en 1846, quelques années avant la création de Saint-Eugène, d'après un dessin trouvé dans les archives de Bonne-Nouvelle.

quartier de la place Laborde ne pouvait fournir de quoi aider à y bâtir une église ».

Dans ces conditions, le digne prélat écrivit à MM. les

curés de Paris, « qu'il espérait que chaque fabrique, mue par un noble sentiment, consentirait à faire l'abandon, à titre d'offrande, en faveur de la nouvelle paroisse, du fond commun qui doit lui revenir pour le mois de décembre 1850, et qu'ainsi le salut de cette paroisse se trouverait assuré ».

Le conseil de fabrique de Bonne-Nouvelle « considérant qu'étant chargé de la gestion des fonds de cette fabrique, sa mission se bornait exclusivement à soigner l'emploi de ces fonds en les appliquant aux besoins de sa paroisse; qu'il n'était ni dans ses pouvoirs, ni dans ses attributions de distraire la moindre partie de ces fonds; que cette distraction ne saurait être justifiée même par les intérêts si vifs que présente la situation de la nouvelle paroisse de Saint-Augustin, déclare qu'il ne peut consentir à l'abandon réclamé et exprime ses regrets à la commission chargée de traiter cette question ».

Sortons maintenant de l'église et examinons la configuration et les limites de la paroisse.

Disons un mot de sa circonscription.

Depuis la Révolution et la disparition de la paroisse Saint-Sauveur, la paroisse de Bonne-Nouvelle avait pour territoire, le boulevard Bonne-Nouvelle, la rue Poissonnière, une partie de la rue des Petits-Carreaux, la rue Bourbon-Ville-Neuve et les petites rues adjacentes.

Le concordat lui avait remis une partie de la paroisse Saint-Sauveur d'un côté, et de l'autre, une partie de la paroisse Saint-Eustache, dont les immenses ailes s'étendaient jusqu'aux boulevards extérieurs.

Voici quelle était exactement sa circonscription en 1846 (fig. 56).

A cette époque, l'église se trouvait au centre de la paroisse; huit à dix minutes suffisaient pour s'y rendre de l'extrémité la plus éloignée.

Du côté de la Bastille, la paroisse avait, dans les rues Saint-Sauveur, Saint-Denis et le faubourg Saint-Denis, tous les numéros impairs.

Du côté de la gare du Nord; les rues d'Enghien et Bergère, numéros impairs.

Du côté de la Madeleine ; la rue Montmartre et le faubourg Montmartre, depuis la rue Bergère jusqu'à la rue du Cadran, numéros pairs.

Du côté de la Seine, la rue du Cadran et la rue Saint-Sauveur, les numéros pairs.

La paroisse était à cheval sur celles de Saint-Nicolas-des-Champs, de Saint-Laurent, de Saint-Vincent de Paul, de Notre-Dame de Lorette, de Saint-Roch, de Notre-Dame des Victoires et de Saint-Eustache.

Elle était de plus tributaire de trois arrondissements : sur le IIe, elle avait tous les chiffres pairs du boulevard Poissonnière, du faubourg Montmartre jusqu'à la rue Bergère, ainsi que les numéros impairs de la rue Bergère et du faubourg Poissonnière, depuis la rue Bergère jusqu'au boulevard.

Sur le IIIe, elle avait les numéros pairs de la rue Montmartre depuis la rue du Cadran ; les numéros impairs des rues des Petits-Carreaux et Poissonnière, les numéros impairs du boulevard Poissonnière; les numéros pairs du boulevard Bonne-Nouvelle, les numéros pairs de la rue et du faubourg Poissonnière jusqu'à la rue d'Enghien ; les numéros impairs de la rue du Faubourg-Saint-Denis, depuis la rue d'Enghien jusqu'au boulevard Bonne-Nouvelle et les rue Neuve Saint-Eustache depuis les Petits-Carreaux jusqu'aux rues Montmartre, Gros-Chenêt, Saint-Joseph, Croissant, Jeûneurs, Saint-Roch, Sentier, Saint-Fiacre Mulhouse, l'Echiquier, Mazagran, Hauteville et d'Enghien.

Sur le Ve, les numéros impairs de la rue Saint-Denis, depuis la rue Saint-Sauveur jusqu'au boulevard Bonne-Nouvelle; les numéros pairs de la rue Saint-Sauveur, Petits-Carreaux, Poissonnière ; les numéros impairs des boulevard Bonne-Nouvelle et rues Thévenot, Caire, Filles-Dieu, Sainte-Foy, passage du Caire, Bourbon-Ville-Neuve, Saint-Spire, des Forges, Beauregard, Cléry ; depuis la rue des Petits-Carreaux jusqu'au boulevard Bonne-Nouvelle, Notre-Dame-de-Recouvrance, Saint-Etienne (fig. 56), Sainte-Barbe, rue Notre-Dame-de-Bonne-Nouvelle.

A cette époque, la population s'élevait à 32.000 habitants.

Fig. 57. — Évanouissement d'Esther.

Fig. 58. — Le pillage de l'église Bonne-Nouvelle en 1871.

CHAPITRE SEPTIÈME
1853 à 1908.

SOMMAIRE

Bonne-Nouvelle pendant la guerre de 1870. — Faute d'organiste et de chantres, ce sont les dames qui dirigent le chant. — En 1871, l'église reste quelques jours fermée. — Des fédérés de Belleville la saccagent, y mettent le feu. — Arrestation, emprisonnement et mort de M. l'abbé Bécourt, curé de Bonne-Nouvelle. — Les écoles des Frères et des Sœurs décrétées de suppression. — Loi de séparation. — Historique de cette triste période tel qu'il a été fait dans les Annales de Bonne-Nouvelle. — Belle attitude du clergé, de la fabrique et des paroissiens. — Pièces justificatives.

GRAVURES. — Pillage de l'église de Bonne-Nouvelle. — La médaille commémorative de la cérémonie de réparation. — La Porte de Mazas où avait été emprisonné M. l'abbé Bécourt. — Soldat français et l'empereur Guillaume en 1871. — La mère des Macchabées.

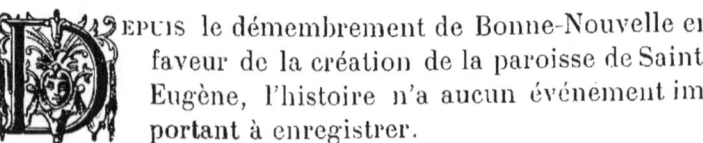epuis le démembrement de Bonne-Nouvelle en faveur de la création de la paroisse de Saint-Eugène, l'histoire n'a aucun événement important à enregistrer.

Nous voici à l'année 1870.

La déclaration de la guerre jeta une grave perturbation

dans le paisible quartier de Bonne-Nouvelle : les jeunes gens et les hommes valides ayant été obligés de prendre les armes, il en résulta un certain désarroi dans les cérémonies religieuses. A la place des chantres et de l'organiste, c'étaient les jeunes filles de la confrérie, instituée par M. de Cagny en 1805, et les dames de la paroisse, qui chantaient à la messe, aux vêpres et aux saluts du Saint-Sacrement, sous la direction de Mme Lienbray qui tenait le grand orgue et chantait les soli.

En 1871, pendant la lugubre période de la Commune, une bande de Bellevillois s'abattit sur l'église de Bonne-Nouvelle et la livra au pillage et à l'incendie (voir fig. 58). Grâce à la perspicacité de M. l'abbé Truchon, vicaire, les Saintes Espèces furent sauvées et mises en lieu sûr.

Voici comment la *Semaine religieuse de Paris* rapporte cette profanation : « Près de l'église de Bonne-Nouvelle, on remarque à la devanture d'une papeterie la photographie de l'église de Bonne-Nouvelle après le pillage. Les statues sont renversées, l'autel est éventré, les grilles sont brisées, des monceaux de chaises, de tables sont dispersés çà et là ; c'est, en un mot, l'aspect de la désolation dans le lieu saint ».

« Tout depuis a été remis en état. Les statues brisées ont été remplacées, mais çà et là on retrouve les traces de la dilapidation.

« La magnifique grille du chœur dont la dorure a tenté la cupidité des pillards a perdu une grande partie de ses barreaux : d'autres objets paraissent encore mutilés, et une médaille d'or, commémorative de l'érection de l'église par Thérèse d'Autriche (1) a disparu de la plaque de marbre où elle était scellée.

« La tristesse vous saisit au cœur à la vue de ces sacrilèges et surtout à la pensée de l'assassinat du pauvre pasteur de la paroisse (2). »

En souvenir de cette profanation, la paroisse de Bonne-

---

(1) C'était Anne d'Autriche.
(2) *Semaine Religieuse* du 22 juillet 1871.

Nouvelle expose tous les ans, le jour de la Fête des Saintes Reliques, celles qui se trouvent dans l'église et les porte

S. S. Riliquiarum Profanatio
21 Mai 1870.

Solemnis reparatio
7 Novembre 1875.

Fig. 59.

en procession au milieu de la pieuse vénération des fidèles. Elle a même frappé une médaille commémorative de la profanation et de la cérémonie de réparation (voir figures 59).

La bannière de la Confrérie de la Sainte-Vierge ayant été complètement abîmée pendant ce pillage, les jeunes filles durent en emprunter une à la paroisse Saint-Eustache ; mais quelques semaines après, elles se cotisèrent et en achetèrent une qui existe encore.

En parlant de M. Bécourt, au chapitre des pasteurs de Bonne-Nouvelle, nous nous étendrons sur son arrestation et sur sa mort.

Pour ce qui est des autres membres du clergé, voici le seul renseignement que nous ayons pu découvrir aux archives de la préfecture de Police :

Cl. Conte.
Fig. 60. — La porte de la prison de Mazas où fut enfermé M. Bécourt.

« Le 21 mai 1871, le nommé Blervaque, capitaine des Vengeurs de Flourens, assisté de Champion serrurier demeurant 3, rue Notre-Dame-de-Bonne-Nouvelle, se présenta au domicile de M. Trouille premier vicaire de la paroisse, 11, rue Beauregard : il était absent. L'officier disait agir par ordre de la Commune. Ayant fait défoncer

Chez Marc, lib. r. du Croissant.
Fig. 61.
— Ouf! le peau câteau que j'aberçois là ; che foutrais pien en mancher!
— Mon petit Guillaume, tu le vois, il est aux prunes ! si tu y touches, gare aux noyaux.

deux portes, il se dirigea vers un bureau, força le tiroir-caisse où il trouva 24 fr. 15 et deux actions Ouest des chemins de fer suisses, qu'il enleva naturellement. La dame Alexandrine Belliard, âgée de 82 ans qui était la cuisinière du vénérable ecclésiastique, fit immédiatement sa déposition au commissaire de police et d'après les renseignements de cette administration, les deux cambrioleurs furent arrêtés quelques jours après ».

Ne quittons pas cette lugubre période sans mettre sous les yeux du lecteur, une caricature spirituelle sortie des presses de la rue du Croissant et qui montre que la vieille gaieté française n'abdiqua jamais ses droits dans le quartier de Bonne-Nouvelle, même au milieu des angoisses d'un siège aussi rude et aussi glorieux, que celui de Paris en 1870. C'est un soldat français qui présente à l'Empereur d'Allemagne, Paris, dont il faisait le siège, sous la forme d'un gâteau aux prunes (figure 61).

En 1885, la maison d'éducation des Sœurs de Charité rue de la Lune fut fermée ; la Communauté fut obligée de se transporter au 85 de la rue Réaumur dans un immeuble construit par la Sœur de Montesquiou, la supérieure actuelle, qui en est la propriétaire (voir figure 80).

En 1890, ce fut le tour des Frères des Écoles chrétiennes. Nous parlerons plus au long de ces deux événements dans notre chapitre des communautés religieuses.

Nous arrivons à la loi de séparation et à ses conséquences. Ici, pour mieux mettre le lecteur au courant de tout ce qui s'est passé à Notre-Dame de Bonne-Nouvelle, nous mettrons tout simplement sous ses yeux le récit que nous en avons fait dans nos lettres aux paroissiens. On verra que les années 1906 et 1907 ont marqué une des périodes à la fois les plus tristes et les plus glorieuses de la paroisse.

Lettre à mes paroissiens (1).

1er mars 1906.

Mes chers Paroissiens,

Après les douloureuses émotions par lesquelles nous

(1) Cette lettre et celles qui suivent sont extrait des *Annales de Notre-Dame de Bonne-Nouvelle.*

venons de passer, vous attendez de moi l'historique de la matinée de mercredi dernier, 21 février.

Avant de vous parler de cette matinée qui restera une page pénible et glorieuse dans l'histoire de Notre-Dame de Bonne-Nouvelle, je vous demande la permission de vous en faire connaître les préliminaires.

Le mercredi 14 février, sur le coup de midi, au moment où je sortais de mon cabinet pour me rendre chez moi, je me trouvai en présence d'un monsieur qui me dit être M. François Delavière, agent assermenté de la mairie du IIe arrondissement et qui m'apportait, de la part du Directeur des Domaines, un Avis de convocation pour assister à l'ouverture des opérations de l'inventaire descriptif et estimatif des biens mobiliers et immobiliers de la Fabrique paroissiale de l'église de Notre-Dame de Bonne-Nouvelle. Après m'avoir remis cette pièce, il me demanda de signer un reçu de cette notification ; je lui répondis que je me refusais à lui donner ma signature. Sur ce, il partit en emportant son *reçu en blanc*.

Trois jours après, M. Lépine, préfet de police, m'envoyait M. Henri Corne, docteur en droit et directeur de son cabinet, lequel ne m'ayant pas trouvé, me laissa sa carte avec un mot fort aimable me disant que, n'ayant pu s'entretenir avec moi des opérations de l'inventaire, il me serait vivement reconnaissant si je voulais bien aller le voir à la Préfecture, le dimanche ou le mardi suivants de 4 à 7 h. N'ayant rien à démêler avec la police, *je jugeai à propos de ne pas me déranger*.

Entre temps, un inspecteur de la même administration venait me prier, au nom d'un haut fonctionnaire du même département, d'aller le voir ayant à m'entretenir de choses importantes. Je lui répondis qu'étant fort occupé, *il m'était impossible de me rendre à son invitation*.

En attendant je me préparais à la matinée du 21. Le dimanche 8, à toutes les messes et à tous les offices, je donnais à mes paroissiens les avis suivants :

« Mes chers Frères,

« Suivant mon habitude de vous tenir au courant de tout ce qui se passe d'important dans notre paroisse, je viens aujourd'hui vous faire part d'un grave événement qui va se produire la semaine prochaine, dans notre église.

« Le Directeur des Domaines m'a prévenu que l'inventaire de Notre-Dame de Bonne-Nouvelle aura lieu mercredi prochain, à 8 heures du matin. M'inspirant de mon droit et de mon devoir de pasteur, je vous invite à venir, ce jour-là, m'assister de votre présence et de vos prières. De votre présence d'abord, car l'inventaire étant un acte public et portant sur des biens qui sont votre propriété, il est juste et convenable que vous y assistiez. Lorsqu'on fait l'inventaire dans une famille, tous les membres y sont présents; eh bien, comme vous êtes les membres de la famille paroissiale, votre place est ici mercredi prochain. J'ajoute que vous devez y venir pour m'assister de vos prières; oui, nous prierons ensemble le Bon Dieu :

« 1° Pour qu'il m'accorde la grâce de faire mon devoir, tout mon devoir.

« 2° Pour qu'il nous maintienne toujours unis dans la bonne comme dans la mauvaise fortune.

« 3° Pour qu'il augmente notre foi et qu'il la fasse grandir avec la gravité des circonstances.

« Enfin, je vous recommande de vous abstenir de toute action violente et de conserver une attitude ferme, digne et paisible, ainsi qu'il convient dans une église qui est la maison de Dieu et la maison de la prière. »

De plus, afin d'attirer les bénédictions du Ciel sur notre paroisse, je voulus donner à la prière du mardi soir un peu plus de solennité; je prévins les paroissiens qu'au lieu de 5 heures, cette prière aurait lieu le mardi 20, à 8 heures 1/2, pour en faciliter l'assistance à un plus grand nombre de fidèles. En un clin d'œil, l'église se remplit; je récitai le chapelet en chaire, on chanta les litanies de la sainte Vierge, on fit la prière, on donna le salut avec le saint

Ciboire et on se retira réconforté par cette pacifique et religieuse manifestation, au chant vibrant de *Nous voulons Dieu*.

Accédant au désir d'un grand nombre de paroissiens, je leur permis de passer la nuit à l'église; c'était une pieuse veillée d'armes : armes composées de dévouement, de prières et de sacrifices.

Ce qui justifiait cette mesure stratégique, c'était la crainte des barrages que la police opérait dès l'aube, pour empêcher l'accès des églises. Effectivement le matin, toutes les rues adjacentes étaient barrées par les agents; et il n'y a eu en somme qu'un petit nombre de fidèles qui a pu pénétrer dans l'église, la foule en étant empêchée par la force publique. Le mercredi matin, à 6 heures j'arrivai avec mon clergé à l'église où nous célébrâmes la sainte messe. Tous les prisonniers volontaires y assistèrent et plusieurs y firent la sainte communion.

A 7 h. 50 m. entouré de mon clergé (1) (*in nigris*) et des membres (2) du Conseil de Fabrique, je me rendis, en habit de chœur, au banc-d'œuvre. En attendant, je priai mon cher premier vicaire, M. l'abbé Chosson, de commencer le chapelet auquel prit part toute l'assistance. A 8 heures, une des sentinelles qui gardaient la grille vint me dire que M. l'Inspecteur des domaines désirait me parler à la porte : je lui fis répondre que je n'avais rien à faire à la porte, et que ma place n'était pas à la porte, mais dans l'intérieur de l'église, au banc-d'œuvre. Insistance de la part de l'inspecteur me faisant dire que si je refusais d'aller à la porte, il s'en irait; je lui fis répondre que je lui souhaitais un bon voyage. Troisième message me demandant si je lui garantissais qu'on ne lui ferait aucun mal; sur ma réponse affirmative, et aussi sur l'intervention bienveillante de M. le commissaire de police

(1) MM. les abbés Chosson, Vexenat, Lennuyeux, Boyer, Lacaille : M. Lennuyeux étant malade.
(2) MM. Lelébure, président; Crouvezier, Hamon, Naquet-Radiguet, Dupré, Fouqueray.

qui connaît mon tempérament pacifique, il se décide à entrer. M. Albert Lefèvre, sous-inspecteur des domaines, escorté de M. Duponnois, commissaire de police du quartier et de quelques agents, se dirige vers le banc-d'œuvre. Visiblement agité par une profonde émotion, M. l'Inspecteur se tient devant moi sans proférer une parole. Je suis obligé de lui demander qui il est. « Je suis l'inspecteur des domaines, répond-il en balbutiant.

« Mais cela ne justifie pas votre mission, lui dis-je ? Votre commission n'est pas complète. » Et voilà qu'il tire de sa poche un papier sur lequel il lit qu'il était à Troyes lorsqu'il fut nommé sous-inspecteur à Paris.

« Ce n'est pas là ce que je vous demande : veuillez me dire ce que vous venez faire ici ; justifiez-moi votre présence dans mon église ; avez-vous une lettre de service ? » Il finit par comprendre et tirant, en tremblant, une feuille de papier il me la tendit ; dès qu'elle fut entre mes mains, je la lui rendis en le priant de la lire lui-même.

Dès les premiers mots *Au nom du peuple français*, l'assistance fit entendre de vigoureuses protestations : « C'est pas vrai !!! c'est pas vrai !!! le peuple français ne veut pas d'inventaire, à la porte !!! à la porte. » Je priai les assistants de rester calmes et silencieux ; c'est ce qu'ils firent ; une fois la lecture de l'agent terminée, je fis entendre la protestation suivante :

Monsieur,

Je soussigné, Laurent-Marie Casabianca, curé de Notre-Dame de Bonne-Nouvelle, entends accomplir un devoir de conscience, en formulant les déclarations et les protestations suivantes :

1. L'État possède l'inventaire des objets d'art renfermés dans mon église : *cela doit lui suffire*.

2. Pour ce qui est des biens destinés à l'exercice du culte, aux œuvres pies et au soulagement des pauvres, biens qui ont été offerts par la générosité des bienfaiteurs et la piété des fidèles, l'État *n'a rien à y voir* ; ils *sont la propriété exclusive de l'Église*.

3. J'ai reçu le dépôt et la garde de ces biens, des mains de

mon archevêque ; et comme mon archevêque ne m'a pas relevé de mon poste de confiance et d'honneur, et que le pape ne s'est pas complètement prononcé sur la loi de séparation, je demeure lié par la loi canonique ; ce dépôt est pour moi *inviolable et sacré*.

4. Dans ces conditions, je ne vous *connais pas* et ne puis, *sans forfaiture*, me rendre complice d'une opération *injuste et sacrilège*.

Par conséquent, en ma qualité de pasteur de cette paroisse, fermement attaché à mon devoir, *je proteste hautement, avec la dernière énergie* et avec la nouvelle vigueur que m'apporte la protestation du Souverain Pontife :

1. Contre l'inventaire que vous venez faire, parce que je le considère comme le premier acte de mainmise sur les biens qui sont la propriété de la Fabrique de Notre-Dame de Bonne-Nouvelle et comme un attentat au respect de mon église, à ma dignité de prêtre et à ma liberté de citoyen.

2. Je proteste contre la suspicion jetée sur mon Conseil de Fabrique ; composé d'hommes honorables, intègres et compétents, ce conseil est *légalement qualifié*, avec l'inventaire qu'il possède des biens de cette église, pour opérer leur dévolution à la société nouvelle, *si telle est la décision du Souverain Pontife*.

Je déclare que, *cédant à la force*, j'assisterai à cet inventaire, aussi injuste que vexatoire, sans y adhérer en aucune façon, mais en simple particulier, d'une manière passive, en témoin attristé.

Je fais toutes réserves des droits de la fabrique sur les biens compris dans cet inventaire et de leur évaluation ; des droits de la mense curiale, comme aussi des droits des tiers, soit individuels, soit collectifs, soit sur les biens leur appartenant en propre et qui aurait été indûment compris dans l'inventaire.

Je réclame l'insertion de ces déclarations et de cette protestation en tête du procès-verbal de l'inventaire.

Fait à Paris, le 21 février 1906.

L'abbé Laurent-Marie Casabianca,
Curé de Notre-Dame de Bonne-Nouvelle, chanoine honoraire.

Je dois à la vérité d'ajouter que chaque paragraphe de ma protestation a été souligné par de vifs applaudissements et des bravos répétés. M. Lefébure, président du Conseil de Fabrique lut à son tour la protestation que nous publierons dans les *Annales* du mois prochain.

Cette lecture terminée, je priai M. l'inspecteur d'insérer ces deux protestations en tête de son procès-verbal. Mon interlocuteur se disposait à rédiger son procès-verbal, puis, se ravisant : Me laisserez-vous ensuite procéder à l'inventaire?

« Monsieur, répondis-je, soyons logique, ne mettez pas la charrue avant les bœufs; commencez par inscrire nos protestations. — Répondez-moi par oui ou non, si vous me laisserez faire l'inventaire, me demanda-t-il, pour la seconde fois. — M. l'inspecteur, avant d'exercer vos droits vous devez accomplir votre devoir; or votre loi vous impose le devoir, avant de procéder à l'inventaire : 1° d'écouter notre protestation; 2° de l'inscrire en tête de votre procès-verbal; 3° de nous donner lecture de votre copie. Eh bien, au nom de votre loi, je vous somme de faire votre devoir; vous avez là une chaise, une plume et de l'encre, écrivez... » A ce moment la foule devenait de plus en plus houleuse, on le serrait de près; des cris, des gestes : Oui, Oui, M. le Curé a raison; écrivez, écrivez; vous y êtes obligé. Craignant que cette agitation ne prît une tournure qui aurait pu devenir grave, je ne voulus pas, par une insistance plus énergique, aller jusqu'aux dernières limites de mon droit, je conseillai le calme; en attendant, l'agent fiscal pliait bagage et levait la séance en se dirigeant vers la porte au milieu des protestations des fidèles qui criaient : Pas d'inventaire, pas d'inventaire et des sifflets nourris de la foule qui stationnait au dehors.

Immédiatement nous rédigeâmes un procès-verbal ainsi conçu :

« Les soussignés présents dans l'église de Notre-Dame de Bonne-Nouvelle, le vingt-et-un février mil neuf cent six, à huit heures du matin, attestent que M. Lefèvre, sous-inspecteur des Domaines, après avoir fait connaître son mandat, s'est refusé à inscrire immédiatement à son procès-verbal, la protestation qui lui a été faite par M. le Curé et celle lue par M. le Président du Conseil de Fabrique; qu'il s'est borné à demander à plusieurs reprises à M. le

Curé s'il consentait à laisser faire l'inventaire en le sommant derépondre par oui ou par non ; à quoi M. le Curé a justement répondu qu'avant de poser cette question, il devait d'abord inscrire dans son procès-verbal, les protestations, et qu'il n'avait rien à ajouter ni à modifier à la protestation qu'il avait en mains. Sur quoi M. l'inspecteur a déclaré se retirer, sans passer outre, et a quitté l'église.

L'abbé CASABIANCA,	E. LEFÉBURE,
curé de N.-D. de Bonne-Nouvelle.	Président du Conseil de Fabrique
CHOSSON, 1er *Vicaire*	CROUVEZIER, *Trésorier*
VEXENAT, *Vicaire*	HAMON, *Secrétaire*
BOYER, *Vicaire*	DENOYEL
LACAILLE, *pr.*	DUPRÉ
	NAQUET-RADIGUET.

Suivent un très grand nombre d'autres signatures des personnes présentes : Ce procès-verbal terminé on a chanté le *Parce Domine* et donné le salut du Saint Ciboire.

J'ai remercié les paroissiens présents de leur religieux concours, de leur attachement à notre sainte Religion et de leur fidélité à notre Mère l'Église. J'ai remercié plus spécialement les messieurs qui ont passé la nuit dans la vigilance et la prière et j'ai surtout remercié le Bon Dieu de nous avoir fait la grâce de conserver à cette manifestation, son véritable caractère de fermeté, de dignité et de paix.

Une fois que tout le monde eut quitté l'église — non sans avoir pris mes précautions contre un retour inopiné de l'agent des domaines — je me suis rendu à l'Archevêché. Malgré l'heure matinale, le vénéré cardinal Richard a daigné me recevoir immédiatement. Après avoir écouté avec un visible intérêt le récit des préliminaires, des prières de la veille et des divers incidents de la matinée, Son Éminence a bien voulu me dire qu'Elle approuvait mon attitude, qu'Elle me bénissait ainsi que mon clergé et vous tous, mes chers Paroissiens.

Elle daigna me dire que j'avais été le premier curé qui lui apportait les renseignements de la journée et profita de cette entrevue pour me faire part du choix qu'Elle avait fait de son Coadjuteur dont Elle me fit un éloge qui confirmait tout le bien que je connaissais de Mgr Amette. Notre jeune Coadjuteur, mes chers Paroissiens, n'est pas un inconnu pour votre curé. Lors du sacre de Mgr Meunier, évêque d'Evreux, ce fut M. le chanoine Amette, Vicaire Général de ce diocèse, qui me conduisit à une place d'honneur au repas offert par le nouvel évêque.

L'agent des domaines est revenu le surlendemain à 5 h. 3/4 du matin ; je vous raconterai cette seconde visite dans ma prochaine lettre.

Continuons donc, mes chers Paroissiens, à rester toujours unis, à mériter par notre piété les bénédictions du ciel et soyons pleinement confiants en Dieu.

En terminant, je vous recommande les saints exercices du Carême, les prédications et l'Adoration Perpétuelle qui aura lieu les derniers jours du mois.

Veuillez agréer, mes chers Paroissiens, l'assurance de mon affectueux dévouement.

L'abbé CASABIANCA,
Curé de Notre-Dame de Bonne-Nouvelle.

Déclaration. — Séquestre.

Nous arrivons à deux points aigus des conséquences de la loi de séparation. Le Gouvernement, nous avait intimé l'ordre de ne plus exercer de culte dans nos églises, à moins de faire une déclaration préalable. Or voici ce que nous écrivions, à ce sujet, à nos paroissiens, dans notre Lettre du 1er janvier 1907.

. . . .

L'année dernière, à pareil jour, je vous disais, dans l'amertume de mon âme, qu'un horrible ouragan grondait sur l'Église de France : l'ouragan a éclaté et le premier jour de l'année 1907 n'éclaire que des ruines

La persécution a fait son œuvre maudite et ses désastres sont incalculables; nos églises souillées et mises sous séquestre; nos fondations, destinées aux messes, aux pauvres et aux écoles, détournées de leur affectation et probablement liquidées par les spoliateurs; nos évêques et nos curés violemment expulsés de leurs palais épiscopaux et de leurs presbytères; nos grands et petits séminaires fermés par des mains sacrilèges; vos pasteurs frappés dans leur liberté jusque dans leurs églises, en butte aux contraventions et à l'emprisonnement, menacés de bannissement et d'exil; la tristesse, l'inquiétude et la terreur au sein des familles chrétiennes; tel est le spectacle affligeant que nous avons sous les yeux sur tous les points de la France, dans les grandes villes comme dans les plus humbles bourgades. Partout on se demande : Où allons-nous? Où va-t-on s'arrêter? Quels nouveaux cataclysmes nous attendent?

Que sera demain?

. . . .

Et maintenant laissez-moi consacrer la suite de cette lettre aux douloureux événements qui se sont passés dans notre chère paroisse, dans le courant de décembre dernier.

Je vais vous les exposer, avec la plus grande simplicité, dans l'ordre où ils se sont produits.

Vous savez que la loi néfaste de la séparation devait entrer en exécution le jeudi 13 décembre Le samedi 8, je recevais un communiqué de l'archevêché de Paris, où je lisais, entre autres instructions, l'avis suivant :

« Conformément à une décision récente du Souverain Pontife, MM. les Curés devront continuer le Culte dans les églises après le 12 décembre, comme précédemment, en s'abstenant pour le moment de toute formalité nouvelle ».

Le lendemain, je montai en chaire et je résume brièvement ici, ce que je dis aux fidèles qui étaient dans l'Église :

« Mes frères, je suis monté en chaire pour accomplir un double et pénible devoir.

« Malgré l'indignation qui gronde dans mon âme, je veux m'appliquer à le faire avec calme.

« Le premier, c'est de répondre à vos légitimes préoccupations : vous vous demandez et vous me demandez : « Puisqu'à partir du 12 de ce mois, l'Église de France va « être séparée de l'État, qu'allons-nous devenir ? »

« Ma réponse sera nette et bien simple : Nous, — quand je dis nous, j'entends mes vicaires et moi, — continuerons à remplir dans notre Église, notre ministère comme par le passé.

« Nous y viendrons dire la messe, célébrer les offices, présider les cérémonies, prêcher, confesser, administrer les sacrements, comme d'habitude.

« De votre côté, vous pouvez également venir y faire vos dévotions, assister à la messe, aux offices, vous confesser, communier, faire baptiser vos enfants, bénir vos mariages, commander des messes pour vos morts.

« Bref, il n'y aura absolument rien de changé : Est-ce clair ?

« Je vois à votre signe de tête que vous avez compris. Mais ici, je vous entends me faire une objection. Puisque le Gouvernement, me dites-vous, vous supprime votre traitement, et vous empêche de percevoir vos droits sur les tentures et le produit des chaises — qui constituaient vos ressources — comment allez-vous faire pour vivre ?

« Je vous répondrai, mes Frères, avec la même netteté : malgré que le Gouvernement veuille nous couper les vivres, nous prendre par la famine et nous laisser juste la liberté de mourir de faim, nous continuerons, quand même, à rester dans notre Église : nous montrerons au Gouvernement que notre ministère n'est pas une question de caisse, mais une question de conscience ; que nous ne sommes pas ici pour gagner de l'argent, mais des âmes ;

et que notre unique ambition est de vous procurer à vous et à vos familles, les joies de l'âme et du cœur, les consolations de la foi et les espérances de l'éternité. Quant au reste, soyez sans inquiétude; la pauvreté ne m'effraie pas : nous ne mourrons pas de faim et nous vivrons quand même, grâce à Dieu

> ... dont l'oreille s'incline
> Au nid du pauvre passereau
> Au brin d'herbe de la colline
> Qui soupire après un peu d'eau.

J'espère bien que la Providence nous enverra notre pain quotidien; elle ne saurait le refuser à ses ministres.

« Donc, pas de vaines appréhensions, confiance en Dieu. Le second devoir, que j'ai aujourd'hui à remplir, est un devoir de reconnaissance. Vous voyez assis au Banc-d'œuvre, Messieurs les membres du Conseil de Fabrique. Son Éminence le Cardinal Richard, par une lettre datée d'hier, a remercié « ces honorables, ces chrétiens d'élite « de leur concours officiel, de leur dévouement éclairé et « désintéressé, de leur union cordiale avec leurs pasteurs, « de leur constante déférence envers l'autorité diocésaine et « de leur filiale soumission aux récentes décisions du Sou-« verain Pontife. » A mon tour, et malgré que j'aie rempli ce devoir lors de notre dernière assemblée de Fabrique, je tiens, mes Frères, à leur dire publiquement, devant vous, dans cette église dont ils ont si intelligemment géré les intérêts, toute ma gratitude pour leur précieux concours, tous mes regrets de me séparer d'eux, toute mon estime et mon affection.

« Messieurs et chers amis, ai-je ajouté, je prie Dieu de vouloir bien se charger d'acquitter ma dette de reconnaissance ; je lui demande de vous bénir, vous et vos familles et de vous accorder la félicité de l'Église triomphante en échange de vos services envers l'Église militante.

« Et maintenant tous ensemble, fidèles, fabriciens et prêtres, élevons-nous au-dessus des afflictions et des épreuves terrestres, portons nos regards vers le ciel. Puisque nous célébrons aujourd'hui au chœur la fête de l'Immaculée Conception, déposons aux pieds de la sainte Vierge, un triple sentiment : un sentiment de joie ; réjouissons-nous de ce qu'elle a été préservée de toute souillure originelle, en vue de sa maternité divine et appliquons-nous à pratiquer la vertu de pureté si chère à son cœur ; un sentiment d'amour ; oui, aimons la Sainte Vierge, parce qu'elle est pour nous, Français, non seulement notre mère, mais notre Reine et demandons-lui de donner à son royaume de la terre quelques marques de son auguste Royauté ; enfin, un sentiment de confiance ; oui, espérons que malgré les tristesses et les défaites de l'heure présente, notre Reine, dont le pied virginal a terrassé l'ennemi de l'humanité, viendra à notre secours pour nous aider à vaincre les suppôts de l'enfer qui amoncellent dans notre pauvre France, ruines sur ruines, désolation sur désolation.

« Pour ce qui est des insignes malfaiteurs, inspirons-nous de l'indulgence du divin Maître : au lieu de les vilipender et de les maudire, ayons pitié de leur égarement et prions pour leur conversion ; peut-être sont-ils de la famille des bourreaux de Jésus, « ils ne savent ce qu'ils font. »

. . . .

Et maintenant mes chers paroissiens et associés, je reprends la suite des événements ; je passe sous silence les trois réunions du conseil de Fabrique, tenues, le dimanche, mardi et mercredi, pour mettre tout en ordre au point de vue de l'autorité ecclésiastique et de l'autorité civile ; la réunion du mardi a été particulièrement touchante par les sentiments exprimés à votre pasteur, par M. Lefébure, Président, et par une émotionnante acclamation dont j'ai été profondément touché.

On s'est séparé en se disant, non pas adieu, mais au revoir.

Le jeudi 13, c'était l'inauguration du nouveau régime.

M. le Président du Conseil des Ministres (1) ayant annoncé qu'il tirerait le premier coup de canon, j'ai tenu à honneur de recevoir la première décharge ; au lieu de dire ma messe à 8 h., comme d'habitude, j'ai voulu dire la première, à 6 h. 1/2.

En arrivant à l'église à 6 h. 20, j'ai remarqué plusieurs agents en uniforme qui stationnaient rue de la Lune et un certain nombre en bourgeois qui montait la garde dans l'église.

Tout mon clergé, par une délicate attention, m'accompagna à l'autel où je célébrai la messe devant une assez nombreuse assistance. Quelques heures après, je recevais le document suivant :

Paris, le 13 décembre 1906.

Le commissaire de police du quartier de Bonne-Nouvelle, prie M. l'abbé Casabianca, curé de la paroisse de Notre-Dame de Bonne-Nouvelle, de vouloir bien se présenter à son cabinet 9, rue Thorel, aujourd'hui à 3 heures, pour y être interrogé au sujet d'une infraction à l'art. 2 de la loi du 30 juin 1881.

Le commissaire de police,
DUPONNOIS.

J'y répondis par le silence et l'abstention.

Vers 3 h. 1/2, M. le Préfet de la Seine m'envoya deux notifications pour m'informer, qu'à partir de ce jour, tous les biens ayant appartenu à l'ancienne Fabrique et à l'ancienne Mense curiale, étaient placés sous séquestre ; l'envoyé de la Préfecture me pria de signer un double reçu des deux pièces ; je m'y refusai absolument. A 4 h. nous eûmes le salut du Saint-Sacrement comme d'habitude ; et je dois ajouter que pendant toute la journée, je n'eus à constater ni le plus léger désordre ni la moindre conversation ou réflexion désobligeante de la part des agents.

Le lendemain, je recevais une nouvelle contravention

---

(1) M. Clémenceau.

de M. le Commissaire de Police à laquelle je fis le même accueil qu'à celle de la veille (1).

Deux de nos vicaires, MM. Vexenat et Boyer reçurent des contraventions identiques à la mienne et n'y répondirent pas plus que moi ; si nous sommes cités devant le Juge de paix, nous saurons quoi répondre. J'ai déjà choisi un avocat et nous sommes prêts à la lutte sur le terrain de la justice et de la liberté.

Avant d'aller plus loin, je dois ajouter que, dans l'après-midi du 13, j'ai reçu la visite de M. l'officier de Paix du IIe arrondissement qui venait aimablement m'offrir de mettre à ma disposition des agents pour maintenir l'ordre dans l'Église au cas où des apaches viendraient le troubler. Tout en le remerciant de sa sollicitude, je lui fis remarquer que la présence des agents dans l'intérieur de l'Église pourrait impressionner péniblement les fidèles et leur attirer à eux-mêmes des réflexions désagréables ; que s'il consentait à les faire circuler dans le rues de la Lune et Beauregard et à les mettre à ma disposition en cas de besoin, j'accepterais volontiers son offre.

Ma combinaison lui plut, et nous voilà, depuis le 13 décembre gardés, par le Gouvernement lui-même, contre les apaches dont il nous avait menacés.

Le dimanche 16, je montai en chaire, à la Grand'Messe. Voici le résumé de ce que je dis aux assistants :

(1)
RÉPUBLIQUE FRANÇAISE
COMMISSARIAT DE POLICE
DU QUARTIER
BONNE—NOUVELLE
9, rue Thorel, 9

M. DUPONNOIS
Commissaire de police

Paris, le 15 décembre 1906.

Le Commissaire de police du quartier de Bonne-Nouvelle prie M. l'abbé Casabianca, curé de la Paroisse de Notre-Dame de Bonne-Nouvelle de vouloir bien se présenter ce jour à trois heures du soir à son bureau, pour y être interrogé, au sujet d'une infraction à la loi du 30 juin 1881, art. 2 (infraction relevée aujourd'hui 15 décembre).

Le Commissaire de police,
Duponnois.

« En ma qualité de pasteur je dois vous dire ce qui s'est passé la semaine dernière dans cette église ; mon silence pourrait être interprété comme une lâcheté ; et comme je ne veux être ni un chien couchant ni un chien muet, voici ce que j'ai à vous dire.

« Deux graves événements se sont passés ici la semaine dernière ; le premier, c'est la mise sous séquestre de nos biens de fabrique et de tout ce qui se trouve dans notre église ; le second, c'est une contravention contre votre pasteur pour avoir dit la messe sans en avoir demandé la permission. La discrétion ne me permet pas de commenter ces deux faits.

« Mais je tiens, en votre présence et devant Notre-Seigneur dans son tabernacle, à protester avec la dernière énergie contre la violation de mon église, contre l'attentat fait à ma liberté et aux biens dont j'ai la garde.

« A cette protestation, j'ajoute deux simples réflexions :

« 1° On a dit, à la tribune et dans la presse, que dorénavant le curé n'était plus le maître dans l'église, mais un simple *occupant*, un vulgaire *passant* ; eh bien ! Mes Frères, quoi qu'on dise et quoi qu'on fasse, je proclame que je suis *toujours le maître dans mon église* ; j'y suis maître de la *Vérité*, pour annoncer la parole de Dieu, pour y prêcher l'Évangile et la morale chrétienne : maître de la *Vérité*, pour dire à mes persécuteurs : vous n'avez pas le droit de faire ce que vous faites, *non licet* : maître de la *Vérité*, pour leur dire : un jour, vous rendrez compte à Dieu de vos iniquités.

« J'y suis maître de la *Liberté* : oui, — malgré toutes les menaces — je suis libre de monter à l'autel, de m'asseoir dans mon confessionnal et de parler dans cette chaire ; ma bouche comme celle de Saint Paul, n'est pas enchaînée, *os meum non est alligatum*. J'y suis maître de ma *Conscience* : ah ! on pourra bien tout me prendre : traitement, casuel, mobilier, ornements, vases sacrés ; on pourra me charger de chaînes, me baillonner, me couper la langue, mettre mon corps en lambeaux, mais je défends à qui que ce soit de pénétrer dans ma conscience, de souiller ma conscience, d'empêcher ma conscience de crier : je reste prêtre catholique, je ne crains pas les persécuteurs ; j'espère en Dieu. »

« 2° Au milieu de mes tribulations, j'entends une voix mystérieuse qui me redit les premières paroles de la messe de ce jour : « Réjouissez-vous toujours dans le Seigneur » *Gaudete in Domino semper.*

« Oui, je me réjouis d'être placé par Dieu sur le champ de bataille pour combattre les grands combats de l'Église ; je me réjouis de suivre à la lettre les conseils de mon divin maître qui recommande la joie dans la persécution ; je me réjouis comme les martyrs « qui allaient joyeusement « à la mort » ; je me réjouis comme saint Paul qui tressaillait d'allégresse au milieu de ses souffrances ; je me réjouis parce que je sais que les anges au ciel prennent part à la joie des persécutés de la terre, *de quorum passione gaudent Angeli* (1). Je me réjouis, puisque Jésus m'enseigne que la persécution est un gage de l'éternelle glorification.

« Oui, réjouissons-nous tous, Mes Frères, dans la pureté de notre vie, dans la paix de notre conscience, dans les intimes satisfactions du cœur ; ces joies spirituelles et chrétiennes font oublier toutes les épreuves, toutes les persécutions. »

Je reprends mon récit. La veille, j'avais reçu de la Direction Générale des domaines, l'ordre de porter « dans les trois jours, — *sous les peines de droit*, — chez le Receveur des domaines, « les espèces, valeurs, titres et autres documents dont j'étais dépositaire » en ma qualité de curé de l'Église de Bonne-Nouvelle. Voici ma réponse :

Paris, le 17 décembre 1906.

Monsieur le Receveur,

En réponse à votre communication, en date du 15 de ce mois, je vous informe que mon honneur et ma conscience ne me permettent pas de vous livrer moi-même les biens et les titres de

---

(1) Office des Martyrs.

l'Église Notre-Dame de Bonne-Nouvelle, dont j'ai la garde et qui sont pour moi un dépôt sacré. Ces biens et ces titres sont et demeureront déposés dans l'endroit où ils doivent se trouver, conformément à la loi qui régissait les Fabriques.

Veuillez agréer, M. le receveur, l'expression de mes sentiments distingués.

L'abbé CASABIANCA,
Curé de Notre-Dame de Bonne-Nouvelle, chanoine honoraire.

Les trois jours fixés se sont écoulés, je ne me suis pas dérangé, et j'attends. Le lendemain, le journal le *Temps* donnait l'interview d'un receveur de finances qui disait « que le gouvernement, au cas où les trésoriers et curés ne porteraient pas au receveur leurs titres de rentes, ferait établir par la dette publique, le double de nos titres et en ferait servir les intérêts au séquestre. »

Vous le voyez, ce que le gouvernement n'ose nous enlever par la force, il nous l'enlève par escobarderie et lâcheté.

En présence d'un pareil cynisme, je n'ai pas cru devoir me taire et, puisque l'administrateur du séquestre espérait échapper à ma protestation en ne venant pas à l'église, je me suis empressé de lui envoyer, par lettre recommandée, le document suivant :

Monsieur le Receveur des Domaines,

S'il est vrai, ainsi que l'affirme *Le Temps*, que le Gouvernement, qui avait si bruyamment « tiré le premier coup de canon », recule piteusement devant le bicorne de mon suisse et la canne de mon bedeau, et s'empare, en catimini, des biens de mon Église, ç'en est fait de nos fondations.

Eh bien ! puisque vous n'avez pas eu le courage de venir au grand jour, fracturer mon coffre-fort et que vous avez préféré recourir à un expédient qui sent la peur et les ténèbres, prenez au moins la peine de lire cette protestation qui vous était destinée et qui délivre ma conscience aux yeux de mes paroissiens.

Monsieur le Receveur,

L'Église m'ayant placé à la tête de la paroisse de Notre-Dame de Bonne-Nouvelle et confié la garde des fondations destinées à la célébration de messes et au soulagement des pauvres, je ne relève que de son autorité sacrée.

Respectueusement soumis aux lois de mon pays, dans les questions d'ordre temporel, je suis et reste filialement soumis à mes supérieurs ecclésiastiques, à mon archevêque et au pape, dans les questions d'ordre spirituel.

Votre loi de séparation affermit encore plus ma résolution.

En conséquence, je ne vous reconnais aucune qualité pour me donner des ordres ;

Pour porter atteinte à mes droits ;

Pour me déposséder des biens dont j'ai la garde ;

Pour les mettre sous séquestre ;

Pour vous en emparer, par un acte de violence réprouvé par les lois naturelle, civile et ecclésiastique.

Voilà pourquoi, au nom de Dieu et de ma conscience, je proteste avec la dernière énergie :

Contre la violation de mon église et de la volonté des donateurs ;

Contre l'attentat fait :

A mon droit et à ma liberté :

A l'exercice et à la dignité de mon ministère ;

Aux droits sacrés de nos chers défunts et de mes pauvres.

Je dénonce et flétris cet attentat comme un abominable excès de pouvoir, comme un empiètement sacrilège sur le domaine religieux, comme un premier coup de pioche porté à la propriété individuelle et sociale.

Je ne céderai qu'à la force et j'assisterai passif et attristé à cette monstrueuse spoliation.

L'abbé CASABIANCA,
Curé de Notre-Dame de Bonne-Nouvelle, chanoine honoraire.

Tel est, mes chers paroissiens et associés, l'exposé des faits qui se sont malheureusement déroulés dans ma chère paroisse, depuis quelques jours.

Que sera la nouvelle année ?

Assisterons-nous à de plus graves événements ? Verrons-nous luire quelque rayon d'espérance ? Dieu seul le sait.

Dans notre incertitude, continuons à prier et à mettre en Dieu toute notre confiance.

C'est dans ces sentiments que je vous prie d'agréer l'expression de mon affectueux dévouement.

L'abbé CASABIANCA,
Curé de N. D. de Bonne-Nouvelle.

Lettre à mes paroissiens

1er avril 1906.

Mes Chers Paroissiens,

Conformément à ma promesse, je viens vous narrer la seconde visite faite à notre église par l'agent des domaines. Le vendredi 23 février, à 5 h. 3/4 du matin, le Suisse (1) sonnait à ma porte pour m'annoncer la présence à l'église de l'inspecteur des Finances. Pendant que je m'habillais, je chargeai mon employé de prévenir M. l'abbé Véxenat qui habite l'étage au-dessus du mien. Nous partîmes suivis de ma sœur et de ma nièce qui, malgré l'heure matinale, avaient tenu à être à mes côtés. Avant d'arriver à l'église, je fis prier un de nos braves paroissiens, d'aller prévenir M. le Président, M. le Trésorier et le Secrétaire de la Fabrique.

Quelle ne fut pas ma profonde affliction de voir mon église, à cette heure de silence et de recueillement, envahie par une soixantaine d'agents, les uns en uniforme et les autres en bourgeois.

Toutes les portes étaient gardées par des sergents de ville, avec ordre d'empêcher d'entrer dans l'église et d'en sortir.

Voici de quelle manière se produisit cette irruption : la chaisière (2), qui habite dans le clocher, après avoir allumé une branche de gaz devant la sacristie, alla ouvrir la porte et la grille de la rue de la Lune ; à ce moment,

---

(1) M. Henri Sajous.
(2) Mme Jean Bouisson.

elle vit un sergent de ville qui stationnait devant l'église. Comme, depuis quelques semaines, il y en avait tantôt deux et tantôt trois qui faisaient les cent pas rue de la Lune, rue de Notre-Dame de Bonne-Nouvelle et rue Beauregard, elle n'y attacha aucune importance. Mais une fois entrée dans l'église, comme elle se dirigeait vers la chapelle de la Sainte Vierge, elle entendit un brusque et vigoureux bruit de pas qui la firent tressauter; c'était comme un torrent soudainement déchaîné dans l'église déserte. Les envahisseurs allèrent à elles et lui demandèrent d'allumer tous les becs de gaz : « C'est au nom de l'officier de paix, lui dirent-ils, que nous vous demandons cela. » — « Je ne suis pas ici pour allumer le gaz, leur répondit-elle; et puis, M. le curé n'étant pas là, je ne puis rien faire sans ses ordres ».

C'est alors que les agents allumèrent eux-mêmes un bec à chacun des lustres gardés par une sentinelle. L'inspecteur des domaines commença son opération, précédé d'un agent de la police secrète qui l'éclairait avec un rat de cave. Sur ces entrefaites, j'arrivai à l'église avec M. Véxenat, sans avoir pu obtenir l'entrée de ma sœur et de ma nièce que les agents empêchèrent de pénétrer.

Immédiatement je demandai à un agent de m'indiquer M. Lefèvre qui en me voyant s'avança vers moi :

Monsieur, lui dis-je,

A vaincre sans péril on triomphe sans gloire.

Je proteste, avec indignation, contre la violation de mon église, à une heure si indue. Je vous demande lecture de ma protestation de mercredi dernier; je vous ai livré un document; vous devez m'en accuser réception : lorsqu'on prête une somme d'argent à un honnête homme, celui-ci a le devoir d'en donner un reçu. Encore une fois, je vous somme, au nom de votre loi, de me donner lecture de ma protestation que vous avez dû inscrire en tête de votre procès verbal. »

« Vous me rasez (*sic*), avec votre protestation, me répondit insolemment l'agent de la République... athénienne, pardon... faubourienne ; — « vous m'en avez fait trop voir l'autre jour ; conduisez-moi à la sacristie », continua-t-il, d'un ton arrogant. — Ne soyez pas impertinent, lui répondis-je ; ce qui vous rend aujourd'hui si audacieux, c'est la force qui vous environne ; quant à la sacristie, je n'ai pas à vous obéir : cherchez-la.

Et voilà que, précédé de son agent, au rat de cave, il passa en revue les chapelles du côté de l'Évangile et du côté de l'Épître dont il nota rapidement quelques objets ; il va sans dire qu'il était constamment escorté de ses policiers ; je me contentai de le suivre en silence. J'avoue que l'obligation de m'attacher à ses pas, sans pouvoir lui dire tout ce que je pensais de sa triste besogne et sans pouvoir le pousser, par les épaules, dans la boîte que les chiffonniers vidaient, à cette heure, dans la rue, faisait bondir mon cœur et remplissait mes yeux de larmes.

L'inspecteur finit par trouver la sacristie : la porte était fermée. « Voulez-vous l'ouvrir ? » me demanda-t-il.

Je ne suis pas à vos ordres, lui répondis-je.

Immédiatement, il envoya chercher un serrurier qui se tenait prêt dans le poste de police voisin : la porte céda et nous voilà dans la sacristie. J'ouvre ici une parenthèse, mes chers Paroissiens, pour vous dire que, par crainte des cambrioleurs nocturnes, je fais retirer tous les jours, après la prière du soir, le Saint-Sacrement du Tabernacle et le fais transporter en un lieu plus sûr, dans le coffre-fort de la sacristie ; or, à cette heure, la Sainte Réserve n'avait pas encore été reportée dans le Tabernacle. Elle était toujours là. « Voulez-vous me dire où se trouve le coffre-fort ? » me demanda l'agent du fisc.

Je ne suis pas ici pour vous indiquer quoi que ce soit.

Tandis qu'il cherchait partout, à droite et à gauche, je pris à part M. le commissaire de police à qui je dis textuellement ceci : « M. Duponnois, je m'adresse à l'homme, au chrétien ; le Saint-Sacrement est ici, dans le coffre-fort : je vous préviens que si l'inspecteur veut le fracturer, je me place devant la porte ; et il faudra que votre serrurier passe par mon corps pour arriver au Corps de mon Dieu. »

En attendant, l'inspecteur faisait ouvrir les bancs où se trouvaient les ornements sacrés ; sans même se donner la peine de tirer les nombreuses planches qui les portaient, il se contentait de noter les étiquettes qui indiquent la couleur et la classe des ornements. Puis, guidé probablement par la veilleuse placée sur un banc en face d'une armoire, il fit signe au serrurier d'en ouvrir la porte ; après quelques tâtonnements la serrure fut à moitié défaite et la porte en bois s'ouvrit ; nous nous trouvions en présence du coffre fort. Je m'avance, prêt à faire au Saint-Sacrement un rempart de mon corps ; l'inspecteur m'arrêta et me dit d'un ton radouci : « Voulez-vous me donner la clé ? » — « Jamais lui répondis-je, d'ailleurs je n'en ai qu'une ; les deux autres sont dans les mains du Président et du Trésorier de la Fabrique. » — « Voulez-vous du moins me dire ce qu'il contient ? je m'en rapporte à vous ; je m'en contenterai. » — « Pas davantage : je n'ai rien à vous dire. » — Alors vous refusez d'ouvrir le coffre-fort et de me dire ce qu'il contient ? » — « Absolument ! » — « Puisqu'il en est ainsi, je reviendrai. » — « Libre à vous. »

Je remerciai Dieu, au fond de mon cœur, d'avoir fait éviter la profanation des saintes Espèces et j'emboîtai le pas à mon malencontreux visiteur. Au moment de quitter la sacristie, on vint annoncer la présence de M. Lépine, préfet de police ; il me salua, je lui rendis son salut et, après un court colloque avec l'agent des domaines, M. le préfet se retira. Après son départ, M. Lefèvre reprit sa tournée dans l'église et prit des notes sur ce qu'il remarqua dans la nef et dans le sanctuaire. Voyant qu'il touchait à la fin de sa visite : « Monsieur l'Inspecteur, lui dis-je, je vous prie d'inscrire sur votre procès-verbal ma nouvelle protestation et toutes mes réserves sur la manière par trop sommaire et fantaisiste avec laquelle vous venez de faire l'inventaire ».

Il me répondit que du moment que je ne m'étais pas

prêté à faire l'inventaire, il n'était pas obligé de tenir compte de mes réserves.

« Pardon, lui répondis-je : tout en ayant le devoir de ne pas vous prêter mon concours dans votre opération, j'ai le droit de constater et de vous faire constater que vous l'avez faite d'une manière très irrégulière. »

Ne tenant aucun compte de ma demande, il partit suivi de ses agents; il était près de sept heures.

Quelques instants après son départ, arrivaient MM. Lefébure, président et Crouvezier, trésorier, lesquels dressèrent immédiatement un procès-verbal de ce qui s'était passé, avec les renseignements fournis par moi, par M. Véxenat et les employés de l'église : ce procès-verbal est aux archives de la paroisse.

Tel est, mes chers Paroissiens, l'exposé des faits qui se sont passés dans notre église, le 23 février dernier.

Comme, dans ce genre d'événements les moindres circonstances apportent leur contingent d'intérêt, je vous demande la permission de vous raconter certains épisodes qui se passaient à la porte de l'église pendant que l'inspecteur opérait à l'intérieur. Ici, je laisse la parole à mon interlocuteur, professeur dans une École que je ne nommerai pas pour ne pas le compromettre.

Une fois que l'agent du fisc fut parti, un excellent monsieur vint me serrer la main à la sacristie. « Il y avait tout à l'heure devant l'église, me dit-il, une dame qui leur en a dit de toutes les couleurs; je ne comprends pas comment on ne l'a pas arrêtée et conduite au poste.

« Comme elle voulait entrer avec une autre dame d'un certain âge : on n'entre pas dans l'église, lui dirent deux agents.

« — Je comprends, leur répondit-elle : quand les malfaiteurs opèrent dans une église, les honnêtes gens n'ont pas le droit d'y entrer.

« — Circulez, circulez, mesdames.

« — Je ne circulerai pas : puisque vous m'interdisez l'entrée de l'église, j'ai le droit de stationner dans la rue.

Cependant je trouve étrange que vous m'empêchiez d'aller entendre la messe dans l'église qui est un édifice public du culte.

« — Mais, madame, c'est qu'il n'y a pas de messe aujourd'hui.

« — Je vous demande pardon, monsieur, et si vous avez le droit d'empêcher les voleurs d'entrer dans une maison, vous n'avez pas celui d'empêcher les personnes d'aller prier dans une église.

« — Que voulez-vous? c'est la loi.

« — Elle est belle votre loi ; des lois comme celle-là sont faites pour qu'on les viole. »

« Tout à coup, un coupé arrive au grand trot, il s'arrête devant la porte principale; un monsieur en descend; salut et force révérences de la part des sergents de ville.

« Ce voyant : « C'est ça, dit-elle à haute voix, c'est probablement le chef des cambrioleurs. »

« Le personnage, qui n'était autre que M. Lépine, préfet de police, se retourna, regarda et pénétra sans mot dire dans l'église.

Lorsque tout fut terminé et que les agents en sortaient :

« — A présent peut on entrer ? leur demanda la dame.

« — Oui, oui, vous pouvez entrer et même y coucher si cela vous fait plaisir.

« — Vous n'êtes guère polis, leur répondit-elle ; nous venons à l'église non pas pour y coucher mais pour prier. »

Comme les agents murmuraient, en sortant, disant qu'il fallait revenir parce que le curé ne s'était pas prêté à la circonstance :

« — Il ne manquerait plus que ça, leur répondit-elle ; vous prenez donc M. le Curé pour un traître à son devoir ? Sachez que M. le curé ne se prêtera jamais à protéger les voleurs. »

Mon aimable interlocuteur finissait ces paroles, lorsqu'une personne venait me demander comment ça c'était passé.

« Tenez, me dit-il, voici justement la dame en question. »

Effectivement, cette dame — c'était ma nièce — confirma le récit que je viens de rapporter.

En attendant, vicaires et paroissiens arrivaient, me demandant des détails sur la triste visite, et m'exprimant leur contrariété de n'avoir pu m'assister de leur présence.

C'était l'heure de m'habiller pour la messe. Pendant le saint sacrifice, je remerciai Dieu d'avoir écarté de l'agent gouvernemental la pensée de forcer le coffre-fort et le priai de m'éviter l'amertume d'une troisième visite.

Mes chers Paroissiens, nous entrons dans la semaine de la *Passion* qui nous rappelle les persécutions, les souffrances et les humiliations endurées par Notre Seigneur Jésus-Christ.

A l'exemple du divin Maître, notre pauvre église de France traverse à son tour, les horreurs de la Passion. Groupons-nous autour de son Calvaire ; faisons-lui un rempart avec la tendresse de notre amour, avec la piété de notre compassion, avec l'énergie de notre foi et avec la persévérance de notre union.

Allons retremper nos âmes dans la communion pascale qui contient le *Pain des forts* et le *vin généreux des vierges* ; ainsi restaurés, nous pourrons nous présenter à Dieu et lui demander d'arrêter le bras des persécuteurs, de briser les chaînes qu'ils préparent à notre Église, de fermer le tombeau avant qu'ils l'aient entièrement creusé et de nous faire la grâce de chanter l'*Alleluia* de sa résurrection.

C'est dans ces sentiments et cette espérance que je vous souhaite de bonnes Pâques et que je vous offre, mes chers Paroissiens, l'assurance de mon affectueux dévouement.

L'abbé Casabianca,
Curé de N-D. de Bonne-Nouvelle.

Protestation lue par M. le Président de la Fabrique le mercredi 21 février.

Monsieur l'Inspecteur,

Le Conseil de Fabrique a reçu de l'autorité diocésaine la charge de garder et d'administrer les biens qui appartiennent aux fidèles de cette paroisse. C'est un devoir pour lui de s'opposer à toute mesure qui tenterait à faire attribuer ces biens à l'État ou à la commune.

Il se refuse donc absolument à ce que vous en dressiez inventaire : et si vous le lui imposez par la force, il proteste de toute son énergie contre cette violation du droit de propriété, et exige l'insertion en tête de votre procès-verbal de cette protestation avec les réserves suivantes :

Au nom du Conseil de Fabrique de l'église Notre-Dame de Bonne-Nouvelle dûment représenté par

    MM. Lefébure, président, officier de la Légion d'honneur,
    Crouvezier, trésorier,
    Hamon, secrétaire,
    Denoyel,
    Dupré,
    Fouqueray,
    Naquet-Radiguet,

Protestation est faite contre l'inventaire, première mesure d'exécution de la loi de Séparation de l'Église et de l'État, premier acte de main-mise sur les biens qui sont la propriété de la Fabrique de Notre-Dame de Bonne-Nouvelle.

Toute réserve est faite des droits de la Fabrique sur les biens compris dans cet inventaire et sur les évaluations qui leur seront attribuées.

Enfin toute réserve est faite des droits des tiers individuels ou collectifs sur les biens et objets leur appartenant qui seraient indûment compris dans cet inventaire.

Fait à Paris, le vingt et un février mil neuf cent six.

E. Lefébure,
Hamon, Denoyel,
Dupré, Fouqueray,
Naquet-Radiguet.

Voici, à titre de documents, les pièces du séquestre dont il a été question plus haut :

DIRECTION DES DOMAINES de Paris

DE L'ENREGISTREMENT, DES DOMAINES
ET DU TIMBRE

AVIS DE CONVOCATION

En exécution de l'article 3 de la loi du 9 décembre 1905 et des articles 1 à 9 du décret portant règlement d'administration publique du 29 du même mois, il sera procédé le 21 février 1906, à huit heures du matin, par M. Lefèvre, sous-inspecteur de l'Enregistrement à Paris ou par tout autre agent spécialement désigné à cet effet, à l'ouverture des opérations de l'inventaire descriptif et estimatif des biens mobiliers et immobiliers dont (3) la fabrique paroissiale de l'église Notre-Dame-de-Bonne-Nouvelle, à Paris, a la propriété ou la jouissance.

Le Directeur des Domaines, au département de la Seine, a l'honneur de prier (2) monsieur le Desservant de l'église Notre-Dame de Bonne-Nouvelle de vouloir bien assister ou se faire représenter, dans les conditions prévues par l'article 3 du décret, à cette opération qui, aux termes mêmes de la loi, sera effectuée tant en son absence qu'en sa présence.

Si l'opération nécessite plusieurs séances, les jour et heure auxquels il y sera procédé seront indiqués par l'agent du Domaine sans qu'il soit besoin d'une nouvelle convocation.

A Paris, le 12 février 1906,
Le Directeur des Domaines.

---

(1) Nom, prénoms et qualité du fonctionnaire ou de l'agent chargé de la notification.
(2) Le bureau des marguilliers de la fabrique de l'église (ou de la chapelle) paroissiale de ...., ou la fabrique de l'église métropolitaine (ou cathédrale) de ...., ou M. le Commissaire administrateur de la mense archiépiscopale (ou épiscopale) de ...., ou l'administration des séminaires du diocèse de ...., pour les prêtres âgés et infirmes de .... (ou de secours) de .... ou synode particulier de .... ou israélite) de ....
(3) Indiquer l'établissement soumis à l'inventaire : fabrique paroissiale, mense curiale ou succursale, fabrique métropolitaine ou cathédrale, mense archiépiscopale, etc., etc.
(4) Du matin ou du soir.
(5) A la personne de M. .... (nom, prénoms et qualité de la personne désignée à l'article 2 du décret du 29 décembre 1905) domicilié à .... ou au siège de .... (désignation de l'établissement soumis à l'inventaire) où étant et parlant à ....
(6) A signé avec nous ou a refusé de signer le présent acte.
(7) Titre du fonctionnaire ou agent chargé de la notification.

PROCÈS-VERBAL DE NOTIFICATION

(A remettre à la partie avec la convocation.)

L'an mil neuf cent six, le quatorze février, Nous (1) François Delavière, agent assermenté de la mairie du 2e arrondissement de Paris, agissant à la requête de M. le Directeur des Domaines du département de la Seine et conformément aux instructions de M. le Préfet, avons notifié à (2) Monsieur le Desservant de l'église Notre-Dame-de-Bonne-Nouvelle, un avis l'informant que les opérations de l'inventaire des biens mobiliers et immobiliers dont (3) la fabrique paroissiale de l'église Notre-Dame-de-Bonne-Nouvelle à Paris a la propriété ou la jouissance seront ouvertes le 21 février 1906, à 8 heures du (4) matin.

Ladite notification a été faite par nous à (5) Remise à Monsieur Casabianca à l'église Notre-Dame-de-Bonne-Nouvelle.

En foi de quoi nous avons dressé le procès verbal de ladite notification dont nous avons laissé copie en même temps que dudit avis de convocation au susnommé qui (6) a refusé de signer.

Fait à Paris, les jour, mois et an que dessus.

Le (7) F. Delavière, agent assermenté.

Le soussigné reconnaît avoir reçu notification de la convocation ci-dessus spécifiée.

A Paris, le 14 février 1906.

.... pris en la personne de son président, ou M. le curé ou desservant .... ou M. l'archévêque (ou évêque) du diocèse de .... ou .... , ou le chapitre de .... pris en la personne de son doyen, ou le bureau .... pris en la personne d'administration de la maison (ou caisse) diocésaine de retraite .... ou le conseil d'administration de la maison (ou caisse) diocésaine de retraite ou le conseil presbytéral de .... ou consistoire (protestant ou ou .... pris en la personne de son président, ... pris en la personne de son président.

DIRECTION
des
AFFAIRES MUNICIPALES

RÉPUBLIQUE FRANÇAISE
LIBERTÉ — ÉGALITÉ — FRATERNITÉ

PRÉFECTURE DU DÉPARTEMENT DE LA SEINE

Le Préfet de la Seine,

Vu la loi du 9 décembre 1905 concernant la séparation des Églises et de l'État, et notamment l'article 8 ;
Vu les articles 8 et 10 du décret du 16 mars 1906, portant règlement d'administration publique pour l'exécution de la dite loi ;
Vu la circulaire de M. le Ministre de l'Instruction publique, des Beaux-Arts et des Cultes du 4 décembre 1906;

ARRÊTE :

ARTICLE 1er. — Sont placés sous séquestre, à partir de ce jour, à l'exception des biens faisant retour à l'État en vertu de l'article 5, § 1er de la loi du 9 décembre 1905, les biens de toute nature ayant appartenu à la Mense de l'Église Notre-Dame de Bonne-Nouvelle à Paris.

Article 2. — L'Administration des Domaines est chargée d'assurer, suivant les règles fixées par l'arrêté du Ministre des Finances du 1er décembre 1906, la conservation et la gestion de ces biens jusqu'à ce qu'ils aient été attribués par décret en exécution, soit de l'article 8, § 1er, soit de l'article 9. § 1er de la loi susvisée.

ARTICLE 3. — Les anciens représentants légaux de la Mense de l'Église Notre-Dame de Bonne Nouvelle, seront tenus à première réquisition par lettre recommandée de remettre immédiatement au Receveur des Huissiers de la Justice de paix, des baux et des locations verbales du 2e arrondissement de Paris, les espèces en caisse, les valeurs en portefeuille, les titres de propriété, les titres de créance et de rentes, les baux, marchés, et enfin tous documents concernant les revenus et affaires de l'établissement supprimé, à l'exception des documents de comptabilité nécessaires pour rendre le compte de gestion prévu à l'article 7 du décret du 16 mars 1906.

ARTICLE 4. — Le présent arrêté sera publié au Recueil des Actes administratifs de la Préfecture.

Ampliation en sera adressée au Directeur de l'Enregistrement et du Timbre et notifiée en la forme administrative aux anciens représentants légaux et à l'ex-comptable de l'établissement supprimé.

Fait à Paris, le 13 décembre 1906.

DIRECTION
des
AFFAIRES MUNICIPALES

RÉPUBLIQUE FRANÇAISE
LIBERTÉ — ÉGALITÉ — FRATERNITÉ

PRÉFECTURE DU DÉPARTEMENT DE LA SEINE

Le Préfet de la Seine,

Vu la loi du 9 décembre 1905, concernant la séparation des Églises et de l'État et notamment l'article 8 ;

Vu les articles 8 et 10 du décret du 16 mars 1906, portant règlement d'administration publique pour l'exécution de ladite loi ;

Vu la circulaire de M. le Ministre de l'Instruction publique, des Beaux-Arts et des Cultes du 4 décembre 1906.

ARRÊTE :

ART. 1er. — Sont placés sous séquestre à partir de ce jour, à l'exception des biens faisant retour à l'État, en vertu de l'art. 5, § 1er de la loi du 9 décembre 1905, les biens de toute nature ayant appartenu à la fabrique de l'église de Notre-Dame de Bonne-Nouvelle à Paris, et notamment les biens suivants :

Les rentes sur l'État,
Les valeurs mobilières,
Les créances,
Les valeurs diverses,
Les objets mobiliers de toute nature.

ART. 2. — L'administration des Domaines est chargée d'assurer suivant les règles fixées par l'arrêté du Ministre des Finances du 1er décembre 1906, la conservation et la gestion de ces biens jusqu'à ce qu'ils aient été attribués par décret en exécution soit de l'article 8, § 1er soit de l'article 9, § 1er de la loi susvisée.

ART. 3. — Les anciens représentants légaux de la fabrique de l'église Notre-Dame de Bonne-Nouvelle, seront tenus à première réquisition par lettre recommandée, de remettre immédiatement au receveur des huissiers de la justice de paix, des baux et des locations verbales du 2e arrondissement de Paris, les espèces en caisse, les valeurs en portefeuille, les titres de propriété, les titres de créances et de rentes, les baux, marchés, et enfin tous documents concernant les revenus et affaires de l'établissement supprimé, à l'exception des documents de comptabilité nécessaires pour rendre le compte de gestion prévu à l'article 7 du décret du 16 mars 1906.

ART. 4. — Le présent arrêté sera publié au Recueil des Actes administratifs de la Préfecture.

Ampliation en sera adressée au Directeur de l'Enregistrement et du timbre et notifiée en la forme administrative aux anciens représentants légaux et à l'ex-comptable de l'établissement supprimé.

Fait à Paris, le 13 décembre 1906.

DÉPARTEMENT
DE LA SEINE

BUREAU des DOMAINES
de Paris
13, rue de la Banque

N° 110.
(Novembre 1906.)

DIRECTION GÉNÉRALE
DE L'ENREGISTREMENT DES DOMAINES
ET DU TIMBRE

Un arrêté pris le 13 de ce mois par M. le Préfet du département de la Seine et notifié aux anciens représentants légaux de (1) la Mense de l'église de Notre-Dame de Bonne-Nouvelle a placé sous séquestre à partir du même jour les biens ayant appartenu à cet établissement ; il en a confié la conservation et la gestion à l'Administration des Domaines et il a ordonné la remise immédiate au Receveur des Domaines à Paris, 13, rue de la Banque, des espèces en caisse, des valeurs en portefeuille, des titres de propriété, des titres de créances et de rentes, des baux, marchés, et enfin de tous documents concernant les revenus et affaires de l'établissement, à l'exception des documents de comptabilité nécessaires pour rendre compte de gestion prévu à l'article 7 du décret du 16 mars 1906.

En exécution de l'arrêté précité, le Receveur des Domaines à la résidence de Paris, y demeurant, rue de la Banque, n° 13, a l'honneur de prier Monsieur (2) Casabianca, curé de la paroisse de cette église de vouloir bien lui remettre ou lui faire parvenir dans le délai de (2) *trois jours*, et sous les peines de droit, les espèces, valeurs, titres et autres documents quelconques dont il serait dépositaire en sadite qualité.

A Paris, le 15 décembre 1906.

(1) Indiquer l'établissement dont les biens ont été mis sous séquestre.
(2) Désigner le nom et la qualité, ou si le nom n'est pas connu, indiquer la qualité seulement des représentants et du comptable.
(3) Trois jours si les anciens représentants et l'ancien comptable ont la même résidence que le receveur, huit jours dans les autres cas.

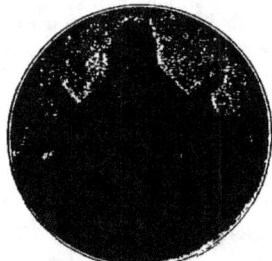

Fig. 61. — La mère des Maccabées exhortant ses enfants à la mort.

Fig. 62. — La Sorbonne et ses docteurs.
Paris à travers l'Histoire.

CHAPITRE HUITIÈME

SOMMAIRE

Le clergé de Bonne-Nouvelle. — Liste de MM. les Curés. — De Lestocq. — De Cambefort. - Gauthier. — De la Broise. — Huguehard. — Parant. — Bulot. — De Puibusque. - Favre. — De Cagny. — J. B. Paradis. — L. Paradis. — Portalès. — Bernier. — Millaut. — Bécourt. — Chirac. — de Montferrier. — Casabianca. — Liste des vicaires jusqu'à l'année 1908.

GRAVURES : *La Sorbonne.* — *Portraits de onze curés.* — *M. Paradis chez Francœur.* — *Mort de Judith.*

APRÈS avoir fait connaître l'église, la paroisse et les événements heureux et malheureux qui s'y sont déroulés, il est juste que nous fassions connaissance avec le personnel ecclésiastique : curés, prêtres-administrateurs, vicaires, prêtres habitués. Après avoir étudié le champ, étudions les ouvriers (1). Notre-Seigneur s'est plu à nommer chaque apôtre par son nom, l'Esprit-Saint nous a transmis ces noms bénis et l'Église, au jour de leur fête, les prononce avec respect et vénération. Le divin Maître va même jusqu'à dire qu'il connaît et appelle, par leur *nom*, chacune de ses brebis *vocat eas nominatim* : enfin saint Jean recommande à son disciple Gaius de saluer de sa part tous ses amis, chacun par son propre *nom* (2). Le nom d'un prêtre est quelque chose de sacré. Il est sacré par l'onction sacerdotale qui en a fait un homme de Dieu *Homo Dei* (3), comme parle le Saint-Esprit ; un ange de paix, *angelus pacis* (4) ; un autre Christ, *alter Christus* (5). Il est sacré par les saints mystères qu'il célèbre, par les bénédictions et les grâces qu'il répand ; il est sacré enfin par les pieuses appellations de *pasteur*, de *consolateur* et de *père* dont on l'honore. Le nom du prêtre devient parfois une source de joies, un réveil de touchants souvenirs, le point de départ de fréquents retours à Dieu. Plusieurs fois, il nous est arrivé, dans notre long ministère, d'avoir réveillé la foi dans les âmes de certains malades, rien qu'en prononçant le nom de saints ecclésiastiques qu'ils avaient connus, soit parce qu'ils les avaient baptisés, préparés à la première communion, béni leur mariage ou assisté quelqu'un des leurs au lit de mort.

C'est pour toutes ces raisons, indépendamment de l'intérêt historique, que nous avons pensé qu'il était naturel, chrétien et édifiant de dresser la nomenclature des ecclésiastiques qui, à un titre quelconque, ont exercé le saint ministère à Bonne-Nouvelle.

Jusqu'à présent, les écrivains qui ont parlé de Notre-Dame de Bonne-Nouvelle, n'ayant pu mettre la main sur

---

(1) Saint Jean, X, 3.
(2) Saint Jean, III, 14.
(3) I Tim., VI, 11.
(4) Is., XXXIII, 7.
(5) Gal., I, 20.

les premiers curés de la paroisse, regrettaient, avec raison, cette grande lacune depuis 1673 jusqu'en 1750. Grâce à de minutieuses et patientes recherches, nous avons pu combler ce vide et rétablir ainsi la chaîne des pasteurs de notre chère paroisse. Ce n'est pas que nous ayons des détails sur leur compte, mais nous avons retrouvé leur présence soit comme témoins, soit comme acquéreurs, soit comme héritiers dans des actes notariés.

Jusqu'en 1673, c'étaient le clergé de Saint-Laurent et les religieux de Saint-Martin-des-Champs qui desservaient la chapelle. Comme ils étaient impersonnels, l'histoire n'a pu recueillir leurs noms et nous n'avons pas à nous en occuper.

Notre rôle ne commence qu'au moment où Notre-Dame de Bonne-Nouvelle, échappant dans une grande mesure, à la juridiction de cette abbaye, fut érigée en cure; or, nous l'avons déjà vu, ce fut le 22 juin 1673 que François de Harlay, archevêque de Paris, lui donna une existence canonique.

Le premier curé de Bonne-Nouvelle fut **Charles de Lestocq**, bachelier en théologie, qui fut installé le 22 juillet 1673. Il y resta jusqu'à 1690.

En 1690, nous trouvons **Paul-Joseph de Cambefort**, docteur en Sorbonne (voir fig. 62), abbé commanditaire de Saint-Pierre-de-Mares en Auvergne, curé de Notre-Dame de Bonne-Nouvelle jusqu'en 1720.

En 1720, c'est **Maxime-Georges Gauthier**, docteur en théologie de l'Université de Paris, jusqu'en 1723.

En 1723, **Jacques Barthélemy de la Broise**, docteur en Sorbonne, curé de Notre Dame de Bonne-Nouvelle, jusqu'en 1739.

En 1740, **Léonard Euguehard**, licencié de la Faculté de Paris, jusqu'en 1750. Voici ce qu'il a écrit sur un livre de prix : « J'ai donné ce prix à Marie-Charlotte Le Duc pour sa capacité, sa modestie, et son assiduité au catéchisme. Paris, ce 21 août 1740 ».

En 1750, nous trouvons, comme curé, **Parant**, sans nom

de baptême. Voici ce que nous avons trouvé de lui sur un livre de prix : « Nous avons donné ce livre à notre chère fille, Marie-Catherine Loisel pour la récompenser de son assiduité aux instructions de notre paroisse, ce 24 août 1750.

« Parant, Docteur de la Maison et Société de Sorbonne, Curé de Notre-Dame de Bonne-Nouvelle. »

Fig. 63. — M. de Puibusque.

En 1760, le 17 août, nous trouvons **Pierre-Louis Bulot**; on n'avait pu, jusqu'à présent, découvrir son nom de baptême.

En 1759, **Jean Tiburce de Puibusque** (fig. 63), docteur en Sorbonne dont nous avons heureusement retrouvé le nom de baptême. Voici les deux notes écrites de sa main relevées sur un livre de prix : « Ce livre a été donné par nous soussigné, prêtre, docteur en théologie et curé de Notre-Dame de Bonne-Nouvelle, à René-François Godard pour prix de sagesse, science et assiduité au catéchisme.

« Ce 10 août 1776, de Puibusque, curé. »

« Ce livre a été donné par nous soussigné, prêtre, docteur en théologie, curé de la paroisse de Notre-Dame de Bonne-Nouvelle, à Alexandre-Nicolas-Marie Gaillard, pour

Fig. 64. — M. Favre.

prix de sagesse, science, et assiduité au catéchisme.

« A Paris, le 13 août 1780, de Puibusque, curé. »

En 1787, nous trouvons **Jean-François Favre** (fig. 64) qui fait la déclaration suivante devant le tribunal : « François Favre, déclare ce 17 février 1787 ne pouvoir fixer d'une manière exacte le Casuel et les revenus de la Paroisse de Notre-Dame de Bonne-Nouvelle, attendu qu'il n'y a pas encore un an que j'y suis curé ».

Voici les renseignements qu'il donne :

1° Produit de la cure de Notre-Dame de Bonne-Nouvelle : 200 livres.

2° Pour les fondations : 210 livres.

Charges :

1° D'acquitter envers le curé de Saint-Laurent une redevance annuelle de 10 livres.

2° D'acquitter 200 livres.

3° Le surplus en casuel, tant pour quelques offices particuliers que pour d'autres droits paroissiaux qu'il ne peut évaluer parce qu'il n'a pas possédé le bénéfice assez longtemps pour faire une année commune, attendu aussi la diminution très considérable et journalière du casuel et ne pouvant s'en rapporter qu'aux déclarations de ses prédécesseurs d'après lesquelles la cure a été portée dans le Pouillé du bureau des décimes être du revenu de 2.100 livres environ (1).

Le 5 mars 1790, à 10 heures, il s'est présenté au Tribunal du Contentieux de la Municipalité pour prêter serment et affirmer que sa déclaration précédente contenait la vérité et qu'il n'avait pas connaissance, ni directement ni indirectement, qu'on eût dérobé en cachette quelque titre ou mobilier de son église. Enfin, nous verrons plus loin la déclaration qu'il fit le 12 août 1791 (2).

Voici sur le compte de ce curé, un trait qui ne manque pas de piquant. Après le concordat, il avait été nommé curé de Saint-Laurent; or, *L'Ami de la religion* nous apprend qu'en 1804 sa nomination à l'évêché de Nantes ayant paru à l'*Officiel*, il reçut les félicitations de ses anciens et de ses nouveaux paroissiens ainsi que de ses amis. Immédiatement il se rendit à Fontainebleau pour remercier l'Empereur. Mais c'était une fausse nouvelle : il y avait eu erreur de nom. Ce n'était pas le curé de Saint-Laurent qui avait été promu à l'épiscopat, mais M. Laurent,

(1) Archives Nat., S. 3467, n° 251.
(2) *Ibid.*, Dxix, 86.

curé de Saint-Leu. L'empereur le dédommagea largement de ses frais et M. Favre se consola de cette déconvenue par un ministère des plus féconds à Saint-Laurent jusqu'en 1820.

M. Nicolas de Cagny (fig. 65). Né le 4 novembre 1753, il était bachelier en théologie de l'ancienne faculté

Fig. 65. — M. de Cagny.

de Sorbonne. On trouve son nom dans les actes de baptême et de mariage en 1797. Nous devons reconnaître qu'à cette date il n'était pas à proprement parler, curé de Bonne-Nouvelle, il ne portait que le titre de chef de l'Oratoire : voici d'ailleurs un acte authentique qui le prouve :

« Le dix-huit juin mil sept cent quatre-vingt dix-sept, a été baptisé Nicolas, Louis de Gonzague Bruns, né d'hier, fils de Jean Antoine Bruns et de Marie Madeleine Thérèse François, son épouse, demeurant rue de Cléry 284, le parrain Nicolas de Cagny, prêtre catholique romain chef de l'Oratoire, la marraine Madeleine Julie Didier Saint-Louis de Gonzague, religieuse bénédictine demeurant rue de Cléry » (Registre des baptêmes).

Voici l'inscription que nous avons trouvée au bas de son portrait :

> Saint Pasteur, de la Foi Confesseur intrépide,
> Ton fidèle troupeau de ta parole avide
> Hélas ne l'entendra plus.
> Chrétiens, pour conquérir la céleste patrie,
> Conservons sous nos yeux l'histoire de sa vie,
> Imitons ses vertus.

Pendant la Révolution, il exerçait le saint ministère en cachette ; il célébrait la messe, faisait des baptêmes et des mariages dans une salle située rue de Cléry. Arrêté, il fut conduit à la prison du Luxembourg probablement à cause d'un excès de langage. Napoléon, qui connaissait son zèle, ne permit pas qu'on relevât quelques saillies que, même aujourd'hui, on ne manquerait pas de taxer d'imprudence, il le fit mettre en liberté. Les travaux et les sollicitudes de la visite pastorale de 1822, qui avait été si orageuse, avaient abrégé ses jours. Il mourut le 12 février 1826, à l'âge de 72 ans, dans son presbytère qui se trouvait à la place occupée actuellement par le n° 35 de la rue de la Lune, après une vie éminemment sacerdotale ; c'était un prêtre vraiment zélé, il passait sa vie au confessionnal, en chaire, à l'église, constamment occupé de son ministère : il faisait à lui tout seul, le travail de plusieurs. Ses paroissiens lui témoignèrent une religieuse reconnaissance en plaçant son cœur dans une urne dans la chapelle de Saint-Nicolas et de Saint Joseph, actuellement chapelle du Sacré-Cœur (1).

Voici l'épitaphe inscrite sur ce monument funéraire :

---

(1) Pendant la correction des épreuves, nous avons découvert qu'en 1795, M. de Cagny avec l'abbé Frasey, avaient obtenu la permission d'ouvrir un oratoire à l'hôtel Cerisy, rue Vieille-du-Temple. Il devait être à cette époque du clergé de Saint-Barthélemy.

Hic reconditur Cor
Rmi et Dossimi M. Nicolai de Cagny
Pastoris et Patris, obiit die 15 Februarii 1826
anno natus 4 Novembris 1753
Hoc pietatis monumentum ipsius successor, clerus eccl. procuratoris
et oves moerentes poni CC.
De profundis.

Jean-Baptiste Paradis Curé,
Edme Foucher président, Pierre-Hyacinthe Constaud, trésorier,
François Dessagne secrétaire, Amable Ampaire,
Adrien-Gustave Santol,
Baguenault Pierre-Claude, des Etang,
Antoine-Henri Hains, François Fougeroux et
Jules Bonnet Administrateurs, Vignet Architecte.

Son successeur fut M. **Jean-Baptiste Paradis** (fig. 66). Il était originaire de Moulins d'une famille honorable et nombreuse. Installé le 27 avril 1826, il mourut le 5 mars 1830. M. Paradis avait été vicaire à Notre-Dame et curé de Saint-Valère. Avant la Révolution, il avait été curé de Dornes, au diocèse de Nevers. Pendant la tourmente, il avait voyagé en Allemagne. C'était un des ecclésiastiques les plus distingués du clergé de Paris. La maladie respecta ce vénérable vieillard qu'on trouva mort dans son lit; il avait soixante-dix ans.

A défaut d'une longue notice biographique, voici sur M. Jean-Baptiste Paradis un trait qui le peint tout entier et qui en dit plus long que tous les discours.

Au cinquième étage d'une maison rue de la Lune, vivait avec sa fille un prévôt de salle d'armes, ancien grenadier de la garde impériale, nommé Francœur.

Avec la maladie était venue la misère. Louise, c'était le nom de sa fille, ouvrière en lingerie, passait une partie de ses nuits en blanc pour subvenir aux besoins de son vieux père.

Ayant été averti de cette situation, M. Paradis fit demander au malade s'il accepterait volontiers sa visite; l'ancien grenadier fit répondre que n'ayant jamais forfait à l'honneur, il ne voyait pas la nécessité d'un intermédiaire pour obtenir la miséricorde de Dieu.

Ses ressources s'épuisant et pour épargner à sa fille les fatigues nocturnes, il résolut d'engager au Mont-de-Piété sa montre, ses plus beaux vêtements et un sabre d'honneur. Au moment où il allait mettre son projet à exécution, Louise qui venait de chercher le pain de la journée,

Fig. 66. — M. Paradis J.-B.

introduisit dans le misérable réduit un vieillard à la la figure ouverte, calme et souriante : un large chapeau recouvrait sa blanche chevelure, il était revêtu d'une vieille redingote brune et portait des guêtres de drap fauve : il se disait envoyé par son maître qui voulait rester inconnu et déposait en même temps, deux cents francs sur la cheminée. Il allait se retirer, lorsque le vieux grenadier n'en croyant pas ses yeux, déclara qu'il n'accepterait pas cet argent s'il ne connaissait pas son bienfaiteur. « — Mon maître, lui répondit le vénérable messager, est si riche et si généreux que vous pouvez accepter sans rougir. »

« —L'portrait que vous m'en faites, mil-z'yeux, m'inspire de la vénération : c'est sans doute un grand personnage, un officier général, un maréchal, sous qui j'ai servi ; dans ce cas-là, j'accepte. »

L'hiver était rude, les leçons d'escrime se faisaient rares,

Fig. 67.
« Ah ça, Tonnerre de bombes ! Vous n'allez point... et moi je vais trop.

le travail manquait à sa fille et sa santé devenait de plus chancelante : les deux cents francs étaient dépensés.

Un matin, on sonne. C'était le mystérieux émissaire qui, l'air souriant, annonçait au pauvre malade que son maître lui envoyait un nouveau secours et il déposait deux cents autres francs dans la main de Francœur. « C'te fois, vous me l'nommerez, mil-z'yeux, s'écria le vieux grenadier avec émotion. Quatre cents francs : c'est le tiers de ce que je gagne par année à la salle d'armes ! en attendant, nous ne nous quitterons pas sans boire ensemble un verre de vin. » Comme le visiteur ne buvait qu'à petits coups, tandis que Francœur avait déjà presque vidé les trois quarts de la bouteille : « Vous n'allez pas, dit-il, triple escadron, et moi, je vais trop ! » (fig. 67). Il était rayonnant de joie.

L'inconnu lui ayant demandé la permission de retourner à son devoir : « Le devoir, reprit Francœur, ça, c'est juste, mais dites bien à votre maître qu'il n'a pas obligé un ingrat ». On se sépara après force poignées de mains.

« Tonnerre de Dieu ! voilà ce qu'on appelle de la vieille roche, dit Francœur à sa fille, y a quelque chose dans le regard et dans toute sa personne qui commande l'estime et la confiance : j'sens que la visite de c't honnête homme me regaillardit. » En attendant, la santé lui revint peu à peu il travailla et, avec les économies de sa fille, il mit de côté les quatre cents francs destinés à son généreux créancier.

Quelques semaines après, Francœur assistait comme témoin au mariage d'une de ses parentes, avec le fils d'un limonadier du boulevard Bonne-Nouvelle. Tandis que tout le monde avait pris place dans la chapelle de la sainte Vierge, le prêtre qui devait bénir le mariage arrive à l'autel, se retourne vers les époux et leur adresse une allocution pleine de cœur et de conseils pratiques, sur un ton si doux et si pénétrant que toute l'assistance en fut profondément émue; mais personne ne fut plus remué que Francœur : immobile, les yeux fixes, bouche béante, le vieux grenadier était frappé des traits de cet ecclésiastique; tirant doucement sa fille par le bras, il lui dit à mi-voix : « Dis donc, mais ce curé ressemble diablement au brave homme qui est venu chez nous l'hiver dernier. — Vous avez raison, mon père. — Oh! si c'était lui, nom d'une bombe... » sa fille lui fit signe de se taire. Lorsque l'officiant aspergea les assistants d'eau bénite, ses yeux rencontrèrent ceux de Francœur et ils échangèrent des regards d'agréable surprise.

« Je te l'avais bien dit, c'est lui »; continua Francœur

et, disant cela, il se lève prêt à escalader la balustrade pour aller se jeter dans les bras du curé. « Modérez-vous, mon père, modérez-vous, de grâce. — Ça t'es bien facile à dire, est-ce que ça peut se retenir c'télan de cœur ? »

Arrivé à la sacristie, avant d'embrasser la jeune mariée, Francœur courut vite vers le curé, lui prit les deux mains, les baisa avec émotion et d'une voix tremblante, lui dit : « Croyez-vous donc, milz'yeux, qu'on ne vous reconnaît pas ? » Puis, se retournant vers l'assistance, il apprit à tout le monde ce qu'avait fait le vénérable pasteur. « Se déguiser en vieux domestique, trinquer avec moi, écouter, sans broncher, mes jurons militaires, rire de mes espiègleries de jeunesse. Ah ! le brave homme ; dix mille escadrons, l'excellent homme » !

Et voilà qu'il le somme de lui dire le grand personnage qui l'avait chargé de venir à son secours.

M. Paradis, ému par cette scène attendrissante, lui dit : « Bien volontiers, mais avant d'aller au restaurant, venez chez moi avec les époux et leur famille. — Accepté ».

Après avoir fait distribuer à chaque assistant une rasade d'excellent Bourgogne, trinquant d'une main avec Francœur, et de l'autre lui indiquant un très beau Christ, copié d'après Le Brun, il lui dit : « Voilà mon Maître ; voilà Celui qui m'a ordonné d'adoucir vos maux et de prévenir vos besoins ».

« Tonnerre de mille bombes, s'écria Francœur, il faut que je vous embrasse ! » Aussitôt il pressa dans ses bras le vénérable M. Paradis dont les uns baisaient les mains et les autres les vêtements, en signe de respect et d'admiration.

« Ah ça ! reprit vivement Francœur, s'adressant à M. Paradis, vous savez que nous avons économisé les quatre cents francs que vous nous avez donnés ; je vous les rapporterai dans deux heures, aussi vrai qu'une victoire. »

« Non, mon brave ami, reprit le digne pasteur ; je ne saurais les accepter : Dieu ne reprend jamais ce qu'il a donné : gardez-les pour le premier cadeau de mariage de votre charmante fille. » « Dans ce cas, c'est entendu, reprit Francœur; nous vous retenons pour ce jour-là, et j'espère que ce ne sera pas long : au revoir, ministre de Dieu, homme de bien qui m'avez réconcilié avec la soutane : tonnerre de bombes... bombes... bombes... je n'aurais jamais pu le croire. Ah ! si nos grands du jour se font désigner, avec orgueil, par le nom de leurs châteaux ou de leurs terres, vous leur ressemblez joliment, milz'yeux ; car, en vous nommant Paradis, vous portez le nom du domaine qui doit vous appartenir » (1).

Jean Baptiste Paradis avait un frère, **Léonard Paradis** qui lui succéda, mais il ne vécut pas longtemps curé de Bonne-Nouvelle. Installé le 18 mars 1830, il mourut le 18 mars 1831, l'anniversaire même du jour de son installation.

Après avoir fait ses études avec succès aux Robertins à Paris, il fut nommé vicaire dans le diocèse d'Autun. Plus tard il revint à Paris où il fit partie du clergé de Saint-Roch, pendant 40 ans. A l'époque de la Révolution, il fut obligé de s'en aller à l'étranger pendant six ans ; à son retour à Paris il retrouva sa paroisse qu'il dut quitter pour remplacer son frère à Bonne-Nouvelle.

M. Paradis a publié deux écrits que le pape récompensa par deux brefs pleins de bienveillance ; l'un de ces écrits est intitulé :

« De l'obéissance au Pape » ; l'autre, « Tradition de l'Église sur l'Infaillibilité du Pape ».

Pendant le peu de temps qu'il passa à Bonne-Nouvelle, il édifia ses paroissiens par sa piété, sa douceur, sa bonté, sa charité et sa générosité.

Grâce à l'extrême obligeance de Mme M. Haro, leur

---

(1) Ce trait que nous avons raccourci, se trouve dans un petit volume intitulé : *Contes populaires*, par Bouilly et qui a été publié quelques mois après la mort de M. Paradis.

arrière petite-nièce, j'ai pu obtenir le portrait à l'huile de Jean-Baptiste Paradis : il a ouvert ainsi la galerie des autres curés de Bonne-Nouvelle que j'ai placés, sous la même forme, dans la sacristie, le samedi 23 mai 1908, la veille de l'inauguration des peintures de l'Église.

Brice Portalès (voir fig. 68) succéda à Léonard Para-

Fig. 68. — M. Portalès.

dis. Après avoir été le vicaire dévoué de ses trois saints prédécesseurs, il fut installé curé de Bonne-Nouvelle, le 31 mars 1831 par M. l'abbé Jalabert, vicaire général de Mgr de Quélen. Écoutons le témoignage que lui rend Mgr Caron : « Il m'a été donné de passer sous sa direction vraiment paternelle, les dix premières années de ma vie sacerdotale. Cette paroisse avait alors, comme on peut s'en assurer, en consultant *l'Ordo*, un personnel de dix-neuf prêtres pour la desservir. Les deux côtés du boulevard faisaient partie de sa circonscription : en lui enlevant un côté pour le donner à la circonscription de Saint-Eugène, on la privait de bons et nombreux paroissiens dont les généreuses aumônes étaient une précieuse ressource dont M. Portalès faisait profiter ses pauvres. Pour leur venir en aide, il avait établi l'œuvre *des Pains du Vendredi* ; il les réunissait une fois par semaine, à l'heure de sa messe; après une courte allocution et au départ, chacun d'eux, sur la présentation d'une carte d'admission, recevait un bon de pain » (1).

On raconte que lorsque Charles X et la famille royale vinrent à Bonne-Nouvelle faire la station du Jubilé, M. Portalès, la cure étant vacante, dut recevoir le roi qui, le prenant pour le curé, — il n'était que le premier vicaire — lui dit : « Je suis étonné de voir, dans une église si ancienne, un curé si jeune. » — « Sire, répondit M. Portalès, Votre Majesté peut, si elle veut, rajeunir l'église, quant au curé, Dieu seul peut le vieillir ».

Le 4 novembre 1844, Mgr Affre, successeur de Mgr de Quélen, le nommait chanoine honoraire de Notre-Dame. Voici la note si modeste et si touchante que le pieux pasteur écrivit à l'occasion de cette distinction : « Honoré de ce titre, après avoir été nommé curé d'une paroisse dont il avait été dix-huit ans vicaire, il doit trouver dans la bonté de ses supérieurs un puissant motif d'imiter les vertus et la vie pastorale de ses prédécesseurs et ses pères. Que Dieu m'en fasse la grâce et puisse Monseigneur ne jamais regretter la bienveillance et l'indulgence qu'il me témoigne.

« Portalès »,
Curé de Bonne-Nouvelle et
chanoine honoraire de la Métropole.

L'érection de Saint-Eugène en paroisse porta un coup terrible à sa santé. Un dimanche, pendant qu'il disait la

---

(1) Discours d'installation de M. Casabianca, par M. le vicaire général Odelin.

messe de 8 heures, au moment du Credo, il tomba frappé d'une attaque; on le transporta au presbytère, 16, rue Beauregard, il s'alita pour ne plus se relever (1).

Après avoir été le père des pauvres et l'organisateur des principales œuvres de charité et de piété qui sont la gloire de Bonne-Nouvelle, M. Portalès mourut le 18 janvier 1854 à l'âge de 59 ans et 8 mois.

En témoignage de reconnaissance, son nom a été donné en 1861 à une rue de la paroisse tout près de l'église; mais en 1885, il a été remplacé par celui de Thorel, qui était celui d'un docteur, ancien conseiller municipal du quartier.

Son nom resta en vénération dans la paroisse, d'autant plus qu'il a laissé une fondation pour les pauvres de Bonne-Nouvelle. Son cœur est conservé dans l'église-chapelle du Sacré-Cœur, à gauche, avec cette inscription :

Hic depositum
Cor Joannis Brictii Portalès
Hujus Ecclesiae Parochi
Natus XXII die Aprilis MDCCXCCIV
XV Januarii MDCCCLIV obdormivit in Dno
Pertransivit benefaciendo qui pro affectu Pater appellabatur.

M. Portalès a laissé à M. le curé de Bonne-Nouvelle pour les pauvres de la paroisse, 3.866 fr. 50 de rente annuelle.

Après la mort de sa sœur, Mlle Julie Portalès et de son neveu, Edmond Portalès, survenue le 11 janvier 1905, le signataire de ces lignes a commencé à en toucher les arrérages jusqu'à concurrence des frais prélevés par l'Assistance publique, pour droits de succession.

M. **Bernier** (voir fig. 69), ancien premier vicaire de Saint-Roch, le remplaça; du 25 février 1854 au 1er mars 1860, il s'appliqua à maintenir et à développer les œuvres de son prédécesseur. Heureux de l'avoir pour curé les paroissiens

(1) Un témoin de cette scène raconte qu'il venait de prêcher avec une chaleur inaccoutumée qui a probablement provoqué cette attaque.

espéraient le garder longtemps encore, lorsque son archevêque, Mgr Sibour, l'appela à l'importante cure de Saint-Philippe-du-Roule. Une personne de Saint-Philippe, qui assistait à son installation, nous a rapporté que, pendant la cérémonie, le nouveau curé ne pouvait retenir ses larmes. « Vous êtes bien ému, lui dit-elle, en lui offrant ses

Fig. 69. — M. Bernier.

hommages à la sacristie; c'est vrai, répondit-il, c'est que je ne puis me consoler d'avoir quitté Bonne-Nouvelle ».

M. Sébastien Millaut (voir fig. 70) fut le septième curé depuis le commencement du siècle. D'abord directeur et ensuite supérieur du Petit Séminaire de Saint-Nicolas, pendant vingt-six ans, c'est le 28 mai qu'il prit possession de cette cure. Après neuf ans passés dans l'exercice de la charge pastorale à Notre-Dame de Bonne-Nouvelle, il devint curé de Saint-Roch. En 1884, il célébra, dans cette église, ses noces d'or et en 1894, ses noces de diamant.

Dieu, avant de l'appeler à Lui, lui accorda encore deux années de vie : M. Millaut mourut le 12 juin 1896, laissant après lui, une mémoire vénérée et toute une moisson de prêtres dont il fut le guide et le modèle.

C'est à M. Millaut que l'on doit les deux grandes ouver-

Fig. 70. — M. Millaut.

tures du plafond de l'Église qui permettent à la lumière d'éclairer abondamment la grande nef.

M. **Émile-Victor Bécourt** (voir fig. 71) succéda à M. Millaut, le 12 mars 1870. Né à Arras le 21 avril 1814, il fut baptisé à Saint-Jean-Baptiste et y fit sa première communion. M. Bécourt, après avoir été vicaire à Saint-Séverin et à Saint-Philippe-du-Roule, puis curé de Dugny et de Puteaux, fut nommé le 12 mars 1870 curé de Notre-Dame de Bonne-Nouvelle. Il ne devait pas y faire un long séjour :

le 27 mai, il était otage et victime de la Commune. Comme il a fait briller la gloire du martyre sur notre chère paroisse, nous demandons la permission au lecteur de nous appesantir sur ce saint prédécesseur, en attendant, si Dieu nous le permet, que nous écrivions sa vie d'une manière plus détaillée. Ce que nous allons dire, nous

Fig. 71. — M. Bécourt.

l'avons glané dans une plaquette fort intéressante de M. l'abbé Rolland, curé de Dugny (1), intitulée : *Fleurs sacerdotales déposées sur la tombe de M. l'abbé Bécourt, ancien curé de Dugny, curé de Notre-Dame de Bonne-Nouvelle à Paris, mis à mort pour la foi, le 27 mai 1871, à Paris.*

Nous trouvons dans les témoignages suivants l'éloge de ses vertus :

(1) M. l'abbé Rolland, docteur en théologie, actuellement à la retraite, consacre sa verte vieillesse au ministère de la prédication.

« Je vous félicite, écrivait M. Lagarde, vicaire générale de Paris, à M. Rolland, du zèle touchant que vous mettez à honorer votre pieux et dévoué prédécesseur. Je n'ai pu lire sans émotion les pages que vous avez consacrées au martyre et à la vie édifiante de ce très digne prêtre et curé dont j'ai pu apprécier, pendant d'assez longues années, l'esprit de foi et les vertus sacerdotales. »

« J'ai connu cet excellent prêtre, M. Bécourt, dès mon enfance, écrivait Mgr Pierre Coullié, coadjuteur d'Orléans ; je l'ai retrouvé ensuite dans le saint ministère : sa foi profonde et simple, son désintéressement m'ont laissé un souvenir que je ne saurais oublier ».

A S. Séverin et à S. Philippe :

    Saint Séverin d'abord le garda dans son sein,
    Saint Philippe deux fois connut son noble zèle.
    Il se montra partout prêtre pieux et saint (1).

C'était un noble cœur, un esprit simple et droit, et les âmes partout recherchaient sa direction.

A Puteaux qui justement s'honore :

    D'avoir pour Pasteur le vénéré Bécourt,
    Il y remplit douze ans, le sacré Ministère,
    Ne s'appartenant plus ni la nuit ni le jour,
    Montrant aux affligés des entrailles de Père.
    Il avait le renom d'une exquise bonté,
    Rien n'altérait la paix de son âme sereine.
    Aussi quand un fléau de chacun redouté,
    Le choléra souffla de sa mortelle haleine,
    Sur Puteaux, le Pasteur vaillant et généreux
    Ne comptant plus pour rien et sa peine et sa vie,
    Accourut à toute heure auprès des malheureux
    Prodiguant de sa Foi la profonde énergie (2).

A Bonne-Nouvelle :

    Depuis quatorze mois il avait dans son zèle,
    Reçu vraiment du Ciel une Bonne-Nouvelle :

---

(1) *Fleurs sacerdotales*.
(2) *Ibid.*

Il n'en fut le Curé que pour être martyr.
Saint avertissement d'une mort glorieuse.
Lui-même, en nourrissait l'héroïque désir,
Et quand il avait vu la Patrie anxieuse
Et couverte de sang : « Mon Dieu, s'était-il dit,
S'il faut pour apaiser votre lourde justice
Une tête, Seigneur frappez-moi, me voici ».

Son arrestation. — Ce fut le 11 avril 1871 (1), que les fédérés allèrent l'arracher de son presbytère, 14, rue de la Lune ; on prétend qu'il avait été prévenu de leur visite par la titulaire du kiosque de journaux du boulevard Bonne-Nouvelle qui avait entendu les gardes nationaux dire qu'ils devaient l'arrêter le lendemain ; au lieu de se cacher, il avait préféré rester au milieu de son troupeau. Il fut conduit à la Conciergerie, à Mazas, puis à la Roquette.

A la Conciergerie. — Loin de se laisser abattre, M. Bécourt s'inspirait des pensées de la foi : il acceptait ses souffrances du jour et de la nuit avec la plus sacerdotale résignation, bénissant la souffrance purificatrice et offrant le sacrifice de sa vie à son Dieu qui, pour lui, avait donné la sienne sur la croix.

A Mazas. — Il eut la joie de recevoir la communion en viatique, grâce à la vaillance de deux chrétiennes.

Mais où vont, traversant ces longs quartiers déserts,
Ces deux femmes bravant, faibles mais courageuses.
Elles vont... à Mazas y porter, trop heureuses,
Le Pain qui fait les forts et le Dieu des martyrs.

A la Roquette. — Voici maintenant le récit de sa mort, d'après des documents authentiques.

Le 27 mai 1871, vers les trois heures de l'après-midi, les gardiens, s'apercevant de la fuite des insurgés, avaient

---

(1) Le mardi de Pâques, le bruit courut immédiatement qu'il avait été dénoncé par un individu de mauvaise réputation qui demeurait dans la même rue : cet homme perdit son fils peu de temps après, et on dit que, sous l'indignation générale, il fut obligé de quitter le quartier.

ouvert les portes des cellules et engagé les otages à s'enfuir au plus vite : tous les prisonniers se répandirent dans les rues avoisinant la Roquette et encore hérissées de barricades.

Au lieu de la sécurité, les malheureux otages rencontrèrent les plus graves périls. La majeure partie cependant parvint à s'échapper. Il n'en fut pas de même de l'abbé Bécourt ; le curé de Bonne-Nouvelle était vêtu d'une mauvaise jaquette, il avait, avec Mgr Surat, le P. Houillon et M. Chirilieu, employé à la Préfecture de Police, traversé deux barricades. Mais, à la seconde qui interceptait le boulevard Voltaire, ils furent arrêtés par une cantinière et par un homme inconnu dans le quartier, désigné sous le nom de Clairon. Il les emmena au 130 de la rue de Charonne, et leur demanda qui ils étaient. Là, quelques femmes, ayant deviné que c'étaient des ecclésiastiques échappés de la Roquette, intervinrent : « Laissez donc ces hommes partir, leur dirent-elles, votre cause est perdue, on s'est assez battu pour elle ». L'une d'elles fit même les plus généreux efforts pour les sauver. Mais les fédérés, voyant qu'ils tenaient en leur pouvoir des prêtres, ne voulurent rien écouter, et un homme vêtu de noir, qui accompagnait les insurgés, prit la parole : « Retirez-vous citoyenne, lui dit-il, vous ne les sauveriez pas et vous attireriez sur vous et sur la maison, d'autres malheurs. »

A la vue de cet acharnement, M. le curé de Bonne-Nouvelle ne voulant exposer personne pour lui, engagea généreusement cette femme à ne pas insister : « Laissez-les, Madame, il leur faut du sang, qu'ils prennent le nôtre ».

Les fédérés, tout joyeux de leur capture, s'apprêtaient à fusiller immédiatement les quatre prisonniers ; mais bientôt, ils prennent le parti d'emmener leurs victimes dans un lieu où ils auront la facilité de les massacrer à leur aise. Une sorte de cortège se forme : en tête marche une ambulancière, un drapeau rouge à la main, un revolver et un long poignard à la ceinture, un brassard au bras. Derrière, viennent les otages entourés de gardes nationaux et, suivant les récits des enfants échappés du dépôt des jeunes détenus, chaque fois que la fatigue ou les obstacles ralentissaient leur marche, les fédérés les piquaient à coups de baïonnette.

Enfin, parvenus place de la Roquette, ils sont rangés au pied du mur de la petite Roquette, sur le quinconce et tout à côté de l'angle de la rue Servan. Une cantinière donne ensuite le signal du massacre, en déchargeant son arme sur le crâne de Mgr Surat et, tous les gardes l'imitant, tirent sur les prisonniers qui tombent sauf M. Chouieu.

Les assassins, après les avoir insultés de la manière la plus ignoble, s'acharnèrent sur leurs cadavres et les défigurèrent à ce point qu'on put à peine ensuite les reconnaître.

Ces infâmes sicaires prirent leurs corps, et les déposèrent à une petite distance de là, au pied d'un arbre, sous quelques centimètres à peine de terre.

Le corps de M. Bécourt fut transporté à Notre-Dame de Bonne-Nouvelle où le clergé lui fit de solennelles obsèques. Ni le clergé de sa paroisse, ni aucun membre de sa famille ne l'ayant réclamé, ce fut M. l'abbé Prévost, curé de Villejuif, et son ami, qui le fit inhumer dans son propre caveau, dans le cimetière de sa paroisse.

Son testament. — Le 28 juin 1871, dit M. Guérin, dans son ouvrage, *Le Massacre des Otages*, M. Bruant, lieutenant de vaisseau, trouva dans la cellule de M. Bécourt à la Roquette, quelques lignes écrites par lui avant sa mort. Nous citons cette page qui atteste la grandeur et l'élévation morales des dernières pensées du Martyr.

Voici ce testament :

Prison des condamnés, à la Roquette, jeudi 2 mai 4ᵉ jour de détention, quelques moments avant ma mort.

Je remets mon âme à Dieu.

Je me mets sous la protection de Marie et Joseph.

J'envoie à ma bonne mère mes dernières et affectueuses salutations. Un souvenir à mon cher frère mort en 1840.

Adieu chère mère, bonne sœur, bon frère, adieu Mgr d'Arras.

Que Mgr d'Arras veuille bien les consoler.

J'ai désiré être curé de Paris, c'est l'occasion de ma mort : c'est un ancien pressentiment et peut-être une punition.

Adieu à Dugny, aux pauvres comme aux riches. Croyez tous à mon amour en Notre Seigneur Jésus-Christ, adieu, adieu.

Je demande pardon à Dieu.

Je demande pardon à tous ceux que j'ai offensés et scandalisés.

Je pardonne à tout le monde sans le moindre mouvement d'animosité.

Au Ciel, parents et amis, au Ciel !

Pardon mon Dieu, pardon !

Que ceux qui sont ennemis aujourd'hui, demain soient d'accord et que Paris devienne une ville de frères qui s'aiment en Dieu.

Je me prépare comme si j'allais monter à l'autel. Que l'on dise bien aux paroissiens et aux enfants que je meurs parce que j'ai voulu rester fidèle à mon devoir et sauver les âmes en ne quittant pas Paris. Dieu me recevra-t-il ?

Au commencement de nos malheurs, au mois de Septembre, je m'étais offert en victime pour Paris. Dieu s'en est souvenu.

Que mon sang soit le dernier versé.

Que Dugny et Puteaux se convertissent.

Je meurs à 57 ans et ...... jours.

Si j'en ai profité !

Puis à la suite :

Ce vendredi, 26 mai, 6 heures 1/2 du soir.

Je meurs dans l'amour de mon Dieu, avec soumission à sa volonté sainte nonobstant mes péchés.

Depuis deux jours, je fais mon sacrifice d'heure en heure.

Heureux celui que la Foi soutient dans ce terrible moment.

Tout à sa volonté !

Un de mes confrères ayant une sainte Hostie, j'ai reçu la Communion en viatique.

Tel est ce testament *in articulo mortis*, c'est le testament d'un vrai prêtre, d'un saint prêtre, d'un vaillant martyr.

« Ce sont, écrivait Louis Veuillot dans l'*Univers*, les pulsations de l'agonie d'un juste, doux, aimant, sévère à lui-même, plein de foi, craignant Dieu. »

Ce testament soudain, écrit sous le couteau, vaut la plus haute méditation sur la mort, et on ne l'estimera pas moins comme peinture vivante d'une âme chrétienne et sacerdotale.

Fig. 72. — M. Chirac.

M. Bécourt a vécu cinquante-sept ans, il a été curé. Voyez ce qu'il a fait, ce qui l'inquiète au dernier moment, de quelle façon il reçoit cette cruelle et injuste mort. Il tombe assassiné comme s'il mourait par accident, et ne songe à ceux qui la précipitent que pour leur pardonner. Vous avez le prêtre.

Un prêtre actif, intelligent et jaloux de posséder la dépouille d'un martyr, M. l'abbé Rolland, curé de Dugny où il avait succédé à M. l'abbé Bécourt, a eu la noble pensée de faire reposer les restes de son prédécesseur dans son église.

Il fit des démarches pressantes pour en obtenir l'autorisation, mais elles ne furent pas couronnées de succès : de sorte que le corps de M. Bécourt se trouve toujours à Villejuif. Nous faisons des vœux pour que des temps meilleurs nous permettent de lui donner une place d'honneur dans l'église de Bonne-Nouvelle.

M. Rolland lui a élevé dans l'église de Dugny, un monument remarquable tant par ses majestueuses proportions que par son caractère artistique.

De son côté, Bonne-Nouvelle a pu se procurer la porte de la cellule occupée par M. Bécourt à Mazas; elle l'a placée — garantie par un grillage — dans la chapelle Saint-Louis à gauche, en entrant dans l'église et dans la même chapelle, à gauche, on a placé une plaque en marbre noir avec l'inscription suivante en lettres d'or :

Ad memoriam
D. Emilii Victoris
Bécourt
Hujuscæ parochiæ Rectoris
Qui in carcerem conjectus
Die XI Aprilis anni
MDCCCLXXI
Tandem die XXVII Maiisequentis
Trucidatus est.

Nous remercions vivement M. l'abbé Rolland des documents qu'il nous a confiés; avec ceux que nous nous sommes procurés, il nous sera aisé de faire un travail qui pourra servir à la cause de la Béatification de notre glorieux prédécesseur.

M. l'abbé **Edouard Chirac** (voir fig. 72), premier vicaire de Saint-Louis d'Antin, fut appelé à recueillir la succession de M. Bécourt, en novembre 1872. Il eut à peine le temps de restaurer les ruines matérielles causées par le pillage de l'église. Il mourut, après dix-sept mois de ministère, à l'âge de soixante-cinq ans, le 27 mars 1874. L'ayant rencontré pendant la Commune, place du Palais-Royal, nous n'oublierons jamais notre triste conversation sur les événements qui se déroulaient sous nos yeux. « Voulez-vous venir, comme vicaire, à Saint-Louis d'Antin, nous disait-il, avec une aimable sollicitude? vous échapperez ainsi aux boulets du Mont Valérien. » C'est qu'à ce moment,

Fig. 73. — M. de Montferrier.

les obus tombaient drus dans le quartier des Ternes. M. Chirac, avec sa figure ouverte, son regard vif, ses cheveux frisés, était un ecclésiastique courtois, instruit, distingué et qui avait été fort apprécié dans la famille du marquis de Barthélemy où il avait été longtemps précepteur.

M. **Sarrazin de Montferrier** (voir fig. 73), ancien vicaire de Charenton et premier vicaire de la Villette, successivement curé de Maisons-Alfort et de Saint-Marcel de la Maison-Blanche, remplaça, le 4 mai de la même année, M. Chirac; il est notre prédécesseur immédiat. Ici, nous

nous bornerons à copier ce que M. Odelin, vicaire général de Paris, a dit de lui dans son discours de notre installation. « En arrivant dans cette paroisse, M. de Montferrier lui a donné une vie nouvelle. Il s'est dépensé sans compter. Il parlait jusqu'à sept fois chaque dimanche aux messes de la matinée, aux réunions des confréries.

« En 1876, il se déchargea d'une partie de son ministère sur M. l'abbé Bureau — devenu depuis, vicaire général et archidiacre de Notre-Dame —. Nature droite, esprit net, volonté ferme, jugement sûr dans ses conseils, M. Bureau se montra déjà ce qu'il fut plus tard un administrateur de premier ordre. Sous une brusquerie apparente, il cachait un cœur excellent, sensible même; on l'aimait à force de l'estimer et il n'y avait pas d'ami plus sûr, plus fidèle, plus dévoué.

« M. l'abbé de Montferrier a maintenu et développé toutes les œuvres. Il en a institué de nouvelles comme le Tiers-Ordre de Saint-François et, de concert avec la Conférence de Saint-Vincent-de-Paul, l'œuvre du Loyer des pauvres.

« L'église lui doit son horloge intérieure, la réparation des orgues, les vitraux de la voûte, une collection nombreuse de riches ornements, le renouvellement du mobilier des mariages et des services funèbres, l'érection de la chapelle des âmes du purgatoire, d'un monument de marbre dû au ciseau d'un artiste distingué et qui a valu à son auteur, sa première récompense officielle.

« Mais l'œuvre qui lui a été chère entre toutes et qui a été le couronnement de sa carrière a été la résurrection de la Confrérie de Notre-Dame-Consolatrice-des-Affligés, érigée canoniquement en 1636, dans l'église des Petits-Pères — Notre-Dame des-Victoires —. Suspendue en 1790, oubliée pendant un siècle, puis rétablie et transférée à l'église de Notre-Dame-de-Bonne-Nouvelle par une ordonnance de Son Éminence le cardinal Richard, le 20 octobre 1890. En quatorze ans, elle s'est merveilleusement développée; de nombreux associés lui sont venus de Paris, de la plupart des diocèses de France, des pays catholiques d'Europe, de l'Égypte, de l'Amérique du Sud et de l'Australie. Elle compte aujourd'hui 399,846 noms inscrits sur son registre.

« Après trente années d'un laborieux et fécond ministère pastoral, votre vénérable curé, devenu octogénaire, a demandé à son archevêque de prendre un repos bien mérité. Son Éminence le cardinal lui a donné une stalle au chapitre de l'église métropolitaine où, priant chaque jour Notre-Dame-de-Paris, il priera encore pour sa chère paroisse de Bonne-Nouvelle et ses nombreux associés de Notre-Dame-Consolatrice.

« Votre reconnaissance, votre attachement et vos prières le suivront dans sa retraite ; vous n'oublierez pas que vous avez été, pendant trente ans, le troupeau auquel ce bon Pasteur a prodigué ses soins, a donné les plus longues années de sa vie sacerdotale. »

M. le chanoine de Montferrier n'a occupé que treize mois sa stalle au chapitre de Notre-Dame où il a fait l'édification de ses collègues. Après une courte maladie, il s'est endormi pieusement dans le Seigneur, le mercredi 14 mars 1906, à 2 heures de l'après-midi, à l'âge de 82 ans. M. de Montferrier était né à Paris le 15 mai 1824.

Ses obsèques furent célébrées à Notre-Dame, et le clergé de Bonne-Nouvelle s'y rendit en corps pour donner un dernier témoignage de religieuse vénération à l'ancien pasteur de la paroisse.

Pour notre part, nous n'oublierons jamais la douce et profonde impression que nous éprouvâmes en visitant ce vénérable vieillard à la haute taille, à la figure doucement colorée, au regard affectueux, au sourire plein de sympathie. Avec quelle prudente sollicitude, il daigna nous donner quelques conseils ! Avec quelle reconnaissance il nous parla de la paroisse où cependant il ne se croyait pas aimé ! Avec quelle minutieuse régularité il nous rendit les comptes dont nous assumions la responsabilité ! Avec quel sentiment de respect il nous parla du zèle, de la foi, du dévoûment et de la prévoyance de nos prédécesseurs !

Au moment de nous séparer, après nous avoir dit des choses trop aimables sur un de nos ouvrages, *Jésus mieux connu*, M. de Montferrier nous dit avec un aimable enjouement : « J'étais donc destiné dans mon ministère, à me trouver en rapport avec des Maisons et des Maisons-Blanches; j'avais été curé de Maisons-Alfort, puis de Saint-Marcel-de-la-Maison-Blanche, et j'ai pour successeur une autre Maison-Blanche, *Casabianca* ». Ne voulant pas rester en dette avec notre spirituel interlocuteur, nous lui répondîmes : « C'est vrai, mais il y a des maisons blanches bien fragiles; elles peuvent être en plâtre; elles sont loin d'avoir la solidité des montagnes de fer, *de Montferrier*; prions Dieu de consolider la faiblesse des unes par la force des autres. »

La suite de notre récit nous oblige à écrire ici notre nom. Nous nous contenterons, tout en nous excusant auprès de nos lecteurs, de citer les paroles du même vicaire général, M. Odelin, le jour de notre installation (1).

« **M. l'abbé Laurent-Marie Casabianca** (voir fig. 74) premier vicaire de Saint-Ferdinand-des-Ternes, est désigné par Son Éminence le cardinal pour reprendre la charge pastorale de M. le chanoine de Montferrier.

« M. l'abbé Casabianca est né en 1843, à Pigna, diocèse d'Ajaccio, d'une bonne et nombreuse famille de neuf enfants. Sa vocation fut prédite à sa mère au moment de sa naissance. Élevé dans son enfance par des parents foncièrement chrétiens, il commence ses études au collège de Corbara, dirigé par les Dominicains, où il a pour professeur le Père Bourard, tué avec les Dominicains d'Arcueil en mai 1871. Il les achève au Petit-Séminaire d'Ajaccio. Il vient faire sa théologie à Paris au séminaire de Saint-Sulpice.

« Ordonné prêtre à Noël 1869, il est nommé, le 1er janvier 1870, vicaire à Notre-Dame-de-Boulogne et le 1er no-

(1) 2 mai 1904, *Semaine Religieuse* de Paris, du samedi 7 mai de la même année.

vembre, à cause du siège de Paris, vicaire à Saint-Ferdinand-des-Ternes. Pendant la Commune, il peut échapper à l'insurrection grâce à un laissez-passer délivré par un

Fig. 74. — M. Casabianca.

employé de chemin de fer, partisan de la Commune, qui ignorait sa qualité d'ecclésiastique. Six mois après, le jeune vicaire apprend que son bienfaiteur involontaire est mourant; il se rend auprès de lui, se fait reconnaître; l'entrevue est émouvante; il le ramène à Dieu et acquitte sa dette de reconnaissance en lui assurant la vie éternelle. M. Casabianca est resté trente-trois ans et demi dans la même paroisse dont il a vu les progrès et les agrandissements.

« Il n'a jamais rien demandé; il a parcouru sur place tous les échelons du vicariat, faisant le bien là où la Providence l'avait envoyé. Il a été vicaire de trois curés successifs; tous ont apprécié son zèle, son ministère sérieux, son application à l'accomplissement de tous ses devoirs; ils l'ont trouvé soumis, plein de déférence sans flatterie ni bassesse, toujours prêt aux besognes utiles, n'épargnant pas sa peine, capable d'initiative, apprenant à commander en obéissant.

« Il a aidé M. l'abbé Joiron dans l'agrandissement de l'église; il a offert l'autel de la Sainte Vierge; il a fait placer dans l'église six grandes verrières et, dans la sacristie, les portraits à l'huile des quatre curés de la paroisse.

« Il a travaillé à la fondation des écoles paroissiales libres. Par ses soins, une personne pieuse a laissé au Curé de la paroisse, pour la construction des écoles, un terrain important. Il a fondé la Confrérie de la Sainte Vierge, un comité d'examen pour le certificat d'études primaires, un patronage de jeunes gens qui a obtenu une médaille de bronze à l'Exposition universelle de 1900, l'Œuvre des dames catéchistes de la paroisse, la petite conférence de Saint-Vincent-de-Paul. Les habitants du quartier des Ternes lui ont donné un témoignage public d'estime, en le nommant vice-président du comité constitué sous la présidence d'honneur du général Zurlinden, pour élever un monument aux francs tireurs des Ternes, tués aux combats de Montretout et de Buzenval, le 19 janvier 1871.

« Esprit ouvert et laborieux, M. l'abbé Casabianca a uni au ministère actif du prêtre, les travaux de l'écrivain. Il a collaboré à la *Revue des Etudes Historiques*, à la *Revue des*

Questions Historiques, à la *Revue du Monde Catholique*. Il a publié diverses études d'histoire, la plus importante est celle sur Christophe Colomb dans laquelle il a démontré, par une érudition de bon aloi, que le célèbre navigateur était bien né à Gênes et non pas à Calvi, en Corse, comme le prétendaient certains de ses compatriotes plus ardents qu'informés. Il a publié également divers ouvrages de piété, pour les fidèles, les prêtres, la jeunesse. Il a ainsi contribué, pour sa part, à maintenir le bon renom du Clergé de Paris dans les rangs duquel se rencontrent toujours, par tradition ininterrompue, des hommes d'études, des écrivains qui lui font honneur (1).

« En 1901, Mgr Olivieri, évêque d'Ajaccio, offrit à M. l'abbé Casabianca la charge de vicaire général ; le premier vicaire de Saint-Ferdinand déclina cette offre honorable, séduisante ce semble, il se contenta de la mosette de chanoine.

« C'est vous dire combien il était attaché à la paroisse des Ternes.

« Ce n'est donc pas sans un véritable serrement de cœur qu'il s'en sépare aujourd'hui, après lui avoir donné, pendant trente-trois ans et demi, le meilleur de sa vie. Il est du moins consolé par les regrets unanimes et la sympathie générale que lui témoignent les paroissiens de Saint-Ferdinand, venus en si grand nombre à cette belle cérémonie.

« Mais il a déjà fait son sacrifice, et il vient à vous, mes frères, tout prêt à se dévouer au bien de vos âmes. Il trouvera d'ailleurs, pour le seconder dans sa tâche pastorale, un clergé uni, actif, zélé ; un conseil de Fabrique dévoué à l'administration temporelle de la paroisse ; l'école des Frères et leurs belles œuvres de la rue des Petits-Carreaux ; l'orphelinat et les œuvres hospitalières des Sœurs de Saint-Vincent-de-Paul dont la Supérieure est si juste-

---

(1) Depuis, M. Casabianca a publié un petit volume intitulé : *Je vais à Jésus.*

ment populaire dans ce quartier — leur école, hélas! a été emportée par la tempête qui sévit sur l'enseignemen congréganiste —; les membres de la conférence de Saint-Vincent-de-Paul, les Dames de charité qui donnent aux pauvres de leur bourse et plus encore de leur cœur; les œuvres de persévérance pour la jeunesse; les diverses Confréries qui, en entretenant l'esprit chrétien, en développant la piété, contribuent à maintenir la famille chrétienne, la société chrétienne.

« Tel est, cher Monsieur le Curé, le troupeau que le Bon Pasteur confie à votre sollicitude pastorale par le premier Pasteur de ce grand diocèse. Ce troupeau docile vous donnera sa confiance, vous lui donnerez votre dévouement et vous continuerez ainsi la série des pasteurs pleins de zèle qui ont gouverné la paroisse de Notre-Dame de Bonne-Nouvelle depuis trois siècles et demi; comme eux, vous annoncerez la bonne nouvelle que l'Ange annonça à Marie, qu'il apporta ensuite aux bergers de Bethléem : le Sauveur du monde et la paix pour les âmes de bonne volonté (1). »

Suit le compte rendu fait par la presse.

« Un salut solennel, donné par le nouveau curé et chanté par l'habile maîtrise de Saint-Ferdinand, a clôturé cette imposante cérémonie.

« Au défilé de la sacristie, qui a duré de 3 heures à 5 heures, M. Casabianca, entouré des membres de sa famille, M. Dominique Casabianca son frère, Mlle Madeleine Casabianca, sa sœur et Mlle Julie Casabianca, sa nièce, reçoit les félicitations de ses anciens et nouveaux paroissiens et de ses nombreux amis. Nous avons remarqué : M. le général Zurlinden, ancien ministre de la guerre; M. le capitaine de Rohan-Chabot; M. le capitaine Girardin; M. le marquis d'Ornano; M. le comte de Casabianca; M. le comte Cagninacci, M. le vicomte Oscar de Poli; M. le baron de Vaux; M. van Lier, consul général des Pays-Bas; M. le baron Gombaud-Darnaud; M. le vicomte

(1) *Semaine religieuse* du 7 mai 1904.

de la Faria ; M. le capitaine de Blucher ; M. Vignaud, secrétaire de l'ambassade des États-Unis ; M. le capitaine Paoli ; M. le marquis de la Farre ; M. le marquis de Vérez ; M. le maire du XVIIe arrondissement ; M. le comte de Caumont et plusieurs délégués d'œuvres fondées ou dirigées par M. Casabianca ; une délégation de la société des Gens de Lettres, des Études historiques, etc. On ne compte pas les lettres, télégrammes, cartes de félicitations ou de regrets, venus de tous les points de la France et même de l'Espagne, de la Belgique, de l'Autriche. Citons particulièrement les noms de Son Excellence Mgr Granito di Belmonte, nonce à Vienne ; Altmayer, archevêque de Sinode ; Mgr Potron, évêque de Jéricho : M[grs] Touchet, d'Orléans ; de Bonfils, du Mans ; Oury, archevêque d'Alger ; Bonnefoy, archevêque d'Aix ; Meunier, évêque d'Évreux ; Mgr Casanelli d'Istria, doyen du chapitre d'Ajaccio ; MM. les Vicaires capitulaires d'Ajaccio ; MM. les chanoines de Rocca-Serra, supérieur du Petit-Séminaire d'Ajaccio ; Casanova, archiprêtre de Saint-Jean-de-Bastia ; Poli, de Bonifacio ; Lanfranchi, de Calvi ; Bianconi, curé doyen de Calenzana ; Quilici, de Spéloncato ; Alfonsi, de Montemaggiore ; M. le chanoine Paoli ; M. l'abbé Antonelli, vicaire à Bastia ; M. l'abbé Antonini, etc.

« Ajoutons enfin que M. l'abbé Casabianca a reçu de nombreux témoignages de gratitude de ses anciens paroissiens : une magnifique étole — moyen âge — don du clergé de Saint-Ferdinand ; une superbe reproduction, en bronze, du célèbre Moïse de Michel-Ange, sortant de la maison de Barbedienne ; un portrait en pied, un bréviaire, un costume curial, etc.

« Toutes ces marques de sympathie sont une preuve de la grande estime et de la grande affection dont l'entouraient les habitants de la paroisse de Saint-Ferdinand-des-Ternes.

« Nous adressons, de nouveau, avec nos respectueux hommages, nos meilleurs vœux à M. le curé de Notre-Dame-de-Bonne-Nouvelle. Nous souhaitons vivement qu'il puisse continuer, pendant de longues années encore, à se dévouer au salut des âmes, sur ce nouveau champ d'apostolat que lui a confié le premier Pasteur du diocèse de Paris. Et ces vœux et ces souhaits, nous en sommes persuadé, sont ceux de tous les vrais fils de la Corse, qui est, elle aussi, à l'honneur en l'un de ses plus chers et distingués enfants.

« Un témoin. »

Nous nous permettrons d'ajouter trois petits traits.

Lorsque le jeune Casabianca n'était qu'enfant de chœur, M. l'abbé Olivi, curé de Pigna, eut la pensée de le faire prêcher, la nuit de Noël. Après s'être fait tirer un peu l'oreille, l'enfant de chœur accepta la délicate mission ; il apprit mot à mot le sermon en italien préparé par son curé, et il le débita sans broncher, à la grande surprise des paroissiens qui n'étaient pas dans le secret. Si ce discours ne fit pas de conversions, il fit certainement le bonheur de la mère du petit prédicateur, laquelle ne pouvait jamais raconter ce trait sans émotion.

Pendant qu'il faisait ses études à Saint-Sulpice, il y arriva un prélat syrien, Mgr Millos, archevêque d'Akra ; cet évêque venait à Paris pour recueillir des secours nécessaires à la construction d'une cathédrale et d'un grand séminaire. Comme il ne connaissait ni le français, ni le latin, mais seulement un peu d'italien, M. Icard, supérieur de l'établissement, pria M. Casabianca de lui servir de secrétaire ; cela intéressait fort le séminariste qui trouvait une occasion toute naturelle d'avoir de fréquentes sorties et de visiter, avec sa Grandeur, des personnages officiels.

A la fin de l'année, voulant reconnaître les services du jeune secrétaire, Mgr Millos lui offrit de l'emmener avec lui pour l'aider à l'organisation de son diocèse et l'assister comme théologien, au Concile du Vatican, qui devait s'ouvrir en 1869 ; il y ajouta la promesse de le combler d'honneurs et de dignités, etc.

Le jeune sous-diacre, insensible à ces appâts, sacrifia ce

brillant avenir oriental à la simplicité du ministère parisien.

Enfin, en 1906, après le dîner du sacre de Mgr Desanti, évêque d'Ajaccio, Mgr Montagnini, auditeur de la Noncia-

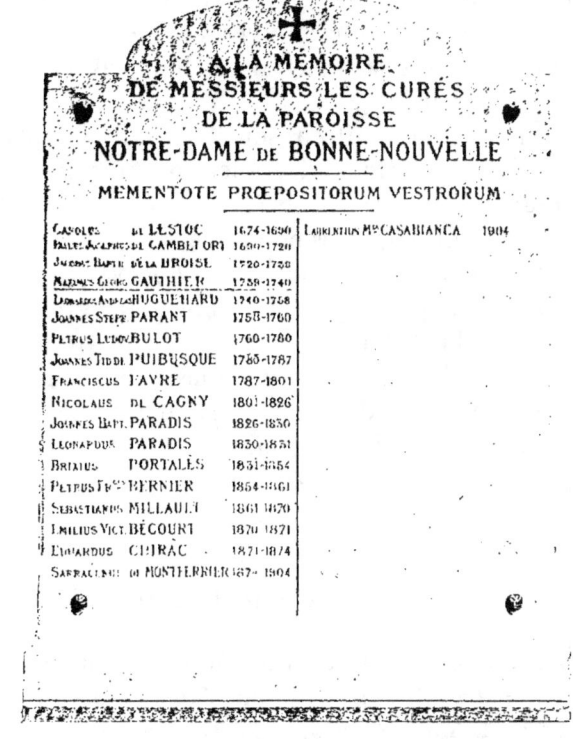

Fig. 75. — Panneau contenant le nom de MM. les Curés de Bonne-Nouvelle.

ture, prenant à part le curé de Bonne-Nouvelle lui dit à brûle-pourpoint : « Vous avez remarqué les réserves du Pape touchant la circonscription du diocèse d'Ajaccio, dans la Bulle d'institution canonique qu'on a lu tout à l'heure. » « Parfaitement, Monseigneur. » « Eh bien ! que pensez-vous de la création d'un nouvel évêché à Bastia ? »

« Je pense, Monseigneur, que ce serait une faute et un désastre. »

« Vous le croyez, reprit-il ? »

« Connaissant la pauvreté de la Corse comme je la connais, j'en suis absolument convaincu. Si vous faisiez cette scission, vous mettriez la Corse ecclésiastique dans la situation d'un ménage pauvre et chargé d'enfants qui, ayant une peine infinie à vivre tout en restant uni, se condamnerait à une mort immédiate et certaine, s'il venait à divorcer. »

« Et moi, ajouta-t-il en souriant, qui comptais vous offrir ce nouveau diocèse ! Voulez-vous me faire un rapport là-dessus ? »

« Bien volontiers, lui répondis-je. »

Le lendemain, Mgr Montagnini recevait mon travail qu'il envoya, le jour même, à Rome, et il ne fut plus question de l'évêché de Bastia.

Il convient d'ajouter que, quelques jours après, Mgr Desanti remerciait M. Casabianca d'avoir empêché la création d'un nouveau diocèse en Corse, ce qu'il considérait, vu la difficulté des temps, comme une véritable catastrophe.

Œuvres paroissiales.

Ces œuvres étant la création des curés de Notre-Dame de Bonne-Nouvelle, nous nous faisons un devoir d'en donner ici la nomenclature (1). Une grande partie de ces œuvres existait déjà au moment de notre arrivée.

Leur historique, qui a été lu à Mgr Fages, archidiacre de Notre-Dame, le 8 décembre 1907, lors de la visite pastorale, a paru dans les *Annales de Bonne-Nouvelle*, 1908.

Ces œuvres sont de quatre sortes : 1° Œuvres de piété ; 2° Œuvres de charité ; 3° Œuvres d'enseignement et post-scolaires ; 4° Œuvres d'apostolat.

(1) Voir à l'appendice D, l'historique de ces Œuvres.

*

I. *OEuvres de piété* :

Sous ce titre nous grouperons : Les Exercices spirituels de la paroisse. — La confrérie du Très-Saint-Sacrement. — La confrérie de Notre-Dame Consolatrice des affligés. — La confrérie du Sacré-Cœur de Jésus. — La Fraternité du Tiers ordre de Saint-François. — L'Association de la Procession du Saint-Sacrement du premier dimanche du mois. — L'Association de l'Adoration nocturne au Sacré-

Fig. 76. — Deux calices, un carillon.

Cœur-de-Montmartre. — La Confrérie des enfants de Marie. — L'Association de la Bonne-Mort. — L'œuvre de la messe pour les défunts du mois.

II. *OEuvres de charité* :

La Conférence de Saint-Vincent-de-Paul. — La petite Conférence Sainte-Agnès. — La petite robe de l'Enfant-Jésus. — L'œuvre des pauvres malades. — L'œuvre de la lingerie des pauvres. — L'œuvre des loyers des pauvres. — L'œuvre du pain du vendredi. — L'œuvre de la bonne-garde. — L'œuvre de l'orphelinat. — L'œuvre de la Providence. — L'œuvre du vestiaire de la sacristie. — Le Dispensaire. — La Clinique.

III. *Œuvres d'enseignement et post-scolaires.*

L'école chrétienne de garçons. — L'école chrétienne de filles. — L'association amicale des jeunes gens de l'école chrétienne. — Le patronage de jeunes filles des écoles laïques. — Le patronage de garçons des écoles laïques. — L'association des pères de famille chrétiens.

IV. *Œuvres d'apostolat.*

Les annales de Notre-Dame de Bonne-Nouvelle. — La Propagation de la Foi. — L'œuvre de Saint-François-de-Sales. — L'œuvre de la Sainte-Enfance.

Noms des autres ecclésiastiques.

Et maintenant que nous avons énuméré tous les Pasteurs, il est juste de faire connaître le nom des autres ecclésiastiques qui ont exercé le Saint Ministère à Bonne-Nouvelle comme prêtres-administrateurs, vicaires ou prêtres habitués.

Les noms ci-inscrits ont été soigneusement relevés, soit sur les actes de mariages, de baptêmes, d'enterrements, soit sur des actes notariés ou sur des écrits privés dignes de toute confiance.

En 1723, Pierre-Hyacinthe Boissac.

En 1769, François Rogeau.

En 1782, abbé Sutet qui a délivré une quittance pour les frais funéraires de Mme Fouquier de Tinville.

En 1791, Claude-François Colombard (1er vic.), Jean-François Sombarde (2e vic.), Pierre-Lucien Destrémeau, Jean-François Boulay, Louis-François Déchelle, Jean-Baptiste Sanson, Augustin Hanquez, Luc Kayser, Antoine Maillard, Jean Douche, Philibert Duval.

En 1794, de Villarsot, chef de l'Oratoire de Bonne-Nouvelle, Rivière, Cailleau et Clavelot, se sont, au péril de leur vie, dévoués au service des âmes, en exerçant le Saint Ministère à Bonne-Nouvelle dans la salle dite Lebrun, rue de Cléry.

M. Clavelot est devenu plus tard vicaire général d'Orléans.

D'anciens et bons paroissiens ont affirmé à M. Portalès que, pendant le schisme, l'évêque conventionnel de Paris Gobel, venait dire souvent la messe à Bonne-Nouvelle.

En 1800, Jean-Étienne Renard.

En 1802, Charles Doucet, Delamotte, Durule.

En 1803, Leclaire, Delanois, Delisle, Masson, Siret, Guibert, Dastin, Cauet, Hénin, Bayart, Guibart, Courtois.

En 1804, Astier.

En 1805, F. Broucquesault.

En 1806, Grisel, Duclos.

En 1807, Leclerc, Salet.

En 1808, Chayroux.

En 1810, Mesléart.

En 1811, Aubert, Legendre.

En 1814, Maheu, Guy.

En 1816, Triquencaux, Gein.

En 1817, Barbine, Arnavon.

En 1818, Huvé, Bonafousse, J.-B. Cornu, Barbier, Poirson.

En 1819, Heuqueville, Gabet.

En 1821, Paule, Mercier.

En 1822, Dunepart.

En 1823, J.-M. Tribout, Martin, Longbois.

En 1824, Rousselin, Monney, G. Lecat.

En 1826, Th. de Rolleau, Bertrand.

En 1830, Clavier.

En 1831, Annat, Ferraudy, Guische.

En 1832, Casanova d'Ornano, Bréhier.

En 1834, Chartrain, Niel.

En 1835, Ravier, Blondeau.

En 1836, Busson, J.-B. Trouille, Ph. Broha, Teillac, Brady.

En 1837, Grappe, Billette.

En 1840, Rozet.

En 1841, Bessière, Durand, Le Blond.

En 1842, Ebrard.
En 1843, de Roquetaillade, Alph. Montalant.
En 1844, Laffite.
En 1846, Justin Maurand, Ravan.
En 1847, Caron, mort archidiacre de Notre-Dame, Ebrard, Aug. Doussot, Ajuda.
En 1848, Fidèle Vacher, Massoni, Vertarès, Leblanc, Patrico.
En 1849, Du Mousset.
En 1850, P. Collomb, E. Woirfrenoult.
En 1853, Gaillard, Ledrouault, Vallette.
En 1855, Chabrier, Girard.
En 1856, Kleinclaus, Grous.
En 1857, Moulin, D. Douvain, Castelneau, Lombard.
En 1859, Werckieviez.
En 1860, A. Bailly, Truchon.
En 1861, de Villequier, Harczynski.
En 1863, Charagad.
En 1864, L. de Maubeuge.
En 1865, Tilloy, A. Collin.
En 1866, Zulinski.
En 1867, Fruchon, Difs.
En 1868, Costes.
En 1869, A. Bouyssié.
En 1870, Lemoigne, M. Barret.
En 1871, F. Hacquin.
En 1872, Mercier, J.-B. Bertheuille.
En 1875, A. Giudicelli.
En 1876, Casimir Zulinski, A. Pébot, R. Bureau, Chosson.
En 1877, Achille Meuley.
En 1878, Cébul, J. Storaci, G. Dauby.
En 1879, Bureau.
En 1880, Mailles.
En 1881, Edmond Aubréjeac.
En 1882, L. Cartier.
En 1883, J.-B. Rodrigues, Léon Brocard, A, Benoits. Al. Moser.

En 1885, A. Dieu.
En 1887, E. Jacquet.
En 1889, Daniel.
En 1890, A. Humez, J.-B. Lafrance, Paul Garnier.
En 1892, Albert Letessier, Mattei, L. Guignard.
En 1894, Ed. Bertrand, L. Nugues, B. Guillot.
En 1895, Ed. Labbé.
En 1896, J. Deshayes, Fardeau.
En 1897, F. Vexenat.
En 1898, Bombardier, Le Cœur.
En 1899, C. Farnet.
En 1900, H. Raynaud.
En 1902, G. Nourisson, Noel.
En 1903, Boyer.
En 1904, Lennuyeux.
En 1905, Lacaille.
En 1907, Lot.

Fig. 77. — La mort de Judith.

Fig. 78. — Trois reliquaires. Cl. Conte.

CHAPITRE NEUVIÈME
Communautés religieuses.

SOMMAIRE

Les Filles-Dieu. — Les Filles de l'Union Chrétienne dites Petit-Saint-Chaumont. — Les Filles de la Charité. — Les Frères des Écoles chrétiennes.

GRAVURES : Reliquaires. — Les Filles-Dieu et le dernier repas du condamné. — La Sœur Marguerite Nazeau. — Le Frère Hiéron. — Le boulevard Bonne-Nouvelle.

I
Les Filles-Dieu.

L y avait autrefois dans la rue des Filles-Dieu, aujourd'hui rue d'Alexandrie qui dépend de la paroisse de Bonne-Nouvelle, un couvent dont les historiens attribuent la fondation à saint Louis. Ce fut Guillaume d'Auvergne, depuis évêque de Paris, qui appela la sollicitude royale sur les pauvres femmes que ces prédications avaient arrachées au vice et ramenées à Dieu. Pour les réunir et les préserver du danger de rechute, il leur offrit une maison hospitalière en forme d'hôpital.

Le prieur, les religieux de l'abbaye de Saint-Martin-des-Champs et le curé de Saint-Laurent ne firent point d'opposition à cette fondation. Au reste, les chapelains restaient à la nomination du prieur et on accordait aux administrées, un cimetière, des fonds et la faculté d'acquérir jusqu'à treize arpents de terre.

En 1232, saint Louis avait réuni deux cents religieuses auxquelles il donna une rente annuelle de 400 livres. Les lettres du roi Jean II, successeur de Philippe de Valois, en font foi : mais ce nombre fut bientôt réduit à 60 par la peste et le malheur des temps ; ce fut un prétexte dont profitèrent les trésoriers du roi qui ne payèrent plus que 200 livres. Le roi les désapprouva, porta leur nombre à cent religieuses et ordonna que la somme de 400 livres leur fût annuellement payée comme auparavant.

Ce couvent devait subir plus d'une épreuve; la guerre qu'il fallait soutenir contre les Anglais força les religieuses à quitter leur première maison. Jean de Meulant, alors évêque de Paris, les transféra en 1360, dans un hôpital situé près de la Porte Saint-Denis. Cet hôpital avait été construit en 1316 et la rue allait prendre le nom de la rue des Filles-Dieu. C'est dans cette maison qu'on recevait pour une nuit les femmes qui ne faisaient que passer : le lendemain, au départ, elle recevaient un pain et un denier.

Jean de Meulant construisit une chapelle et obligea les religieuses à pratiquer l'hospitalité. Les religieuses de chœur étaient chargées de chanter l'office du jour et de la nuit, et les converses avaient mission de recevoir les pauvres femmes qui cherchaient un abri. Pendant plus d'un siècle, la ferveur régna dans le cloître, mais peu à peu le relâchement s'introduisit. Pour y porter remède, Charles VIII ordonna par lettres patentes du 27 décembre 1483, qu'il y avait lieu de faire appel aux religieuses de Fontevrault. Jean Simon de Champigny, alors évêque de Paris exigea, par lettre du 13 août 1494, que les religieuses prissent l'engagement de célébrer tous les ans, l'Office de Saint-Louis et qu'après le décès de Charles VIII et le sien, un service funèbre eût lieu pour le repos de leurs âmes.

A cette date la chapelle était en façade sur la rue, les religieuses avaient à souffrir du bruit du dehors; elles en construisirent une autre dans leur jardin. La construction commencée en 1494 ne fut achevée qu'en 1508. Charles VIII en avait posé la première pierre. On voyait encore à l'époque de la Révolution, pendant laquelle l'église et le couvent furent démolis, un Christ devant lequel on conduisait les criminels qu'on allait exécuter à Montfaucon; ils le baisaient, prenaient de l'eau bénite et les Filles-Dieu

Fig. 79. — Filles-Dieu servant le dernier repas aux condamnés à mort qu'on menait pendre au gibet de Montfaucon.

leur apportaient du pain et du vin; ce repas lugubre s'appelait « le dernier morceau du patient ». Un bazar a pris la place de ce couvent.

Ce couvent, supprimé pendant la Révolution, fut vendu comme propriété nationale.

Voici quelques noms des religieuses au moment de la fermeture : Marie Marguerite Rémond, Prieure. — Elisabeth Foyé, dépositaire. — Marguerite Déodore Lardenay, discrète. — Marie Marguerite Pasquier, Étiennette Godart, discrètes.

En tout, 20 religieuses de chœur et 2 converses.

Voici quelle était la situation financière du couvent le 22 février 1790. Le 2 mai, M. Claude Anne Réboul, avocat, déclare que les revenus consistent :

1º En plusieurs maisons à Paris, louées 35.883 livres.

2º En différents marais affermés 1.477 livres.

3º En dîmes de terres et fiefs affermés 4.760 livres.

4º En plusieurs fermes et autres biens de campagne, loués en totalité, 5.887 livres.

5º En 5.963 livres montant de différentes parties de rente sur l'Hôtel de Ville.

6º En redevances dues sur des terrains donnés à bail emphythéotiques 3.193 livres.

7º En rentes privilégiées 9.249 livres.

8º En rentes seigneuriales, lots et ventes 4.792 livres.

Total : 73.215 livres.

Charges. — La maison conventuelle est grevée de 27.685 livres.

Savoir :

1º 1.195 livres pour rentes constituées.

2º 2.774 livres pour décimes et impositions.

3º 2.400 livres pour frais de sacristie et jardin.

4º 4.526 livres pour honoraires et appointements des personnes attachées à la maison.

5º 6.000 livres pour les annonces et aumônes.

6º 10.000 livres pour les réparations (1).

L'emplacement du couvent des Filles-Dieu est occupé actuellement par les rues d'Alexandrie, du Caire, de Damiette, Cour des Miracles.

Nous nous sommes étendu un peu longuement sur cette communauté, à cause des services qu'elle a rendus à la paroisse de Bonne-Nouvelle *dont presque tout le territoire était sa propriété*. Les marguilliers lui payaient le loyer du terrain sur lequel on avait bâti l'église, le cimetière et

(1) Arch. Nat., S. 4.636. Nº 647. F. 19-863.

le presbytère, ainsi qu'on s'en rendra compte par le curieux document suivant :

24 octobre 1640. L'an mil six cens quarente, le dix neuvième jour Doctobre, en Vertu d'une Requeste présentée a M. le Lieutenant Civil, et de luy respondue le quinziesme Jour de Septembre dernier passé, signée de Lafficient (?) et a la Requeste des Religieuses, Prieure et Couvent des Filles-Dieu a Paris, Dames Censières et foncières de la Ville neufve sur Gravois et Faurbourgs S. Denis du coste de ladite Ville-neufve qui ont esleu leur domicile en la maison de Me Maurice Croizette Procureur au Chastelet de Paris, demeurant rue grande Truanderie, proche du Puits damour et par faute de payement leur avoit este faite par loeuvre et fabrique Nre Dame de bonne nouvelle ou Cassel au lieu de La Veuve Charles Cassot Paloux (ou Faloux) de la somme de quatre Livres neuf solz trois deniers pour trois annees d'arrerages escheues au Jour S. Jean Baptixte, sur la place et maison qui appartient audit Cassot (ou Cassel ou Cassol) Faloux (ou Paloux) scize a ladite Ville-neufve rue Beauregard a peine de dix sols d'amende a este par moy Huissier, Seggent a verse au Chastelet de Paris, soubssigné, saisi et arrêté de par le Roy Nre Sire, entre les mains de Lutien Le Roy Me tissutier Rubannier locataire de ladite maison en parlant a la personne en son domicile tous et uns chacun les loyers par luy dens, et quil devra cy apres à cause de ladite maison : Luy faisant diffences de par le Roy d'en vuider ses mains, jusques a ce que autrement par Justice en ait esté ordonne a peine de payer deux fois, et pour luy voir faire plus amples deffences, foy, serment et vuider ses mains si besoin est, adjourne au premier jour plaidoyable, dix heures du matin en la chambre et pardevant Monsieur le Prevost de Paris, où Monsieur le Lieutenant Civil, et pour en outre proceder ainsi que de raison afin de despens, signifiant que ledit Croizette est Procureur Le tout sans préjudice de l'amende d'autres deubs, actions frais et despens (1).

Voici une des nombreuses formules de quittances délivrées par le couvent aux Marguilliers de Notre-Dame-de-Bonne-Nouvelle.

Nous Soeur Louyse de La Croix humble prieure des Filles dieu

(1) Arch. Nat., S. 3467.

de Paris, Confessons avoir Receu de M. Daras la somme de quattre Livre neuf solz trois deniers de censines en Laquit de feu dame Gillette Pitel qui a done a Leglise de Nre Dame de bonne nouvelle Par testament sa maison De laquelle somme de IIII# IX S III D est pour trois annees darerages ascheues a St. Jean dernier faiet ce XXIII° octobre 1640 Sr Louyse de La Croix.
Ledit sieur a baille dix solz pour Lassinalion (1).

II

Les Filles de l'Union chrétienne.

Ces religieuses étaient ainsi nommées à cause de leur union avec Jésus-Christ dans sa vie cachée, dans ses prédications, ses travaux et de leur association réciproque, tant de personnes de Paris que de celles de la province, chargées des mêmes soins pour l'instruction des nouvelles converties et des jeunes filles sans fortune.

Elles ont également porté le nom *du petit Saint-Chaumond* à cause de l'hôtel du marquis de Saint-Chaumond que la maison-mère avait acheté le 30 août 1683. Cette communauté avait sa maison rue de la Lune, entre la rue Sainte-Barbe et la rue Saint-Étienne et donnant sur le boulevard Bonne-Nouvelle (*plan Jaillot, quartier Saint-Denis*).

Cet établissement est dû aux soins de M. Vachet. Ce saint prêtre se préoccupa des dangers et des embarras où se trouvaient alors des personnes persécutées par leurs parents protestants à cause de leur conversion au catholicisme ainsi que des filles qui, cherchant à se mettre en condition, ne trouvaient pas d'asile. C'est pourquoi il intéressa à cette pensée plusieurs personnes généreuses pour leur procurer un lieu de retraite et les secours nécessaires. On trouva une maison rue de la Lune que M. et Mme Berthelot, par leur charité, avaient fait accommoder pour y recevoir cinquante soldats qui revenaient malades de l'armée. Mais comme la récente construction de l'Hôtel des

(1) Arch. Nat., *loco citato*.

Invalides rendait leur projet inutile, ils cédèrent leur maison aux Filles de l'Union Chrétienne, par un contrat signé le 13 mai 1682. Ce don fut confirmé par lettres patentes du mois de février 1685, enregistrées au parlement le 5 février 1686 et à la Chambre des Comptes le 4 du même mois de l'année suivante. Cette maison avait pour patronne sainte Anne (1).

Elle fut supprimée le vendredi 6 avril 1792 et vendue comme propriété nationale, le 8 messidor an III (26 juin 1795).

Voici le décret de suppression :

L'Assemblée Nationale considérant qu'un Etat vraiment libre ne doit souffrir dans son sein aucune Corporation pas même celles qui sont vouées à l'enseignement public, ont bien mérité de la Patrie, et que le moment où le Corps Législatif achève d'anéantir les Corporations religieuses est aussi celui où il doit faire disparaître à jamais tous les costumes qui leur étaient propres et dont l'effet nécessaire serait d'en rappeler le souvenir, décrète : « La Corporation religieuse reconnue en France sous le nom de l'Union Chrétienne, est supprimée à dater du jour de la publication du présent décret » (2).

III

Les Filles de la Charité.

Les Filles de la Charité étaient établies sur la paroisse de Bonne-Nouvelle depuis le mois de mars 1693, dans une maison située rue de la Lune, qui leur avait été donnée par Mme Louvet pour le service des pauvres, maison dans laquelle elles sont restées jusqu'en 1792.

Après la Révolution, elles y furent réintégrées en 1803, et y continuèrent leurs œuvres, école et service des pauvres, jusqu'en 1831 où de nouvelles mesures adminis-

---

(1) *Guide des Annales Parisiennes*, par Thierry, MDCCLXXXVII, Musée Carnavalet, 1^b. 80.

(2) *Moniteur*, du dimanche 29 avril 1792.

tratives les réunirent aux Sœurs de la rue Saint-Sauveur. D'après les réclamations réitérées des membres de la fabrique de Bonne-Nouvelle qui trouvaient que les inten-

Fig. 80. — La Sœur Marguerite Nazeau.

tions de la donatrice n'étaient plus exécutées, on rétablit les Sœurs rue de la Lune en 1854 : seulement, l'école, au lieu d'être privée, devint communale, et c'est ce qui permit à la Ville de Paris en 1882, de la laïciser et de faire sortir les Sœurs de leur immeuble.

Un procès dont nous parlerons au chapitre suivant fut intenté et perdu par les Sœurs, le 5 mars 1893. Depuis 1882, l'école des Sœurs avait été installée 25, rue Thévenot, dans un immeuble loué qui, après bien des transformations, est devenu l'établissement actuel. La rue Thévenot, ayant disparu en 1898, le 25 de la rue Thévenot est devenu le n° 85 de la rue Réaumur.

Les Sœurs de la maison de charité avaient dû, au début, n'être que quatre ou cinq : plus tard, elles sont montées au chiffre actuel de douze.

Il en résulte donc que les Filles de la Charité ont fait l'école rue de la Lune de 1693 à 1830, avec un intervalle de 11 ans — 1792 à 1803 —; puis rue Saint-Sauveur de 1836 à 1854. A cette époque, elles revinrent enseigner rue de la Lune jusqu'en septembre 1882 et reprirent une école libre en octobre 1882, rue Thévenot, 25, laquelle fut fermée le 11 septembre 1903, par arrêté ministériel. Les élèves aussi bien rue de la Lune que rue Thévenot et rue Réaumur, se sont toujours maintenues au chiffre de 300 à 350 (1).

Depuis la fermeture de leur école, ces Sœurs restent quand même à la tête d'un orphelinat, de l'Œuvre de la Bonne-Garde, d'une clinique, d'un dispensaire, d'une lingerie pour les pauvres. Elles réunissent les jeunes filles du Patronage, les Enfants de Marie, donnent l'hospitalité aux membres de l'Œuvre de la Petite Robe de l'Enfant-Jésus, ainsi qu'aux Dames des Pauvres Malades. Elles sont les précieuses auxiliaires de M. le Curé qui ne saurait trop se louer de leur bon esprit, de leur zèle et de leur dévouement.

(1) Ces renseignements et ceux qui seront donnés touchant le procès ont été puisés aux archives des Filles de la Charité, 85, rue Réaumur.

IV

Les Frères des écoles chrétiennes.
École Notre-Dame de Bonne-Nouvelle,
14, rue des Petits-Carreaux.

La communauté des Frères, au 14, rue des Petits-Carreaux, a continué celle de Saint-Eustache, autrefois sise impasse de Saint-Eustache, rue Montmartre, et transférée 11, rue Jussienne, le 5 décembre 1860.

De cette maison, se détachaient quatre Frères qui faisaient l'école dans la Cour des Miracles, rue Thévenot, rue du Caire, rue des Petits-Carreaux. Là, dans l'immeuble au rez-de-chaussée, se tenait l'école maternelle; au premier, l'école des Frères, près de 300 élèves, et au second, l'école des Sœurs.

La maîtrise, séparée de l'école, comptait deux classes de chacune 30 élèves; elle se tenait dans des dépendances de l'église et eut des années de célébrité.

La laïcisation en 1880, supprima toutes les écoles de Frères.

Les principaux commerçants du quartier, hommes de bien, s'unirent aussitôt et formèrent un Comité qui patronna l'école, 14, rue des Petits-Carreaux, en constituant une société puissante.

Le président fut M. Félix Aubry, les vices-présidents, MM. Hémar et Simonnot; le secrétaire, M. Ernest Lefébure; le trésorier, M. Grandgeorge; conseillers, MM. Guérin-Boutron, Crozat, Warée, Ancelot, L. Giraudeau.

Par l'entremise de cette société, l'acquisition de ce n° 14, rue des Petits-Carreaux, fut aussitôt réalisée, et l'installation de l'école permit de répondre aux demandes nombreuses des familles ouvrières ou du petit commerce.

Le Frère Urbice-Antonin en fut le premier directeur; il fut remplacé par le Frère Annebon qui eut pour successeur le Frère Néonile Victor. Le premier a terminé sa vie de dévouement religieux, directeur de l'école des Frères à Saint-Germain-en-Laye ; le second, continue son apostolat à l'école des Frères de Chaillot ; le troisième, décédé le 28 octobre 1905, a laissé l'école sous la direction d'un personnel laïque.

Fig. 81. — Le Frère Hiéron.

Le local subit plusieurs transformations. Le Comité dût remanier de fond en comble l'organisation générale. Une partie fut concédée aux Sœurs, et des appartements sur la rue Réaumur furent destinés au commerce.

L'école fut amenée à occuper le deuxième étage où les classes fonctionnent aujourd'hui.

Le Comité, composé d'hommes consacrés aux affaires, fit concevoir l'idée de créer une mutualité : « La Fraternité » fut organisée en secours mutuels ; elle fonctionne aujourd'hui ; caisse de prêt, de chômage. etc., etc.

Le projet d'un syndicat des employés de commerce et de l'industrie se fit jour vers 1884.

Après les hésitations du début, et avec l'aide très effective du Frère visiteur Alban Joseph, précédé du dévouement du Frère Hiéron, voir (figure 81), promoteur et organisateur de l'œuvre de jeunesse, et placier de premier ordre, un essor considérable fut imprimé à cette organisation professionnelle.

Aujourd'hui ce syndicat qui compte 4.700 adhérents, a transporté son siège social, 14, boulevard Poissonnière.

A côté, prirent naissance successivement plusieurs syndicats ouvriers : un syndicat des gens de maisons, aujourd'hui établi rue Lauriston, le seul qui survive de ces essais en faveur des ouvriers de différentes professions.

Le syndicat fit naître un restaurant. Les Frères s'en firent les pourvoyeurs et les administrateurs jusqu'à la fermeture de l'école — Juillet 1904 — qui obligea les religieux à disparaître.

Actuellement le restaurant continue et accueille une clientèle d'employés. Œuvre nécessaire puisqu'elle se maintient malgré l'établissement de semblables entreprises dans ce quartier des affaires commerciales. Les appartements du personnel enseignant ont été transformés en chambres meublées. La maison de famille s'est organisée ; aujourd'hui, elle reçoit une vingtaine de pensionnaires. Un patronage a été adjoint à l'école et participe à l'organisation générale que les Frères avaient établie. Longtemps les jeunes gens purent se réunir à des jours et à des heures déterminées. L'œuvre de persévérance avait ses fêtes sacrées et profanes et elle paraissait souvent pendant l'année aux solennités paroissiales. Des cours du soirs organisés par le syndicat, se donnaient dans les classes et réunissaient un nombre appréciable d'élèves. Pour des raisons d'ordre intérieur, le patronage des Jeunes Gens, devenu la Société Amicale des Jeunes Gens de Bonne-Nouvelle, a dû quitter ce local pour aller s'installer au n° 1 de la rue de Damiette.

L'école chrétienne libre des Petits-Carreaux se maintient et prospère grâce à la forte organisation du Comité et en particulier à la générosité de son président, M. le baron Almyre de Vaux qui s'en occupe avec une activité et un dévouement des plus méritoires.

Fig. 82. — Boulevard Bonne-Nouvelle.

Fig. 83. — Porte-missel en bois sculpté entre deux vases en bois doré.

CHAPITRE DIXIÈME

Les Bienfaiteurs de Bonne-Nouvelle.

SOMMAIRE

Ceux qui ont donné des propriétés. — Des sommes d'argent. — Des objets sacrés. — Statues. — Tableaux. — Autels. — Cloches, etc.

GRAVURES : Porte-Missel. — Plaque commémorative du don de l'autel de la Chapelle Saint-Antoine.

La religion, qui est l'ennemie de l'égoïsme et de l'ingratitude, est la véritable inspiratrice de la reconnaissance chrétienne.

C'est ce que nous enseigne Dieu par la voix de ses anges qui nous apprennent à le remercier de nous avoir envoyé son divin Fils, *gratias agimus tibi* (1) : par la voix de ses apôtres : « Nous rendons à Dieu de continuelles actions de grâce » (2), nous dit saint Paul : par la voix des Docteurs : « Apprenez à rendre grâces à Celui

(1) *Gloria in Excelsis Deo.*
(2) I Corinth. xiv, 18.

qui vous a donné quelque bien, nous dit saint Augustin, avec humilité de cœur et non avec arrogance de peur que l'orgueil ne vous fasse perdre ce que l'humilité vous a mérité » (1); par la voix de l'Église qui a institué une messe, sous le titre de « Messe d'action de grâces » *de Gratiarum actione.*

Aussi condamne-t-elle l'ingratitude : l'Esprit Saint traite avec dédain l'homme qui tourne le dos à son bienfaiteur; saint Paul place les *ingrats* en tête des vicieux qui surgiront à la fin des temps (2); saint Jean Chrysostôme appelle l'ingrat, un *scélérat, ingratus sceleratus est* (3); saint Bernard nous dit que « rien ne déplaît tant à Dieu que l'ingratitude » et saint Grégoire de Nazianze dit que « les âmes ingrates sont les images du démon, *Creaturæ ingratæ diaboli sunt plasmata* » (4). Eh bien, c'est pour nous conformer à ces directions chrétiennes que nous tenons à payer notre tribut de reconnaissance aux bienfaiteurs de notre chère paroisse en publiant ici leur nom en regard de leurs bienfaits. Comme ils sont presque tous morts, il n'y a pas à craindre qu'il en résulte aucun danger pour leur humilité et nous avons lieu d'espérer que leur exemple trouvera des imitateurs et qu'il sera, dans tous les cas, un pieux sujet d'édification. Pour ce qui est des vivants, ils voudront bien accueillir simplement notre gratitude et rapporter à Dieu l'honneur de leurs bienfaits.

Les voici dans l'ordre chronologique :

En 1669, Louis-Gabriel de Louviez, par devant Me Prignot de Beauregard, notaire à Paris, a institué une rente pour construire un presbytère dans l'enclos du cimetière de Bonne-Nouvelle qui se trouvait sur le terrain compris entre les rues de Saint-Denis et la rue Poissonnière.

En 1676, Mme Gillette Petet a donné sa maison rue de

(1) *De Verbo Apost. Serm.*, 2.
(2) II Tim., III, 2.
(3) *Hom. sup. Joan.*
(4) (*Oratio de Modestia*).

la Lune pour être affectée, comme presbytère, au curé de Bonne-Nouvelle.

En 1685, Mme Regnault et son mari François Berthelot, secrétaire de la Dauphine de France, avaient fait bâtir, rue de la Lune, une maison où ils avaient placé 50 lits garnis pour loger et soigner les soldats invalides, blessés ou estropiés. Plus tard cette maison fut affectée à des filles converties du protestantisme à la religion catholique.

La duchesse de Noailles, mère de l'archevêque de Paris, et Mme de Lanoy y placèrent plus tard les religieuses de l'*Union Chrétienne*; ce fut la première communauté fondée sur Bonne-Nouvelle.

Le 1er mars 1693, par un acte de donation passée devant M. Vallet et son collègue, notaires à Paris, la dame Marie Ameline, veuve du sieur Louvet, ancien salpétrier du roi, donnait aux Sœurs de la Charité de la paroisse de Notre-Dame de Bonne-Nouvelle, sa maison sise au 14 de la rue de la Lune. Les conditions principales étaient que *la dite maison servira perpétuellement au logement des Sœurs de la Charité de cette paroisse*. En plus y faire dire par les pauvres petites escolières, tous les jours, *le Pater noster, l'Ave Maria et le Credo*, pendant la vie de la donatrice et après son décès les mêmes prières, avec le *De Profundis*.

Une deuxième maison a été acquise le 11 mars 1693, au moyen d'offrandes des paroissiens, pour les mêmes Sœurs, toujours pour servir *à loger perpétuellement les Filles de la Charité de la dite paroisse*. Cette maison était attenante à la première.

Par les soins du curé et des marguilliers de Bonne-Nouvelle, ces deux maisons ont été reconstruites en une seule, en 1768, les Sœurs l'ont occupée jusqu'à la Révolution.

Comprise dans le séquestre en 1792, elle a échappé à l'aliénation des biens de l'église et des pauvres. Nous la retrouvons en 1803, dans la régie des biens remis à l'administration.

Le 27 septembre 1882, on révoquait Mme Caussueg, institutrice publique congréganiste, alléguant « qu'elle avait causé un préjudice à la Ville de Paris qui n'a pu user d'un immeuble dont elle était *dûment locataire*. Arrêtons-nous quelques instants sur cet événement qui était comme le prélude de la persécution prochaine.

Ce jour-là, à 4 heures de l'après-midi, les Sœurs, ayant à leur côté MM. Ernest Lefébure et Grandgeorge, membres du Comité des écoles libres du quartier, ayant refusé de quitter leur immeuble, furent expulsées par la force et se réfugièrent dans leurs chambres qu'elles occupaient au-dessus de la pharmacie du bureau de bienfaisance.

Les témoins des sœurs formulèrent une énergique protestation; toute la population fit éclater son indignation et M. Carcenac, maire du Ve arrondissement, tout protestant qu'il était, donna sa démission pour ne pas déshonorer son nom en s'associant à cet acte de brigandage.

Depuis, les Sœurs ont intenté un procès à la Ville pour rentrer en possession de leur immeuble; le tribunal civil de la Seine, dans son audience du 22 mars 1894, président Beaudoin, déclarait la communauté des sœurs de Saint-Vincent-de-Paul, mal fondée sur sa demande, la déboutait et la condamnait aux dépens (Voir *Journal des Tribunaux*, 23 mars 1894; *Le Droit*, 1er mars 1894; *Le Clairon*, 28 septembre 1882; *Bulletin Municipal*, 26 mai 1903).

Institut des Sœurs de Saint-Vincent-de-Paul école de charité de la rue de la Lune. Exposé des faits.

Voici l'inscription qui existait, au moment du procès, dans l'immeuble de la rue de la Lune.

A la Gloire de Dieu

Marie Hameline, veuve de Robert Louvet, Salpêtrier ordinaire du Roi, demeurant rue S. Etienne, paroisse de Bonne-Nouvelle, laquelle, pour la gloire de Dieu, émue de zèle et de charité pour les pauvres de la dite Paroisse cy-dessus, et voulant de sa part contribuer à leur secours et soulagement spirituels dans leurs besoins et nécessités a par ces présentes donné et cédé, quitté et délaissé une maison et toutes ses dépendances comme il est porté par le contrat de donation sise rue de la Lune, de la Paroisse cy-dessus, pour loger les Sœurs de Charité, servantes des pauvres malades de la dite Paroisse cy-dessus. Cette donation a été faite à la charge que la dite Sœur de la Charité qui fait l'école dans la dite maison

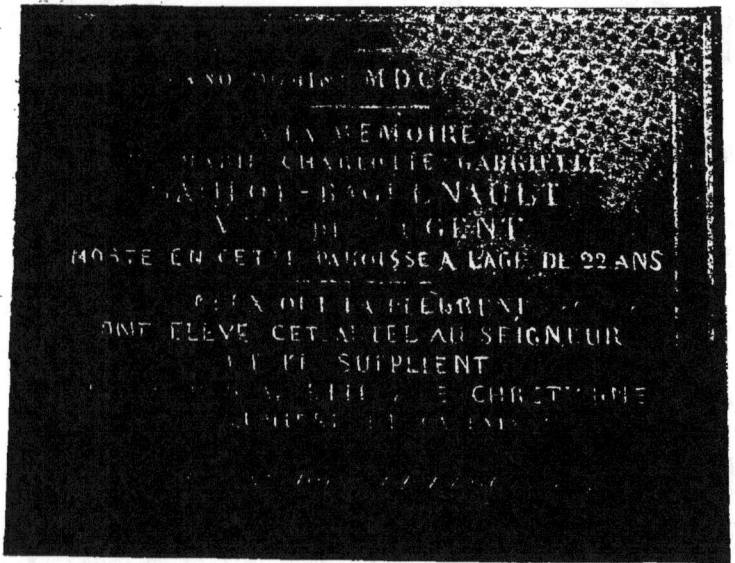

Cl. Conte.

Fig. 84. — Plaque commémorative de l'érection de l'autel S. Antoine, par le vicomte de Nugent.

cy dessus, fera dire, tous les jours de chaque année, aux pauvres petites à élever le Pater, l'Ave et le Credo pendant la vie de la donataire cy-dessus nommée et après sa mort, y ajouter aux dites prières, le De Profundis pour le repos de son âme et de celle de ses Ancêtres.

Ce fut fait et passer le 1er mars 1693.

Cette inscription est gravée sur une dalle de marbre mesurant $0^m,60$ de longueur sur $0^m,45$ de hauteur. Elle a été placée, par les soins de la Sœur de Montesquiou-Fezensac, supérieure actuelle, 85, rue Réaumur, dans le parloir du dispensaire.

Malgré ces spoliations, les bonnes Sœurs continuent de prier pour leur généreuse bienfaitrice et pour la conversion de leurs persécuteurs.

Continuons la liste des bienfaiteurs.

Le 11 frimaire de l'an XII, les nommés Pierre-Martin Charpentier, Louis Letellier et Jean-Ambroise Brun, propriétaires de l'église Bonne-Nouvelle, la cédèrent dans les conditions les plus avantageuses pour la reprise du culte. Nous avons déjà eu l'occasion de parler de cet acte de générosité.

Le 21 messidor, l'empereur Napoléon donna mille cent francs. Avec cette somme on acheta un calice, un ciboire, un devant d'autel noir, un vase pour les Saintes Huiles et six chasubles.

En 1807, M. Ollivier, ancien administrateur de la Fabrique, a donné 3.000 francs pour l'achat d'une cloche.

En 1808, M. Letellier a donné trois lustres, deux chappes et un tableau représentant sainte Madeleine attribué à Rubens.

En 1809, Mme Baillet a donné 2.000 francs pour aider à l'achat d'une cloche.

Le jour du baptême des cloches qui ont été nommées : la première, Gabrielle, au nom de l'administration de la Fabrique et de Mme Louise-Denise Eintache, épouse de M. Augustin Ollivier; la deuxième, Françoise, ayant pour parrain, Jean-Barthelémy Dazite, docteur en médecine, demeurant 12, rue Bergère, et pour marraine Françoise Preu, épouse de M. Baillet; les noms des parrains et marraines furent gravés sur les cloches.

M. Ollivier a donné une chasuble, six tuniques, trois chappes.

En 1814, MM. Jullaud, V. Chéret, Paris, Eypédé, docteur Thiéry, qui avaient pour 2.000 francs de part dans la propriété de l'église, en ont fait abandon à la Fabrique.

En 1817, le jour de la bénédiction des cloches et de

l'horloge, un paroissien anonyme a donné à M. le Curé 1.500 francs pour les frais de l'établissement de la cloche à sa place; on a su depuis que c'était M. Aubineau, dont les enfants avaient été parrain et marraine.

En 1821, M. le curé de Cagny donna, par testament, une chapelle composée d'un calice, d'une patène, de deux burettes, le tout en argent doré; une croix, deux instruments de Paix, un goupillon, un grand plat d'offrande, une sonnette en cuivre doré, un petit ciboire pour le Saint-Viatique.

6 chasubles complètes.

8 étoles dont une en moire dorée brodée argent, une en drap d'or, deux noires brodées en argent, deux violettes, une cramoisie, une noire et une rouge.

4 surplis.

7 rochets.

13 aubes de dentelle.

13 autres en mousseline.

8 ceintures et rubans blancs moirés.

3 tableaux à l'huile représentant la Sainte Vierge et des Saints.

En 1822, le préfet de la Seine offrit une statuette en marbre blanc de Saint-Jean-Baptiste par M. Débau.

En 1830, M. le Gentil, capitaine de la Garde Nationale, demeurant rue Poissonnière, 3, a, par son zèle courageux, préservé l'église de la profanation et du pillage.

En 1830, Mme Comedecerf a donné 2 beaux reliquaires renfermant des reliques dûment authentiques.

En 1830, M. de la Forcade a donné un tableau de saint Vincent peint par sa femme, Julienne de la Forcade.

En 1831, M. Portalès a fait cadeau de 14 tableaux de la Passion, ainsi que de Canons d'autel.

Mme Comedecerf donne 4 candélabres à trois branches plaqué en argent.

En 1833, M. Portalès a remis, pour aider à orner l'église, une somme de 1.000 francs.

M. Aunet, 1er vicaire, 100 francs;

M. Langlois, 2ᵉ vicaire, 100 francs ;
M. Tribou, vicaire, 50 francs ;
M. Guiche, vicaire, 40 francs ;
M. Bertrand, vicaire, 30 francs ;
M. Ferraudy, vicaire, 25 francs ;
M. Rousselin, vicaire, 10 francs.

En 1833, M. Bonnet, fabricien a fait élever un autel en marbre sous le vocable de Sainte-Elisabeth.

En 1833, M. le Curé offrit de la part de ses paroissiens, deux beaux tableaux : Jésus au jardin des oliviers et Saint François d'Assise.

En 1833, M. Bonnet donne 4 beaux candélabres.

En 1834, M. Bonnet a donné 250 francs pour acheter d'autres candélabres.

Mlle Quinvielle a donné 200 francs et un tableau de la Sainte Vierge.

En 1835, M. le curé Portalès a installé une bibliothèque à l'usage des paroissiens.

En 1835, la Confrérie de la Sainte-Vierge a donné le tableau du Sacré-Cœur. Coût : 400 francs.

En 1836, M. le vicomte de Nugent a fait orner la chapelle de Saint-Louis — actuellement Saint-Antoine — avec du marbre blanc, y a placé un autel en marbre, et donné 6 chandeliers, 1 crucifix, 2 vases d'albâtre et 4 en porcelaine.

Voici l'inscription qu'on lit sur une plaque de marbre noire appliquée au mur :

Anno Domini M D CCC XXXV
A la mémoire de Charlotte
Sanlot-Raguenault
Vᵗᵉˢˢᵉ de Nugent.
Morte en cette paroisse à l'âge de 22 ans.
Ceux qui la pleurent
ont élevé cet autel au Seigneur
Et le prient
d'accorder à cette âme chrétienne
La lumière et la paix
Pie Jesu Domine dona ei requiem (fig. 84).

En 1853, M. Portalès, par voie testamentaire, a laissé 24 objets dont voici la nomenclature :

Une chapelle complète : calice, burettes, plateau et sonnette, le tout en vermeil.

Une autre chapelle complète en vermeil, moins la sonnette.

Un grand bougeoir en vermeil.

2 encensoirs et navette en argent.

Une petite custode et un vase pour l'Extrême-Onction.

1 chasuble en drap d'or, broderie or fin.

1 chasuble blanche et rouge, soie brodée or fin.

1 chasuble noire brodée en argent.

1 chasuble verte double, brodée en soie.

1 chasuble rouge et blanche, brodée en soie.

1 étole pastorale drap d'or, broderie or fin.

1 étole pastorale velours rouge, brodée or fin.

2 étoles, tapisserie blanche.

3 étoles en velours, dont une noire brodée de soie rouge pour la Passion.

1 voile, paillettes d'or pour porter le Saint-Sacrement au tombeau.

2 cordons or fin.

3 ceintures soie blanche, brodées or fin.

12 rochets.

1 mosette en soie.

1 manteau de chanoine.

1 missel.

10 aubes brodées.

L'orgue d'accompagnement.

En 1873, M. Acloque a donné 250 francs pour acheter les livres liturgiques nécessités par l'introduction de la Liturgie Romaine dans le diocèse de Paris.

En 1882, Mme Martin a fait cadeau d'un très beau retable pour le maître-autel peint par elle-même.

En 1890, M. de Montferrier, avec des souscriptions recueillies, a fait don du grand tapis noir et d'un autre pour les grandes solennités qui ont coûté ensemble 2.900 francs.

En 1896, il a fait don du Calvaire (voir fig. 105), au moyen de souscriptions, et qui a coûté 8.000 francs.

Il a fait également don du magnifique bas-relief (voir fig. 108) placé dans la chapelle du Purgatoire qui a reçu, à l'exposition, la médaille d'or, ainsi que de l'autel en marbre noir de la même chapelle, avec la garniture en fer forgé. Ces objets ont été bénis solennellement le 24 novembre 1896, par Son Excellence Mgr Ferrata, nonce du pape à Paris. Le tout a coûté près de 25.000 francs.

En 1904, avec le produit d'une souscription qui a dépassé 30.000 francs, M. Casabianca, curé de Bonne-Nouvelle, a fait faire le grattage intérieur de l'église, transformer la chaire (1), redorer toute la lampisterie, la table de communion, fait mettre des filets d'or à la chaire, au banc-d'œuvre, à l'orgue; remettre à neuf 800 chaises et prie-Dieu, redorer le plafond du chœur et de la chapelle de la Sainte-Vierge, redorer et remettre à neuf les fauteuils du célébrant, les lampes des chapelles. Il a fait remettre à neuf également tous les troncs, blanchir la sacristie, le cabinet de M. le curé et la chapelle des catéchismes; réargenter les encensoirs, les diverses croix, les plateaux et fait redorer toutes les clefs des tabernacles qu'il a suspendues à une chaînette portant l'indication de la chapelle.

Il a fait, en outre, réargenter 60 chandeliers pour les convois, 6 veilleuses, 3 bénitiers, 5 goupillons, blanchir 150 souches et nickeler 90 clefs, la hallebarde du suisse et les poignées de toutes les portes.

Les portes des tambours ont été remises à neuf et munies de plaques indicatrices. Enfin, deux agenouilloirs, recouverts de velours, ont été posés sur les marches de la balustrade du chœur.

(1) L'escalier intérieur qui donnait accès à la chaire, et qui s'ouvrait dans la nef, a été supprimé pour faire place à quatre colonnes qui servent de support; le nouvel escalier se trouve actuellement, en arrière, dans le bas côté (voir fig. 114.)

Il a acheté :

1 chappe blanche.
1 voile blanc pour les saluts du Saint-Sacrement.
2 chasubles blanches.
2 chasubles noires.
1 étole blanche.
2 noires.
1 douzaine de surplis.
4 rochets.
4 douzaines de gants pour les employés et les enfants de chœur.
2 consoles.
1 carillon.
1 bannière de la Sainte Vierge.
1 statue de saint Laurent.
1 statue de saint Antoine.

Plusieurs mètres de drap rouge pour recouvrir les bancs de la sacristie.

1 livre pour les prières du prône, un autre pour les prières du matin et du soir.
6 essuie-mains.
1 boîte à hosties en vermeil.
1 fauteuil et deux tabourets Dagobert, pour le célébrant.
10 crucifix pour les confessionnaux.
8 dessus d'autel en drap ouvragé pour toutes les chapelles.

Il a fait placer à l'entrée de l'église, un grand panneau portant les noms de tous les curés de Bonne-Nouvelle (voir fig. 75) ; un autre, donnant la Réglementation générale de la vie paroissiale ; et, dans l'entrée de la sacristie, deux tableaux portant le Règlement des employés.

Enfin, il a fait installer l'eau dans la sacristie pour le lavabo du clergé.

En 1908, grâce à la touchante générosité de M. Félix Villé, artiste de talent et grand chrétien, il a pu doter son église des belles peintures dont il est parlé au chapitre des *Œuvres d'art*.

228 HISTOIRE DE NOTRE-DAME DE BONNE-NOUVELLE

Mme M. Haro a offert à M. Casabianca le portrait à l'huile de M. Paradis, son arrière grand'oncle et ancien curé de Bonne-Nouvelle. Ce don a inspiré à M. le Curé la pensée de faire peindre à l'huile neuf autres de ses prédécesseurs dont il a pu se procurer les photographies. Ces portraits ont été placés dans la sacristie, le samedi 23 mai 1908, la veille de l'inauguration des peintures de l'église.

Enfin, nous clôturons la série de nos bienfaiteurs par Mme la comtesse Palmyre Anaclète de Provigny qui, de 1904 à 1908 a remis à M. le Curé, pour ses travaux d'église, ses écoles, ses œuvres, plus de cent mille francs. Cette insigne bienfaitrice est décédée le 30 mai 1906 dans son hôtel où elle était née en 1821.

Daigne le Ciel récompenser les âmes et les familles de tous ces bienfaiteurs et en susciter de nouveaux pour notre chère Paroisse.

Musée Carnavalet, quartier Saint-Denis.
Fig. 85. — Hôtel Delessert (23 rue des Jeûneurs).

Delessert Benjamin, né à Lyon en 1773, mort en 1847. Après avoir été capitaine d'artillerie, il prit la direction de la maison de banque de son père. Fondateur de la Caisse d'épargne, membre de la Chambre des députés, régent de la Banque de France, un des principaux fondateurs des Sociétés philantropique et d'encouragement au bien, premier fabricant en France du sucre de betterave. M. Delessert légua en mourant 150.000 fr. à la Caisse d'épargne et mérita ainsi d'être surnommé le père des ouvriers.

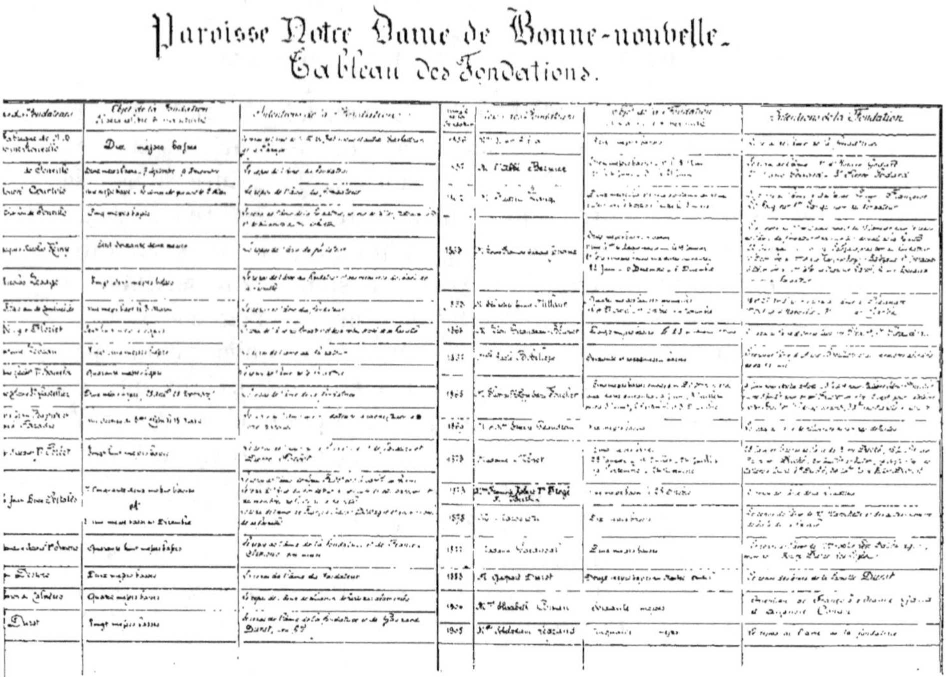

Fig. 86. — Tableau des fondations.

CHAPITRE ONZIÈME

Fondations.

SOMMAIRE

Complication des formalités à remplir sous le régime du Concordat. — Simplicité de procédure avant 1790. — Modèle de deux actes de fondation faits, l'un en pleine santé, l'autre au moment de la mort, pour l'exécution des volontés du fondateur. — Modèle d'acte de fondation par voie testamentaire. — Liste des fondations depuis 1639 jusqu'à 1904.

GRAVURES : Tableau des fondations. — Statue en bois de la Sainte-Vierge. — Hôtel Montholon.

Souvenez-vous, nous dit l'Esprit Saint, « des œuvres de vos pères en leurs générations, et vous laisserez une grande gloire et un nom éternel (1). » Nous inspirant de cette pensée, nous donnons ici le nom des personnes qui ont fait des fondations dans notre paroisse.

(1) Mach., II, 51.

Tout d'abord, disons un mot des formalités employées pour ces opérations.

Sous l'empire de la loi du 18 germinal an X (8 avril 1802), la personne qui voulait faire une fondation était obligée de se rendre chez un notaire pour faire, en présence de deux témoins, son acte de donation.

Elle achetait un titre de rente conforme à sa volonté et le remettait au président de la fabrique qui lui en donnait acquit.

Le Conseil de fabrique délibérait sur l'acceptation, puis il envoyait à l'autorité diocésaine :

1. Trois exemplaires de l'acte sous seings privés, l'un sur papier timbré, les deux autres sur papier libre.

2. Un certificat de vie du fondateur délivré par le maire.

3. La délibération du Conseil de fabrique, en triple exemplaire, pour demander à l'État de vouloir bien autoriser le contrat passé entre le fondateur et le trésorier de la fabrique.

4. Une copie du budget de l'exercice courant.

5. L'état des fondations autorisées.

6. L'état de l'actif et du passif de la fabrique en double expédition.

7. L'état du clergé de la paroisse.

8. L'avis du Conseil municipal, s'il s'agissait d'une paroisse suburbaine.

L'autorité diocésaine adressait ces pièces à la préfecture avec une demande en autorisation. Le Conseil de préfecture donnait son avis; s'il était favorable, le chef du gouvernement signait un décret d'autorisation, lequel était adressé à l'autorité diocésaine qui délivrait, à son tour, une ordonnance. Le tout était envoyé au président de la fabrique qui acceptait définitivement la fondation. Cette acceptation était l'objet d'une délibération et était consignée sur le registre *ad hoc*.

Entre temps, le fondateur était invité à se rendre à la mairie, et là, il subissait un interrogatoire en règle qui dépassait parfois les limites des convenances et de la discrétion ; en voici un court précis :

1. Votre nom, prénoms, âge et adresse.
2. Êtes-vous marié ?
3. Votre mari est-il en vie ?
4. S'il est mort, depuis quand ?
5. Avez-vous des enfants ? Combien ? Sont-ils mariés ? Ont-ils des enfants ?
6. Sinon, avez-vous des frères et des sœurs ? Combien ? Sont-ils mariés ? Ont-ils des enfants ?
7. Avez-vous des cousins ? Peuvent-ils se suffire à eux-mêmes ?
8. Combien payez-vous de loyer actuellement ? Combien payiez-vous pour votre loyer précédent ?
9. Avez-vous une bonne ?

      Signature.

C'était une véritable inquisition, désagréable, vexatoire, gênante, et dans une certaine mesure, restrictive de la liberté.

Avant la Révolution, la constitution des fondations de piété, d'assistance, d'enseignement et d'éducation était loin d'être aussi compliquée.

En effet, les choses se passaient plus simplement. La personne qui voulait faire une fondation se rendait chez un notaire qui était toujours assisté d'un collègue : là, devant le curé de la paroisse et quatre marguilliers, le notaire dressait le contrat en spécifiant bien toutes les clauses, conditions et charges.

C'était on ne peut plus simple, expéditif et moins coûteux.

Voici d'ailleurs un échantillon de ces contrats :

« Par devant les Conseillers du Roy, notaires au Châtelet de Paris soussignés, furent présents :

« Messires : Jacques Barthélemy de la Broise, docteur en Sorbonne, prestre, curé de l'église de Nostre-Dame de

Bonne-Nouvelle en cette ville, et Jules Dugoullon, sculpteur du Roy, demeurant rue Bourbon Ville-Neuve ;

« François Béhier, menuisier, rue Beauregard ;

« Émilien Doussard, sculpteur, rue de la Lune.

« Tous quatre marguilliers de la ditte église d'une part.

« Et le sieur Nicolas Beaudin, marchand rubannier, à Paris et Élisabeth Banel, sa femme qu'il autorise à l'effet des présents, demeurant rue Poissonnière, paroisse Saint-Eustache, d'autre part.

« Lesquelles partyes ont dit qu'ayant la dévotion de fonder à perpétuité en laditte église de Nostre-Dame de Bonne-Nouvelle quarante messes l'an, pour être dittes par chaqu'un an au maître autel, à leur intention et de leur famille.

« Ils auront payé aux sieurs curé et marguilliers de laditte paroisse la somme de mille huit cent livres, ainsi qu'ils l'ont reconnu par la délibération qu'ils ont faite, avec les autres anciens marguilliers de laditte église : et le sieur Beaudin au bureau de laditte fabrique, le 4 mars mil sept cent vingt cinq et laquelle somme aurait été employée avec les autres deniers, appartenant à laditte fabrique, au dit curé et marguilliers, l'ont déclaré à l'acquisition de quatre-vingt-deux livres dix sols de rente, au principat de trois mille trois cents livres constituées sur les Ayes et Gabelles de France, par contrat passé devant maître Martin et son confrère, notaire à Paris, le dix-huit février, mil sept cent seize, au profit de François Desvaux qui leur en a fait transport par acte passé devant maître Laussonnoyer et son confrère notaire à Paris, le cinq mai, mil sept cent vingt-quatre, et voulant les dits sieurs curé et marguilliers exécuter ce pieux dessein de dit Beaudin et de sa femme.

Ils se sont en conséquence de laditte délibération ci-dessus dattée et étant interditte dans les registres des résultats de laditte fabrique, volontairement obligés et obligent tant pour eux que pour leurs successeurs, es dittes charges et faire dire par chacun an, à perpétuité, les dittes quarante messes basses au maître-autel de la ditte église de N.-D. de Bonne-Nouvelle.

« Lesquelles ont commencé à être dittes le douze février de la présente année et ainsi continuées d'années à perpétuité à l'intention du dit sieur Beaudin, sa femme et leur famille : pourquoi les dits curé et marguilliers seront tenus de fournir le pain, le vin, le luminaire et les ornements accessoires à perpétuité, la présente fondation en cas de remboursement de la ditte rente cy-dessus énoncée acquise des deniers de sieur Beaudin et sa femme.

« Les dits curé et marguilliers seront tenus d'employer les deniers qui en proviendront en acquisition d'autres rentes ou héritages au profit de ladite fabrique et de faire mention par les contrats qui en seront passés que les prix proviennent du remboursement et observer pareille déclaration à chaque mutation, à perpétuité.

« Est convenu qu'il sera permis au dit Beaudin et sa femme de faire mettre à leurs frais, quand bon leur semblera, une épitaphe au-dessus du banc que Marie Élisabeth Beaudin venue de Crépin Denis Buroumes Cordonnier a dans ladite église, à costé de la porte de la sacristie où il serait fait mention de la sus-ditte fondation.

« Car ainsy a été convenu et accordé entre les partyes promettant, obligeant, renonçant.

« Fait et passé au bureau de la ditte fabrique à Paris, l'an mil sept cent vingt-cinq, le sept octobre avant midy.

« Signature,
« Prévost. »

La même simplicité de formalité existait pour l'exécution des volontés testamentaires.

En voici un échantillon :

« Furent présents messires : Paul Joseph de Cambefort, prestre docteur en Sorbonne, abbé commanditaire de S. Pierre de Mares en Auvergne, curé de l'église succursale de Nostre Dame de Bonne-Nouvelle de cette ville.

« Les sieurs Nicolas Demaison, à Paris ;

« Louis Patinot ;

« Antoine Pruvost dit Ollivier, à Paris ;

Jean Paul de Beauvais, menuisier, marguillier en charge de l'œuvre de la fabrique de la paroisse de Nostre Dame de Bonne-Nouvelle.

« Et le sieur Nicolas Lallemend, marchand bourgeois de Paris, demeurant rue St. Denis, paroisse St. Nicolas des Champs, en qualité d'exécuteur du testament et ordonnance des dernières volontés de défunte Jeanne Canouville de son vivant veuve Vitry.

« Lesquels ont dit que ladite défunte aurait donné et légué par son testament à la ditte fabrique de Notre Dame de Bonne-Nouvelle la somme de mille livres de fonds à prendre par les sus-dits curés et marguilliers de la ditte église, afin de célébrer à perpétuité une messe par an pour le repos de son âme et de son mari, le jeudi de chaque semaine.

« L'an mil sept cent vingt-huit, le premier juillet collation des présents a été faite par nous Conseilliers du Roy, notaires au Chatelet de Paris soussignés. »

Suivent les signatures (1).

Voici une formule de fondation faite par voie testamentaire :

Actes des notaires de Paris

Par devant les Conseilliers du Roy, Notaires au Châtelet de Paris soussignés, fut présent Sieur Adrien Delaplanche maître boutonnier à Paris et Officier de la Ville demeurant à Paris en sa maison faisant le coin de la rue de la Lune et de Sainte Barbe, paroisse de bonnes Nouvelles trouvé en une chambre du premier étage de la ditte maison, ayant veue sur la rue Sainte Barbe en son lit malade de corps touttes fois sain d'esprit mémoire et bon jugement ainsy qu'il est apparu aux notaires soussignés par ses discours et bons propos.

Lequel dans la veue de la mort dont il ne désire estre prévenu sans avoir ordonné de ses volontés dernières a fait dicté et nom-

(1) Arch. Nat., L. 691.

mé aux Notaires Soussignés son présent Testament suivant et ainsy qu'il suit :

Premièrement comme chrestien a recommandé son âme à Dieu suppliant la divine Majesté de luy pardonner ses offenses et de l'admettre au rang des bien heureux sitost qu'elle sera séparée de son corps implorant à cette fin l'intercession de la glorieuse Vierge Marie, de Saint Adrien son Patron et de toute la Cour Céleste.

Désire estre enterré dans la paroisse de bonnes nouvelles, qu'il soit dit une grand'messe son corps présent sera portant sur le surplus des prières de son dit Enterrement à la discrétion et prudence de sa famille leur recommandant en tout la simplicité Chrestienne. Donne et legue à l'œuvre et fabrique de Notre Dame de bonnes nouvelles sa Paroisse, cinquante Livres de rente qui seront fournies en principaux de rente sur la Ville dans le courant de l'année de son décès par les Enfans et héritiers du d. Sr testateur, et au deffaut par Eux de fournir les d. Cinquante Livres de rente en principaux sur les aydes et gabelles, la d. rente sera à prendre par privilège sur les biens de sa succession à la charge par les Sieurs Curé et marguilliers de la d. Paroisse Notre Dame de bonnes nouvelles de faire célébrer à perpétuité, dans la d. Paroisse de Notre Dame de bonnes nouvelles deux messes basses par chacune année pour le repos de son âme.

Sçavoir : une le jour et feste de Saint Adrien, son patron, et l'autre le jour et feste Ste Elisabeth. Plus de faire chanter chacun jour du premier dimanche du mois et les quatre jours d'indulgence de la Confrairie du St Sacrement au commencement ou à la fin du Salut du Saint Sacrement le pseaume Miséréré et le domine non secondum avec l'oraison, pour la rétribution duquel office sera distribué par chacun jour de célébration des d. Salut dix sols au Sieur Curé, cinq sols à chacun des Vicaires, trois sols au diacre d'office, pareils trois sols au sous diacre à chacun des choristes prêtres, au Sacristain, au porte-croix et à chacun des deux plus anciens Chantres Laies, et un Sol à chacun des six Enfans de Cœur.

Lesquelles Messes et offices seront célébrés dès l'instant du décès du d. Sr testateur, les droits et frais de laquelle presente fondation seront à la charge de la succession du d. Sieur Testateur. Et pour exécuter le présent Testament le dit S^r testateur à nommé les Sieurs Poirier et Mathieu ses Gendres les priant de luy donner ce dernier témoignage de leur affection se dessaisissant en leurs mains de tous ses biens suivant la coutume.

Revocquant le dit Sieur Testateur tous autres Testamens codiciles et autres dispositions testamentaires qu'il pourroit avoir fait avant le présent son testament auquel seul il s'arreste comme contenant ses Intentions et Volontées dernières.

Ce fut ainsy fait et passé dicté et nommé par le Sr Testateur aux dits Notaires Soussignés et à luy par l'un d'eux l'autre présent leu et relu qu'il a dit avoir bien entendu et y a persévéré en la d. Chambre sus désignée où le dit Testateur est comme dit est allité, L'an Mil sept Cens trente neuf, le premier Jour de Septembre sur les quatre heures après midy. Et à signé la minutte des présentes demeurée a Desmeure. L'un des Notaires soussignés qui à délivré Ces présentes Ce Jourd'huy Sept Octobre au dit an Mil sept Cent trente neuf.

Scellé le dit Jour et An (1).

MAGUYET. QUIEVRE.

Comme on vient de le voir les formalités étaient simples discrètes, touchantes et expéditives.

Voici quelques fondations établies à Bonne-Nouvelle.

1639. Dame Gilet donne sa maison pour servir de presbytère.

1660. François Rohault fonde 12 messes.

1665. Philippe Huart donne 54 livres de rente.

1666. Dame Cottet fonde 12 messes.

1670. Nicolas Aubé, Antoine Rieux et dame Leseq constituent une rente de 800 livres pour construction de presbytère dans l'enclos du cimetière.

1674. Claude Fleury donne 40 livres de rente.

1674. Elisabeth Duchesne donne 250 livres de rente.

1683. Ducrocq et sa femme donnent 1.000 livres.

1687. Billot fonde 365 messes à 9 heures, tintées par 12 coups de la grande cloche.

1687. Claude Beville donne 500 livres.

1688. Gilet institue plusieurs fondations.

---

(1) O O O O O O. Archives Nationales, 4691, n° 12.

1690. Marguerite Rouard de Cousin donne 1.600 livres.

1690. Antoine Coquille donne 800 livres de rente pour 54 messes et 64 Veni Creator chantés.

1697. François Herrien donne 1.400 livres.

1697. Pierre Buquet fonde 54 messes.

1697. François Desvaux fonde 82 messes, 3.300 livres.

1706. René Renti fonde 54 messes.

1707. Pierre Poquelin donne 800 livres de rente.

Fig. 87. — Statue en bois doré de la Sainte Vierge.

1708. Jérôme Derbair donne 250 livres de rente.

1709. Jean Caboud donne 5.000 livres pour fonder une école de charité.

1713. De Costarret donne 50 livres de rente.

1718. Jacqueline de Barthélémy donne 57 livres.

1719. Pierre Bayet, sa femme Marie Carsin donne 57 livres, 12 messes.

1723. Élisabeth Boutu fonde 40 messes.

1725. Nicolas Beaudin fonde 44 messes.

1729. Marie Pranjon, diverses fondations 300 liv. pour messes, saluts, pauvres, enfants de la première communion.

1739. Damoiselle Damelville fonde 2.000 livres.

1748. Marie Adam donne 1.124 livres.

1770 Claude Fleury et sa femme donnent 300 livres pour messes, vêpres, saluts.

1790. Dutrou de Villétang réclame au séquestre 6.000 livres que ses parents avaient laissées pour fondation de messes à N.-D. de Bonne-Nouvelle.

1789. La paroisse de Bonne-Nouvelle avait une fondation de 5 lits à l'Hôtel-Dieu.

Voir ci-contre le tableau des fondations actuelles :

DE NOTRE-DAME DE BONNE-NOUVELLE

					anciens	actuels
1	1727-1808	Provenant de la paroisse Saint-Sauveur	10	400?	80	80
2	1808	Jean de Jonville	2	200?	10	10
3	1815	M. l'abbé Jacques Courtois	1	100?	5	5
4	1816	M. de Joinville	5	344	30	20
5	1817	Jacques Remy	162	20.000?	1.200	810
6	1818	Nicolas Losage	27	2.000	150	135
7	1823	Bénigne Floriot	108	10.000?	600	480
8	1824	Duc de Cambacérès	1	2.200?	150	67
9	1825	Antoine Lebeau	25	5.000?	250	112
10	1826	Claudine Grosset	40	4.000	200	180
11	1829	Marie Gastelier	2	300	14	10
12	1832	Abbé Léonard Paradis	1 service		269	456
13	1840	Louise Marquet	28	5.000?	175	140
14	1842	Abbé J. Brice Portalès	3	4.000	305	274
15	1842	Alexandrine Perronet Simons	48	7.500?	259	190
16	1849	Jean Desfors	2	6.500?	24	14
17	1855	Baron de Calvière	4	630?	20	20
18	1855	Gaspard Durst	20	600	106	100
19	1856	Mme Ve Arera	16	2.500?	80	80
20	1857	Abbé Bernier	3	2.000?	15	15
21	1862	Lange Millaut	2	400?	26	26
22	1863	Louis Joriaux	16	600	80	80
23	1863	Sébastien Millaut	4	2.000?	20	20
24	1864	Léon Giraudeau-Bécourt	12	500?	60	60
25	1867	Adèle Robillors	61	1.500?	305	305
26	1868	Thomas Fouclier	5	8.000	87	87
27	1869	Etienne Giraudeau	6	2.000	30	30
28	1873	Mme Ménot	5	800	25	25
29	1873	Berilion Frogé	1 et entretien tombe	445	50	50
30	1875	Mme Marochetti	10	880	50	50
31	1877	Cardinal Ballenagne	2	1.000	40	40
32	1883	Gaspard et Ve Durst	12	200	10	10
33	1904	Mme Conan	60	12.000	405	405
34	1905	Scholastique Legrand	50	10.000	300	300
35	1867-1906	Thuillard	2	10.000	252	252
36	1892	Dessagne et Goudrin. — Œuvre Providence	Pas de charge	300	10	10
37	1834	Vivien	805 messes et 1 service	35.000?	1.442	1.442
				2.000?	65	65
				160 919	7.153	6 055

La loi de séparation a mis ces fondations sous séquestre. Voulant réparer, dans une certaine mesure, cette criante injustice envers nos chers défunts, nous avons établi une messe mensuelle pour le repos de leur âme.

Bibl. Nat. Estampes Va. 240, 9.

Fig. 88. — Hôtel Montholon (au 23 boulevard Poissonnière).

Charles Tristan (Cte etc.) né à Paris en 1782, mort en 1853. Engagé à dix ans dans la marine qu'il quitta pour la cavalerie, il devint, grâce à son application et à son intrépidité, colonel, général, aide de camp et chambellan de l'empereur. C'était un des plus fidèles serviteurs de Napoléon qui en avait fait son exécuteur testamentaire et le dépositaire de ses manuscrits.

Anne d'Autriche   Fig. 89.   Henriette d'Angleterre
d'après la ressemblance des physionomies (1).

(1) Ici, il convient de nous demander s'il faut admettre la tradition que nous avons mentionnée plus haut, et qui fait offrir ce tableau et celui de la fig. 90 par Anne d'Autriche à Notre-Dame de Bonne-Nouvelle; or, en y regardant de près, la chose ne paraît guère possible : le nombre et l'âge des jeunes princes qui se trouvent dans le second tableau s'y opposent. En effet, il n'est guère probable que Henriette d'Angleterre, mariée en 1664, ait eu trois enfants, en deux années, avant la mort de sa belle-mère, survenue en 1666. De plus, la taille de ces trois enfants prouve qu'ils avaient plus de deux ans et qu'ils ont été portraicturés quelque temps après la mort de leur grand'mère ; et puis, Anne d'Autriche n'avait aucune raison de mettre Henriette d'Angleterre en présence de saint François de Sales qu'elle n'avait pas connu, étant venue au monde vingt ans après sa mort.

Quant à ce tableau-ci, l'humilité d'Anne d'Autriche, si justement proclamée par saint Vincent de Paul, ne permet pas de croire que cette reine ait consenti à se faire représenter dans une attitude plutôt prétentieuse, présentant une croix ornée d'un ange. Si donc nous n'admettons pas cette tradition, à qui faut-il attribuer l'inspiration de ces deux tableaux ? Plusieurs raisons semblent désigner le Duc d'Orléans : malgré son caractère égoïste et dur, il était capable de quelques bons mouvements ; plein de gratitude et de vénération pour saint François de Sales dont le cœur, rapporté de la Visitation de Lyon avait, par son attouchement, guéri miraculeusement Louis XIII, son père, Monsieur voulut sans doute perpétuer ce cher souvenir en plaçant toute sa famille sous la protection d'un si puissant bienfaiteur. Cette explication justifierait en même temps la présence simultanée de deux personnages qui n'étaient pas contemporains : saint François de Sales, mort en 1622 et Henriette d'Angleterre, née vingt ans après, en 1642.

Pour en revenir à ce tableau-ci, voici ce qui nous fait conjecturer qu'il est également dû à l'inspiration du même prince : on sait qu'Henriette d'Angleterre, au milieu des affreuses tortures de son agonie, avait demandé le crucifix sur lequel Anne d'Autriche, à son lit de mort, avait déposé son dernier baiser. Eh bien, le prince voulut probablement rappeler ce touchant épisode des derniers moments de son épouse, en faisant présenter par sa mère elle-même cette croix à sa belle-fille qui fait au signe rédempteur le don de sa couronne. On pourrait même croire que cette croix aurait été offerte à Anne d'Autriche par le saint Évêque de Genève qui — détail digne de remarque — présente justement une croix à Henriette d'Angleterre, ainsi qu'on le voit dans le tableau précédent. L'ange qui se détache de la croix tenue par Anne d'Autriche, pourrait aussi figurer le jeune prince revenant du royaume des chérubins pour y accompagner sa mère.

Enfin, en évoquant dans ce tableau le souvenir de la malheureuse princesse sa femme, le trop volage Duc d'Orléans obéissait probablement à un remords qui le pressait de lui demander pardon de s'être remarié, après une année de veuvage, avec Élisabeth Charlotte fille de l'Électeur Palatin.

Dans ces conditions, ces deux tableaux ont pu avoir été offerts par le Duc d'Orléans en souvenir de sa mère et de sa femme.

CHAPITRE DOUZIÈME

OEuvres d'Art.

SOMMAIRE

Fresque. — Tableaux. — Peintures. — Sculpture. — Nouvelles peintures
GRAVURES : Anne d'Autriche et Henriette d'Angleterre. — Henriette d'Angleterre et ses trois enfants. — L'Assomption de la Sainte Vierge. — Naissance de la Sainte Vierge. — Sa présentation au temple. — Ses fiançailles. — Son annonciation. — Sa divine maternité. — Présentation de Jésus au temple. — Sa rencontre sur le chemin du calvaire. — Au pied de la Croix. — Recevant le Corps de son Fils. — Sa mort. — Plaque commémorative de l'inauguration des nouvelles peintures.

E sortons pas de l'église sans dire un mot des œuvres d'art qu'elle renferme. Il n'y a pas des choses extraordinaires, mais cependant, il y a des toiles qui ont une certaine valeur artistique.

Abside.

En fait de peintures murales anciennes, l'église de Bonne-Nouvelle ne possède que la magnifique fresque de l'abside, par Abel de Pujol, et les peintures de la chapelle de la Sainte Vierge.

Cette fresque (voir fig. 3), qui imite le bas-relief, représente la Vision de l'Apocalypse racontant les hommages d'adoration que les vingt-quatre vieillards, les patriarches et les prophètes offrent au Père Eternel : c'est tout à fait impressionnant comme inspiration et comme exécution (1).

---

(1) Abel de Pujol a peint des fresques similaires à Saint-Sulpice, à Saint-Roch et à la Bourse. Voir à l'appendice E, l'éloge de la fresque de Bonne-Nouvelle dans la *Gazette de France*.

Toujours dans l'abside, plus bas, la Sainte Famille d'après Raphaël, dimensions : 1,95/1,45.

L'Adoration des Bergers, l'Annonciation, l'Adoration des Mages, la Fuite en Egypte (Maître inconnu). Malheureusement, ces peintures sont en partie cachées par l'orgue et en partie mal éclairées; plusieurs sont détériorées.

Côté de l'Évangile.

Comme peintures murales voici celles qui se trouvent dans la chapelle de la Sainte Vierge : à droite, l'Annonciation, saint Joseph, saint Jean-Baptiste, saint Zacharie, sainte Élisabeth. A gauche : La Visitation, David, saint Jean, saint Joachim, sainte Anne.

Toutes ces belles peintures ont été exécutées par Auguste Hesse, de 1844 à 1848.

Tableaux. — 1° Au-dessus de la porte de la rue Beauregard : Henriette d'Angleterre, ses enfants et saint François de Sales (voir fig. 90). On aperçoit dans le fond une église dont l'extérieur rappelle l'ancien sanctuaire de Bonne-Nouvelle. Ce tableau, ainsi que celui qui fait le pendant (voir fig. 89), dans l'autre bas-côté, a été, suivant une tradition, peint par ordre d'Anne d'Autriche pour l'ancienne église dont elle était la protectrice. Ces deux tableaux, attribués à Mignard, ont figuré à l'Exposition de 1877 (1).

II° *Chapelle de Saint-Vincent de Paul.* — Saint Vincent de Paul prêchant aux enfants, aux pauvres, aux religieuses, aux dames de la cour. P. Delaroche; 2,70/1,75.

A gauche. La Sainte Famille et saint Jérôme, d'après le Corrège; 2/1,30.

---

(1) Un diplôme a été accordé à la Fabrique de Bonne-Nouvelle exposant dans la section des portraits nationaux.

III° *Chapelle Sainte-Geneviève.* — A droite : Sainte Geneviève gardant ses moutons, peint par Schweitz, école française xix° siècle. La Présentation, école française ; cintré 2,40/1,60.

IV° *Chapelle Saint-Louis.* — A droite : Saint Louis soignant les malades. Testelin ; 2,60/1,90. La Pentecôte, école française ; 2,20/1,70.

V° Au-dessus de la porte principale, rue de la Lune, Le Christ au tombeau. Allaux ; 2,95/3,76.

A droite de la porte d'entrée : La Flagellation, sur bois, école italienne, xvii° siècle.

A gauche : La Descente de la Croix, école allemande, xvii° siècle ; 1,20/0,90.

Côté de l'Épître.

1° *Chapelle du Purgatoire.* — Sainte Geneviève distribuant des aumônes. Schweitz ; 5/3,40. Cette toile a figuré au Salon de 1822 et à l'Exposition de 1855.

II° *Chapelle Saint-Antoine.* — A droite : Mort de saint François, école Guido Reni ; 2,50/1,65.

A gauche : Ravissement de saint Bonaventure, école française, xvii° siècle ; 2,41/1,75.

III° *Chapelle Saint-Joseph.* — A droite : Sainte Elisabeth de Hongrie lisant une prière pour l'Église ; à ses pieds, un rouleau de papier sur lequel on lit : Plan de l'Hôpital de Marpur, 1225. Signé : L^{se} de St. Estienne, une paroissienne de Bonne-Nouvelle ; 3,25/1,75.

A gauche : l'Adoration du Sacré Cœur. Holfeld ; 2,60/1,90.

IV° *Chapelle Saint-Pierre.* — A droite : Saint Nicolas et sainte Agnès, école française, xviii° siècle ; 2,50/1,90.

A gauche : Saint Pierre en prison réveillé par un ange, xvii° siècle ; 2,70/1,90.

Fig. 90. — Henriette d'Angleterre et ses trois enfants,
d'après l'inscription qu'on lit sur l'original.

Mariée à Philippe de France, duc d'Orléans autrement dit Monsieur, frère de Louis XIV, cette princesse mourut à 26 ans, dans des circonstances mystérieuses. Sa mort arracha à Bossuet les sublimes accents que l'on connaît : *Madame se meurt! Madame est morte!!* Le jeune prince qui tient la main de S. François mourut en bas âge. L'une des deux princesses qui sont près de leur mère, mariée au duc de Savoie, fut heureuse. L'autre, qui épousa Charles II d'Espagne, a retracé les charmes et les malheurs de sa mère; elle mourut empoisonnée.

V⁰ *Chapelle Saint-Laurent.* — A droite : Sainte Marie-Madeleine. Copinet, 1837 ; 1,85/1,20.

A gauche : l'Assomption de la Sainte Vierge (fig. 91), qui vient de l'ancienne église de Saint-Sauveur. Elle est de Coypel, premier peintre du Roy : c'est le même qui avait fait les autres peintures de cette dernière paroisse (1).

Entrée de la sacristie. — A droite : Notre Seigneur au Jardin des Oliviers, soutenu par un ange.

A gauche : la Sainte Vierge, l'Enfant Jésus, sainte Catherine. Pietro da Cortona ; 1,20/1,35.

Dans la sacristie. — A gauche : un saint portant un ostensoir ; plus loin, des anges adorant le Sacré Cœur de Jésus qui a à ses côtés le Cœur de Marie percé d'un glaive ; ensuite, la Sainte Vierge tenant l'Enfant Jésus dans ses bras : attribué à Van Dyck. Au fond, saint Denis qui porte sa tête dans ses mains : à droite, saint François de Sales : saint Jean-Baptiste conduit au supplice.

Dans la chapelle des catéchismes. — Au-dessus de la porte : mort d'un saint personnage ; à droite de la porte, l'Église militante et l'Église triomphante. Sur le mur de gauche : le Lavement des pieds ; plus haut, Jésus bénissant les enfants. Du côté de l'Évangile, Fiançailles de sainte Catherine. Du côté de l'Épître : Sainte Famille.

La Maîtrise. — Baptême de saint Jean-Baptiste. Jésus en Croix.

Comme sculpture. Dans la chapelle du Purgatoire : un superbe bas-relief en marbre : l'Ange consolant l'humanité par Derenne. Saint Jean.

Dans la chapelle du Calvaire : un impressionnant calvaire, XIXᵉ siècle (voir fig. 105). Saint Jean-Baptiste.

Dans la chapelle de Saint-Vincent : statue de ce saint. Dans celle de Sainte-Geneviève : statue de la sainte. Dans

---

(1) Les marguilliers de cette église ayant refusé, pour des raisons qu'on ignore, de lui en payer le prix convenu, il leur intenta un procès ; mais n'ayant pas d'argent pour en supporter les frais, il en mourut de chagrin à quarante-cinq ans.

celle de Saint-Antoine : statue du saint. Dans celle de Saint-Joseph : statue du saint. Dans celle du Sacré Cœur : statue du même. Dans celle de Saint-Pierre : sa statue. Dans celle de Saint-Laurent : statue du saint.

Telles sont les œuvres d'art que nous avons trouvées lors de notre arrivée dans la paroisse.

Nous devons à la vérité de dire que la première fois que nous avons mis les pieds dans cette église, nous avons éprouvé un serrement de cœur indéfinissable.

La noirceur de ses murs et de ses voûtes, l'obscurité du vaisseau et un ensemble qui trahissait une certaine misère, nous avaient profondément ému.

Notre première pensée fut d'approprier l'église et de l'éclairer. Nous avons donc fait procéder à un grattage général de tout ce qui est pierre, et à la peinture en blanc, des autres parties. Les caissons dorés de l'abside et de la chapelle de la Sainte Vierge ont été nettoyés et entièrement remis à neuf. Nous avons fait transporter à la chapelle des Ames du Purgatoire, un grand tableau de sainte Geneviève qui cachait la fenêtre au-dessus de la sacristie et qui en obstruait la lumière, et fait nettoyer les grandes fenêtres de l'église ainsi que les grands jours du plafond.

Bref, ce travail nous a donné de la lumière, de la blancheur et de la propreté.

Les paroissiens se montrèrent sensibles à ces travaux et ils le prouvèrent en venant plus nombreux et plus volontiers aux divers offices.

En voyant notre église revêtue d'une blanche parure, nous ne pûmes résister au désir de l'orner d'une décoration qui, tout en lui donnant un certain éclat, serait un pieux hommage rendu à la Sainte Vierge, notre Auguste Patronne. N'était-il pas naturel de faire de Bonne-Nouvelle une Belle Nouvelle? Est-ce que l'Esprit-Saint n'a pas jugé convenable de « revêtir de l'éclat du soleil » l'Épouse idéale qu'Il s'était choisie? *Mulier amicta sole.*

Ici, nous nous contenterons de rapporter une partie de

Fig. 91. — L'Assomption de la Sainte Vierge.

notre Lettre (1) faisant part de ces peintures à nos chers paroissiens.

« Retracer par la peinture la vie de notre divine Mère, c'était un sentiment bien naturel, bien doux et bien chrétien.

Il fallait pour cela trois choses : un plan, un artiste et de l'argent. L'argent me faisait complètement défaut, surtout après les travaux de l'église et la création de notre école de jeunes filles ; l'artiste, j'espérais le trouver ; et le plan, je l'avais déjà conçu. Dans cette conception, je m'étais inspiré du plan divin.

Dans le plan divin, la vie de la Sainte Vierge présente un triple aspect; un aspect prophétique, un aspect symbolique et un aspect historique ; c'est-à-dire qu'elle a été prédite par les Prophètes, symbolisée par les créatures et réalisée dans l'histoire.

D'ailleurs, il semble que Dieu ait adopté ce plan pour ses trois grandes créations ; la création de l'homme, de Jésus-Christ et de Marie. En effet, avant de créer l'homme, Dieu a annoncé son projet : « faisons l'homme » (2), a-t-il dit, aux deux autres personnes de la Sainte Trinité ; puis, il a cherché une image pour symboliser cette créature ; c'est alors qu'il a ajouté : « faisons-le à notre image et à notre ressemblance » (3) ; enfin, il a réalisé son projet. Dieu a procédé de la même façon lorsqu'il s'est agi de Jésus-Christ : il a chargé les Prophètes de prédire sa venue ainsi que les diverses circonstances de sa vie terrestre ; puis, il a présenté son Auguste personne sous le symbole de diverses créatures telles que « la *Racine de Jacob* », « la *Verge de Jessé* », le *Soleil* de Justice, l'*Agneau* de la Bergerie, le *Lion de Judas*, etc., etc. Enfin, il lui a donné un corps humain. Eh bien, le Divin créateur a agi de même envers la Sainte Vierge : il a annoncé sa venue par

---

(1) Extrait des Annales de N.-D. de B.-N. du mois de mai, 1908, n° 5. (*Lettre de M. le Curé.*)
(2) Faciamus hominem Gen., I, 26.
(3) Ib,

les Prophètes, symbolisé sa vie par les créatures et réalisé son apparition dans l'histoire.

Je ne pouvais mieux faire, pour la décoration de notre église, que de m'inspirer de ce plan grandiose et divin.

Mais comme le vaisseau de *Notre-Dame de Bonne-Nouvelle* ne permet pas l'exposition complète de la Vie de la

Cl. Conte, id. pour les neuf autres tableau

Fig. 92. — Nativité de la Sainte Vierge.

Sainte Vierge, j'ai dû me borner à n'en faire représenter que les principales circonstances.

Vous le savez : la vie réelle de la Sainte Vierge se compose de trois sortes de circonstances ; des circonstances joyeuses, douloureuses et glorieuses. Les premières sont : sa *Naissance*, sa *Présentation au Temple*, son *Mariage*, son *Annonciation*, sa *Maternité*. Les secondes sont : la *Présentation* de son divin Fils au Temple ; sa *Rencontre* sur le Chemin du Calvaire, sa *Présence* au pied de la Croix, la *Réception* du corps inanimé de Jésus, enfin, sa *Mort*. Les troisièmes sont : son *Assomption* et son *Couronnement* au Ciel.

Or, voici dans quel ordre ces toiles ont été placées (1) dans le pourtour de la voûte et dans les écoinçons qui reposent sur les colonnes. Comme dans une église, la première partie, après le maître-autel, c'est le côté de l'Évangile, c'est par là, en commençant par le bas, que nous avons posé nos peintures.

I. TABLEAU. — *La Nativité de la Sainte Vierge* (voir fig. 92). Dans l'écoinçon qui est au-dessus de la première colonne, vous voyez Salomon qui porte sur une banderolle, le texte prophétique de la naissance de la Sainte Vierge : *ab initio et ante sæcula creata sum*, « je suis créée dès le commencement et avant les siècles » (2). Dans le premier médaillon de la bande verticale qui s'élève au-dessus de l'écoinçon et qui sépare la première grande toile de la seconde, vous voyez le premier symbole de la naissance de la Sainte Vierge, tiré de la nature et qui est l'*Aurore* : c'est ce qu'exprime le texte latin, *Ego quasi aurora consurgens*, « j'apparais comme une aurore naissante » (3), dans le second médaillon, vous voyez la brillante et douce messagère du Soleil, montrer ses premières clartés, à travers l'échancrure d'une montagne. Deux biches couchées dans la prairie regardent avec joie ses premiers rayons. Dans le troisième, ce sont de joyeuses alouettes qui la saluent de leur chant matinal : et dans le quatrième, de rares étoiles qui projettent leurs derniers rayons expirants (4).

---

(1) Ce travail a été commencé le jour de la fête de Notre-Dame des Sept Douleurs (10 avril), sous l'habile direction de M. Baudry, architecte-décorateur. C'est lui qui avait été chargé de placer dans les salons de l'Hôtel de Condé, qui servent aux grandes réunions de l'Archevêché, les belles toiles de M. Félix Villé, représentant la merveilleuse Vie de Saint Antoine de Padoue.

(2) Eccl. XXIV 14.

(3) Cant. VI 9.

(4) Il n'a pas été possible de photographier les divers médaillons de la Vie symbolique de la Sainte Vierge.

A votre gauche, la grande toile vous montre la première circonstance de la vie réelle de la Sainte Vierge : sa *Naissance* (fig. 92). Au premier plan, c'est sainte Anne qui, sur son lit, reçoit des mains d'une amie, sa fille bien-aimée ; devant elle, deux personnes agenouillées semble déjà invoquer la protection de la Sainte Enfant. Au second plan, c'est Joachim qui, assis sur un siège rustique, et appuyé sur un bâton qu'il changera bientôt contre le bras de sa fille,

Fig. 93. — Présentation de la Sainte Vierge au temple.

contemple ce doux spectacle et semble se dire à lui-même, comme plus tard les parents de Zacharie : « que sera cette enfant ? *quis puer iste erit* » (1).

Derrière sainte Anne, une jeune Israélite tient le vase des ablutions légales, et à ses côtés, se trouve un petit vase élégant destiné à recevoir les fleurs qui symbolisent l'enfant qui vient de naître, puisqu'elle est appelée, *la fleur des champs, flos campi* (2).

Tout en haut, dans les airs, le Saint Esprit sous la

(1) Luc I, 66.
(2) Cant. II, 1.

forme d'une colombe, épanche sur la tête de l'enfant, un rayon de lumière au milieu duquel se jouent des anges adorateurs.

II. TABLEAU. — *La Présentation au Temple* (voir fig. 93). En se consacrant à Dieu, la Sainte Vierge foule au pied le démon et le monde. Dans l'écoinçon, vous voyez Moïse avec cette inscription : *Ipsa conteret caput tuum* : « cette femme t'écrasera la tête » (1).

Comme elle a remporté sa victoire par la plénitude de la beauté spirituelle de la grâce, vous voyez dans le premier médaillon, l'Esprit Saint nous la représenter belle comme la lune, *Pulchra ut luna* (2). Dans le second, c'est un quartier de lune qui, tout en se mirant dans un lac tranquille, éclaire un paisible troupeau de brebis et d'agneaux qui repose sous l'œil d'un berger vigilant et d'un chien fidèle; dans le troisième, c'est une demi-lune qui blanchit le sommet des collines; et dans le quatrième, c'est la pleine lune, entourée de riantes étoiles, qui répand sur la terre ses flots argentés.

A votre gauche, sur la grande toile, c'est la Sainte Vierge : revêtue d'une robe bleue frangée d'or et d'un long voile blanc, elle s'avance gracieusement, les mains jointes, vers le grand-prêtre qui d'une main la bénit et de l'autre lui montre le Ciel, récompense de son sacrifice.

Saint Joachim, sainte Anne et un groupe de jeunes filles font cortège à celle qui leur donne un si touchant exemple; derrière le grand prêtre se tiennent deux lévites dans une attitude recueillie. Dans les airs, deux anges qui, de leurs ailes déployées et de leurs mains bénissantes, forment comme un velum protecteur sur l'enfant qui s'immole à Dieu.

III. TABLEAU. — *Le Mariage de la Sainte Vierge* (fig. 94). Dans l'écoinçon, c'est Isaïe qui prédit qu'elle concevra un

---

(1) Gen. III, 15.
(2) Cant. VI, 9.

enfant. *Ipsa concipiet filium* (1). Et comme à ce moment, elle était dans tout l'éclat de sa radieuse beauté, vous voyez que dans le premier médaillon, elle est proclamée, éclatante comme le soleil, *electa ut sol* (2).

Dans le second, vous voyez, une prairie émaillée de verdure et de fleurs ; dans le troisième, c'est une ruche d'abeilles laborieuses et dans le quatrième, le soleil dans toute sa splendeur dont la chaleur enrichit la nature de ces merveilleuses beautés.

Fig. 94. — Le mariage de la Sainte Vierge.

A votre gauche, vous avez le mariage de la Sainte Vierge. Le grand-prêtre, en habits pontificaux, se trouve entre les deux futurs époux. Saint Joseph tient une verge fleurie dans la main gauche et présente, de la droite, l'anneau à sa gracieuse fiancée : la jeune Vierge, les yeux modestement baissés, tend les deux mains, comme pour symboliser la totalité de son sacrifice. Tout autour, des jeunes filles, les unes à genoux, les autres debout, se recueillent et prient. Dans les airs, une blanche colombe,

(1) Is. VII, 14.
(2) Cant. VI, 9.

symbole du Saint Esprit, recouvre de ses ailes les jeunes époux qui semblent lui dire : « Protégez-nous sous l'ombre de vos ailes, *sub umbrâ alarum tuarum protege nos* » (1).

IV. TABLEAU.— *L'Annonciation* (fig 95.). Dans l'écoinçon, vous voyez Sara, recevant la visite de trois anges qui lui annoncent qu'elle sera bientôt mère ; l'inscription porte : *Sara uxor tua pariet filium* (2). « Sara, ton épouse enfantera un fils ».

Fig. 95. — L'annonciation de la Sainte Vierge.

Comme le printemps est l'annonce de la joie de toute la nature, vous voyez dans le premier médaillon, le texte sacré : *Lætabitur deserta, florebit solitudo* (3). « Le désert se réjouira et la solitude se remplira de fleurs. »

Dans le second médaillon, c'est la terre qui tressaille dans une magnifique germination ; dans le troisième, ce sont des arbres chargés de nids gazouillants et dans le

(1) Ps. XVI, 8.
(2) Gen. XVIII, 10.
(3) Is. XXXV, 1.

quatrième, une bande d'oiseaux qui voltigent joyeusement dans l'espace. A votre gauche, c'est la Sainte Vierge simplement assise dans une silencieuse méditation ; elle a laissé derrière elle son travail, le livre de ses études, la quenouille et la Bible ; à ses pieds, un lys épanoui fixe et charme ses regards.

Fig. 96. — La maternité de la Sainte Vierge.

Devant elle, à une respectueuse distance, c'est Gabriel aux ailes d'or, les mains jointes, qui regarde ému, osant à peine prononcer sa divine salutation. Tandis qu'il s'acquitte de son céleste message, voyez, tout en haut, six cloches agitées par les anges ; les trois qui sont du côté de l'archange, chantent : la 1re, *Ave Maria* ; la 2e, *Gratia plena* ; la 3e, *Dominus tecum* ; celles qui sont du côté de la Vierge, répondent : la 1re, *Ecce Ancilla Domini* ; la 2e, *Fiat Mihi* ; la 3e, *Secundum verbum tuum*. Entre les anges, dans une nuée lumineuse, le Père Éternel et le Saint Esprit envoient un rayon de leur gloire à la fille bien-aimée et à l'épouse mystique.

V. TABLEAU. — *La Maternité de la Sainte Vierge* (fig. 96). Dans le premier médaillon, au-dessus, le prophète dit, que la Naissance de Jésus réconciliera tous les cœurs ! « le loup habitera paisiblement avec l'agneau ». *Habitabit lupus cum agno* (1). Au second, c'est un loup pacifique qui contemple à ses pieds un agneau confiant. Dans le troisième, ce sont les trois mages qui lèvent les yeux et les mains vers l'étoile de la Paix, symbole de leur naissance spirituelle. Dans le quatrième, c'est le Buisson ardent qui porte, dans sa ramure, sans les brûler, deux fruits mystérieux, la Vierge et son enfant ; et à ses pieds, Moïse à genoux, étonné, recueilli, écoute la voix de l'ange qui lui dit : « la terre où tu marches est une Terre Sainte » (2).

A votre gauche, c'est la Sainte Vierge assise près de la crèche où le divin Enfant, suçant son petit doigt, repose sur la paille. Saint Joseph, ayant à ses côtés, l'âne et le bœuf légendaires, semble contenir sa tendre émotion ; dans un coin, des bergers chargés de cadeaux et dans les airs, des anges qui charment harmonieusement le divin Enfant par leur Céleste *Gloria*. Derrière la Sainte Vierge, ce sont les Rois de l'Orient qui semblent attendre leur tour d'audience. — C'est la fin des toiles qui représentent la Vie joyeuse de la Sainte Vierge.

Revenons au bas de l'église et plaçons-nous du côté de l'épître pour examiner les cinq principales circonstances de la Vie douloureuse de la Sainte Vierge.

I. TABLEAU. — *La Présentation de son fils au Temple* (fig. 97) où le vieillard Siméon lui annonça que son Cœur serait transpercé d'un glaive : c'était sa première douleur. Dans l'écoinçon, c'est Rachel pleurant le massacre de ses

---

(1) Is. XI, 6.
(2) Deut. I, 31.

enfants; elle porte en inscription : *Vox in Rama audita est*, « une voix a été entendue dans Rama ».

Dans le premier médaillon, c'est le texte prophétique : *Vox lamentationis Rachel plorantis filios suos* (1). « On entendit la voix gémissante de Rachel pleurant ses enfants. » Dans le second, c'est le massacre des enfants innocents sous les yeux de leurs mères; dans le troisième, ce sont des oliviers qui symbolisent la tristesse; dans le quatrième,

Fig. 97. — La présentation de Jésus ou temple.

c'est la ville de Rama plongée dans une sombre affliction. A votre droite, la Sainte Vierge dépose son Enfant dans les bras du vieillard Siméon; mais elle reste toujours debout, les mains tendues, comme pour le supplier de le lui rendre. Le saint patriarche regarde avec attendrissement celui qui fait briller dans ses yeux un rayon de bonheur; il peut maintenant chanter son *Nunc dimittis*. De son côté le divin Enfant, dans un mouvement d'instinctive anxiété, se retourne vers sa mère, comme pour lui dire : ne m'abandonnez pas; c'est assez que j'aie plus tard, à dire à mon père : « Pourquoi m'avez-vous aban-

(1) Jerem. XXXI, 15.

donné ? » Derrière la Sainte Vierge, saint Joseph tient dans ses mains les deux colombes de l'oblation; et à une petite distance de Siméon, Anne la prophétesse a déroulé le livre des prophéties. Enfin, dominant ce tableau, empreint de deuil et de mélancolie, on voit à l'horizon la pointe d'un glaive... mystérieux qui, suivant Siméon, devait percer le cœur de Marie.

Fig. 98. — La rencontre de Jésus sur le chemin du Calvaire.

II. TABLEAU. — *La rencontre de Jésus sur le Chemin du Calvaire* (fig 98). Dans l'écoinçon, Esther évanouie en présence d'Assuérus. Elle porte sur sa banderole : *Esther regina corruit et reclinavit caput*. Dans le premier médaillon, le texte du prophète, faisant dire à la Mère des Douleurs : « où va mon bien aimé, il gravit la montagne de la Myrrhe? *quo abiit dilectus meus, abiit ad montem Myrrhæ* (1); dans le second, c'est la porte de Jérusalem; dans le troisième c'est une montagne enveloppée d'un nuage de tris-

(1) Cant. IV, 6.

tesse; dans le quatrième, c'est un champ de myrrhe, emblême d'amertume.

A gauche, c'est Jésus chargé d'une lourde croix, légèrement soutenue par le pieux Simon de Cyrène. La Sainte Vierge, revenue de son évanouissement, s'approche et soutient son pauvre Fils : derrière, saint Jean, Marie-Madeleine et Marie de Cléophas qui, avec des regards, at-

Fig. 99. — La Sainte Vierge au pied de la Croix.

tendris, compatissent à la douleur du Fils et de la Mère, dans cette cruelle rencontre.

III. TABLEAU. — *La Sainte Vierge au pied de la Croix* (fig. 99). Dans l'écoinçon, la mère des Machabées, invitant ses enfants, au moment de leur mort, à regarder le Ciel : *Peto nate, ut aspicias ad cælum* (1). « Je te demande, mon Fils, de regarder le Ciel ».

Dans le premier médaillon, c'est le cri de la Mère des

(1) II Mach. VII, 28.

Douleurs, disant : « O vous qui passez par ce chemin, regardez et voyez s'il existe une douleur semblable à ma douleur ! » *O vos omnes qui transitis per viam, attendite et videte si est dolor sicut dolor meus* (1).

Dans le second, c'est une vallée d'absinthe, symbole de souffrance ; dans le troisième, c'est le voile du Temple qui se déchire de désolation ; dans le quatrième, c'est le

Fig. 100. — La Sainte Vierge recevant le corps inanimé de son fils.

soleil qui, voilant sa lumière, plonge la ville déicide dans une profonde obscurité.

A votre droite, c'est le Christ en Croix : à sa droite, sa Sainte Mère debout, étanche avec un linge le sang qui coule de son cœur ; Madeleine à genoux, recueille celui qui tombe des blessures de ses pieds ; saint Jean et les Saintes femmes contemplent en pleurant ce spectacle attendrissant.

IV. TABLEAU. — *La Sainte Vierge recevant le corps inanimé de son Fils* (fig. 100) ; ne nous occupons pas de l'écoinçon et allons immédiatement à la bande qui est au-dessus ;

(1) Jér. I, 12.

dans le premier médaillon, c'est la parole de l'épouse des Cantiques : *dilectus meus, sicut fasciculus Myrræ inter ubera mea commorabitur* (1). « Mon bien-aimé repose dans mes bras comme un bouquet de myrrhe » ; dans le second, c'est une plantation d'aloès ; dans le troisième, les instruments de la Passion ; dans le quatrième, des cyprès.

A gauche, c'est une Croix imposante par son aspect so-

Fig. 101. — La mort de la Sainte Vierge.

litaire ; deux longues gouttes de sang coulent encore de ses deux bras. A ses pieds, la Sainte Vierge tient sur ses genoux le divin Corps de son Fils, Madeleine soutient la tête ; saint Jean et les saintes femmes prient ; par terre, la couronne d'épines, la lance, les clous, l'éponge et le vase de fiel et de vinaigre.

V. TABLEAU. — *La Mort de la Sainte Vierge* (fig. 101). Dans l'écoinçon, c'est Judith sur son glorieux lit de mort, avec cette inscription : *Defuncta est Judith... luxitque eam*

---

(1) Cant. I, 12.

omnis populus (1). « A la mort de Judith, tout le peuple versa des larmes. »

La Sainte Vierge sur son lit de mort semble plutôt assoupie dans un doux sommeil ; de ses mains jointes, s'échappe un lys épanoui ; devant elle, Jésus, avec une émotion contenue, reçoit dans ses bras son âme radieuse, aussi joyeusement que la Vierge Marie avait reçu la sienne dans son sein quatre flambeaux entourent le lit mortuaire ; un groupe d'apôtres prie à genoux ; un autre groupe, au milieu duquel s'élève la Croix, semble chanter : « Anges de Dieu, accourez au-devant de votre Reine ». Un ciel radieux, présage du Paradis, éclaire cette scène où l'artiste semble avoir voulu montrer le calme et la beauté d'une douce et sainte mort.

Sur la bande à gauche, dans le premier médaillon, le texte latin : *Exaltata quasi plantatio rosæ in Jericho... quasi platanus... quasi palma* (2).

Dans le second, une plantation de rosiers ; dans le troisième, un platane et dans le quatrième, un palmier, tout autant de symboles de joie et de gloire chrétiennes. Telles sont les circonstances de la vie joyeuse et douloureuse de la Sainte Vierge, représentées sur ces toiles.

Reste la vie glorieuse : c'est-à-dire l'Assomption et le Couronnement au Ciel. Si Dieu le permet, nous comptons traiter, plus tard, ces deux sujets que nous placerons sous forme de vitraux dans les deux grandes ouvertures du plafond.

Dans le cintre qui est au-dessus du maître-autel, nous avons placé deux groupes d'anges qui transportent et qui escortent la Sainte Maison de Nazareth, en souvenir de la Bonne-Nouvelle du mystère de l'*Annonciation* qui est la fête patronale de notre chère paroisse.

Toute cette magnifique composition est encadrée d'une

---

(1) Judith XVI, 29. Disons ici que les sujets prophétiques des écoinçons ont été placés, comme culs-de-lampes, à la fin des huit premiers chapitres.

(2) Eccl XXIV, 18.

frise sur laquelle courent harmonieusement entrelacées, des branches de palmier, de lys et de rosier.

A l'intersection des toiles, vous remarquez des carrés ornés d'un sujet : ces sujets sont des allégories tirées de l'histoire de la paroisse de Bonne-Nouvelle. Le *Moulin* que vous voyez dans le premier carré, au bas du premier tableau, rappelle la *Butte-aux-Moulins* qui était la première dénomination du quartier. Les débris, les *gravois* et la *petite ville* que vous voyez dans le second carré du bas, rappellent *La Ville Neuve-en-Gravois* qui était le nom de ce premier village. L'*arbre* que vous voyez dans le troisième carré, rappelle le *Chêne de saint Louis* qui a été le premier patron de la première chapelle bâtie dans ce quartier. L'*Anneau traversé par une palme*, dans le quatrième, rappelle la seconde patronne de cette chapelle, sainte Barbe, à laquelle Notre Seigneur est apparu en lui présentant un anneau d'or et la palme du martyre.

Le *Fort* que vous voyez dans le cinquième carré, symbolise les fortifications qui, pendant le siège de Paris par Henri IV, occupaient l'emplacement actuel de notre église.

Le *Gril* du sixième carré, rappelle que la petite Chapelle Saint-Louis et Sainte-Barbe fut fondée sur le territoire de la paroisse de Saint-Laurent qui, vous le savez, fut brûlé sur un gril.

L'édifice religieux du premier carré du haut, en recommençant par le bas de l'église, rappelle l'abbaye de Saint-Martin dont les prieurs avaient seuls le droit de nomination des curés de Bonne-Nouvelle, comme étant une paroisse de leur fondation.

La *Couronne* du second carré, rappelle Anne d'Autriche qui en 1628, posa la première pierre du chœur de l'église (1). La *Porte* que vous voyez dans le troisième, rappelle la belle *Porte Saint-Denis* qui faisait anciennement partie de Bonne-Nouvelle. Dans le quatrième, les deux *Armoiries*, rappellent celles de Louise de Marillac qui

(1) On conserve à Bonne-Nouvelle l'inscription de cet événement surmontée de la couronne royale.

a institué la Congrégation des Filles de la Charité, pendant qu'elle habitait sur la paroisse de Saint-Sauveur, devenue en partie notre paroisse : les autres armes, sont celles de saint Vincent de Paul, parce que ses premières religieuses ont inauguré leur ministère de charité dans le quartier de Bonne-Nouvelle.

Dans le cinquième, vous voyez un *édifice*; c'est l'ancienne *chapelle des Sœurs de Saint-Chaumond* qui se trouvait rue de la Lune, entre la rue Thorel et la rue Poissonnière, et donnait sur le boulevard.

Enfin, les *Armes* qui sont dans le dernier carré sont celles de Mgr *François II de Harlay de Champvallon* qui en 1672 érigea en cure notre paroisse et nomma comme curé, M. Charles de Lestocq.

Revenons au bas de l'église du côté de l'épître : dans le premier carré, vous voyez un parchemin déroulé ; cela rappelle la *Protestation* des paroissiens de Bonne-Nouvelle en 1791, pour le rétablissement de la paroisse qui avait été supprimée par l'Assemblée nationale.

A gauche, la *Tour*, rappelle la paroisse Saint-Sauveur (1), appelée anciennement *chapelle de la Tour*, et qui est devenue en 1801, partie intégrante de Bonne-Nouvelle.

L'édifice du troisième carré, rappelle la *chapelle Saint-Joseph*, bâtie à l'endroit où se trouve actuellement la rue de ce nom (2).

Le *Clocher* que vous voyez à gauche, c'est le clocher de notre église qui a été conservé intact en 1823, lors de la démolition de l'ancienne chapelle.

Les armes du carré qui vient après, sont celles de Monseigneur *le Cardinal de Belloy*. Ce fut ce prélat qui obtint, contre Saint-Sauveur, le maintien de la paroisse de

---

(1) Cette église se trouvait au coin de la rue Saint-Sauveur et de la rue Saint-Denis.

(2) La Fontaine et Molière furent enterrés dans le cimetière de cette chapelle.

Bonne-Nouvelle et qui en nomma M. de Cagny, le premier curé, après la Révolution.

Enfin, la Couronne et la Tiare que vous voyez dans le dernier carré, rappellent la signature du Concordat entre Bonaparte et Pie VII, auxquels Bonne-Nouvelle doit sa réouverture.

Revenons au bas de l'Eglise.

Les armes du carré du haut sont celles de Mgr de Quélen qui a consacré notre église en 1830.

Dans le deuxième carré, vous voyez une *Porte de Prison*, c'est celle de Mazas où avait été emprisonné, pendant la Commune, M. l'abbé Bécourt, curé de Bonne-Nouvelle, fusillé le 27 mai 1871 (1).

Dans le troisième carré, ce sont les armes de Pie X actuellement régnant. Dans le quatrième, ce sont celles du regretté cardinal Richard qui m'avait promis de venir inaugurer nos peintures. Dans le cinquième, ce sont les armes de Mgr Amette, depuis quelques mois archevêque de Paris, et qui viendra présider cette cérémonie. Enfin, comme on m'a prié de mettre ma signature, elle est dans le dernier carré : une *Maison Blanche*.

Ces peintures (2), mes chers Paroissiens, vous imposent deux devoirs : le premier, c'est d'invoquer, par de ferventes prières, les saints personnages qu'elles représentent; le second, c'est de vous appliquer à imiter les vertus dont elles vous donnent les modèles.

A cette condition, vous serez encore le meilleur ornement de notre église avec vos âmes purifiées et sanctifiées par la grâce.

L'inauguration de ces toiles aura lieu le dimanche 24 mai (fig. 102), sous la présidence de Mgr Amette, archevêque de Paris, à 3 heures de l'après-midi. M. le chanoine Janvier, l'éminent conférencier de Notre-Dame, prononcera un sermon de circonstance. Un souvenir de cette solennité sera distribué à tous les assistants et je suis con-

(1) On conserve dans l'église, la porte authentique de Mazas.
(2) Voir à l'appendice F la Presse et les peintures de Bonne-Nouvelle.

vaincu que, ce jour là, l'église de Bonne-Nouvelle sera comble.

Pour bien vous préparer à ces belles solennités, je vous prie de venir nombreux aux exercices du mois de Marie.

En attendant, veuillez agréer, mes chers Paroissiens et Associés, l'assurance de mon affectueux dévouement.

L.-M. Casabianca,
Curé de N.-D. de Bonne-Nouvelle.

Complétons ce chapitre d'art, en disant que nous avons fait peindre à l'huile et placer dans la sacristie, les portraits de dix curés de Bonne-Nouvelle dont nous avons pu nous procurer, la photographie.

Saintes Reliques.

L'église de Notre-Dame de Bonne-Nouvelle possède un très grand nombre de reliques, renfermées dans six beaux reliquaires. Les sceaux et authentiques sont parfaitement intacts.

Deux parcelles de la vraie croix renfermées dans une croix d'argent à pied et dans une croix d'ébène à rayons d'argent et supportée par deux anges en bois doré.

Enfin, de notables parties du corps de saint Félicissime qui vient probablement des catacombes de Rome. Cette relique qui avait appartenu à la chapelle de l'ancien couvent des Bonshommes, avait été préservée de la profanation grâce à l'esprit chrétien du commissaire-priseur qui avait présidé à la vente de cet établissement.

Archives.

La paroisse de Bonne-Nouvelle les garde dans une armoire bien fermée et dans des cartons étiquetés par ordre d'affaires et de temps. Là sont tous les comptes depuis le rétablissement du culte; les registres des délibérations de la fabrique. Un grand nombre de mandements, d'ordonnances et autres documents concernant l'église et la paroisse. Les registres de mariage, de baptême, d'enterrement depuis 1797 (en partie) ; ces registres sont complets, en bon ordre, avec des tables bien faites et solidement reliés. Les inventaires de mobilier, des œuvres d'art. Depuis la loi de séparation, une partie de ces pièces est enfermée dans le coffre-fort, avec d'autres objets.

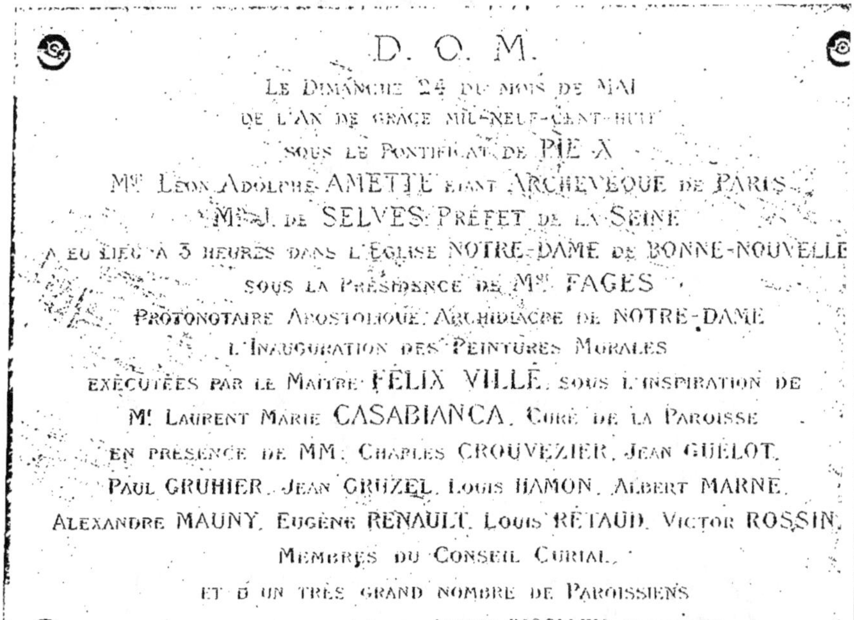

D. O. M.

LE DIMANCHE 24 DU MOIS DE MAI
DE L'AN DE GRACE MIL-NEUF-CENT-HUIT
SOUS LE PONTIFICAT DE PIE X
Mgr LÉON ADOLPHE AMETTE ÉTANT ARCHEVÊQUE DE PARIS
M. J. DE SELVES PRÉFET DE LA SEINE
A EU LIEU A 3 HEURES DANS L'ÉGLISE NOTRE-DAME DE BONNE-NOUVELLE
SOUS LA PRÉSIDENCE DE Mgr FAGES
PROTONOTAIRE APOSTOLIQUE ARCHIDIACRE DE NOTRE-DAME
L'INAUGURATION DES PEINTURES MURALES
EXÉCUTÉES PAR LE MAÎTRE FÉLIX VILLÉ, SOUS L'INSPIRATION DE
M. LAURENT MARIE CASABIANCA, CURÉ DE LA PAROISSE
EN PRÉSENCE DE MM. CHARLES CROUVEZIER, JEAN GUÉLOT,
PAUL GRUHIER, JEAN CRUZEL, LOUIS HAMON, ALBERT MARNE,
ALEXANDRE MAUNY, EUGÈNE RENAULT, LOUIS RÉTAUD, VICTOR ROSSIN,
MEMBRES DU CONSEIL CURIAL,
ET D'UN TRÈS GRAND NOMBRE DE PAROISSIENS
ALFRED RIGOLLEY, ARCHITECTE.

Fig. 102. — Plaque commémorative de l'inauguration des nouvelles peintures. Cette plaque a été placée, le lundi 12 octobre 1908, dans le vestibule de la sacristie

Cl. Conte.
Fig. 103. — Banc-d'œuvre.

CHAPITRE TREIZIÈME

Sollicitude des fabriciens dans l'accomplissement de leur mandat.

SOMMAIRE

Institution des Conseils de fabrique. — Cérémonie de l'installation des fabriciens. — Leur sollicitude portait sur le service des enfants de chœur, sur le respect envers le clergé, sur le matériel de l'église. — Noms des fabriciens depuis 1803 jusqu'à 1907. — Membres du Conseil curial.

GRAVURES : Le Banc-d'Œuvre. — Chapelle de Notre-Dame-Consolatrice. — Chapelle du Calvaire. — Panneau des renseignements généraux de la paroisse. — M. Ernest Lefébure. — Chapelle du Purgatoire.

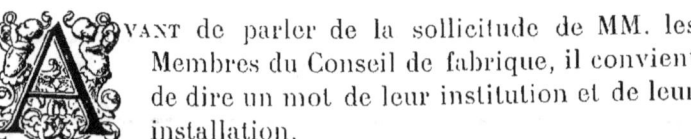

VANT de parler de la sollicitude de MM. les Membres du Conseil de fabrique, il convient de dire un mot de leur institution et de leur installation.

Le cardinal Jean-Baptiste de Belloy, archevêque de Paris, de concert avec Nicolas-Thérèse-Benoît Frochot, préfet du département de la Seine, institua les fabriques par un décret du 12 novembre 1803. M. de Cagny présenta, à la nomination des autorités ecclésiastique et civile,

MM. Jean-Baptiste Chéret, rue de Cléry, 39 ; Jean-Baptiste-Pierre Duval, rue Sainte-Barbe, 16 ; Bénigne Floriet, rue Saint-Denis, 13 ; Georges-Marie Race, rue Thévenot, 1 ; Augustin-Charles-Alexandre Olivier, rue du Faubourg Poissonnière, 3 ; Pierre-Gabriel Tiron, notaire, rue Saint-Denis, 44, et tous furent agréés.

Le dimanche précédent, M. le Curé était monté en chaire, avait lu l'ordonnance de l'archevêque et proclamé les noms des fabriciens. Le dimanche suivant, à l'heure de la grand'messe, tous ces Messieurs, précédés de M. le Curé, sortirent de la salle des séances et se rendirent au chœur. Après avoir fait leur prière auprès du maître-autel, ils furent conduits au banc-d'œuvre où ils se placèrent dans l'ordre qui avait été fixé dans la délibération précédente. M. le Curé monta en chaire, présenta les fabriciens à ses paroissiens, les remercia de leur dévouement et rappela les services que la paroisse attendait de leur zèle et de leur prudence. Après cette allocution, M. le Curé retourna au chœur et entonna le *Veni Creator Spiritus* pour attirer les bénédictions du ciel sur la nouvelle administration fabricienne. Ensuite, commença la grand'messe.

Ce cérémonial, empreint d'esprit chrétien, montre l'importance que l'Église et l'État attachaient à l'administration des Conseils de fabrique, ainsi que les services que cette administration devait rendre à ces deux autorités s'unissant dans un intérêt général d'ordre religieux et civil.

Notre intention n'est pas de parler de la sollicitude de la fabrique à veiller sur l'administration du temporel et sur l'ensemble des différents services de la paroisse ; les divers Conseils qui en ont été chargés se sont acquittés de leur tâche avec une prudence, un dévouement et une compétence au-dessus de tout éloge.

Nous voudrions seulement montrer la sollicitude de nos fabriciens sur quelques points spéciaux. Nous grouperons ces points sous trois titres principaux :

I. — Dignité du culte ;
II. — Vénération du clergé ;
III. — Conservation du matériel.

I. *Dignité du culte*. — Une de leurs premières préoccupations fut l'organisation du service des enfants de chœur ; on sait l'utilité de ce service pour les messes, le chant, les processions, l'administration des sacrements et pour toutes les autres cérémonies.

Afin d'avoir des enfants convenables, comme honorabilité de famille, comme aptitudes et vertus personnelles, on décida qu'ils seraient choisis au concours : ils étaient examinés sur leur âge — on les admettait à six ans — leur taille, leurs aptitudes à servir à l'autel, leur moralité, leur voix et leur connaissance du latin.

La date et les matières du concours étaient affichées d'avance à la porte de l'église. Trois fois par an, devant le clergé, les administrateurs de la fabrique et les notabilités de la paroisse, il leur était distribué des prix de lecture latine et française, de mémoire et de chant, d'écriture et d'orthographe, de sagesse et d'assiduité ; le Président de la fabrique y prononçait un discours de circonstance. Toutes ces choses, ainsi que les noms des lauréats, étaient l'objet d'un compte rendu qui devait figurer dans le cahier des délibérations. Il arrivait quelquefois que des enfants étaient renvoyés pour défaut d'intelligence, manque d'aptitudes, de voix, d'exactitude et pour inconduite. Le prêtre, chargé des enfants de chœur, devait rendre à MM. les Administrateurs un compte exact et détaillé de leurs travaux, de leurs progrès, de leur ponctualité et de leur conduite. Il est arrivé que la mère de deux enfants de chœur renvoyés pour inconduite, s'était avisée de demander par lettre aux administrateurs, une gratification à l'occasion de leur renvoi. Le Conseil « considérant qu'accéder à cette demande, serait autoriser le vice et récompenser l'inconduite », n'y répondit pas et passa à l'ordre du jour. Mais lorsque l'enfant quittait régulièrement, il recevait, à titre de gratification, la somme de 36 francs. La sollicitude de MM. les

Administrateurs allait plus loin : se préoccupant de la pénurie d'ecclésiastiques, elle émit l'idée de fonder à Bonne-Nouvelle une école qu'on nommerait Petit Séminaire : on y enverrait les enfants de la paroisse qui se sentiraient la vocation pour le sacerdoce. Dans cette école on leur apprendrait le français et le latin, la musique et le chant et l'on travaillerait à développer les germes de leur vocation ; l'instruction y serait entièrement gratuite. La motion fut votée, et l'on se préoccupa de trouver un local. Le local fut trouvé au n° 4 de la rue de Notre-Dame de Bonne-Nouvelle : il se composait de plusieurs pièces pour les classes et d'un petit logement pour l'ecclésiastique qui devait en avoir la direction. M. l'abbé Heuqueville en fut le premier directeur.

On décida que tous les enfants de chœur seraient instruits avec les clercs du Petit-Séminaire. Après délibération, on alloua une somme de 2.000 francs pour l'entretien de cet établissement, savoir :

Pour le loyer	400
Chauffage et éclairage.	200
Habillement de chœur et blanchissage.	300
Appartement d'un professeur de 4e et 5e classe	800
Appartement d'un professeur pour les commençants.	300
	2.000

Il était entendu que les enfants du Petit-Séminaire devaient remplir les fonctions d'enfants de chœur, de thuriféraire et de porte croix, afin de retrouver une partie des frais occasionnés par l'établissement de cette école.

L'administration s'occupa de son aménagement, de l'achat des tables, des bancs, poêle, quinquets, en un mot de tout le mobilier nécessaire. Cette école était devenue si florissante qu'elle compta jusqu'à 80 élèves. Nous regrettons de n'avoir pu découvrir d'autres données sur cet établissement ; mais il est permis de croire qu'il a fourni à la paroisse, des enfants de chœur bien stylés et pieux, à l'Église, quelques ecclésiastiques et au quartier, de bons chrétiens.

Après s'être occupé des enfants de chœur, les administrateurs portent leur sollicitude sur le chant d'église ; ils constatent les graves abus et inconvénients de la musique.

Fig. 104. — Chapelle de Notre-Dame Consolatrice.

Les feuilles publiques annonçant une messe en musique, aux allures théâtrales, l'église était envahie par des amateurs et des curieux qui prenaient la place des bons paroissiens. De là, absence de silence et de recueillement pendant les cérémonies ; de là, bavardage, désordre, confusion de la part d'une multitude de personnes qui n'étaient là que pour admirer et critiquer. De plus, des subalternes avides, franchissant les bornes que les lois avaient mises à leur cupidité, vendaient et distribuaient des places, dans des conditions scandaleuses. Pour couper court à ces abus et à d'autres, MM. les Administrateurs, s'inspirant d'une ordonnance de MM. les vicaires capitulaires, le siège étant vacant, supprimèrent toute exécution extraordinaire de musique dans l'église et décidèrent la reprise du plain-chant, simple et religieux, qui convient aux paroissiens, parce qu'il leur permettait d'y mêler leur voix pour chanter les diverses parties de la messe, des vêpres et du salut du Saint Sacrement.

En 1847, alors que la quantité et la qualité de la population battaient leur plein, MM. les Administrateurs, frappés de l'insuffisance du chœur de chant, voulurent tenter un essai : le nouveau maître de chapelle fut chargé de réorganiser ce service ; il y mit beaucoup de zèle et de talent. Mais il fut reconnu que ces tentatives avaient livré le chœur à une espèce d'anarchie ; que le concours des enfants de chœur avait jeté parmi ces enfants, des germes de dissipation et d'insubordination qui produisirent des fruits très fâcheux ; qu'il était urgent de prendre des mesures pour assurer, d'une manière plus satisfaisante, l'instruction et l'éducation religieuse de ces enfants en se réservant une pépinière de jeunes sujets à former pour le chant.

En conséquence, on déclara la méthode de M. Croizier (1) inapplicable malgré le grand talent de l'auteur ; on décida de revenir à la pureté du plain-chant avec accompagnement et contre-point, on réduisit à huit, le nombre des chanteurs, sans compter les enfants de chœur. Il fut en effet arrêté que les choristes assisteraient aux offices, en habit de chœur.

Il y a un détail qui n'a pas non plus échappé à leur sollicitude ; c'est la question du baiser de paix : voilà pourquoi, dans la réunion du 9 avril 1806, MM. les Administrateurs, « considérant que jaloux, autant pour eux-mêmes que pour leurs successeurs, de faire revivre ce

(1) C'était le nom du maître de chapelle.

respectueux usage, décident de rétablir cette faible marque d'honneur et de considération, récompense unique des soins journaliers qu'ils donnent pour l'administration des affaires temporelles de l'église. » C'était un bien édifiant spectacle que celui de ces fabriciens quittant le banc-d'œuvre pour aller baiser l'instrument de Paix !

11. *Vénération du clergé.* — Appréciant à leur juste mesure, les services éminents que le clergé rendait aux âmes et à la religion, MM. les Fabriciens se sont toujours empressés de témoigner à ses membres leur reconnaissance et leur respect pendant leur vie et après leur mort.

C'est ainsi que, dans le premier ordre d'idées, MM. les Administrateurs, prenant en considération le zèle apostolique du clergé et l'augmentation des ressources paroissiales, se faisaient un devoir, soit de demander de nouveaux prêtres, soit d'augmenter leur traitement. Dans maintes circonstances, ils accordaient des indemnités ou des secours annuels qui s'élevaient parfois jusqu'à 500 francs, à des prêtres âgés ou infirmes qui jouissaient déjà d'une pension de l'autorité diocésaine.

A la mort de M. Portalès, ils eurent la touchante pensée d'allouer à cinq prêtres habitués, la somme de 500 francs chacun, que leur donnait ce généreux pasteur, sûrs qu'ils étaient : « d'agir sous l'inspiration de ce curé charitable ».

Ils allèrent même jusqu'à accorder un secours de route de 100 francs, à un prêtre maltais qui, réfugié à Paris lors de l'invasion de Rome et ayant habité quelques mois sur Bonne-Nouvelle, voulut retourner dans la Ville éternelle après le rétablissement de la paix en Europe.

Mais ce fut surtout vis-à-vis des pasteurs de la paroisse, qu'ils firent preuve de leur reconnaissante sollicitude.

Pour reconnaître les signalés services rendus par M. l'abbé de Cagny, pendant la Révolution de 1793, et depuis la restauration du culte à Bonne-Nouvelle dont il fut le premier pasteur, ils décidèrent de placer son cœur dans une urne funéraire qui serait scellée dans la chapelle dite du Bon Pasteur. Quant à M. l'abbé Portalès, non seulement ils placèrent son cœur dans la même chapelle, mais ils firent placer sur le devant de sa sépulture, au cimetière de l'Est, une pierre artistiquement sculptée, portant une inscription qui rappelle le respect, la vénération et la reconnaissance de la paroisse de Bonne-Nouvelle. Ils firent plus encore ; ils demandèrent au préfet de la Seine l'autorisation de donner son nom à une rue de la paroisse, ce qui fut accordé, et la rue de la Lune porta, depuis 1861 jusqu'en 1885, le nom de rue Portalès.

Enfin, comme la tombe de M. l'abbé Paradis, au même cimetière, avait besoin de certaines réparations, le Conseil voulut bien s'en charger : bref, dans trois séances consécutives, il vota la somme de 5.600 francs dans laquelle étaient compris 2.500 francs pour les obsèques de M. Portalès.

Nous avons déjà eu l'occasion de mentionner les inscriptions placées sur les urnes qui contiennent le cœur de MM. de Cagny, Paradis et Portalès.

Enfin, plus près de nous, il convient de relever la sollicitude du Conseil de fabrique envers M. l'abbé Émile Bécourt ; voici les propres termes de la délibération : « Pour honorer la mémoire de M. l'abbé Émile-Victor Bécourt, curé de la paroisse, fait prisonnier comme otage et fusillé à la prison de la Roquette, le 27 mai 1871, MM. les Membres du Conseil de fabrique consacreraient par un témoignage matériel et apparent le souvenir de respectueux hommage pour ce martyr de la Commune.

« A cet effet, une plaque en marbre noir pourrait être placée dans l'église à l'endroit que désignerait M. le Curé.

« Elle porterait pour inscription, les nom et prénoms de M. Bécourt, curé de la paroisse de Bonne-Nouvelle, fusillé comme otage à la Roquette, le 27 mai 1871, et les noms de MM. les Membres du Conseil de fabrique, après celui de notre respectable pasteur, M. Chirac et celui de M. le Maire du 2me arrondissement. La teneur de cette inscription serait rédigée par le Conseil. Les frais que nécessiterait l'exécution de cette proposition seraient supportés par égales proportions et proportionnellement par M. le Curé, M. le Maire et MM. les Membres du Conseil de fabrique.

« Le Conseil, partageant à l'unanimité la pensée de M. Acloque, décide que dans sa prochaine séance, il prendra une décision définitive à ce sujet.

« Signé : Godard, Ed. Joriaux, Jarry, Laboissière, Durand, Ayrault, Davillier des Essards, Acloque. »

Effectivement, à la séance du 17 décembre 1872, le Conseil décida l'apposition d'une plaque en marbre noir, dans la chapelle de Sainte-Élisabeth, en mémoire de M. l'abbé Bécourt, portant l'inscription déjà mentionnée dans ce travail, lorsque nous avons retracé brièvement la vie du curé martyr. Ici trouve naturellement sa place un détail qui témoigne de la délicate sollicitude du Conseil envers le clergé et surtout envers la mémoire de M. Bécourt. Les ressources paroissiales ayant subi une grande diminution, le trésorier proposa de réduire à sept, le nombre des vicaires qui étaient de huit : la suppression porterait naturellement sur le dernier vicaire arrivé ; mais on s'aperçut que ce vicaire avait justement été amené par M. Bécourt sans que le Conseil ait pu être consulté. Alors, à l'unanimité, les membres du Conseil décidèrent de retrancher 300 francs à chacun des sept vicaires, ce qui donnerait 2.100 francs pour le traitement du huitième que l'on conserverait ainsi par égard pour le souvenir de M. Bécourt, comme aussi à cause des services que cet ecclésiastique rendait à la paroisse où il était très apprécié.

III. *Conservation du matériel.* — Lors de la construction de l'église actuelle, en 1826, M. Godde, architecte du Gouvernement, avait dressé son plan qu'il soumit au Conseil de fabrique. Soit pour donner au nouvel édifice un caractère d'harmonie générale, soit pour faire disparaître tout vestige de l'ancienne église, M. Godde avait présenté un plan d'ensemble entièrement nouveau. Le

Conseil ne crut pas devoir l'accepter. Il demanda et obtint à grand'peine, de l'opiniâtre architecte, la conservation du clocher (voir fig. 109) de l'ancienne église : c'était autant dans un intérêt archéologique pour garder ce spécimen d'architecture du xviie siècle, que dans le but touchant de perpétuer le souvenir de la première chapelle qui avait abrité les anciennes générations de la paroisse.

Comme M. Godde faisait le récalcitrant, il fallut que M. Faucher, président du Conseil, fît une démarche énergique auprès du Préfet de la Seine pour vaincre les dernières résistances de l'architecte.

Ce fut également à la vigoureuse insistance du Conseil, que le préfet de la Seine, accompagné de son chef de division, M. Larible, du directeur des travaux publics de Paris, M. Héricard de Nourry, et après avis favorable d'une commission d'architectes, imposa à M. Godde, nonobstant son avis contraire, la conservation du clocher et l'établissement des fondations de l'église sur pilotis. Nous devons remercier ces intelligents fabriciens de nous avoir conservé ce clocher qui donne à notre église un caractère antique et pittoresque et d'avoir obtenu pour l'église, de solides fondements.

Nous avons déjà vu, dans le cours de ce travail, les fabriciens défendant les intérêts paroissiaux, lors de la tentative faite du démembrement de Bonne-Nouvelle en faveur de Saint-Leu et surtout, lors du démembrement opéré pour la création de Saint-Eugène.

Pour compléter notre reconnaissance, il est juste d'ajouter que ce fut grâce à leur vigilante sollicitude et à leur bonne gestion, que Bonne-Nouvelle fut une des trois premières paroisses de Paris; à un moment donné elle a eu dix-neuf vicaires et ses recettes se sont élevées jusqu'à près de cent mille francs. De 1834 à 1854, elle a placé, soit au Mont-de-Piété, soit en bons du Trésor, plus de 30.000 francs ; elle dépensait 3.400 francs pour les prédications extraordinaires; elle avait un maître de chapelle et un organiste, neuf chantres, deux souffleurs d'orgue,

Fig. 105. — Le Calvaire.

A côté de S. Jean, à la droite du spectateur, on voit confusément une inscription dont voici le texte :

Ce Calvaire à été érigé
au mois de Déc^{bre} 1890
par les fidèles de la paroisse.

Ant^{in} FLANDRE
architecte

L^{is} PAULIN
décorateur

DELIN frères
statuaires

six employés d'église : elle dépensait annuellement 600 francs de vin de messe, 620 francs d'huile pour les lampes du Saint-Sacrement, 800 francs de blanchissage ; enfin, elle trouvait moyen d'accorder des secours assez considérables, non seulement aux prêtres qui avaient quitté la paroisse pour cause de maladie, mais encore aux employés et à leurs veuves. Elle fit aussi une offrande de 1.500 francs à la paroisse Saint-Eustache pour l'aider à réparer son orgue endommagé par un incendie.

La sollicitude de la fabrique s'étendait même sur un point assez délicat ; elle exigeait une caution des prêtres trésoriers ; et lorsqu'ils étaient dans l'impossibilité de la fournir eux-mêmes, elle obligeait leur famille à répondre pour eux ; c'est ainsi qu'en 1818, un abbé Poirson ayant été nommé vicaire-trésorier, ses sœurs se rendirent à l'assemblée de fabrique, se portèrent caution de leur frère et s'obligèrent, conjointement et solidairement avec lui, à représenter pour le tout, toutes les fois qu'elles en seraient requises, tous les objets mobiliers contenus et détaillés dans l'inventaire, reconnus par leur frère, ainsi que les comptes des sommes qui lui auraient été confiées.

Enfin, la tenue des registres des baptêmes, mariages et enterrements attira aussi l'attention des fabriciens.

En 1844, M. le Trésorier fit un rapport sur la mauvaise tenue de ces actes depuis 1802 jusqu'à cette époque. Il fit sentir l'utilité et la nécessité de faire de ces actes importants, un corps de registres tenus d'une manière uniforme et régulière.

Il est certain qu'il s'y était glissé de graves désordres ; il y avait des actes de baptêmes non signés, ni du prêtre, ni du parrain ni de la marraine ; il y en avait sans date, sans noms et sans adresse des parents ; il y avait même des actes de mariages intercalés dans les registres de baptêmes.

Le Conseil approuva le Trésorier et ouvrit un crédit de 1.300 francs pour la régularisation de ces actes et la reliure des registres qui les contenaient.

Il était juste de relever ces faits qui sont tout à l'honneur de ces assemblées ; cette constatation s'impose surtout à notre époque où, à l'occasion de la loi de séparation de

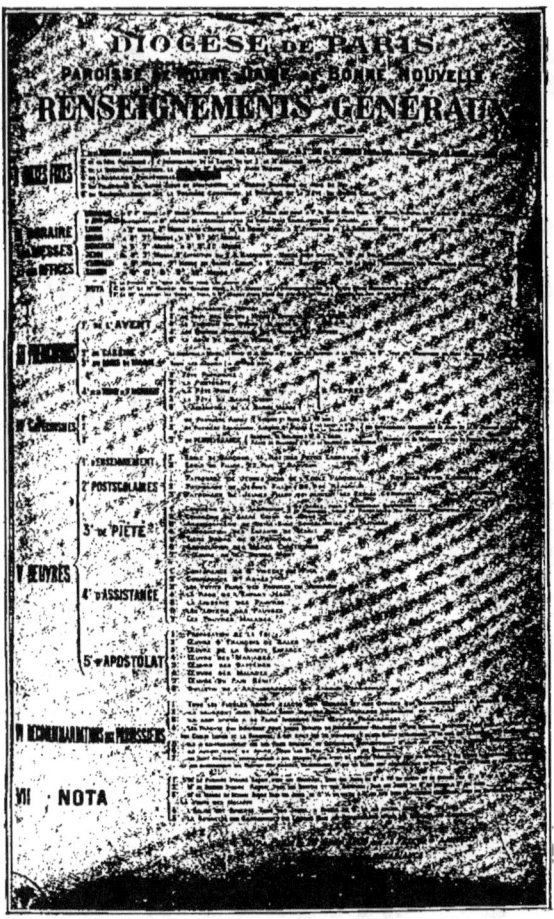

Fig. 106. — Renseignements généraux.

l'Église et de l'État et de la confection des inventaires des biens mobiliers et immobiliers, il s'est trouvé des membres d'un Gouvernement sectaire pour jeter le discrédit et la suspicion sur les Conseillers de fabrique. Ces Messieurs, au lieu de lâches compromissions auxquelles le Gouvernement s'attendait, lui ont donné une leçon de probité dans leur gestion, d'énergie dans la défense des biens qui leur étaient confiés, de fière indépendance de caractère et de parfaite soumission aux directions pontificales.

La vénération de MM. les Conseillers de fabrique pour leurs pasteurs et la bonne harmonie qui régnait entre eux, n'empêchaient pas cependant la naissance de certains conflits qui ne portaient nulle atteinte à leur loyauté; qu'il

Fig. 107. — M. Ernest Lefébure, officier de la Légion d'honneur, dernier président du Conseil de la fabrique de N. D. de Bonne-Nouvelle.

nous suffise d'en citer un exemple. En 1856, des accusations de la plus haute gravité pesaient sur l'organiste de Bonne-Nouvelle; M. le Curé, après de minutieuses informations, proposa au Conseil la révocation de cet employé. Celui-ci, qui avait eu vent de la mesure qui allait le frapper, alla trouver les fabriciens en cachette, pour tâcher de les gagner à sa cause. Trois de ceux-ci, s'étant laissés circonvenir, crurent sincèrement à son innocence; aussi à la sortie du Conseil, où la révocation avait été décidée, ils s'empressèrent de remettre leur démission : or, la Cour impériale par arrêt du 5 avril 1859, reconnut parfaitement fondées les accusations portées contre le dit organiste.

Dans son assemblée du 2 mai 1859, le Conseil de fabrique décida de mentionner cet arrêt au procès-verbal; ce qui fut fait dans les termes suivants : « Le Conseil donne acte au Président, de la communication touchant l'arrêt qui reconnaît la culpabilité de X... et considérant que bien que la loyauté des membres de l'ancien bureau fut incontestable, il convient aussi d'élever au-dessus de tout soupçon, celle de M. le Curé dont les appréciations se trouvent parfaitement justifiées par une décision solennelle de la justice ; invite le Président à faire mention sommaire de l'arrêt du 5 février dernier, en marge de la délibération du 5 mars 1856 ».

M. le Curé avait vu clair et son Conseil avait sagement agi en suivant ses indications.

Disons en terminant que la fabrique de Bonne-Nouvelle était propriétaire dans la rue de la Lune, des n°s 13 et 17. Dans la rue Beauregard, des n°s 33 et 44.

Voici la liste complète des noms et prénoms des membres du conseil de fabrique de N.-D. de Bonne-Nouvelle.

10 frimaire an XII (1803). — MM. Chéret, président, Tiron, secrétaire, Duval, Fouchet, Floriet, Ollivier, Race, Aubry.

1er frimaire an XIV. — MM. Tiron, président, Garnier, Ollivier.

7 décembre 1806. — MM. Percheron, Garnier.

21 décembre 1808. — MM. Leduc, Garnier.

11 novembre 1810. — M. Baron.

30 novembre 1810. — M. Sanlot.

20 novembre 1820. — M. Pingot.

30 novembre 1820. — M. Laforcade.

20 mai 1822. — M. De la Mothe.

30 mai 1822. — M. Empaire.

3 juin 1822. — M. Dessagnes.

20 mai 1823. — MM. Desétangs, Coustaud.

10 avril 1825. — MM. Duflot, Bounet, Hains.

6 août 1825. — M. Fougeroux.

22 avril 1830. — M. le marquis de Fréaulx.

11 avril 1831. — M. Dubuisson.

9 novembre 1833. — MM. Bréton, Rey, Le Bœuf.

24 avril 1835. — MM. Destors, Cadet de Chambine.
12 décembre 1836. — M. Germon.
1er avril 1837. — M. le vicomte de Nugent.
1er décembre 1837. — M. Frion.
27 avril 1840. — M. le baron Joinville.
14 décembre 1840. — M. Gallimard.
3 avril 1844. — M. Pison.
21 avril 1846. — M. Guiffry.
8 mai 1848. — M. Auguste Godard.
23 avril 1849. — M. Martin Didier.
7 janvier 1850. — M. Gaspard Durst.
20 décembre 1852. — M. Eug. Ganneron.
30 janvier 1854. — M. P. Denormandie.
24 avril 1854. — M. Decan « maire ». marguillier d'honneur.
21 mai 1855. — M. Germ. Thibault.
31 décembre 1855. — MM. Horrer, Laboissière, Acloque, Joriaux.
4 avril 1856. — MM. Louvet, Lombard, Grafeuil.
20 avril 1857. — MM. Dravillier des Essards.
16 avril 1860. — M. Lemaire.
4 novembre 1862. — M. Germon, déjà nommé en 1836, et démissionnaire en 1840.
13 avril 1863. — M. Delandre.
27 juillet 1864. — M. Guérin-Boutron.
9 avril 1866. — MM. Bordeaux, Jarry.
9 mars 1872. — MM. Ayrault, Durand-Radiguet.
31 décembre 1872. — M. de Chauny.
13 avril 1874. — M. Crouvezier, père.
9 avril 1877. — MM. Faguer, Debacker.
31 janvier 1879. — M. Lefébure (fig. 107), président en 1882.
11 juillet 1879. — M. Aubry.
9 décembre 1882. — M. Garbomini.
26 février 1884. — M. Rogelin.
2 février 1885. — M. Lussigny.
28 janvier 1886. — M. Testevuide. Naquet-Radiguet.

22 avril 1887. — M. Faguer.
16 février 1888. — M. Thirault.
10 octobre 1888. — M. de Francastel.
2 mars 1891. — MM. Fouqueray, Denoyel.

Fig. 108. — Chapelle du Purgatoire.

26 octobre 1891. — M. Giraudeau.
10 février 1892. — MM. Dupré, Hamon.
8 février 1900. — M. Flandre.
3 juin 1904. — M. Guérin.
19 janvier 1905. — M. Ch. Crouvezier.

25 avril 1906. — MM. Rossin, Rigolley; Ernest Lefébure a été le dernier président du conseil de fabrique.

Membres du conseil de M. le Curé institué par ordonnance de Son Éminence le cardinal Richard, le 1er mai 1907 (1). — MM. Hamon, commerçant, 54, rue de Cléry. — Crouvezier, commerçant, 24, rue du Sentier. — Rossin, industriel, 34, rue de la Lune. — Gruzelle, commerçant, 4, place du Caire. — Guélot, agréé près le tribunal de commerce, 112, rue Réaumur. — Marne, commerçant, 33, rue des Jeûneurs. — Mauny, commerçant, 4, cour des Miracles. — Gruhier, commerçant, 23, rue Beauregard. — Renault, commerçant, 25, rue Beauregard. — Réteaud, docteur-médecin, 23, boulevard Bonne-Nouvelle.

(1) *Annales de N.-D. de Bonne-Nouvelle,* juillet 1907.

CHAPITRE QUATORZIÈME

SOMMAIRE

Quelques notabilités de la paroisse de Bonne-Nouvelle.
GRAVURES : *Clocher. — Pierre Corneille. — Necker. — Frédéric Febvre. — Hôtel Delessert (intérieur).*

Puisque l'Esprit-Saint conseille de conserver précieusement le nom des personnes qui se sont distinguées par le savoir, la bienfaisance ou la vertu (1), ou qui ont eu une notoriété quelconque, nous nous faisons un devoir de transmettre à la postérité le nom de quelques paroissiens notables de Bonne-Nouvelle parmi lesquels s'en trouve aussi malheureusement de bien terribles.

1660. — La famille de Tourville qui habitait le n° 43 de la rue Neuve-Saint-Eustache dont elle était propriétaire, Arch. n. 9, I. 1099, 8, fol. 61.

1675. — Pierre Corneille (voir fig. 110).

1680. — Catherine Deshayes, épouse Montvoisin, connue sous le nom de la Voisin.

1696. — Maréchal de Tourville.

1780. — Le Brun, peintre et Mme Vigée-Le Brun.

1782. — Antoine Fouquier de Tinville, 20, rue des Jeûneurs.

1782. — Hébert, dit le Père Duchêne, 20, rue des Jeûneurs.

1787. — André Chénier, 97, rue de Cléry.

(1) *Sapiens... Narrationem virorum nominatorum conservabit.* Eccl., XXXIX, 1-2.

Fig. 109. — Le clocher et M. le curé de Montferrier.

1780. — Necker (fig. 111).

1797. — Siméon de Lépine, 35, rue de l'Échiquier.

1797. — Claude de Montauzan, 268, rue de Cléry.

1800. — Claude de Beauharnais; Alexandre Gehier de Saint-Hilaire; Jean de la Barthe; La Courtille Geneviève; de Choiseul Meunge; Thomas de la Perière; Agnan Prévost de Trouzelles; Charles-Marie de Biancourt.

1802. — Louis Salvador Cherubini; de Beaurepaire. Biard des Glajeux. Duc de Montléone, 10, boulevard Poissonnière. Lelièvre de la Grange de Cambis; de Bellegarde, 11, rue Beauregard. Comte de Beaupoil de Saint-Aulaire, 27, rue de Cléry. D'Aubigny, 21, rue Beauregard. De Launay. Jean de Briouse.

1805. — Louis de Brizay et de Dampierre, rue Thévenot, 55. Pierre de Saint-Laurent; Marie de Bergue, boulevard Montmartre, 14. Pierre-François de Guibert de Fontillet.

1806. — Toussaint de France; Charles de Redon; Alexandre d'Eu de Marson; Laurent de Villantroys; Louis-Michel Radiguet.

1807. — Bertrand Darnis; Pierre de Baillache; Augustin de Corbery; François de la Combe; Alexis de Pierre de Villefroy; Vivien de Châteaubrun; Antoine Duperrin de Brichambeau; Claire de la Fage; Jean de Ribeaucourt d'Ambreville; Jean Devin de Graville; Alice Papillon de la Ferté; Étienne Avin de Princé.

1809. — J.-B. de Blanc; Louis Chevinin de Tanlay; Marie-Nicolas de Saint-Clair; Guillaume de Faucheux; Clément de Ris.

1810. — Claude de Bussy; Paul de Clinchamp d'Aubigny; Charles Bonnaire de Forges; du Bois de Saint-Mandé; Marie de Beauchamp; Dufour de Quetteville.

1814. — François Gromaire de Rougerie; François de Barcheni; J.-B. de Durel de Tavet; Charles Foulques du Parc du Coudray; Amélie de Pastoret; Alphonsine de Montfermeil.

1815. — Vicomte de Linière de Clermont-Tonnerre.

Fig. 110. — Pierre Corneille.

Pierre Corneille (1606-1684), qui a habité la rue de Cléry, était loin de ressembler à son voisin Regnard. Sa vie, ses principes, sa religion en ont fait, avec Racine, notre plus grand poète chrétien. Voici un spécimen de ses conseils :

> Porte toute la Bible en ta mémoire empreinte,
> Sache tout ce qu'ont dit les sages des vieux temps ;
> Joins-y si tu le peux, tous les traits éclatants
> De l'histoire profane et de l'histoire sainte.
> De tant d'enseignements l'impuissante langueur
> Sous leur poids inutile accablera ton cœur,
> Si Dieu n'y verse encore son amour et sa grâce ;
> Et l'unique science où tu dois prendre appui
> C'est que tout n'est ici que vanité qui passe.
> Hormis d'aimer sa gloire et ne servir que Lui.
> C'est là des vrais savants la sagesse profonde :
> Elle est bonne en tous temps, elle est bonne en tous lieux ;
> Et le plus sûr chemin pour aller vers les cieux.
>
> (*Mépris des vanités du monde.*)

Girard de Gaillon. Comte de Charpentier, général, 34, rue de l'Échiquier. Marquis Jacques Fay Pairault de la Chaise, 176, rue Montmartre. De Saint-Cricq, rue Montmartre, famille d'Uzès.

1815. — Héron de Villefosse. Brindeau de Saint-Vincent, 6, rue Thévenot. Louis Corneille de Courcelles. Le baron de Châtillon, 21, rue Poissonnière. Drouhin de Lhuys, 176, rue Montmartre.

1816. — Marquis de Malterre, 11, rue des Jeûneurs. Baron Amédée de Maistre, 21, boulevard Poissonnière. Baron d'Hénin, 3, rue du Sentier.

1819. — Le bailly de Ménasger, 26, rue Beauregard. Marquis Fontan de Merve, 3, rue du Sentier. Comte de Brévamen, 23, rue du Gros-Chenêt. Baron Étié d'Eichttral.

1820. — Comte de Laurencel, 31, rue de Cléry.

1822. — Soulier de la Véland-d'Arêts de Bérimont, 64, rue de Cléry. Vicomte de Thellusson, 17, boulevard Poissonnière. Comte de Beauveau, 17, boulevard Poissonnière. Baron de Damartin, 30, rue de l'Échiquier.

1824. — De Meulan de Telmont.

1825. — Bandalle de la Pommeray, 7, rue de Bourbon Ville-Neuve. Comte Andras de Vaudran. Bousquel de Travanet.

1826. — Bertin de Veaux, 3, boulevard Poissonnière.

1827. — Vicomte de Tirre de Patate de Vildé. Édouard Bastide de Grave, 3, rue Neuve-Saint-Eustache. Marquis de Martini de la Carte, 7, rue Bergère.

1828. — De la Roche Hamilton, 22, boulevard Poissonnière.

1829. — Jules Gomeau des Essarts, 90, rue de Cléry. Cousin de Beaumesnil, 8, rue du Faubourg-Montmartre. Comte Stanislas de Busnil, 32, rue Neuve Saint-Eustache. Denormandie, avoué, 14, rue du Sentier.

1831. — Milla de la Roux, 27, boulevard Poissonnière. Dufresne de Beaucourt, 162, rue Montmartre.

1831. — Carrier Belleuse. Vicomte de la Grilles, 11, rue des Jeûneurs. Dubois de Janagny, passage Violet.

1835. — Petit de Pressigny, 55 *bis*, rue du Faubourg-Poissonnière.

1836. — De la Boulinière, 21, rue Poissonnière. Vicomte de Nugent.

1838. — Gabriel de Ferry de Bellemarre, 19, rue d'Enghien. Camusard de Riancey, 15, rue des Petits-Carreaux. De Mongaillard, 312, rue Saint-Denis.

1839. — Albert de Bessé, 15, rue des Petits-Carreaux. Hyver de la Bruchellerie, 8, rue Saint-Denis. Picot de Bussaizon, 20, rue de l'Échiquier. Aurèle de Monthermé, 13, rue des Petites-Écuries. De Fonvielle, 3, rue du Sentier. De la Roque, 15, boulevard Bonne-Nouvelle. Comte de Vertamoy, 25, boulevard Bonne-Nouvelle. Tarbé des Sablons.

1840. — De Bonnière, 40, rue Richer. Barbedienne, 272, rue Saint-Denis. Sallandrouze de Lamornaix, 23, boulevard Poissonnière. Fourcault de Pavant, 6, faubourg Poissonnière. Pierre-Louis Briand, administrateur au Conseil d'État. Hubert de Vandoeuvre, 5, rue Poissonnière. Pierre de Saint-Germain, 4, rue Bourbon Ville-Neuve. Prosper-Léon Bienaimé, 289, rue Saint-Denis (vice-amiral, député du 2e arrondissement). Deshoullière de Saint-Rémy, 33, rue de la Lune. Lussigny. Ernest Lefébure (fig. 107). Gosselin. Lefébure de Saint-Maur, 15, rue Neuve-Saint-Eustache.

1840. — Benjamin Delessert (voir fig. 113).

1841. — Duval, 277, faubourg Saint-Denis. De Louvel, 46, rue Bourbon-Ville-Neuve. Vannier de Saint-Auvray, 8, rue des Petits-Carreaux. Jules Favre, 31, rue Bourbon-Ville-Neuve.

1841. — Gaston Grandgeorge. Bardet-Husnot, 11, rue du Sentier. Calon, 91.

1842. — Comte de Bouzaud, 19, rue Notre-Dame de Recouvrance. Noël de Saint-Thomas, 243, rue Saint-Denis. Comte de Fouchecourt, 34, rue de l'Echiquier.

1844. — Benjamin Fillot de Saint-Hilaire, 36, rue Neuve-Saint-Eustache.

1845. — Guyot de Lisle, 2, rue Bergère. — Davrillier des Essards, 9, rue de Cléry.

1846. — d'Alméida, 17, rue Thévenot. — Paul Dufour, 26, rue du Caire. — Mallet de Gonssencourt, 44, rue Neuve-Saint-Eustache. — Marchais de la Berge, 8, rue Saint-Joseph. — Michel de Luppe, 11, rue de Cléry. — Cottenet. — Gaston d'Oberlin, 18, rue des Petits-Carreaux. — Casimir d'Harneville, 170, rue Montmartre. — Léontine Finken d'Autemarche, 4, rue de l'Echiquier.

1848. — Emery de Sept-Fontaines, 25, boulevard Bonne-Nouvelle. — Adolphe de Verdure de Béville, 15, rue de l'Echiquier. — Barbousier d'Aurigny.

1849. — Despréaux de Saint-Sauveur, 25, boulevard Bonne-Nouvelle. — Antipas Jacquier de Bellegarde. — Benjamin-Louis-Paul Godard, 40, rue de Cléry.

1850. — Louis-Edouard Besson, 19, boulevard Poissonnière, grand-officier de la Légion d'honneur, ancien Président du Conseil général de la Seine, pair de France. — Jean-François-Besnard, peintre, 25, rue du Caire. — Charles David-Menet, 37, rue du Sentier.

1852. — Fraullain de Bouville, 35, rue de Cléry. — Louis Renard de la Roche, 26, rue de l'Echiquier.

1858. — Paul Ponte de Reydor, 46, rue Poissonnière. — Henry de Villardon, 28, rue Neuve-Saint-Eustache.

1859. — Paul-Auguste Turquand d'Auzay, 333, rue Saint-Denis. — Charles Sallandrouze de Lamornaix. — De la Barre, 23, boulevard Poissonnière. — Régnault de Prémesnil, 313, rue Saint-Denis. — Mgr Gaston de Ségur a été parrain de sa nièce Lucie d'Etang.

1860. — Achille Herr, 21, rue des Jeûneurs. — Victor Magnié de la Londe, 44, rue du Caire.

1861. — J.-B. Dalligé Fontenay de Saint-Cyran, 1, rue du Sentier. — Auguste Berny d'Ouville, 8, boulevard Bonne-Nouvelle.

1862. — Antoine de la Gandara, 18, rue Sainte-Barbe.

1863. — Louis-Ange Biard, 50, rue Sainte-Barbe.

1863. — Euphrase de la Ruelle, 128, rue Montmartre. — Séquy de Villiers, 23, rue du Caire. — Comte André de Provigny, 19, boulevard Poissonnière.

1864. — Auguste Adhémar, 29, rue du Sentier.
1865. — Louis-François Joriaux, 39, rue du Sentier.
1866. — Vital de Clerck. — Philippe de Buscher. — Georges de la Haye.
1867. — François de la Loge d'Ausson, 42, rue des Jeû-

Fig. 111. — *Homo virtuti simillimus* (d'après un tableau du temps). M. Necker, ministre d'Etat, directeur général des Finances, sous Louis XVI (1732-1804). Il habitait l'hôtel de Cussy qui se trouvait à l'emplacement où se trouve la rue de Mulhouse.

neurs. — Louis du Saint-Père, 11, rue d'Aboukir. — Achille Guérand dès Aubois, 7, rue Saint-Fiacre.
1870. — Paul de Forceville, 2, boulevard Bonne-Nouvelle.
1871. — Emmanuel Desvouges, 74, rue Saint-Sauveur. — Gaston d'Hasting, 98, rue Montmartre.
1874. — Edmond d'Orsay, 3, rue de la Lune.
1876. — Francastel, 42, rue des Jeûneurs.
1877. — Alban d'Hardivilliers, 14, rue Thévenot.

1878. — Louis Cassemiche, rue des Filles-Dieu.
1882. — Georges Désumeur, 55, rue des Jeûneurs.
1883. — Henry Vinchon, 21, rue des Jeûneurs.
1884. — J.-B. Seygaud de la Chérade, 9, rue de Cléry.
— Léon Dufour, notaire, 15, boulevard Poissonnière.

Fig. 112. — M. Frédéric Febvre (Vice-Doyen de la Comédie-Française). Officier de la Légion d'honneur.

1887. — Antoine-Jean-Marie Naquet, 7, rue Saint-Fiacre.
1888. — Charles Castrique, 11, rue de la Ville-Neuve. — Marie Laetitia Bonaparte Wyse de Rute en secondes noces, Isabelle Rattazi, 23, boulevard Poissonnière. Plus tard, Mme Juliette Adam.
1891. — Thion de la Chaume, 37, rue Poissonnière. — Léon-Alexandre Potier de la Berthollière, 74, rue d'Aboukir.
1899. — Albert-Charles Meunié, notaire, 37, rue Poissonnière.
1893. — Frédéric Febvre, vice-doyen de la Comédie-Française, 20, rue Saint-Fiacre (fig. 112).
1904. — André Cottenet, notaire, 25, b^d Bonne-Nouvelle.

1904. — Labouret, notaire, rue Montmartre.

Voici d'autres noms que nous avons glanés dans le *Terrier du Roi* (1) à diverses époques ainsi que des propriétés qui leur appartenaient et qu'ils habitaient.

Comte de Montault, 8, rue du Gros-Chenêt.
De la Noue, 1, rue Saint-Roch.
De Senonville, 1, rue de la Lune.
Louvet, 4, rue de la Lune.
Martin de Caux, 35, rue de la Lune.
Duc de Coaslin, 75, rue Regnard, entre la rue des Petits-Carreaux et la rue Saint-Denis.
De Blainvilliers, 6, rue Saint-Claude.
De Lenoncourt, 13, rue Sainte-Barbe.
De Noinvilliers, 48, rue de la Lune.
De Langellerie, 63, rue de Cléry.
De Fontenay, 3, rue des Petits-Carreaux.
De Favrolles, 31, rue des Petits-Carreaux.
De Brie, 6, rue de Cléry.
De l'Epine, 2, rue de Cléry.
De Baufort, 66, rue de Cléry.
De Beaumont, 12, rue Saint-Joseph.
De Marade, 13, rue Saint-Joseph.
De la Grange, 3, rue des Jeûneurs.
Du Mesme, chanteur à l'Opéra, 31, rue Saint-Fiacre
Claude du Plaisir, 14, rue Notre-Dame de Recouvrance.

Fig. 113. — Intérieur de l'Hôtel Delessert.

(1) Archives nationales.

Fig. 114. — La chaire actuelle.

CHAPITRE QUINZIÈME

Portraits à la plume.

SOMMAIRE

De Tourville. — La Voisin. — Fouquier-Tinville. — Hébert, dit le Père Duchêne. — André Chénier. — Mme Vigée-Le Brun. — Louise de Marillac (Mlle Le Gras), fondatrice des sœurs de Saint-Vincent-de-Paul. — La Pompadour. — Joséphine de Beauharnais. — Le prince Eugène de Beauharnais, vice-roi d'Italie. — Mme de Staël. — Talma. — Mme de Provigny. — M. Félix Villé.

GRAVURES : La chaire de Bonne-Nouvelle. — Toutes les personnes susnommées. — La porte du jardin de la Voisin. — Plan de l'emplacement de son hôtel. — Mme Vigée-Le Brun avec sa fille. — Sainte-Geneviève par Mme Vigée-Le Brun. — La tombe de Mme Vigée-Le Brun.

Nous avons cru devoir nous arrêter un peu sur quelques-uns de nos anciens paroissiens, en raison de la célébrité qu'ils ont acquise, à des titres différents, par leur talent, leurs vertus ou leur perversité.

Fig. 115.

Le maréchal de Tourville

Né le 24 novembre 1642 rue Neuve-Saint-Eustache, 43, il fut baptisé le même jour dans l'église Saint-Sauveur, dont le territoire fait aujourd'hui partie de Notre-Dame de Bonne-Nouvelle ; voici son acte de baptême :

Le lundi vingt quatrième de Novembre 1642, a esté baptisé Anne Hilarion, fils de Messire César de Constantin Cheualier S. Baron de Tourville, premier gentilhomme de la maison du duc d'Anguin (sic) et de dame Lucie de Larochefoucault, sa femme; le parrain, Messire Chatignies de la Rochepèse, abbé des Abbaies de la Gartie-Baufort, Aimery et autres, demeurant de présent en

la paroisse de S. Benoist: la Marraine, damoiselle Renée de Péricart (sic) niépce du S. de Tourville, fille de défunct M. de Péricart.

Signé : Miltrard (1).

Les parents de Tourville, ne jouissant pas d'une grande aisance, lui cherchèrent de bonne heure une carrière. Grâce à une dispense d'âge, son père lui obtint, avant sa cinquième année, une patente de chevalier de l'ordre de Malte ; c'était en faire un marin, presque dès le berceau. En attendant. le jeune Hilarion faisait son éducation dans sa famille, sous la vigilante sollicitude d'un père « qui, au dire de Saint-Simon, était un homme fort sage et de mérite » et de sa mère « qui était une personne aimable et charmante, une femme de conduite et de résolution ».

Le jeune chevalier allait au collège pour y apprendre les belles-lettres et à l'Académie pour y apprendre les belles manières et le maniement des armes.

A quinze ans, on le présenta à M. d'Hocquencourt, commandant un vaisseau de la Religion (2), pour qu'il se chargeât de son éducation maritime.

Solide et robuste marin, habitué à tous les périls de la navigation, d'une bravoure éprouvée, le chef des caravanes était l'homme désigné pour préparer son jeune élève au dur métier de la mer et au brillant avenir qui l'attendait.

Tourville prenant sa tâche à cœur, s'y donna tout entier : intelligent, opiniâtre au travail, d'un rare esprit d'observation, plein de respect pour son protecteur et de courtoisie pour ses camarades, il surpassa bientôt les autres jeunes gens de son âge, par son ardeur et son savoir; si bien que Saint-Simon a pu écrire de lui « qu'il possédait en perfection toutes les parties de la marine, depuis celle du charpentier jusqu'à celle d'excellent ami-

---

(1) Jal, Dictionnaire historique, p. 1194. Bibl. Nat. Salle G. 106.
(2) On appelait ainsi les flottes organisées par l'ordre de Malte pour aire la guerre aux infidèles.

ral ». Nous ne le suivrons pas dans sa longue carrière ; qu'il nous suffise de dire que, pendant son apprentissage, dans la course contre les corsaires, au service du roi, dans les guerres contre la Hollande, l'Angleterre et l'Espagne ; dans les grandes batailles comme dans les modestes escarmouches, simple matelot ou commandant en chef, Tourville se montra, constamment, homme de devoir et d'application, de clairvoyance et de hardiesse, d'un courage indomptable, d'une énergie sans pareille et d'une bravoure héroïque ; aussi, les honneurs vinrent-ils rapidement couronner ses loyaux services. A vingt-quatre ans, il était capitaine de vaisseau ; quelque temps après, Louis XIV lui écrivait une lettre autographe ; à quarante-sept ans, il le nommait amiral et à cinquante-trois, maréchal de France.

Tourville n'eut pas seulement à lutter contre les tempêtes de la mer, les pirates et les ennemis de la patrie, mais encore contre l'incapacité, l'ambition et la jalousie de quelques-uns de ses chefs hiérarchiques : avec respect, mais aussi avec fermeté, il sut toujours garder à leur égard une attitude digne et fière, ne craignant pas de redresser leurs erreurs, de réduire à néant leurs critiques, de repousser leurs injustes attaques, ne s'inspirant que de son devoir, de l'honneur du pavillon et de la gloire de la France.

Tourville, il faut le reconnaître, n'eut pas toujours que des victoires à inscrire sur son journal de bord : deux fois il connut les humiliations de la défaite ; la première fois, quand il fut envoyé au secours des Vénitiens assiégés par les Turcs dans l'île de Candie. Cette expédition échoua, non par sa faute, mais par l'insuffisance de son chef, le marquis de Vivonne, surnommé le « roi des halles ». Mais comme il n'était pas homme à rester sous l'affront, à quelque temps de là, il répara l'honneur du pavillon ; monté sur une simple chaloupe, il surprenait pendant la nuit, quinze corsaires réfugiés dans le port de Sousse, il y mettait crânement le feu et il les aurait infailliblement détruits, sans les secours organisés par les Turcs réveillés en sursaut.

La seconde fois, ce fut dans le fameux combat de la Hougue en 1692. Résolu d'en finir avec la Ligue d'Augsbourg et désireux de remettre Charles II sur le trône d'Angleterre, Louis XIV voulut livrer combat aux deux flottes réunies de l'Angleterre et de la Hollande : soixante-deux vaisseaux français mal équipés, avec un petit nombre de soldats, contre quatre-vingt-dix-neuf vaisseaux ennemis portant 6.994 canons et 46.675 hommes, ainsi que trente-sept frégates de brûlots ; telles étaient les forces respectives des armées belligérantes. En homme prudent, Tourville avait envoyé au roi un long rapport dont la conclusion était qu'il serait téméraire d'engager le combat dans ces conditions. Louis XIV n'en tint aucun compte, se rangea à l'avis de ses courtisans, le maréchal Bellefonds et de Bonrepaus, et lui ordonna de livrer bataille malgré tout.

Après un combat de quatorze heures, où Tourville, monté sur le *Soleil-Royal*, fit des prodiges de bravoure, la flotte française, obligée de battre en retraite, fut en grande partie brûlée par les Anglais sous les yeux de l'amiral et de son état-major, impuissants à conjurer ce désastre.

Lorsque le messager apporta la nouvelle de cette catastrophe à Louis XIV : « Tourville est-il sauvé ? demanda le roi, avant toute explication ; car pour des vaisseaux, on en peut trouver, mais on ne trouverait pas aisément des officiers comme lui ». Quelques mois après, il lui donnait le bâton de maréchal.

Le prince Emmanuel de Broglie raconte, dans son remarquable ouvrage intitulé, *Un grand marin* (1) où nous avons puisé quelques-uns de ces détails, que lorsqu'un ami présenta au chevalier d'Hocquencourt, le jeune de Tourville, presque un enfant, d'une beauté remarquable, à la

---

(1) *Tourville*, par Emmanuel de Broglie, 1908. Plon.

figure fine, aux membres grêles et qui semblait plutôt créé pour briller à la cour ou dans un salon que pour faire la course contre les infidèles, le vieux marin lui répondit : « Que voulez-vous que je fasse de cet *Adonis* ? ». « Cet Adonis, remarque M. de Broglie, s'est révélé un *Mars* ».

Cela prouve qu'avec du travail, de l'énergie et de la persévérance, un corps chétif, faible et délicat peut cacher une volonté de fer, un cœur d'or et une âme de feu.

De son mariage avec Louise-Françoise Langeais, veuve du marquis de la Popelinière, Tourville eut deux enfants : un garçon qui fut tué à la bataille de Denain et une fille mariée à Alexandre de Galard de Béarn.

Après une vieillesse passée dans le silence et la retraite, il mourut « dans la haute dévotion » le 28 mai 1701, rue Saint-Honoré et il fut enterré dans l'église de Saint-Eustache. Il eut ainsi sa tombe à côté de son berceau.

Fig. 116.

La Voisin.

C'était en 1680, en plein siècle de Louis XIV ; la paix de Nimègue, signée l'année précédente, en dépouillant et en humiliant ses ennemis avait constitué le roi arbitre de l'Europe et placé la France à la tête des nations.

Une fille de bas étage et de mœurs plus que suspectes, devait éclabousser de boue, cette gloire incomparable.

Catherine Deshayes, qui déjà à neuf ans tirait les cartes sur les ponts, avait connu et épousé Montvoisin.

Ayant amassé par ce métier, et probablement par d'autres moins avouables, un assez gros pécule, La Voisin — c'est le nom qu'elle gardera désormais dans l'histoire — attirée par la beauté du site de Bonne-Nouvelle, y avait acheté, rue Beauregard, une vaste propriété qui comprenait l'emplacement occupé actuellement par les immeubles des numéros 23 et 25, jusqu'à l'extrémité de la rue de la Lune.

Elle s'y installa confortablement, pour ne pas dire luxueusement, d'après la description que nous en fait M. Victorien Sardou dans son admirable drame *l'Affaire des Poisons*; l'éminent dramaturge y fait preuve d'une vaste érudition, d'une rare psychologie, d'une connaissance parfaite de l'époque et d'un esprit d'observation plein de finesse. Seulement, sa documentation théologique sur le secret de la confession est moins solide.

Sur le derrière, un grand jardin avec beaux arbres et vertes pelouses, berceaux et parterres à la française, tables rustiques, était bordé par une balustrade sur le boulevard Saint-Denis; ce jardin avait, comme fond de perspective, la riante campagne des faubourgs Saint-Denis, Saint-Martin et les hauteurs de Saint-Denis de la Chapelle. C'est là que cette femme intelligente, astucieuse, intrigante et possédant un certain vernis de mondanité, exploitait, avec un succès extraordinaire, les caprices, les travers et la crédulité de son époque. Elle se vantait de tout savoir : le passé, le présent et l'avenir; elle lisait dans tous les livres ! dans les mains, dans les yeux, dans une tasse de café, dans les astres. Elle s'occupait de tout : mariages, naissances, procès, entreprises véreuses, découverte de trésors, moyens de rester toujours jeune et de ne jamais engraisser. Pour satisfaire toutes les passions, l'amour et la haine, les jalousies et les vengeances, l'ambition et la cupidité de sa clientèle interlope, elle ne reculait devant aucune audace et ne rougissait d'aucune complicité; tous les moyens lui étaient bons : filtres, breuvages, sortilèges, poudres, pommades, poisons, poignard, messes noires, tout cela était la monnaie courante de ses opérations criminelles. On peut dire d'elle ce qu'André Chénier disait d'un autre triste personnage :

> A son école impie ont appris la vengeance,
> L'imposture, la soif de l'or et des États,
> L'art des poisons secrets et des assassinats.

Des résultats acquis, et habilement exploités et propagés, lui créèrent une notoriété et une clientèle inconnues aux devineresses des temps passés.

Sa clientèle n'était pas composée des gens de la rue, elle était triée sur le volet ; ce n'étaient que de grands noms : chevaliers, gentilshommes, princes, marquises et duchesses et tout ce qu'il y avait de plus huppé à la ville et à la cour. Tout ce monde venait la consulter, respirer et se rafraîchir, en attendant son tour, sous les frais ombrages de son jardin. C'est là que venait la Montespan demander à la célèbre magicienne le moyen, soit de faire disparaître ses deux redoutables rivales, les duchesses de La Vallière et de Fontanges, soit d'exciter l'amour du roi ou même de supprimer Louis XIV, afin de pouvoir vivre en souveraine obéie.

Deux personnages célèbres trempèrent dans cette ignominie ; le maréchal de Luxembourg et la comtesse de Soissons : le maréchal de Luxembourg, illustré par d'éclatantes victoires, subit l'humiliation de la prison ; la comtesse de Soissons, admise autrefois à l'intimité de Louis XIV avec Henriette sa belle-sœur, à la nouvelle que La Voisin venait d'être arrêtée, se sauva en Espagne. La reine, récemment mariée à Charles II et fille de la malheureuse Henriette, reçut bien l'ancienne amie de sa mère et lui marqua de la confiance malgré les conseils de son époux qui s'en défiait. En effet, après avoir bu une jatte de lait, que la comtesse lui présenta, elle mourut presque subitement, en 1689, au milieu d'atroces souffrances. Très fortement soupçonnée, la comtesse se retira en Allemagne où elle traîna une vie obscure et vint mourir à Bruxelles dans le plus grand dénûment, méprisée de tout le monde et fort peu considérée du prince Eugène son fils.

Mais ce qu'il y a de plus odieux dans cette affreuse mégère, c'est qu'elle abusait, avec un art achevé, des mystères de la religion pour accomplir ses forfaits. Avec ses messes noires et ses deux abbés de cour — c'étaient des abbés sans prêtrise — elle avait donné à ses officines de mensonge et de mort, toutes les apparences de la piété et de la vertu. Elle affectait des habitudes chrétiennes : « Elle se vantait d'être au mieux avec l'abbé de Lestocq, curé de Bonne-Nouvelle et M. de S. Amour, recteur de l'Université ; elle allait à la messe et à vêpres, le dimanche ; elle se confessait et communiait deux fois par an ; elle faisait maigre le vendredi et pendant tout le carême », et comme dernier acte de son abominable comédie, ses horribles agissements ayant été découverts, ce fut en sortant de la messe de Bonne-Nouvelle qu'elle fut arrêtée. De l'église, elle passa à la prison.

Cl. Conte.
Fig. 117. — Porte supposée de communication de la maison de la Voisin, avec son jardin. Elle se trouve dans l'immeuble du 25 rue Beauregard.

On créa pour ce genre d'affaires, un tribunal spécial qui siégea à l'*Arsenal* et qu'on nomma *Chambre ardente*, parce qu'il s'agissait d'un crime dont la peine du feu devait être la punition. C'était un jugement sans appel. On ne punissait de cette peine que quelques misérables sans nom ; mais plusieurs personnes qualifiées subirent la peine de la disgrâce ou de l'exil, honteuses d'être compromises dans une affaire si déshonorante, avec des aventuriers, des femmes perdues et la compagnie la plus méprisable.

En expiation de ses crimes, cette horrible créature de sinistre mémoire, fut brûlée vive le 22 février 1680.

S'il était permis de chercher une circonstance atténuante

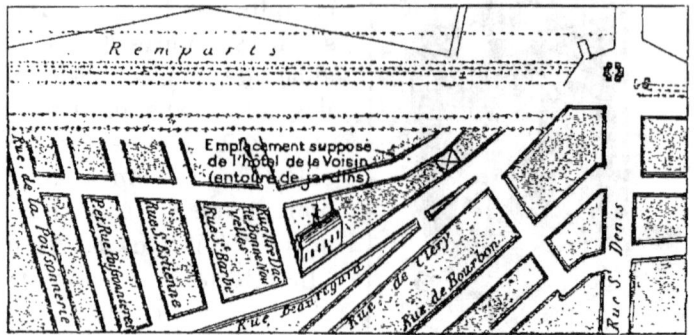

Fig. 118.

à ce monstre, qui possédait un certain sentiment religieux, on pourrait probablement la trouver dans le mauvais exemple qu'elle avait eu, quelques années auparavant, dans la personne de la jeune et belle marquise de Brinvilliers qui avait l'affreuse manie d'empoisonner époux, parents, amis, domestiques, jusqu'à des pauvres, à elle inconnus, et auxquels, sous prétexte de charité, elle portait, dans les hôpitaux, des friandises qui devaient leur donner la mort. Tant il est vrai que le peuple se modèle toujours sur les grands et qu'il mérite une grande indulgence, car la corruption démocratique et populaire prend souvent sa source dans l'immoralité aristocratique et bourgeoise.

Il existe au 25 de la rue Beauregard (1), qu'habite M. Paul Gruhier, une porte (voir la fig. 117) qui, suivant la lé-

(1) En procédant à un travail de crépissage, le propriétaire de cet immeuble a remarqué que le plafond de la pièce principale était couvert d'une épaisse couche noire. C'était probablement là que l'infernale créature faisait célébrer ses fameuses messes noires.

gende, était celle qui s'ouvrait du salon sur le jardin de la trop fameuse Voisin.

Comme document historique, nous donnons son portrait (voir fig. 116) que nous devons à l'extrême obligeance de M. Victorien Sardou.

Voici même, à titre de document, la lettre que nous a écrit l'éminent dramaturge :

« Monsieur le Curé,

« J'ai, en effet, un portrait authentique de La *Voisin* — gravé —. C'est l'œuvre de Coypel. Ce portrait est très rare et vous le chercheriez vainement hors de la bibliothèque. Je vais le faire photographier et je me ferai un plaisir de vous en remettre un exemplaire, après les vacances de Pâques.

« Agréez, Monsieur le Curé, l'assurance de mes sentiments dévoués.

« Vict. SARDOU.

« Paris, 18 avril 1908. »

Effectivement, quelque temps après, nous recevions la photographie avec une aimable dédicace.

Nous recommandons à tous nos chers paroissiens de se méfier de toutes les tireuses de cartes, diseuses de bonne aventure, etc.

Tout cela n'est que du mensonge fait pour exploiter la crédulité et vider la bourse des naïfs.

Fig. 119.

Fouquier-Tinville.

Il appartient à la paroisse de Bonne-Nouvelle, pour s'y être établi en 1782, rue des Jeûneurs, 20, en qualité de procureur du Châtelet; plus tard, il a habité rue Bourbon-Villeneuve. La même année, 20 janvier, il avait fait baptiser, à l'église Bonne-Nouvelle, sa fille Aglaé-Joséphine, née la veille, fille de Antoine Fouquier de Tinville, (sic), procureur au Châtelet, et de Geneviève-Dorothée Sangnier, son épouse.

Le 23 du même mois et de la même année, il perdait sa femme et deux jours après, il faisait ses obsèques à

Bonne-Nouvelle. Les frais s'élevèrent à la somme de 674 livres 12 sols, d'après quittance délivrée par l'abbé Sutet, vicaire de cette paroisse.

Deux mois plus tard, mourait la petite Joséphine et quatre mois après, Fouquier-Tinville se consolait de ses deuils consécutifs en se remariant avec une toute jeune personne, Henriette-Jeanne Gérard d'Ancourt, fille mineure de dame Madeleine d'Arnaud, veuve du sieur Gérard.

D'après un portrait, Fouquier-Tinville avait la tête ronde, les cheveux noirs et unis, le front étroit et blême, les yeux petits et ronds, le visage plein et grêlé, le regard tantôt fixe, tantôt oblique et toujours farouche; sa physionomie reflétait son âme.

Tel était le paroissien de Bonne-Nouvelle. Voyons rapidement le révolutionnaire.

Né en 1747 au village d'Hérouelle, en Artois, Antoine-Quentin Fouquier était fils d'un riche fermier. Après d'assez mauvaises études faites à Saint-Quentin, il vint à Paris où il acheta une charge de procureur au Châtelet. Entre temps, pour gagner de l'argent et des honneurs, il envoya des vers à Louis XVI dont il devait plus tard voter la mort. La Révolution, ayant remarqué sa haine violente contre les honnêtes gens, les riches, les ministres et la cour, le nomma accusateur public auprès du tribunal. C'était en 1793, il était dans son élément.

Son premier acte d'accusation fut dirigé contre la reine à laquelle il osait reprocher toutes les infâmies des Jézabel, des Messaline et des Frédégonde. Puis il entama le procès des vingt-deux Girondins renversés le 31 mai. N'ayant pu obtenir gain de cause, il décida de ne plus juger mais de tuer. Il faisait donc dresser des listes de proscription ; il les parcourait d'un clin d'œil, et il ajoutait cyniquement : « Ils en ont oublié », puis il y ajoutait les noms qui lui venaient à l'esprit.

Ses ordres étaient donnés d'avance. Tous les matins on voyait affluer aux abords des prisons, de nombreuses charrettes destinées à conduire à l'échafaud les victimes vouées à sa rage. Pour abréger la procédure, il se contentait de prononcer le mot : « feu de file »; immédiatement, soixante personnes étaient expédiées en moins de deux heures.

Il augmentait sa férocité par la dérision. Un malheureux vieillard ne pouvant répondre, par un défaut de langue, à ses accusations, un membre du tribunal le lui ayant expliqué : « Eh! que me parlez-vous de langue? interrompit-il, ce n'est pas sa langue qu'il me faut, c'est sa tête! ».

Son tour devait bientôt venir. Arrêté le 20 mars 1795, il fut conduit à ce même tribunal où il avait signé tant d'arrêts de mort. Accusé et convaincu d'avoir fait périr une foule d'innocents, il se défendit en niant ses crimes et en répondant à ses accusateurs : « Si je suis coupable, vous l'êtes tous ; j'ai exécuté vos ordres, je n'ai été que la hache de la Convention ».

Condamné à mort, il marchait en lançant des regards farouches à la vile populace qu'il avait amusée par tant de spectacles sanglants et qui maintenant le maudissait et l'accablait de malédictions : « Canaille, lui criait la bête enragée par les outrages, va-t-en donc chercher tes trois onces de pain à la section ! ».

Profondément vicieux, dit Mercier, habile à supposer le crime, à controuver les faits, il montra dans son interrogatoire une présence d'esprit remarquable. Devant le tribunal, il écrivait sans cesse, mais comme un argus, il était tout yeux et tout oreilles. Il affecta de dormir pendant le réquisitoire pour avoir l'air calme, tandis qu'il avait l'enfer dans son cœur... Quand on le conduisit au supplice, son front dur comme le marbre, défia tous les regards de la multitude; on le vit même sourire. Au pied de l'échafaud, il sembla pour la première fois éprouver des remords et il trembla en y montant. »

Ce monstre, ami de son voisin Hébert, fut exécuté le 7 mai 1795.

Habitants de Bonne-Nouvelle, que cet exemple vous serve d'épouvantail !

Terminons cette notice par une lettre pleine de tendresse et de sentiments qui détonnent avec sa vie satanique, mais qui attire sur cet ancien paroissien de Bonne-Nouvelle, sinon de la sympathie, du moins une certaine commisération.

Voici ce qu'il écrivait à sa femme : « C'est un parti pris que je calcule depuis longtemps et que je t'ay toujours voulu taire pour t'épargner le plus tard possible le coup que cet événement peut te porter. Je mourrai donc pour avoir sauvé mon pays avec trop de zèle et d'activité et m'être conformé aux vœux du gouvernement, les mains et le cœur nets. Mais, ma bonne Amie, que vas-tu devenir toy et mes pauvres enfants ? Vous allez être livrés aux horreurs de la plus affreuse misère... Voilà les sinistres idées qui m'accablent et me tourmentent jour et nuit. J'étais donc né pour ce malheur ! quelle affreuse idée !... Je te recommande bien de ne pas t'abandonner au chagrin et de ménager ta santé pour toy et nos pauvres enfants. Oublies les petits différents que nous pouvons avoir eus, ils ont été l'effet de ma vivacité : mon cœur n'y est pour rien et il n'a jamais cessé de t'être attaché. Il est dur, ma bonne amie, de t'entretenir d'idées aussi sinistres : j'ai beaucoup balancé; mais considérant qu'une fois en jugement, il ne me serait pas possible de te faire passer aucune lettre, je me suis déterminé à te transmettre mes derniers sentiments pour toy et mes remercîments de toutes les peines que je t'ai données depuis ma détention. Je te réitère à ne point te laisser gagner par le chagrin, à ne point rejeter des occasions qui pourraient t'occasionner un sort plus heureux. Les larmes aux yeux et le cœur serré, je te dis adieu pour la dernière fois ; à la tante et à nos pauvres enfants, je vous embrasse tous, je t'embrasse mille fois. Hélas ! quelle douce satisfaction n'éprouverais-je pas à te revoir et à te presser dans mes bras !

« Ainsi, ma bonne Amie, c'en est fait, il ne faut plus y penser.

« Adieu... mille fois adieu... et au peu d'amis qui nous sont restés et surtout à la bonne par excellence. Embrasse bien nos enfants et ta tante pour moi : sers de mère à nos enfants que j'exhorte à la sagesse et à t'écouter.

« Adieu, adieu, ton fidèle Mari jusqu'au dernier soupir. »

Fig. 120.

Hébert, dit le Père Duchêne

Jacques-René Hébert naquit à Alençon en 1755.

Venu jeune à Paris pour y faire fortune, il n'y trouva que perversion.

Il débuta par des escroqueries. Contrôleur de contre-marques au théâtre des Variétés, il fut renvoyé comme infidèle ; entré comme laquais dans une maison bourgeoise, il en fut chassé comme voleur.

En 1790, Lemaire, un simple commis aux postes, avait fondé « Le Père Duchêne » honnête et modéré qui se proposait de familiariser le peuple avec les principes révolutionnaires. Les Jacobins l'attaquèrent comme pusillanime et lui opposèrent un autre *Père Duchêne*, dont ils confièrent la direction à Hébert. Ce journal s'imprimait en grande partie dans le quartier de Bonne-Nouvelle ; à tour de rôle, rue Sainte-Barbe, rue Saint-Étienne, rue Neuve-Égalité, cour des Miracles, cour des Forges Bonne-Nouvelle et à la caserne Bonne-Nouvelle (1) ; c'est de ces officines infâmes

(1) Cette caserne était située à l'extrémité de la rue Poissonnière près du boulevard.

qu'il sortait chaque jour enragé comme une bête féroce.

Il se faisait représenter sur son journal dans une attitude farouche voir fig. 120) : une pipe à la bouche, une hache dans la main droite, un pistolet dans la ceinture, ayant quelquefois à ses pieds l'abbé Maury, à genoux, les mains jointes, comme pour implorer sa clémence avec cette devise lugubrement spirituelle :

<blockquote>
Memento mori (1)
Sacrée Calotte
</blockquote>

C'est ainsi qu'il répandait dans le quartier, dans les familles, et dans le cœur des passants, l'épouvante et la mort. Oui, c'est de là qu'il faisait éclater ses *Grandes Colères* dans des articles ignobles et sanguinaires. Tantôt, il fulminait contre « le célibat des prêtres contre lesquels il tonnait »; contre « les bigottes qui ouvraient des souscriptions pour entretenir les ecclésiastiques insermentés »; contre « les curés, les évêques et les archevêques qui avaient refusé le serment à la Constitution civile du Clergé ». Tantôt, il ameutait la populace contre « les prêtres et les calotins qui avaient l'intention de parcourir, dans la journée du Vendredi-Saint, les rues et les églises, le saint Ciboire dans une main et un poignard dans l'autre ». Tantôt, il décrétait la vente des mîtres, des crosses et des talons rouges des évêques, des archevêques et des cardinaux coupables de n'avoir pas prêté le serment. Tantôt enfin, il couvrait d'outrages le roi, la reine et toute la famille royale (2).

Sur sa feuille quotidienne, grossière comme on le voit, il commentait avec un cynisme cruel, ces deux vers de Diderot :

<blockquote>
Et mes mains ourdiraient les entrailles du prêtre
A défaut de cordeau pour étrangler les rois.
</blockquote>

Hébert se faisait aussi représenter sur la vignette de son

---

(1) Jouant sur le mot *Maury*, *Souviens-toi de mourir*.
(2) Le Père Duchêne.

journal, comme un fier-à-bras, avec moustache, taille élevée, forte corpulence et désordre de vêtements. Mais, en somme, il ne fut au physique comme au moral qu'un misérable pygmée.

Un jour, il félicitait la garde nationale d'avoir refusé d'assister à la Fête-Dieu. Un autre jour, il convoquait ses lecteurs à Saint-Germain-l'Auxerrois et à Saint-Sulpice pour parodier les chants du *Te Deum* et du *Veni Creator*. Aujourd'hui, il publiait un *Catéchisme* incendiaire et demain, il menaçait de spoliation et d'exil, la bourgeoisie et les aristocrates qui refuseraient de signer la Constitution.

Hébert fut un des plus ardents promoteurs de l'insurrection du 10 août qui décerna la dictature à la Commune de Paris. Dès lors, il déclara une haine aux Girondins qu'il traitait de traîtres. Il ourdit une conspiration contre eux : la Convention, en ayant eu vent, le fit arrêter et jeter en prison. La démagogie furieuse de l'arrestation de son chef, alla, avec des cris de menaces, demander l'élargissement « d'un magistrat estimable par ses vertus civiques et par ses lumières ». A peine relâché, le rédacteur du *Père Duchêne* rentra triomphant dans la Commune et se vengea des Girondins qui l'avaient fait emprisonner, en les poussant à l'échafaud. Élu membre de la Commission municipale qui devait interroger la famille royale, il poussa vis-à-vis de la reine, le cynisme jusqu'à l'accuser de choses infâmes, ignobles. Robespierre, à qui l'on avait rapporté son questionnaire ordurier, ne put s'empêcher de s'écrier en brisant une assiette de rage : « Ce n'était pas assez pour ce scélérat d'en avoir fait une Messaline, il fallait qu'il en fît encore une Agrippine! ».

La faction des *Hébertistes* qu'il avait fondée, avait pris pour devise : *Athéisme et Immoralité* ; elle recrutait ses membres parmi les hommes les plus dégoûtants et les plus féroces. Elle voulait pour toute la France, les noyades de la Bretagne et les assassinats du Midi. Les conséquences de la religion nouvelle de l'athéisme sur la ruine du catholicisme furent : les prêtres voués à l'exil, à la déportation et à la mort; les églises fermées, Dieu insulté, renié par des misérables; le culte catholique aboli, la *Raison*, dans la personne d'une prostituée, installée dans les temples sacrés.

Robespierre, épouvanté du plan d'abrutissement universel appliqué par son compétiteur jura, dans la séance du 21 novembre 1793, d'anéantir Hébert : « Il y a tout près d'ici, s'écria-t-il, des hommes qui, sous prétexte de détruire la superstition, veulent faire de l'athéisme une sorte de religion. Mais ce n'est point en vain que la Convention a proclamé les droits de l'homme en présence de l'Être Suprême. L'athéisme est aristocratique; l'idée d'un Grand Être qui veille sur l'innocence et qui punit le crime est toute populaire. Si Dieu n'existait pas il faudrait l'inventer... L'étranger a deux espèces d'armées : il en a une aux frontières, l'autre composée d'espions qui divisent : *bientôt cet odieux mystère sera entièrement dévoilé...* ».

Ce violent réquisitoire portait à Hébert son coup de mort.

Le 28, Robespierre revint à la charge *contre les ennemis du peuple à la solde de l'étranger* : « Nous arracherons le masque du patriotisme à leur hideuse figure, s'écriait-il. Nous saurons démontrer au peuple quel est le moral de ces hommes qui ont voulu extirper toute idée de religion pour calomnier ensuite les patriotes à qui ils attribuaient leurs extravagances et leur méchanceté; qui ont dit au peuple : tu n'auras pas de religion, un peuple religieux ne peut pas être républicain ».

Il termina sa harangue par ces mots avant-coureurs d'une proscription : « Je demande qu'à la prochaine séance, on nous donne la liste de ceux qui composent les Comités ».

Se sentant directement atteint, Hébert prépara sa défense qui n'était en somme qu'une préparation à la mort.

Avant d'aller plus loin, arrêtons-nous pour faire quelques remarques sur ce triste personnage.

Malgré sa soif d'impiété, de corruption et de sang, soif qu'il exposait par fanfaronnade pour se créer une popularité malsaine, nécessaire à son ambition effrénée, Hébert avait conservé, en réalité, l'idée religieuse, de l'admiration pour la morale évangélique et le culte de la famille.

En voici la preuve : lorsqu'il se vit perdu par les accusations de Robespierre, il donna publiquement sa démission de chef de l'athéisme. A Bentolle qui lui avait reproché, dans la salle des Jacobins, ses opinions antireligieuses, il ne craignit pas de répondre hardiment : « Il est de mon devoir de repousser l'idée qu'on s'efforce de donner de moi ; on m'accuse *d'athéisme*, je nie formellement l'accusation. Quant aux opinions irréligieuses qu'on m'accuse d'avoir émises dans mon journal, je nie formellement le fait et je déclare que je prêche aux habitants des campagnes de lire *l'Évangile. Ce livre de morale me paraît excellent et il en faut suivre toutes les maximes pour être un parfait Jacobin* ».

Il savait rendre hommage à l'éducation et aux vertus chrétiennes : lorsque en 1790 les commissaires municipaux se présentèrent au couvent de la Conception de la rue Saint-Honoré, sur 23 religieuses qui « protestèrent que, fidèles à leurs vœux, elles désiraient vivre et mourir dans leur saint état », une seule avoua qu'elle ne s'en sentait plus la force. Elle s'appelait Marie-Marguerite-Françoise Goupil. Sans parents, seule, âgée de 36 ans, elle ne connaissait rien à la vie. Elle n'était pas jolie : « C'était une araignée, écrit un de ses contemporains (1) ».

En échange, elle était grande. C'était probablement ce qui séduisit Hébert qui lui, était tout petit.

Hébert l'ayant rencontrée à la société fraternelle des *deux Sieyès* l'épousa en 1792. Après avoir habité quelque temps au troisième étage, vis-à-vis l'église du Petit Saint-Antoine, le couple vint s'installer à Bonne-Nouvelle, dans la cour des Miracles.

Or, voici ce qu'il écrivait d'elle à ses sœurs fixées à Alençon : « Je dois vous faire part de mon alliance avec

(1) *Dictionnaire biogr. des hommes marquants.*

une jeune demoiselle fort aimable et d'un excellent caractère... Mon aimable prétendue est spirituelle : dans le vieux style, je dirais que c'est une personne comme il faut ; la preuve c'est qu'elle *a passé toute sa vie au couvent*. Pour combler mon bonheur, je trouve assez de fortune avec mon épouse pour être tranquille sur son sort, si la mort vient à nous séparer. » De son côté, sa femme avoue qu'elle était parfaitement heureuse. Voici ce qu'elle écrivait à ses belles-sœurs : « Si M. Hébert est assez bon pour faire consister son bonheur dans ma possession, c'est bien moi qui, sans grâce, puis certifier que je suis parfaitement heureuse avec lui qui ne cesse de me donner tous les jours de nouvelles preuves de sa tendresse. J'en porte dans mon sein un précieux gage (1), il veut bien qu'il me ressemble, et moi je le veux tel que son père. Voilà le sujet continuel de nos différents » : d'ailleurs ; elle était restée croyante. « Je suis, disait la mère Duchêne à Desgenettes, restée très attachée au christianisme, c'est notre Révolution dans ce qu'il y a de plus beau, et je la prêche aux Jacobins dans la société de nos sœurs. Toute justice émane de Dieu, mes principes sont encore ceux de la sœur Goupil ».

Mais le bonheur du père Duchêne ne devait pas durer longtemps. Le 14 mars 1794, à 4 heures du matin, le sous-lieutenant Fribourg arrivait à la cour des Miracles pour apposer les scellés sur les papiers d'Hébert. Sa femme restait avec sa fille sous la surveillance d'un garde. Le même jour, à 6 heures du soir, un gendarme venait arrêter le directeur du *Père Duchêne*.

Conduit devant le tribunal révolutionnaire, il parut aussi faible et aussi humilié qu'il avait été audacieux et

---

(1) De ce mariage naquit une fille qu'ils nommèrent Scipion-Virginie. Sa mère l'éleva dans les principes religieux, lui apprenant à faire sa prière et mettant sous ses yeux, des images de piété, entre autres, les disciples d'Emmaüs Hébert, en homme prudent, craignant que des citoyens ne lui fissent un grief de cette image pieuse, avait écrit au-dessous : *Le Sans-Culotte Jésus recevant deux ci-devant bon... b.*

arrogant; il tomba en défaillance devant ses juges. Sur le chemin qui le conduisait à l'échafaud la populace, qu'il avait vilement exploitée et trompée, l'accompagnait de propos immondes et des plus cruelles plaisanteries : « Va coquin, lui criait-elle, va jouer à la main chaude ; va mettre ta tête à la fenêtre, va éternuer dans le sac ; et autres quolibets et brocards de même espèce. »

Le 26 mars à 5 heures du soir, sa tête tombait sous la guillotine, place de la Révolution.

Que les enfants de Bonne-Nouvelle ne soient jamais voleurs! Que les chers habitants de ce quartier se méfient des démagogues révolutionnaires! Que tous aiment et pratiquent la religion!

Fig. 121.

André Chénier.

André Chénier naquit à Galata (Constantinople), le 30 octobre 1762. Son père Louis de Chénier, originaire de l'Aude, avait été envoyé dans cette ville en qualité de député du commerce du Languedoc et il y remplissait les fonctions de consul général de la France. Là, il épousa Mlle Santi L'Homaka, jeune Grecque d'une rare beauté, originaire de Chypre et de la famille des Lusignan. Ils eurent huit enfants : André était le troisième.

Entré au collège de Navarre en 1773, il obtint en 1778,

le premier prix de discours français au concours général.

Il voyagea en Suisse, en Italie, en Grèce, en Orient. Il s'était passionné pour les poètes grecs et italiens. « On sentait chez André Chénier la fiévreuse exubérance du génie qui se cherche et du tempérament qui renonce à se maîtriser : c'est une chaleur d'âme extraordinaire avec une candeur presque naïve d'expansions amoureuses. »

Le contact que le salon de sa mère lui avait procuré avec les noms les plus illustres de la beauté, de l'art, de la science et de la poésie, ne faisait que développer son goût des grandes et belles choses, ses vastes conceptions, ses ambitions sociales et politiques.

C'était un sentimentaliste délicat, un idéologue épris de la belle nature, un fervent de mythologie et un imprégné de la mentalité orientale. Son vers a de la limpidité, de l'allure, de la tendresse et du charme.

On ne peut pas dire qu'il ait été un poète chrétien ; il était cependant déiste et spiritualiste. Il croyait à l'existence d'un Dieu créateur.

> C'est des Hébreux errants, le Chef, le Défenseur.
> Dieu tout entier habite dans ce marbre penseur,
> Ciel ! n'entendez-vous pas de sa bouche profonde
> Éclater cette voix créatrice du monde ! (1)

Il croyait aux anges, ces amants de la pureté :

> Non, les Anges du Ciel n'approchèrent jamais.
> Ces lèvres ni ces yeux affamés de forfaits (2).

A l'âme heureuse au ciel :

> Mon sang coule en flots purs et de lait et de miel
> Et mon âme se croit habitante du Ciel (3).

A l'efficacité de la prière :

> Ils sont tous malheureux. Leur prière importune
> Crie et demande au Ciel de changer la fortune (4).

(1) *L'Invention*, p. 212.
(2) *La Superstition*.
(3) *Camille*, 140.
(4) *Méditations*, 127.

Il aimait à puiser dans la Bible ses poétiques inspirations :

> Si mon cœur dévorait vos champêtres histoires,
> Cet âge d'or si cher à vos doctes mémoires,
> Ces fleuves, ces vergers, Eden aimé des Cieux
> Et du premier humain, berceau délicieux,
> L'épouse de Booz, chaste et belle indigente
> Qui suit d'un pas tremblant la moisson opulente.
> Joseph qui dans Siché cherche et retrouve hélas,
> Ses dix frères pasteurs qui ne l'attendaient pas.
> Rachel, objet sans prix, qu'un amoureux courage
> N'a pas trop acheté de quinze ans d'esclavage (1).

Après avoir flétri :

> .... Les infâmes vieillards
> S'enivrant quelque temps d'impudiques regards.

Il nous peint, en traits saisissants, la pudeur de la chaste Suzanne à leur approche.

> .... à ce bruit, l'innocente beauté
> Rougit, tremble, pâlit, se retourne, s'étonne,
> Se courbe, au fond de l'eau se plonge, s'environne,
> Et mouvante, ses bras contre son sein pressés,
> Et ses yeux et ses cris vers le Ciel élancés :
> Dieu ! grand Dieu ! sauve-moi, grand Dieu ! Dieu secours
> Couvre-moi d'un rempart, d'un voile impénétrable (2).

Il croyait au Saint-Esprit, à l'Eucharistie, à Jésus-Christ. Ayant énuméré les désordres d'Alexandre VI, écoutez avec quelle mordante indignation il défend ces choses saintes et divines :

> Non certes ! l'Esprit-Saint, ennemi du parjure,
> Ne saurait habiter cette poitrine impure.
> O Christ ! Agneau sans tâche, ô Dieu Sauveur des hommes !
> Non, tu ne souris point sur les autels de Rome.
> . . . .

---

(1) *Hermès*, 216.
(2) *Suzanne*, chant III.

> Quand ses mains, de poisons artisans odieux,
> Touchent ton corps sacré, nourriture des Cieux (1).

Il avait des goûts simples et champêtres :

> Oh! oui, je veux un jour, en des bords retirés,
> Sur un riche coteau ceint de bois et de prés,
> Avoir un humble toit, une source d'eau vive
> Qui parle et dans sa fuite et féconde et plaintive
> Nourisse mon verger, abreuve mes troupeaux.
> . . . .
> Avoir amis, enfants, épouse belle et sage,
> Errer un livre en main de bocage en bocage ;
> Savourer sans remords, sans crainte, sans désirs,
> Une paix dont nul bien n'égale les plaisirs (2).

Patriote, il l'était jusqu'à la tendresse.

> Français, nous périssons, si vous n'aimez la France,
> . . . .
> Rien, rien que cet amour fraternel et sublime
> Sous nos pas affermis ne peut combler l'abîme.
> Que la France, partout, du jeune homme pieux
> Remplisse, à tout moment, et le cœur et les yeux ;
> Qu'il la voie et lui parle et l'écoute sans cesse ;
> Qu'elle soit son trésor, son ami, sa maîtresse ;

En politique, André Chénier était un modéré. Comme tous les cœurs généreux de son temps, il avait rêvé un renouvellement dans les idées générales de son pays, renouvellement qui devait amener un certain progrès matériel, intellectuel et moral ; mais ce progrès, il le demandait à la raison et à la science, à l'ordre et à la sagesse, à la loi et à liberté. Il réprimait tous les moyens violents inspirés par la haine et l'envie, il aurait voulu :

> .... fonder d'une main ferme et sûre,
> Pour l'homme un code solennel,
> Sur tous ces premiers droits sa charte antique et pure

---

(1) *La Superstition*, 243.
(2) *Élégie*, l. II, 99.

> Ses droits sacrés, nés avec la nature,
> Contemporains de l'Éternel (1).

Il conseillait la prudence, le calme et la modération :

> Ah ! ne laissez pas sans conseil et sans frein,
> Armant pour soutenir ses droits si légitimes,
> La torche incendiaire et le fer assassin
> Venger la raison par des crimes (2).

Devenu suspect aux Jacobins, il se sépara de ces « histrions barbouilleurs de lois » « de ces pontifes du crime » « de ces sophistes de la guillotine ». Il flétrit en vers de feu leurs aberrations, leurs forfaits; il souffre que

> Des lâches et des pervers
> Consacrent leur Marat parmi les immortels.

Il maudit « cette vile idole » et, après avoir salué Charlotte Corday :

> Belle, jeune, brillante, aux bourreaux amenée;

après avoir proclamé que :

> La vertu seule est libre,

le tendre poète semble respirer dans ce cri satisfait :

> Un scélérat de moins rampe dans cette auge,
> La vertu t'applaudit : de sa mâle louange
> Entends noble héroïne, entends l'auguste voix.
> O vertu ! le poignard, seul espoir de la terre,
> Est ton arme sacrée, alors que le tonnerre
> Laisse régner le crime et te vends à ses lois (3).

Il eut comme le pressentiment de sa mort prochaine :

> Je meurs. Avant le soir j'ai fini ma journée
> A peine ouverte au jour, ma rose s'est fanée.
> La vie eut bien pour moi de volages douceurs;
> Je les goûtais à peine, et voilà que je meurs (4).

---

(1) *Le Jeu de Paume*, p. 11.
(2) *Le Jeu de Paume*, p. 11.
(3) *Charlotte Corday.*
(4) *Elégie*, 109.

André Chénier fut arrêté à Passy, au mois de mars 1793, lorsqu'il rendait visite à des amis dans le malheur. Il fut écroué à la prison de Saint-Lazare. C'est là qu'il connut Aimée de Coigny, blanche et douce colombe, aimable prisonnière qui lui inspira « La Jeune Captive ».

> L'épi naissant mûrit de la faux respecté
> Sans crainte du pressoir, le pampre tout l'été
> Boit le doux présent de l'Aurore.
> Et moi comme lui, belle et jeune comme lui,
> Quoique l'heure présente ait de trouble et d'ennui,
> Je ne veux pas mourir encore.

Tout le monde connaît les vers qu'il fit la veille de sa mort :

> Comme un dernier rayon, comme un dernier zéphire
> Au pied de l'échafaud, j'essaie encore ma lyre
> Peut-être, est-ce bientôt mon tour.
> Justice, Vérité, si ma main, si ma bouche,
> Si mes pensers les plus secrets
> . . . .
> . . . .
> Sauvez-moi !... Conservez un bras
> Qui lance votre foudre, un amant qui vous venge (1).

Le pauvre poète expiait ses strophes enflammées à la Liberté, à la déesse Raison, à la Nature que chantait avec délire la populace avinée, le 10 novembre 1793.

Dans quels sentiments mourut-il ? Dieu seul le sait. Cette âme droite et fière, faisant allusion à sa mort, a cependant senti le besoin de faire une confession publique, non pas précisément pour avouer des péchés, mais pour dire qu'il n'en avait commis aucun.

« La pierre qui recouvrira ma tombe, écrivait-il à ses amis, vous dira »

> Que le meurtre jamais n'a souillé mon courage.
> Ma bouche du mensonge ignora le langage
> Et jamais prodiguant un serment faux et vain,
> Ne trahit le secret recélé dans mon sein.

(1) *La Jeune Captive.*

Nul forfait odieux, nul remords implacable
Ne déchire mon âme inquiète et coupable
Vos regrets la verront pure et digne de pleurs.

M. Georges Cain, le distingué conservateur du Musée Carnavalet, raconte dans ses très intéressants *Coins de Paris* (1) que le père d'André Chénier attendait, le 7 thermidor, la mise en liberté de son fils. Il s'était pour cela adressé à Collot d'Herbois qui, ignorant dans quelle prison il se trouvait, le chargea de le lui faire savoir. Le père confiant, lui dit qu'il était à Saint-Lazare. « C'est bien, répondit le farouche terroriste, demain ton fils sortira de Saint-Lazare ».

Il tint parole : mais se souvenant que, pendant sa vie d'acteur, il avait été sifflé et étrillé de main de maître par les vers cinglants d'André Chénier, il s'en vengea. Il fit effectivement sortir le poète de Saint-Lazare, non pas pour le rendre à son père, mais pour le faire monter à l'échafaud.

Jeunes gens de Bonne-Nouvelle, méfiez-vous de votre cœur ; sachez en régler les élans, les ardeurs !

(1) *Coins de Paris*, p. 281.

Fig. 122.

Mme Vigée-Le Brun

Mme Vigée-Le Brun dont le salon hospitalier, transformé en chapelle pendant la Révolution, a rendu de si grands services au clergé et aux paroissiens de Bonne-Nouvelle, mérite une notice à part dans notre travail. Elle a, en plus, jeté un vif éclat sur ce quartier.

Élisabeth Vigée naquit le 16 avril 1755. De bonne heure, elle montra une vive passion pour le dessin. En voyant un homme à barbe qu'elle avait dessiné à l'âge de sept ans, son père qui faisait de fort beaux pastels, lui dit avec joie : « Tu seras peintre mon enfant, ou jamais il n'en sera (1) ».

(1) *Souvenirs de Mme Vigée-Le Brun.* Charpentier, Paris.

Elle s'était adonnée au portrait, et l'on peut dire qu'elle avait acquis une compétence exceptionnelle qui la faisait rechercher par l'élite de l'époque : de son temps, elle n'a pas eu de rival.

La mort de son père, occasionnée par une arête de poisson, survenue le 9 mai 1768, lui causa un indicible chagrin.

Sa mère, s'étant remariée à M. François Le Sèvre, un riche joaillier, en ajouta un nouveau à son cœur si sensible : le caractère étroit de son beau-père, son avarice et sa jalousie des hommages publics qu'on rendait à la beauté de sa mère et à la sienne, la faisaient horriblement souffrir.

Après le mariage de sa mère, elle fut obligée de quitter la rue de Cléry pour suivre ses parents rue Saint-Honoré, en face la terrasse du Palais-Royal; Chaillot et Marly devinrent également ses séjours consécutifs : elle y était heureuse à cause du grand air, des beaux arbres, des oiseaux et des charmes de la nature dont elle était privée à Paris.

La voici, à vingt ans, en pleine possession de son talent, assaillie de commandes et gagnant beaucoup d'argent.

Son beau-père, s'étant retiré des affaires, la famille revint habiter l'ancien appartement de la rue de Cléry dont le peintre Le Brun était le principal locataire : il en devint plus tard propriétaire.

Ses conseils lui furent très précieux ainsi que la facilité d'étudier, dans son atelier, les plus magnifiques tableaux de toutes les écoles.

Malgré qu'elle ait avoué « qu'à douze ans elle était laide, avec un front énorme et des yeux très enfoncés », elle était devenue très jolie et sa beauté fut même célébrée à l'Académie française. Dans son discours sur le talent des femmes, La Harpe, se tournant vers Mme Vigée-Le Brun qui venait à peine de se marier, lut les vers suivants :

> Le Brun, de la beauté, le peintre et le modèle,
> Moderne Rosalba, mais plus brillante qu'elle,
> Joint la voix de Favart au sourire de Vénus,

M. Le Brun la demanda en mariage; elle accepta, mais non sans hésitation. « Je me sentais si peu entraînée à faire le sacrifice de ma liberté, qu'en allant à l'église, je me disais encore : dirai-je oui?... dirai-je non?... Hélas, j'ai dit oui ». Le mariage fut célébré à l'église de Bonne-Nouvelle le 11 janvier 1776.

Disons ici un mot de son mari, car ce fut lui qui consentit à convertir son salon en chapelle.

M. Jean-Baptiste Pierre Le Brun, artiste peintre, connu surtout sous le titre de marchand de tableaux, était, d'après son acte d'hospitalité envers le clergé de Bonne-Nouvelle, un homme bien pensant et surtout courageux, vu les circonstances. Mme Vigée-Le Brun tout en lui reprochant son esprit de dissipation, nous dit « qu'il n'était pas méchant homme, que son caractère offrait un mélange de douceur et de vivacité; qu'il était d'une grande obligeance pour tout le monde, en un mot, il était assez aimable ».

Après son mariage, elle alla s'établir avec son mari dans une maison qu'ils avaient achetée rue du Gros-Chenêt (1). Mais elle n'y resta pas longtemps, effrayée qu'elle était par les grondements de la Révolution.

Elle se rappelait un mot de son père : « Un jour, dit-elle, que mon père sortait d'un dîner de philosophes où se trouvaient Diderot, Helvétius et d'Alembert, il paraissait si triste que ma mère lui demanda ce qu'il avait. « Tout « ce que je viens d'entendre, répondit-il, me fait croire que « bientôt le monde sera sens dessus dessous ».

En 1789, au retour d'une promenade à Longchamps, elle avait vu des misérables, en haillons, monter sur le marchepied de son carrosse, lui criant : « L'année prochaine, vous serez derrière vos carrosses et c'est nous qui serons dedans ». Elle savait que sa maison du Gros-Chenêt était marquée par les malfaiteurs; on jetait du soufre dans ses caves et lorsqu'elle se mettait à la fenêtre, de grossiers sans-culottes la menaçaient du poing.

(1) Cette rue se trouvait entre la rue de Cléry et la rue des Jeûneurs.

La malice, la jalousie et l'intrigue s'étant mises de la partie, elle en était devenue chagrine, sombre et malade : « On m'accuse disait-elle d'avoir pris les tours de Notre-

Fig. 123. — Mme Vigée-Le Brun avec sa fille.

Dame, elles sont encore en place ; mais je m'en vais, car il est clair que l'on m'en veut ».

Elle partit donc le 5 octobre, laissant plusieurs portraits inachevés. Ce fut un serrement de cœur : « Je ne puis vous dire, écrivait-elle à une amie, ce que j'éprouvai en passant le Pont Beauvoisin. Là seulement, je commencai à respirer, j'étais hors de France, de cette France qui pourtant était ma patrie et que je me reprochais de quitter avec joie ».

Elle visita presque toute l'Italie : Turin, Parme, Modène, Bologne, Ferrare, Florence, Rome; ses basiliques, ses musées, ses palazzi. De là, elle alla à Naples, à Mantoue, à Venise. En quittant l'Italie, elle se dirigea sur Vienne, Prague, Dresde, Péterhoff, Saint-Pétersbourg. Partout elle s'instruit, fait les portraits des plus grandes dames, des plus grands seigneurs et elle se crée les plus charmantes relations en jetant partout l'éclat de sa brillante palette.

En 1801 elle songe à rentrer en France : elle fait part à son frère, des tristesses que ce retour va donner à son âme : « En me rapprochant de la France, le souvenir des horreurs qui s'y sont passées se retrace à moi si vivement que je crains de revoir les lieux qui ont été témoins de scènes si affreuses : je voudrais être aveugle ou avoir bu au fleuve de l'Oubli pour vivre sur cette terre ensanglantée : il me semble que je marche vers un tombeau ! »

La voilà à Paris, rue du Gros-Chenêt. Elle est reçue à bras ouverts par M. Le Brun, son frère, sa belle-sœur et sa fille : « Je trouvai l'escalier rempli de fleurs et mon appartement parfaitement arrangé. La tenture et les rideaux de ma chambre étaient en casimir vert, les rideaux brodés d'une broderie en soie couleur d'or. M. Le Brun avait fait surmonter le lit d'une couronne d'étoiles d'or ; tous les meubles étaient commodes et de bon goût ; enfin, je me trouvai fort bien installée... »

La maison de la rue du Gros-Chenêt était séparée par un jardin d'une maison qui donnait sur la rue de Cléry et qui appartenait aussi à M. Le Brun. Il y avait dans cette dernière une salle immense (voir fig. 31) où se donnaient de très beaux concerts. Pendant la Révolution, toutes les églises étant fermées, M. Le Brun prêta cette salle au clergé de Bonne-Nouvelle pour y exercer les cérémonies du culte.

Son salon était le rendez-vous de toutes les illustrations de son temps. Les reines de la beauté telles que Mmes Geoffrin, Tallien, Duthé, Récamier, y brillaient à côté des princes de la poésie, Le Brun, Delille et Ducis ; les grands noms de l'armorial, tels que les Rohan, les Grillon, les Choiseul, les Montesquiou, les d'Aguesseau, Lucien et Joseph Bonaparte, Orloff et Metternich y coudoyaient les rois de la science et du théâtre, Brongniard, La Harpe et d'Alembert, Garat, Le Kain, Clairon et Talma ; Les maîtres de la parole et de l'art, tels que Molé, Grétry, Greuze, Vien, Baron Gérard et Vernet étaient suspendus aux lèvres du prince de Ligne, du maréchal de Noailles, du comte de Rivarol qui tenaient le sceptre de l'esprit : et toute cette brillante pléiade nageait dans l'extase en entendant Violetti, Salentin, Marmontel et de Montgeron exécuter leurs merveilleuses symphonies.

Qu'a-t-elle été au point de vue chrétien ?

Voici ce que nous lisons dans *Mes Souvenirs* : « Ma mère était très pieuse, je l'étais aussi de cœur. Nous entendions toujours la grand'messe, nous allions aux offices divins. Dans le Carême surtout, nous n'en manquions aucun, pas même les prières du soir. De tout temps, j'ai aimé les chants religieux et les sons de l'orgue me faisaient alors une telle impression que je pleurais sans pouvoir m'en empêcher ».

Placée, dès l'âge de six ans, au couvent pour y faire ses études, elle en sortit à onze, après y avoir fait sa première communion.

Nous ignorons si plus tard, elle pratiqua sa religion : nous savons cependant que pendant ses voyages à l'étranger, elle ne manquait pas d'aller à la messe le dimanche.

Elle parle avec un accent attendri « d'une petite église des environs de Turin qui avait un porche très joli, où elle était avec sa fille comme en plein air ; entouré de cette belle nature, il semble qu'on prie mieux ».

Elle n'aimait pas les grandes églises ni les pompes éclatantes du culte : sa dévotion la portait de préférence vers les petits sanctuaires, à cause de leur recueillement. A Mme de Verdun, qui la grondait de ne pas se montrer assez assidue aux offices divins, elle répondait : « Certes, si je n'allais pas en France, régulièrement à la messe, ce n'était pas par irréligion ; mais dans les églises de Paris où il y a foule, je ne suis pas assez avec Dieu. J'y vois des couleurs, des draperies, une multitude d'expressions diverses de physionomies, des effets de soleil enfin, comme la peinture et le bruit m'y poursuivent, je ne puis prier aussi bien que je le fais dans une église de village. J'avoue que les églises champêtres m'ont toujours vue prier avec plus de ferveur que les autres ».

Cela ne l'empêchait pas de reconnaître « qu'on ne peut avoir une idée de l'effet imposant et grandiose que produit la religion catholique quand on n'a point vu Rome pendant le Carême ». Voilà pourquoi elle était heureuse de se rendre, le mercredi-saint, à la chapelle de Monte-Cavallo pour entendre le *Stabat* de Pergolèse d'une musique céleste : « d'assister, le Jeudi-Saint, à la messe qui se dit à Saint-Pierre avec la plus grande magnificence » ; « de visiter le même soir, Saint-Pierre dont les cent lampes de l'autel éteintes, étaient remplacées, pour l'éclairer, par une énorme croix illuminée et prodigieusement brillante » ; « d'aller dans la chapelle Sixtine entendre le fameux *Miserere* d'Allegri, chanté par des soprani sans aucun instrument et qui lui faisait l'effet de la musique des anges ».

C'était justement le sentiment religieux qui lui faisait reconnaître la supériorité de l'inspiration de l'art chrétien.

La contemplation des tableaux du Corrège, surtout de sa *Crèche*, qu'elle a vue à Parme, lui produisit une profonde impression : « Je ne pus voir tant de tableaux divins sans croire à l'inspiration que l'artiste chrétien puise dans sa croyance. La fable a sans doute de charmantes fictions, mais la poésie du christianisme me semble bien plus belle ».

Comme le souvenir de la France la suivait partout, elle aimait à prier pour la France. A Bologne, devant le tableau de sainte Agnès peint par le Dominiquin, faisant un rapprochement des maux dont souffrait l'Église du temps des païens, avec ceux que souffrait son pays sous les bourreaux chrétiens, elle en fut si profondément émue qu'elle se jeta à genoux, se mit à pleurer et à prier pour sa malheureuse patrie.

Écoutons-là pendant que dans la calme solitude de Monte-Mario, elle regardait Rome à ses pieds. « Cette voûte céleste d'un bleu d'azur, cet air si doux, cette profonde solitude, tout m'élevait l'âme ; j'adressais au ciel une prière pour la France, pour mes amis et Dieu sait quel mépris j'éprouvais pour les petitesses du monde ; car, ainsi que l'a dit le poète Le Brun :

> L'âme prend la hauteur des cieux qui l'environnent.

C'est ce sentiment religieux qui lui faisait trouver tant d'attrait dans la compagnie des ecclésiastiques les plus distingués de son époque : l'abbé Bertrand, consul de France à Naples, qui la charmait par son esprit ; l'abbé Giroux, qui l'égayait par ses mordantes satyres et dont voici un spécimen décoché à Marmontel pour le punir de ne pas aimer la musique de Gluck :

> Ce Marmontel, si lent, si lourd
> Qui ne parle pas mais qui beugle,
> Juge la peinture en aveugle
> Et la musique comme un sourd.

L'abbé Delille qu'elle appelait « le plus aimable, le meilleur et le plus spirituel enfant qu'on puisse voir » et dont elle admirait le courageux dithyrambe lancé à Chaumette, sur l'immortalité :

> Oui, vous qui de l'Olympe usurpant le tonnerre,
> Des éternelles lois, renversez les autels,
>   Lâches oppresseurs de la terre,
>   Tremblez, vous êtes immortels.

L'abbé Fontana, directeur du musée de Florence, et

dont les pièces anatomiques lui firent une si profonde impression qu'elle s'écria : « Il est impossible de considérer la structure du corps de l'homme, sans être per-

Cl. Conte.
Fig. 124. — Sainte-Geneviève, par Mme Vigée-Le Brun.
« J'aimais tant Louveciennes que je peignis pour son église une Ste-Geneviève ».
Mme VIGÉE-LE BRUN, *Souv.*, t. II, p. 231.

suadé de l'existence d'une divinité ; dans ce cabinet, il faut croire et se prosterner ».

Enfin, l'abbé Maury qui avait été chargé par Pie VI de

lui demander de venir faire son portrait; mais comme il fallait qu'elle fût voilée, pendant l'exécution de son travail, elle refusa cet honneur dans la crainte de ne pouvoir rien faire dont elle fût satisfaite.

Mme Vigée-Lebrun ne voyait pas que de simples abbés,

Fig. 125.

elle s'était liée avec des Éminences ; pendant son séjour à Rome, elle fut invitée à dîner chez notre ambassadeur, le cardinal de Bernis; il lui arriva à ce sujet une histoire qui qui a bien sa saveur italienne : le lendemain du dîner, on vint la réveiller à sept heures, en lui annonçant la famille du cardinal de Bernis ; toute saisie de cette visite aussi flatteuse que matinale, elle se leva, s'habilla et se rendit au salon : cette famille était cinq grands laquais du cardinal en livrée qui venaient demander la *Buona mano*.

Voilà ce qu'était Mme Vigée-Le Brun au point de vue religieux.

Malgré que sa mère fût très belle et qu'elle allât beaucoup dans le monde, elle s'appliquait à donner à sa fille une éducation très sérieuse ; elle ne lui tolérait la lecture d'aucun roman. Mme Vigée-Le Brun remarque que les principes de morale que lui avait donnés sa mère, la protégèrent contre les séductions dont elle était entourée : jusqu'à son mariage elle ne lisait que des livres saints et la morale des Saints Pères dont elle ne se lassait pas.

Les chroniques du temps ont rapporté, avec force critiques, un fameux *dîner grec* qu'elle avait donné dans son hôtel de la rue de Cléry, pendant lequel les beautés de l'époque, dans une mise moins que sommaire, buvaient le chypre à pleines coupes, tandis que Garat récitait des odes antiques qu'accompagnait Grétry sur une lyre d'or. Le costume des convives, la nature des mets, le prix du festin avaient fait crier au scandale. Elle s'en est toujours défendue, attribuant ces calomnies à l'envie et à la méchanceté. Tout en étant fort soignés, ses dîners n'avaient rien de scandaleux (voir fig. 125).

Une chose étonne chez cette artiste qui avait cependant des sentiments chrétiens, c'est de ne rencontrer dans ses 975 toiles (1) aucun sujet religieux ; c'est à peine si elle peignit, pour l'église de Louveciennes, où elle avait sa maison de campagne, une Sainte Geneviève (voir la fig. 124) : ce tableau lui valut de la part de Mme de Genlis, les vers suivants :

Sainte Geneviève.

Prier Dieu, garder ses troupeaux
Filer, rêver, contempler la nature,
Se reposer sur la verdure
Avec sa croix et ses fuseaux :
Tels furent ses plaisirs, tels furent ses travaux.

(1) Mme Vigée-Le Brun a fait le portrait de presque tous les membres des familles régnantes de son temps, des plus grands noms de la noblesse française et étrangère, de toutes les illustrations de l'armée, de la littérature, de la diplomatie, de la science et du barreau.

Innocente et sainte bergère,
A l'abri des méchants que ton sort fut heureux !
Combien doit t'envier, à son heure dernière,
Le mondain et l'ambitieux !

Cl. Conte.

Fig. 126. — Tombe de Mme Vigée-Le Brun à Louveciennes.
Dans le médaillon, on voit, entourée d'une couronne de feuilles de chêne, une palette et des pinceaux qu'éclairent les rayons du soleil placé à gauche. Au-dessous, l'inscription suivante :
Ici, enfin je repose.
Louise-Élisabeth Vigée-Le Brun,
décédée, le 30 mars 1842
De Profundis.

Eh bien, cette femme jolie, adulée, riche; cette femme qui avait ses entrées dans toutes les cours, des amitiés dans toutes les hautes classes sociales et qui avait savouré tous les charmes de l'esprit, du succès et de la gloire, cette femme, disons-nous, n'a jamais été parfaitement heureuse. Son cœur saignait d'une triple blessure : la première, faite par la mort de son père, dont elle ne put jamais se consoler ; la seconde, par l'inconduite de son mari, dissipateur et volage ; la troisième, par le mariage inconsidéré de sa fille qui empoisonna toute sa vie.

Ces multiples chagrins furent adoucis par les soins et la tendresse de ses nièces, Mme de Rivière et Eugénie Le Brun devenue Mme J. Tripier Le Franc qui l'entouraient d'un culte filial.

Sa vieillesse s'écoula doucement dans l'aisance que lui avait procurée son pinceau.

Après la mort de son mari, rue du Gros-Chenêt, le 7 août 1813, elle alla habiter rue Saint-Lazare. Elle passait l'été à Louveciennes et l'hiver à Paris ; ce fut là qu'elle mourut, le 29 mai 1842. Ses restes furent transportés à Louveciennes qu'elle avait tant aimé (voir fig. 126).

Fig. 127.

Louise de Marillac (Mlle Le Gras).
Fondatrice des Filles de la Charité.

Il nous est doux de continuer cette petite galerie de tableaux par le portrait d'une âme exceptionnellement privilégiée qui nous reposera des horreurs des uns et des faiblesses des autres ; d'une âme qui, dans la première moitié du XVIIe siècle, a fait briller sur notre quartier le pur rayonnement de la douceur et de l'abnégation, du dévoûment et de la sainteté; d'une âme qui a doté la France de l'admirable institution des Filles de la Charité; d'une âme dont l'Église étudie en ce moment le procès de canonisation; nous voulons parler de l'active collaboratrice de saint Vincent de Paul, Mlle Le Gras.

Née à Paris le 12 avril 1591, l'enfant perdit sa mère peu de temps après sa naissance.

Son père, Louis de Marillac, conseiller au Parlement, lui fit donner une éducation fort soignée chez les Dominicaines de Poissy. Elle y brilla autant par une piété sincère que par de merveilleux succès dans les sciences, dans les langues et la peinture.

Elle perdit son père au moment où les jeunes filles qui n'ont plus de mère ont le plus besoin de conseils et de direction.

Voici ce qu'il disait de sa fille dans son testament : « Louise a été ma grande consolation dans ce monde, elle m'avait été donnée de Dieu pour mon repos d'esprit dans les afflictions de ma vie ».

A vingt-deux ans, elle fut mariée à un jeune secrétaire des Commandements de Marie de Médicis, Antoine Le Gras : un enfant naquit de ce mariage. Douze ans après, son mari mourait dans les sentiments d'une vraie piété. Elle avait été l'ange de son agonie, et, par ses soins, sa patience et ses prières, elle lui avait ouvert les portes du ciel.

Le premier sentiment de son cœur fut, au lendemain de son malheur, la ferme résolution de se consacrer entièrement à Dieu dans le service des pauvres.

Ne pouvant narrer sa vie, qu'il nous suffise de noter quelques-unes de ses vertus. Comme toutes les grandes âmes, elle s'était appliquée, de bonne heure, à mourir au monde, à se remplir de Dieu et à donner Dieu au monde. Elle aimait à pratiquer toutes les vertus : la mortification; sans compter ses jeûnes fréquents, elle portait le jour de ses communions, la ceinture de pénitence et souvent elle se donnait la discipline.

L'éloignement du monde : elle quitta l'aristocratique

quartier du Marais, l'hôtel des Marillac et son illustre parenté, pour ne pas se laisser absorber par les frivolités du siècle.

L'amour de la solitude : « je suis résolue, écrivait-elle, à me tenir cachée en Dieu sans rechercher le témoignage des créatures ».

Le zèle des âmes : elle s'appliquait, au moyen de l'instruction, de la patience et de la prière à sauver l'âme des enfants, des vieillards, des pauvres et des malades.

L'amour de Notre-Seigneur : « La sainte communion du corps de Jésus-Christ, disait-elle souvent, nous fait être réellement dans la jouissance de la communion des saints au paradis ».

L'amour des pauvres : « Elle servait les pauvres et soignait les malades avec amour, comme si elle avait eu affaire à son fils; elle assistait à leurs funérailles, tenant en cela la place des mères qui accompagnent leurs enfants au tombeau ».

L'amour de la Sainte Vierge : c'est vers elle qu'elle se tournait pour faire l'oblation d'elle-même à Dieu : « Sainte Vierge, lui disait-elle, prenez mon fils et moi sous votre protection et ayez pour agréable le choix que je fais de cette protection pour ma conduite ».

Elle aimait à faire de ses mains des ornements d'église. Un jour que saint Vincent avait remarqué dans la chapelle une nappe qu'elle avait brodée, il lui écrivit le billet suivant : « Il me semble ravir le cœur d'aise en voyant le vôtre là-dedans; je prie Dieu qu'Il embellisse votre âme de son parfait et divin amour, pendant que vous embellissez ainsi sa maison, de tant de beaux parements ».

Toutes ces vertus lui donnaient un puissant ascendant sur le peuple : « Vous aimez tant les pauvres, lui disait-on, que vous paraissez deux fois plus belle en leur parlant. » « Si vous étiez un an ici, lui disait-on ailleurs, vous convertiriez toute la ville. » Plusieurs braves ouvriers allèrent même jusqu'à lui demander si elle confessait.

Animée de ces saintes dispositions, elle s'appliqua à les

faire passer dans l'âme de ses religieuses « qu'elle voulait avant tout, simples, humbles, sobres, pures, pauvres, obéissantes et sans ambition. « Ce n'est pas l'habit ni les conditions qui font aimer Dieu, leur disait-elle, mais la préparation d'un cœur disposé à son bon plaisir. »

A toutes ces vertus, elle joignait une patience angélique : elle eut beaucoup à souffrir dans le mariage, dans le veuvage, avec son fils, dans sa famille et même dans sa famille spirituelle ; et toujours, elle acceptait ses épreuves en pensant à ses péchés qui les lui avaient probablement méritées et à la Passion de Notre-Seigneur qu'elle prenait pour modèle.

Enfin, elle a aimé la mort. Quelques jours avant sa fin, elle écrivait à saint Vincent : « Comme bonne fille que je veux être, dans le désir d'imiter le Très Bon Maître, et pour être vraiment fille de mort, je veux, moyennant sa sainte grâce, aimer la mort qui me doit unir à Jésus-Christ pour l'éternité. »

Le 15 mars 1660, elle rendait son âme à Dieu en embaumant sa famille spirituelle d'un parfum de sainteté.

« Adieu, belle âme, lui disait immédiatement après sa mort, le curé de Saint-Laurent, elle a emporté la grâce de son baptême. »

« Ah ! mon Dieu, s'écriait saint Vincent, où prendrons-nous une fille pour remplir la place d'une *sainte* ? »

Son corps, après avoir été inhumé dans l'église de Saint-Laurent, et après bien des vissicitudes, repose actuellement rue du Bac, dans la chapelle de la Maison-Mère.

En 1886, le cardinal Richard instituait un tribuna ecclésiastique pour le procès informatif de la cause de béatification.

Le 10 juin 1895, Léon XIII signait l'introduction de la cause et au mois de décembre 1907, elle était déclarée Vénérable. Espérons que bientôt elle sera placée sur les autels.

Or, et c'est ici que nous voulons en venir, la vénérable Louise de Marillac a été paroissienne de Saint-Sauveur dont le territoire est actuellement celui de Bonne-Nouvelle. C'est là, qu'après son mariage, elle était venue s'établir rue Courteaut-Vilain ; c'est là qu'elle a connu saint Vincent, pendant qu'il habitait l'hôtel de Gondi, rue Pavée. C'est dans cette église qu'elle a enterré son père et son mari et qu'elle a fait baptiser son fils et sa petite-fille.

« La paroisse Saint-Sauveur, remarque son biographe (1), a été, entr'autres, le témoin et l'objet de toutes ses actions de charité, elle y avait d'ailleurs initié à ses œuvres de miséricorde, d'autres pieuses dames comme elle, que nous retrouvons plus tard, dans les premières assemblées de charité et lorsque nous y lirons les noms des d'Alligre, Amelot, d'Argouges, Baillif, Bordier, Bragelonne, Bulion, Canillac, Le Clerc, Feydeau, Jolly, Lumagne, Nicolay, Olier, Le Prieur, Porlier, Renty, Thubeuf, Viole, nous n'oublierons pas que c'est à cette paroisse que nous devons ces âmes d'élite. Même les noms de Goussault et de Pollaillion, ces grandes collaboratrices de Louise, se trouvent inscrits au même lieu (2). »

La première sœur de charité, Marguerite Nazeau (voir fig. 80), morte victime de son dévouement, pour avoir couché dans un lit contaminé par la peste, appartenait à la paroisse de Saint-Sauveur.

Enfin, la paroisse de Bonne-Nouvelle, conserve au 85 de la rue Réaumur, dans la maison des Filles de la Charité, un tableau peint par la servante de Dieu et qui représente l'Enfant Jésus donnant la main à la Sainte Vierge et à saint Joseph.

Soyons fiers de cette grande âme qui a donné à notre paroisse les prémices de son zèle et de sa charité. Demandons-lui de nous protéger et de nous bénir.

(1) *La Vénérable Louise de Marillac*, par Mgr Baunard, recteur de l'Université catholique de Lille. Poussielgue, 1904.

(2) D'après une tradition locale, Mlle Le Gras aurait également habité au 22 de la rue Saint-Sauveur ; c'est là qu'elle aurait pris la résolution, après la mort de son mari, de se consacrer entièrement à Dieu. L'emplacement occupé par la cour de l'École chrétienne de Jeunes Filles et par l'immeuble du 85 de la rue Réaumur était son parc, connu sous le nom d'Enclos Saint-Sauveur.

Fig. 128.

Joséphine de Beauharnais.

Elle est née en 1763 à la Martinique, fille du comte Tascher de la Pagerie. Mariée, à quinze ans au comte de Beauharnais, ils eurent deux enfants, Eugène et Hortense de Beauharnais; cette dernière, devenue la femme de Louis Bonaparte, fut la mère de Napoléon III. Après avoir vu son mari traîné à l'échafaud, Joséphine fut elle-même jetée en prison, elle ne dut son salut qu'à Tallien. Un jour, amenée devant le général Bonaparte, elle lui inspira le sentiment le plus tendre et consentit à l'épouser en 1796. Partageant l'extraordinaire fortune de son époux, elle monta avec lui sur le trône et devint impératrice. Elle n'usa de son pouvoir que pour faire du bien, elle se fit généralement beaucoup aimer, on lui a reproché une prodigalité peu réfléchie. Napoléon n'ayant point d'enfant, crut devoir divorcer.

Elle supporta cette cruelle épreuve avec une rare résignation (1809). Retirée à la Malmaison, après la chute de l'Empereur, elle mourut en 1814, dans les sentiments d'une grande piété.

Joséphine de Beauharnais avait habité longtemps, rue Thévenot, dans un hôtel dont une partie est représentée par la gravure 148.

Fig. 129.

Eugène de Beauharnais.

« Le prince Eugène, disait Napoléon dans un de ses bulletins, a fait preuve, pendant la campagne (1809), de toutes les qualités qui constituent les grands capitaines. » Celui qui méritait un tel éloge n'avait pas encore trente ans.

Fils du vicomte de Beauharnais et de Joséphine Tascher de la Pagerie, Eugène naquit rue Thévenot le 3 septembre 1780. Il y vécut longtemps avec sa mère. Trop jeune pour prendre aucune part aux orages de la révolution française, il en éprouva cependant de bonne heure les déplorables effets. Il n'avait que quatorze ans lorsqu'il perdit son père. Les malheurs qu'éprouva Joséphine à cette époque, son emprisonnement aux Madelonnettes et à Port-Louis, rendirent la jeunesse d'Eugène extrêmement laborieuse et pénible. La fortune de sa mère ayant changé, il commença à connaître quelques beaux jours, et le mariage de Joséphine avec Bonaparte vint lui assurer les plus brillantes destinées.

Eugène embrassa la carrière des armes, et suivit Bonaparte, en qualité d'aide-de-camp, dans sa première campagne d'Italie (1796). Il y signala son courage et son intrépidité. Lorsque l'expédition d'Égypte fut résolue, Bonaparte se l'attacha de nouveau. On rapporte que dans l'attaque de Malte, Eugène s'empara du seul drapeau qu'on ait enlevé aux chevaliers. En Égypte, on remarqua sa bravoure comme en Italie, ce qui décida Bonaparte, outre l'affection qu'il portait au fils de son épouse, à le ramener en France (1799) avec les généraux Berthier, Lannes, Murat et Marmont.

Après la journée du 18 brumaire (nov. 1799), Eugène fut nommé chef d'escadron des chasseurs de la garde, et fit, en cette qualité, la 2e campagne d'Italie (1800). Marengo devint le théâtre de sa gloire; mais cette gloire serait plus pure s'il s'était montré moins téméraire. Promu au grade de colonel-général du même corps en 1804, il accompagna le Consul dans tous ses voyages. L'établissement du gouvernement impérial devint pour Eugène une nouvelle source de dignités et de grandeurs; Napoléon l'éleva successivement au rang de prince, d'archichancelier d'État et de vice-roi d'Italie (1805). Pendant la guerre contre l'Autriche, Eugène resta dans ses nouveaux États, que menaçait le prince Charles. Masséna fut envoyé pour les défendre. A la suite de cette campagne, glorieuse pour les armées françaises, Napoléon adopta le vice-roi d'Italie, et lui fit épouser, le 22 janvier 1806, la princesse Auguste-Amélie de Bavière. L'année suivante (1807), il le créa prince de Venise et le déclara son héritier.

Depuis près de quatre ans, il gouvernait paisiblement l'Italie; et les peuples de ces contrées, toujours impatients de toute domination étrangère, ne trouvaient à blâmer que sa trop grande économie, lorsqu'une nouvelle guerre éclata entre la France et l'Autriche (1809). Nommé commandant de l'armée d'Italie, il fut d'abord obligé de se replier sur le Tagliamento, en présence de forces supérieures dirigées par l'archiduc Jean. A Caldiero, il remporta quelques avantages. Cependant les victoires de Napoléon en Allemagne contraignirent l'archiduc Jean à abandonner l'Italie. Guidé par le général Macdonald, Eugène se trouva bientôt sur le territoire autrichien. Il triompha du général Jellachich, et entra dans Vienne le 26 mai. Sur ces entrefaites, Napoléon apprend qu'on organise en Hongrie une levée en masse, Eugène est envoyé en observation, et parvient à arrêter ce mouvement; ce fut à sa valeur et à sa prudence qu'on dut le succès de la journée du 14 juin, à Raab. Il se signala encore à la bataille de Wagram. La fin de cette campagne le ramena à Paris, où son affection pour sa mère devait être mise à une cruelle épreuve. Chargé de disposer Joséphine, sa mère, au divorce, il montra une grande soumission dans cette pénible circonstance. En 1810, il fut déclaré successeur du principe primat comme grand-duc de Francfort, et il reçut la grand'croix de l'ordre de Saint Étienne de Hongrie.

Napoléon l'enleva une seconde fois à sa paisible administration de l'Italie pour lui confier le 4e corps de la grande-armée lors de l'expédition de Russie (1812). Eugène donna des preuves d'habileté et de courage à Othowno, Mohilow, à la Moskowa, et mit le comble à sa réputation par sa conduite pendant la retraite. Il partagea les dangers et la gloire de la bataille de Viazma et des combats de Krasnoë, du 16 au 19 novembre. On le vit, à l'arrière-garde, le fusil sur l'épaule, soutenir les uns, exciter le zèle des autres, et ne se laisser abattre par aucune adversité. Après le départ de Napoléon et de Murat, il fut chargé du commandement en chef de l'armée, et parvint à réunir à Magdebourg quelques débris de cette armée naguère si nombreuse et si brillante. Dans la campagne de 1813, il commanda l'aile gauche des Français à Lutzen, et fit, des premiers, son entrée à Dresde. Quelques jours après, Napoléon l'envoya en Italie pour s'opposer aux Autrichiens qui se disposaient à abandonner sa cause. Dans le mois de septembre, Eugène appela toute l'Italie aux armes; et malgré l'infériorité numérique de son armée, il arrêta les progrès du général Bellegarde jusqu'à la capitulation de Paris. Le ministre du vice-roi, le comte de Prina, périt victime de l'effervescence du peuple. Les Milanais, exaspérés par les actes de sévérité nécessités par les difficultés de la dernière campagne, en apprenant la révolution qui venait de s'opérer, se livrèrent à toute la violence de leurs ressentiments.

A la nouvelle de la déchéance de Napoléon, Eugène prend la résolution de se retirer chez son beau-père, le roi de Bavière. Il passe quelques jours à Mantoue pour expédier les objets précieux qu'il y avait réunis, et prend la route du Tyrol. A Rovérédo, on lui représente que le passage n'est pas sans dangers pour lui; et pour se soustraire à la haine qui le poursuit, il est obligé d'accepter l'uniforme, la voiture, la livrée et les gens du gouverneur du château de cette place. Il échappe enfin à tous les périls, et arrive à Munich avec son épouse. La mort de l'ex-impératrice Joséphine, sa mère, le contraignit à faire un voyage en France (1814). Louis XVIII l'accueillit avec distinction et avec bonté. Après être retourné à Munich, il se rendit à Vienne, où se trouvait réuni le Congrès des souverains de l'Europe; tous, et surtout l'empereur de Russie, lui témoignèrent le plus vif intérêt. Au retour de Napoléon en France (1815), il quitta Vienne pour se retirer à Bareuth, d'où il revint à Munich. En janvier 1817, il alla, avec son épouse, à Lindau, près du lac de Constance, chez la duchesse de Saint-Leu, sa sœur. Dans les dernières années de sa vie, Eugène se concilia l'affection de tous ceux qui l'approchèrent; le roi de Bavière le créa duc de Leuchtemberg et prince d'Eichstadt; mais les Italiens ne se sont souvenus qu'après sa mort, 21 février 1824, de tout le bien que, par la sagesse de son administration, il avait fait à leur contrée.

Tous ceux qui ont écrit sur le prince Eugène s'accordent à louer la douceur de ses mœurs, l'aménité de son caractère. Sous son administration, l'Italie acquit une force et une importance qu'elle avait perdues depuis longtemps ; dans les dernières années, contraint de déployer une rigueur qui s'éloignait de ses idées de modération et de justice, il s'aliéna les cœurs des Milanais. Il était extrêmement modeste ; au retour d'une de ses campagnes, un Italien lui présenta une relation où il le plaçait au-dessus des plus grands capitaines ; Eugène lui fit défendre de la publier. Il aimait les arts. Pourquoi faut-il qu'au milieu de ces éloges se mêle le reproche fondé d'une trop grande parcimonie ?

Fig. 130.

Mme de Staël.

« J'ai été toujours la même, vive et triste ; j'ai aimé Dieu, mon père et la liberté. » Mme de Staël se peignit tout entière dans ce peu de mots qu'elle adressait à l'un de nos plus illustres écrivains, M. le vicomte de Chateaubriand.

Anne-Louise-Germaine Necker naquit à Paris le 22 avril 1766. Elle a habité l'hôtel de Cussy situé sur l'emplacement de la rue de Mulhouse. Son père était encore bien loin de la haute fortune où il parvint depuis. Mme Necker, sa mère, qui joignait à beaucoup d'instruction une excessive sévérité, voulut elle-même diriger son éducation ; mais sa grande rigueur contrariait plutôt qu'elle ne servait à développer les dispositions de sa fille. Elle lui faisait rédiger, à quinze ans, des extraits de l'*Esprit des Lois*. Heureusement que sa maison était le rendez vous de quelques beaux esprits, et que le plaisir qu'ils prenaient à converser avec une jeune personne dont le génie était si évidemment précoce, corrigea ou tempéra les vices de la méthode qu'on voulait employer. Cependant ses études sérieuses avaient tellement altéré sa santé que le docteur Tronchin ordonna de la conduire à la campagne, et de l'y tenir dans le repos le plus absolu. Sa mère renonça dès lors à surveiller son éducation.

Ce fut pendant son séjour à Saint-Ouen que, touchée de l'attachement que lui portait son père, elle conçut pour lui une tendresse qui allait jusqu'à l'enthousiasme ; et lorsque M. Necker publia son *Compte rendu*, elle lui écrivit une longue lettre anonyme dans laquelle elle exprimait toute son admiration. Fille d'un ministre populaire, dont l'influence se faisait sentir en tous lieux, Mlle Necker, qui pouvait aspirer aux plus brillantes alliances, épousa un gentilhomme suédois, le baron de Staël-Holstein, ambassadeur en France (1786). Deux ans après son mariage (1788), elle publia son *Épître au malheur* et ses *Lettres sur J.-J. Rousseau*. Sa tragédie de *Jeanne Gray* parut en 1789.

On connaît ses démêlés avec Napoléon qui finit par l'exiler. A sa rentrée en France, elle reçut de Louis XVIII deux millions que son père avait déposé pour elle au Trésor.

Voici son portrait d'après un contemporain.

« Mme de Staël avait de la grâce dans tous ses mouvements. Sa figure, sans satisfaire entièrement les regards, les attirait d'abord, et les retenait ensuite, parce qu'elle avait comme un organe de l'âme, un avantage fort rare : il s'y déployait subitement une sorte de beauté, si on peut le dire, intellectuelle. Le génie éclatait tout-à-coup dans ses yeux, qui étaient d'une *rare magnificence* : son regard s'allumait d'un noble feu, et annonçait comme l'éclair de la parole. Sa taille un peu forte, ses poses bien dessinées, donnaient une grande énergie, un singulier aplomb à ses discours. Il y avait quelque chose de dramatique en elle ; et même sa toilette, quoique exempte de toute exagération, tenait à l'idée du pittoresque plus qu'à celle de la mode. »

Voici la liste de ses ouvrages :

1786. *Trois nouvelles.*

1788. *Lettres sur J.-J. Rousseau, Jeanne Gray*, tragédie ; *Épître au malheur.*

1793. *Défense de la reine Marie-Antoinette.*

1794-95. *Réflexions sur la paix adressées à M. Pitt et aux Français*; *Réflexions sur la paix intérieure.*

1796. *De l influence des passions sur le bonheur des individus et des nations.*

1800. *Considérations sur la littérature.*

1802. *Delphine.*

1803. Voyage à Coppet ; retour ; exil ; se rend à Weimar ; voit Goëthe, Wieland, Schiller.

1804. Elle va à Berlin ; retour en Suisse ; voyage en Italie.

1805. Elle s'établit à Genève, Auxerre, Rouen, et chez M. de Castellane.

1807. *Corinne*, Exil ; voyage en Allemagne ; retour à Coppet.

1810. Elle rentre en France ; *de l'Allemagne* ; nouvel exil à Coppet.

1812 13. Voyage à Moscou, Saint-Pétersbourg, Stockholm, Londres ; *Dix années d'Exil.*

1814-15. Retour en France ; fuite à Coppet ; rentrée à Paris.

1816-17. Voyage en Italie ; retour ; sa mort. — *Essais dramatiques*; *Considérations sur la Révolution française.* — Articles *Aspasie*, *Camoëns* et *Cléopâtre*, dans la *Biographie universelle*,

Fig. 131.

Talma.

Son père Firmin Talma, cocher, a célébré son mariage avec Marie-Anne Bridon, dans l'église de Saint-Sauveur, le 14 juillet 1761.

De cocher, il se fit dentiste ; de ce mariage, naquit François-Joseph Talma, en 1763. Le jeune homme pratiqua la seconde profession de son père ; mais bientôt il l'abandonna pour le théâtre. Il débuta au Français dans *Mahomet* ; il créa les rôles de *Manlius, Othello, Hamlet, Sylla, Regulus*, etc. ; il acquit un telle supériorité qu'il fut regardé comme le plus grand tragédien de son temps.

Voici une anecdote assez piquante : malgré qu'il fût un

ardent révolutionnaire, il tenait à se marier à l'église ; il se présenta au curé de Saint-Sulpice qui refusa de publier ses bans et de le marier à moins d'une renonciation formelle à sa profession. Talma mécontent de ce refus, en appela de son curé à l'Assemblée Nationale. Il écrivit une longue lettre dans laquelle il disait « qu'il se prosternait humblement devant Dieu ; qu'il professait la religion catholique, apostolique et romaine et qu'il ne comprenait pas que cette même religion pût autoriser le dérèglement des mœurs en le laissant dans une situation irrégulière ; il adjurait l'Assemblée de lui faciliter l'accomplissement de ses désirs. » L'Assemblée, ayant donné lecture de cette lettre, la renvoya à ses comités. Talma se ravisa et le 19 avril 1791, il conduisait à l'autel de Notre-Dame-de-Lorette, Julie Carreau. L'année suivante, il présentait lui même deux enfants jumeaux dans cette église ; l'abbé Lapipe, vicaire à cette paroisse, qui avait béni le mariage, administra le baptême à ces deux enfants qui reçurent : le premier, le nom de Henri-Castor ; le second, celui de Charles-Pollux.

Le grand tragédien a habité longtemps l'hôtel Talma, 28 rue des Jeûneurs.

Napoléon aimait beaucoup Talma, l'admettait dans son intimité et paya plusieurs fois ses dettes. Talma mourut en 1826.

Fig. 132.

Félix Villé

Quoique M. Villé n'ait pas été notre paroissien il a acquis des droits de cité par le don généreux des belles peintures dont il a décoré l'église de Bonne-Nouvelle. A ce titre, il mérite d'occuper une place d'honneur dans cette histoire.

Nous ne saurions mieux faire que de reproduire le portrait qu'en a fait, dans les *Annales de Notre-Dame de Bonne-Nouvelle* (n° de mai 1908), un éminent écrivain d'art, M. Alphonse Germain.

Un artiste chrétien

« Le peintre Félix Villé, dont une importante décoration, — sa dernière œuvre — vient de prendre place en N.-D. de Bonne-Nouvelle, était de ces artistes qui se font un devoir de consacrer leur vie à glorifier Dieu et à rayonner les enseignements de son Église. Homme de convictions profondes et de haut désintéressement, c'est de toutes ses forces, de toute son âme, qu'il interpréta les sujets religieux ; et il laisse assez d'attachantes compositions pour qu'on puisse le classer parmi ceux qui traitent ces sujets avec un art réel. De ces artistes, la race a toujours été rare mais elle n'a jamais complètement disparu, pas même au siècle dernier, contrairement à l'opinion courante ; on le reconnaît bien vite en examinant, sans idées préconçues, églises, musées et collections particulières.

Né à Mézières (Ardennes), le 21 novembre 1819, Villé fut élevé au Prytanée de la Flèche. Son père, officier d'État-major, aurait voulu qu'il embrassât la carrière des armes ; mais ce n'était point dans les goûts du futur peintre qui, ses études achevées, ne tarda pas à découvrir sa véritable vocation. Il entra chez Cogniet, dont l'atelier jouissait alors d'une grande renommée, et ne quitta plus guère Paris que pour faire des voyages dans les villes à Musées. L'Italie l'impressionna fortement, et c'est en somme à Rome et à Florence que se fit sa véritable formation artistique.

Il débuta au Salon de Paris en 1848 et, quatre ans plus tard, y exposa sa première composition religieuse : *Le Magnificat*. Il serait très intéressant d'étudier, dans cet essai d'interprétation symbolique, la genèse de son art ; par malheur il n'existe plus, il a été réduit en cendres, lors de l'incendie de son atelier en mai 1871, avec la plupart de ses travaux antérieurs à cette date. De ses anciennes peintures, il ne subsiste que *le Prodigue* (Musée de Reims), *le Baptême de Clovis* (Fontaine-en-Dormois, Marne), *l'Enfant malade* (à M. D.), *Saint Jean de Dieu portant un malade* (à l'État), *Saint Joseph méditant la fuite en Égypte* (id.), *le Christ en Croix* (aux Fidèles Compagnes de Lémerick, Irlande), *Sainte Madeleine* (Église de Paray-le-Monial), *la Glorification de la B. Marguerite-Marie* (Visitation de Bourg).

La paix revenue, le vaillant artiste se remit au travail et, jusqu'à sa mort, il ne cessa de produire que pour enseigner, car il eut une verte vieillesse et sa nièce l'entoura des soins les plus dévoués. Il semblait même appelé à devenir centenaire, sa vue étant toujours plus que suffisante et ses forces lui permettant encore d'assez longues séances. Pendant ses vacances, l'été dernier, il fit quelques copies au Musée d'Anvers et des paysages d'après nature en Suisse. C'était sa façon de se reposer. L'infatigable vieillard avait peint, la veille même du jour où une attaque d'apoplexie séreuse le frappa dans le wagon qui le ramenait en France. Il fallut le descendre à Bourg, où il expira le surlendemain. Son dernier geste fut pour ébaucher des traits; pendant plusieurs heures, celle de ses mains qui conservait sa libre action — la droite — s'efforça de dessiner sur une toile invisible.

C'était un artiste d'inspiration réellement chrétienne. Épris du plus noble idéal, porté aux larges synthèses et préoccupé avant tout d'interprétations mystiques, il ne s'appesantit jamais sur les questions de métier. Les modelés savoureux, les effets rares, les prestigieuses symphonies de tonalités ne l'attiraient pas du tout; il ne peignait, ni pour plaire aux sens, ni pour remporter des succès au Salon, mais pour manifester sa foi et gagner des cœurs à Jésus. Or un langage sobre lui suffisait, quelques traits expressifs pouvant dire tant de choses! Il était né pour décorer des monastères. On s'en convainc bien vite en examinant ses principales œuvres.

C'est à Paris : le *Chemin de Croix* et la *Vie de saint Martin* (église Saint-Martin, rue des Marais); *L'Éducation de Marie*, la *Mort de saint Joseph, Saint Michel, Saint Raphaël, Daniel dans la fosse aux lions* (chapelle Sainte-

Rosalie, avenue d'Italie) ; *Jésus et les petits enfants* et les autres scènes de la chapelle des catéchismes de N.-D. de Lorette (rue Choron); la *Vie de saint Antoine de Padoue* et la *Glorification de saint François d'Assise* (maison de l'Archevêché) (1) ; la *Crucifixion* des Fidèles Compagnes; la décoration du chœur de N.-D. des Blancs-Manteaux; le *Christ au Sacré Cœur* (Saint-François-Xavier) ; la décoration de l'abside de N.-D. de Plaisance ; la décoration de la nef de N.-D. de Bonne-Nouvelle.

C'est ailleurs : la *Glorification de la B. Marguerite-Marie* (Visitation de Bourg); le *Christ* et *Saint Thomas* Musée eucharistique Paray-le-Monial) ; *Saint Anatoile en prière* (église de Salins, Jura) ; la décoration de l'église de la Haute-Jarrie (Isère); la *Danse macabre* (musée de Laval), le *Dernier jour*, d'après l'Apocalypse (ibid.), la *Résurrection des corps* (ibid.), le *Voilà !* (ibid.), les *Vierges sages* et les *Vierges folles* (ibid.) ; le *Grand Souper de Dieu*, d'après l'Apocalypse (musée d'Annonay), la *Cité céleste* (ibid.), *Jésus à Capharnaüm* (ibid.) ; la décoration de la chapelle de la Visitation de Metz.

Toutes ces œuvres ont été travaillées avec des sentiments d'anachorète, de moine : les meilleures sont de très simples harmonies, suaves et graves ainsi que du plain-chant. Il n'y faut chercher que des éléments de méditation et d'oraison, des leçons de vie intérieure.

On doit aussi à Félix Villé une composition purement décorative, *la Lutte pour la Vie* (musée d'Orléans), quelques bons portraits, entre autres celui de sa mère (à Mlle Douillet, Paris), et d'intéressants paysages notés au cours de ses pèlerinages esthétiques et de ses excursions dans les terroirs pittoresques (musées de Reims, de Châlons-sur-Marne, d'Annonay, de Charleville, de Clermont-Ferrand, de Saint-Nazaire, de Fribourg). Mais notre peintre fut avant tout un interprète de sujets religieux, un amoureux d'art sacré. Cela se voit jusqu'en ses dessins et ses études.

---

(1) L'ancien Hôtel de Condé.

On ne saurait signaler un seul de ses sites agrestes, même dans l'importante série d'aquarelles de Charleville, où vibre un peu de cette dilection qui frappe dans des préparations d'œuvres comme la *Descente de Croix* (aquarelle, musée de Charleville), *l'Annonciation aux Bergers* (dessin, musée d'Annonay), *saint Martin* et le *Lépreux* (id., ibid.), la *Pieta* et la *Crucifixion* (dessins, à M. l'abbé Jubault), la *Mort de saint Joseph* (id., ibid.), *Saint Jean communiant la Sainte Vierge* (dessin rehaussé, à Mlle Douillet). Il regardait la nature avec sympathie mais il était trop spiritualisé pour lui donner une place privilégiée dans ses affections.

L'art, comme il le comprenait, est le très dévot et très affectif interprète des nobles élans et des sentiments intimes de l'âme; il apparaît comme la poésie silencieuse par excellence, celle qui, s'emparant de tout notre être, ouvre notre esprit au divin. Un tel art satisfait la raison et touche intensément le cœur : en nous rappelant les beautés de la création, il nous emporte dans le surnaturel; en nous faisant communier avec l'humanité, il nous élève vers le Créateur, il nous livre à Jésus, frémissants de piété, adorants, énamourés.

Digne tertiaire de saint Dominique, Félix Villé apportait le plus grand soin à vivre de la vie spirituelle. Son humilité et sa bonté étaient à toute épreuve et il les embellissait d'une inaltérable aménité. Nul ne sollicita vainement sa bienveillance, peu lassèrent sa patience; son atelier fut toujours large ouvert, son cœur des plus rayonnants. Tous ceux qui ont eu quelques rapports avec ce zélé serviteur de Dieu, cet irréprochable homme de bien, ce loyal artiste, garderont de lui le meilleur souvenir. Sa belle âme était restée limpide dans sa course terrestre; Fra Giovanni, son grand aïeul, a dû la réclamer là-haut » (1).

(1) M. Félix Villé, qui faisait la communion fréquente, avait l'habitude de se mouiller les yeux avec la salive immédiatement après avoir reçu la sainte Eucharistie. C'est probablement à cette pieuse pratique qu'il a dû de conserver sa vue dans un parfait état, même dans son extrême vieillesse. (*Note de l'auteur.*)

Fig. 133.

Mme de Provigny.

Ici, nous nous contenterons de citer la petite notice nécrologique que lui a consacré la rédaction des *Annales de Notre Dame-de-Bonne-Nouvelle* (1).

La paroisse de Notre-Dame de Bonne-Nouvelle vient de faire une grande perte.

Mme la comtesse Palmyre Anaclète de Provigny est décédée le 29 mai, munie des sacrements de l'Église. Elle est morte dans son hôtel du boulevard Poissonnière, 19, là où elle était née, le 21 mars 1821.

Mme de Provigny était la Providence du quartier : les œuvres qu'elle a soutenues, les pauvres qu'elle a secourus, les loyers qu'elle a payés sont innombrables.

Son père était Édouard Besson, ancien élève de l'École

(1) 1er juillet 1908.

Polytechnique, auditeur au Conseil d'État, directeur des Messageries Laffitte et Gaillard, président du Conseil Général de la Seine, pair de France, grand-officier de la Légion d'honneur; sa mère, Anne-Élisabeth Cousin de Méricourt, était une femme de piété et de bonté.

Mlle Besson avait épousé, en 1850, M. André de Provigny qu'elle eut le malheur de perdre en 1863, dans un accident de chasse. Ils n'eurent pas d'enfants.

Très douloureusement frappée par cette perte cruelle et dramatique, elle s'était fait une vie solitaire et retirée qui étonnait bien des gens, vu surtout son immense fortune.

Aux plaisirs du monde elle préférait la solitude, le calme et le repos, s'occupant beaucoup d'art, de collections, mais surtout de bonnes œuvres; tous ses parents, déjà à un degré éloigné, n'ont eu qu'à se louer d'elle.

Elle a voulu continuer après elle, cette manière de faire et, par son testament, elle lègue une somme de dix millions pour fonder un hôpital à Arcueil où elle avait de grandes propriétés.

La famille Besson est une vieille, ancienne et noble famille, originaire de Seysset, dans l'Ain et qui a toujours fourni depuis 1500, de dignes magistrats, de bons officiers, de vénérables ecclésiastiques; un oncle de Mme de Provigny et son parrain était Mgr Besson, archevêque de Metz.

Son enterrement a eu lieu à Notre-Dame de Bonne-Nouvelle le lundi 1er juin au milieu d'une assistance nombreuse et recueillie.

M. Casabianca, curé de la paroisse, a tenu à célébrer la messe et à accompagner au cimetière du Père La Chaise, cette généreuse paroissienne. Le clergé et les pauvres de Bonne-Nouvelle ne l'oublieront jamais dans leurs prières et ils offrent aux divers membres de sa famille, à M. le capitaine de frégate Testot-Ferry, à M. Della Faglia (1) et à Mlle de Chasseloup, leurs religieuses condoléances.

(1) Nous remercions ici M. Della Faglia, d'avoir bien voulu nous donner la photographie de sa parente.

Fig. 134. — Deux bénitiers.

CHAPITRE SEIZIÈME

Les rues de Bonne-Nouvelle en 1908.

SOMMAIRE

Les rues de Bonne-Nouvelle. — Leur histoire. — Un arrêt sur la porte de la rue Saint-Denis, sur la cour des Miracles et la rue du Croissant. — Quelques enseignes.

GRAVURES : *Deux bénitiers. — La Cour des Miracles. — Fête à la Cour des Miracles. — L'ancienne porte Saint-Denis. — Entrée de Louis XI. — La porte actuelle de Saint-Denis. — Bataille d'Aboukir. — Rue de Cléry. — Maison d'André Chénier. — Après la bataille d'Aboukir. — Jacques Molay. — Maison égyptienne, place du Caire. — Hôtel Grétry. — Poste de police. — Hôtel de la rue Thévenot. — La Pompadour. — Enseigne, Au Soleil d'or. — Saint Fiacre. — Cimetière de Saint-Joseph. — Sortie de l'Hôtel d'Uzès. — Elévation du Portail. — Détail du Portail. — Vue d'ensemble de l'Hôtel. — Deux ciboires. — Cachet de première communion de Bonne-Nouvelle représentant le sanctuaire. — Sœur Rose Griselain. — Deux vases en marbre et bronze doré encadrant la croix du banc-d'œuvre. — Le sanctuaire pendant l'Adoration perpétuelle. — La vraie croix entre quatre burettes.*

UNE paroisse ressemble un peu à l'humanité; elle a une âme et un corps.

Jusqu'à présent, en parlant de l'église de Notre-Dame de Bonne-Nouvelle, de son culte, de ses pasteurs et de ses œuvres; de ses fondateurs, de ses bienfaiteurs et de ses communautés religieuses; de ses vicissitudes, de ses luttes et de ses victoires; en parlant de ses notabilités et de ses personnages glorieux ou néfastes, nous avons parlé de l'âme de la paroisse, de cette âme qui, sous l'inspiration du bien ou du mal, de la grâce ou du péché, a enfanté des paroissiens qui l'ont honorée par l'éclat de leur savoir ou de leurs vertus, ou humiliée par l'horreur de leurs crimes. Il nous reste à dire, dans ce chapitre, un mot de son corps, c'est-à-dire de ses rues, de ses boulevards, de ses maisons qui en sont comme l'ossature, les membres et les artères. C'est là en effet que l'âme paroissiale, en se fragmentant, se manifeste sous des formes diverses.

Ici, elle sommeille dans le berceau d'un enfant ou elle travaille dans la main du commerçant et de l'ouvrier : là, elle se montre vaillante ou pusillanime, vertueuse ou vicieuse, payenne ou chrétienne; ailleurs, elle gémit tristement sur les lèvres d'un pauvre malade ou elle tressaille joyeusement dans le cœur des jeunes époux.

Tantôt elle se recueille en voyant le cierge de la Chandeleur, le buis ou l'olivier des Rameaux, et l'eau bénite du Samedi-Saint; et tantôt elle prie devant un crucifix, après la veillée de la famille, ou elle pleure devant un corps glacé par la mort.

C'est justement pour bénir et sanctifier ce corps paroissial que la Religion, dans les siècles de foi, avait l'habitude de lui donner comme un reflet de l'âme chrétienne en baptisant plusieurs de ses rues et de ses boulevards, du nom de quelque saint. Aussi les anciens agiographes s'empressaient-ils de noter, avec satisfaction, que tel de leur héros était né dans une paroisse honnête et chrétienne, *de loco honesto natus*.

C'est pourquoi nous tenons à parler des rues de Bonne-Nouvelle.

La figure de la paroisse est celle d'un triangle irrégulier.

L'aspect général du quartier est un aspect très actif, très vivant : c'est le centre du commerce; c'est le cœur de Paris.

Il n'y a pas une seule maison qui serve exclusivement

d'habitation : ce ne sont que des fabriques, des magasins d'étoffes, de soieries, de dentelles, de tulles, de bijouterie, de papeterie, de plumes, de fleurs ; imprimerie, cristallerie, métallurgie ; on y trouve toutes les branches du commerce et de l'industrie.

Avant de donner la nomenclature des rues, arrêtons-nous quelques instants, sur trois points qui ont toujours été la caractéristique de ce quartier : nous voulons parler de la *Cour des Miracles*, de la *porte* et de la *rue Saint-Denis*, et de la rue du *Croissant*.

Cour des Miracles.

La Cour des Miracles s'étendait, entre l'impasse de la Corderie — sur l'emplacement de laquelle une partie de la rue Thévenot fut ouverte — et les rues de Damiette et des Forges : son entrée était dans la rue Saint-Sauveur. Elle existait depuis le XIIIe siècle. Victor Hugo en a laissé une superbe description dans *Notre-Dame de Paris*.

Plusieurs autres repaires du même genre se voyaient dans Paris et Dulaure prétend que sous Louis XIV, on en comptait encore un grand nombre.

Mais celle, qui au XVIe siècle, formait un véritable quartier de la ville c'était la cour des Miracles de la rue Saint-Sauveur, qui servait de refuge aux gueux et aux vagabonds.

« Elle consistait, lisons-nous dans les *Antiquités* de Sauval, en une place d'une grandeur très considérable et en un très grand cul-de-sac puant, boueux, irrégulier, qui n'est point pavé. Autrefois il confinait aux dernières extrémités de Paris. A présent il est situé dans un des quartiers les plus mal bâtis, les plus sales et les plus reculés de la ville, entre la rue Montorgueil, le couvent des Filles-Dieu et la rue Neuve-Saint-Sauveur, comme dans un autre monde. Pour y venir, il se faut souvent égarer dans de petites rues, vilaines, puantes, détournées ; pour y entrer, il faut descendre une assez longue pente tortueuse, raboteuse, inégale. J'y ai vu une maison de boue à demi enterrée, toute chancelante de vieillesse et de pourriture, qui n'a

Fig. 135. — La Cour des Miracles.

pas quatre toises en carré et où logent néanmoins plus de cinquante ménages chargés d'une infinité de petits enfants légitimes, naturels ou dérobés. On m'a assuré que dans ce petit logis et dans les autres habitaient plus de cinq cents grosses familles entassées les unes sur les autres. »

En effet, sous François Ier, la cour des Miracles avait une physionomie bien plus caractérisée que sous Louis XIV.

Des ruelles étroites et fangeuses, se glissant à travers des masures en bois éclopées et boiteuses, tournaient et revenaient sur elles-mêmes pour aboutir à un cloaque repoussant. Ni l'air ni le soleil ne pénétraient jamais dans ces ruelles infâmes, d'où s'échappaient en toute saison des odeurs nauséabondes et, trop souvent aussi, des miasmes pestilentiels. Là végétaient, dans la plus sordide malpropreté, les sujets du royaume de la gueuserie. Tout ce que Paris récelait de gueux, faux boiteux, faux aveugles, faux lépreux horribles à voir, couverts d'ulcères, se vautraient là dans l'orgie, la ripaille effrénée, le jeu... Mais laissons la parole à Victor Hugo; une page de lui, en dira plus que toutes les descriptions :

« Telle était cette redoutable Cour des Miracles où jamais honnête homme n'a pénétré; cercle magique où les officiers du Châtelet et les sergents de la prévôté qui s'y aventuraient disparaissaient en miettes; cité des voleurs, hideuse verrue à la face de Paris, égout d'où s'échappait chaque matin et où revenait croupir chaque nuit le ruisseau de vices, de mendicité, de vagabondage, toujours débordé dans les rues de la capitale, ruche monstrueuse où rentraient le soir avec leur butin, tous les frelons de l'ordre social, hôpital menteur où le bohémien, le moine défroqué, l'écolier perdu, les vauriens de toutes les nations, Espagnols, Italiens, Allemands; de toutes les religions, juifs, chrétiens, mahométans, idolâtres, couverts de plaies fardées, mendiant le jour, se transfigurant la nuit en brigands, immense vestiaire en un mot, où s'habillaient et se déshabillaient à cette époque tous les acteurs de cette comédie éternelle que le vol, la prostitution et le meurtre joue sur le pavé de Paris.

« C'était une vaste place irrégulière et mal pavée, comme toutes les places de Paris, alors. Des feux autour desquels fourmillaient des groupes étranges, y brillaient çà et là. Tout cela allait, venait, criait. On entendait des rires aigus, des vagissements d'enfants, des voix de femmes. Les mains de cette foule, noires sur le fond lumineux y découpaient mille gestes bizarres. Par moment, sur le sol où tremblait la clarté des feux mêlée à de grandes ombres indéfinies, on pouvait voir passer un chien qui ressemblait à un homme, et un homme qui ressemblait à un chien. Les limites des races et des espèces semblait s'effacer dans cette cité comme dans un pandemonium. Hommes, femmes, bêtes, âge, sexe, santé, maladies, tout semblait être commun parmi ce peuple, tout allait ensem-

Fig. 136. — Fête à la Cour des Miracles.

ble, mêlé, confondu, superposé; chacun y participait de tout. »

Ajoutons à cette peinture réaliste, que tous ces truands reconnaissaient une véritable hiérarchie et qu'on distinguait chez eux trois catégories distinctes : les capons ou voleurs, les francs-mitous ou mendiants et les rifodes ou vagabonds. L'ensemble formait un royaume dont le chef s'appelait le grand Coesre ; il portait une bannière sur laquelle était figuré un chien mort et, tout comme son collègue le roi de France, il avait une cour et des courtisans.

C'était le royaume de l'argot, dont le code ou formulaire prescrivait le vol et le brigandage.

Son enceinte, limitée à la cour des Miracles, était lieu d'asile : tous les historiens l'ont répété ; mais nous ne pensons pas que ce droit eût jamais été officiellement reconnu, et il existait bien plutôt par la force des choses en ce sens que, lorsqu'un voleur ou un assassin se réfugiait dans l'un des bouges dont nous avons parlé, on préférait l'y laisser en paix que de s'exposer à l'en tirer. Quoi qu'il en soit, les argotiers étaient bien maîtres chez eux et jouissaient, en toute liberté, du droit de vivre comme bon leur semblait. Afin de ne pas permettre qu'on les accusât de manque de religion, ils avaient volé une statue du Père Eternel dans l'église Saint-Pierre-aux-Bœufs et l'avaient placée dans une niche devant laquelle ils se signaient volontiers.

On dit même qu'on vit plusieurs fois des moines pénétrer la nuit dans la mauvaise Cour et en ressortir sans le moindre mauvais traitement.

Pendant bien des années, cette société de voleurs mendiants subsista, et son importance augmenta sans cesse. Sous Louis XIV, ses nombreux membres étaient divisés en cagoux, en orphelins, en marcandiers, en rifodes, en malingreux et capons, en piètres, en polissons, en francs-mitous, en callots, en sabouleux, en hubains, en coquillards en courtaux de boutange et en drilles.

Les cagoux qui tenaient le premier rang dans cette singulière association de malfaiteurs, étaient, pour ainsi dire, les professeurs des nouveaux admis ; ils enseignaient l'art de couper les bourses, la recette pour se procurer des plaies factices, en un mot, tous les moyens propres à solliciter la charité publique et au besoin à forcer les gens à la faire à leur insu.

Les orphelins étaient de jeunes garçons qui jouaient le rôle d'enfants abandonnés et se glissaient dans les maisons pour s'emparer de tout ce qui leur tombait sous la main.

Les marcandiers se donnaient pour des marchands

ruinés par les guerres et demandaient une aumône qu'ils exigeaient quand, la nuit venue, un bon bourgeois tombait entre leurs mains.

Les rifodes mendiaient à l'aide de faux certificats.

Les malingreux contrefaisaient les malades en simulant les plus dégoûtantes affections ; ils fréquentaient de préférence les églises et imploraient des secours pour s'en aller en pèlerinage.

Les capons mendiaient dans les rues et les cabarets.

Les piètres étaient de faux estropiés, marchant avec des potences ou contrefaisant des culs-de-jatte.

Les polissons étaient une variété de capons et procédaient par intimidation.

Les francs-mitous, soi-disant mourant de faim, tombaient en défaillance au milieu des rues et parvenaient de la sorte à récolter de fructueuses aumônes.

Les callots se disaient récemment guéris de la teigne et prétendaient arriver de Sainte-Reine, où ils avaient été miraculeusement délivrés de leur mal.

Les hubains exhibaient un certificat attestant que, mordus par un chien enragé, ils avaient été guéris par l'intercession de saint Hubert.

Les sabouleux étaient de faux épileptiques qui se procuraient de prétendues crises au moyen d'un morceau de savon placé dans leur bouche et qui simulait l'écume.

Les coquillards représentaient des pèlerins venant de Saint-Jacques ou d'autres lieux de pèlerinage.

Les courtauds de boutange, mendiants d'hiver, grelottaient de froid sous leurs haillons.

Les drilles ou narquois mendiaient en uniformes militaires et disaient avoir reçu des blessures qui les empêchaient de travailler.

Le nombre de tous ces misérables était devenu si grand et leurs mauvais coups étaient si fréquents dans la ville, qu'on se résolut à sévir vigoureusement ; en 1656, une armée véritable d'archers et d'exempts envahit la cour des Miracles sous la conduite de plusieurs commissaires.

Les mendiants et les truands voulurent fuir, mais le quartier était cerné.

Voleurs, mendiants et vagabonds furent arrêtés ; puis on fit un tri ; quelques-uns furent relâchés, les autres demeurèrent en prison ou furent envoyés à l'hôpital.

La cour des Miracles avait vécu. Cependant elle conserva longtemps encore sa mauvaise réputation et, peu à peu, les gens de mauvaise vie y avaient reparu, bien que la rue Thévenot ait été ouverte sur une partie de son emplacement en 1676. Le 11 mai 1716, un arrêt du conseil d'État porta ce qui suit : « Le Roy ayant esté informé que le cul-de-sac de l'étoile au quartier Montorgueil, près de la Ville-Neuve, servait de retraite presque toutes les nuits à toutes sortes de gens de mauvaise vie, et qu'il s'y commettoit quantité de désordres au préjudice de la sûreté publique et des bourgeois qui y ont leurs entrées et issues, et qu'il seroit très facile d'y remédier en l'élargissant pour y mettre une porte de fer à son entrée dont les propriétaires qui y ont des maisons auraient chacun une clef ; à quoy voulant remédier, le roy étant en son conseil, etc., ordonna qu'il serait avisé aux fins ci-dessus ».

En 1784, des lettres patentes du 21 août ordonnèrent la construction d'une nouvelle halle à la marée et à la saline sur le terrain appelé Cour des Miracles. Enfin le 8 prairial an VIII, le conseil des bâtiments civils ordonna le dégagement de l'emplacement sur lequel avait été établi le marché dit du Petit-Carreau, et ordonna l'ouverture des deux rues de Damiette et des Forges.

Ce fut dans un local de la cour des Miracles, que vers 1840, des Templiers ou tout au moins des prétendus membres de cet ordre célèbre, se réunirent pour essayer de galvaniser une institution depuis longtemps ensevelie sous les ruines du passé, mais cette tentative échoua, et aujourd'hui ce qui reste de la cour des Miracles est devenu le centre d'un quartier de fabricants, dont les mœurs et les usages ne rappellent en aucune façon ceux des truands de jadis.

En 1906, nous avions installé notre patronage de

jeunes gens au n° 6 de la Cour des Miracles, et depuis quelques mois le même patronage fonctionne dans la rue de Damiette qui n'est qu'à deux pas de la cour des Miracles. C'est en somme un coin paisible qui a eu cependant en 1848 une heure de célébrité, puisque c'est dans cette cour que les habitants de Bonne-Nouvelle, M. l'abbé Portalès en tête, allèrent planter et bénir l'arbre de la Liberté.

La Porte Saint-Denis.

Depuis Louis-le-Jeune jusqu'à Louis XIV, cette porte a fait trois haltes : sous le premier roi, elle était à la hauteur de la rue de la Ferronnerie; sous Philippe-Auguste, en face du Cul-de-sac des Peintres; sous Charles V, à la rue des Deux-Portes et sous Louis XIV, elle a cessé d'être une limite pour devenir un monument.

Une suite constante de victoires et de prospérités avait fait ériger deux arcs de triomphe à la gloire de Louis-le-Grand. La rapidité de ses conquêtes en 1672, le passage du Rhin, quarante villes fortifiées et trois provinces soumises aux lois du vainqueur, dans l'espace de deux mois, engagèrent la ville à lui élever ce nouveau monument (voir fig. 139) de son amour et de sa reconnaissance. La rue Blondel porte le nom de l'architecte qui l'a construite.

Cette porte avait une importance extraordinaire; déjà, dès le 15 mai 1573, une ordonnance des eschevins enjoignait que toutes les marchandises en drap d'or, d'argent et de soie ne devaient entrer dans Paris que par cette porte et celle de Saint-Antoine. Toutes les marchandises introduites par une autre porte étaient impitoyablement confisquées. Tout ce qui venait des riches provinces du Nord passait aussi par là.

C'est aussi par cette porte que se faisaient les entrées triomphales. Pour ne citer que quelques-unes des plus magnifiques réceptions royales, nous nous contenterons de dire que ce fut par la porte Saint-Denis qu'entrèrent, en 1378, Charles IV, empereur d'Allemagne; en 1461, Isabeau de Bavière et Louis XI (voir fig. 138) ; en 1504, Anne de Bretagne et en 1515, François Ier.

Ce fut par cette porte que Philippe-Auguste, qui avait fait paver la rue Saint-Denis, fit son entrée triomphale au retour de sa campagne de Bouvines, traînant à sa suite, au milieu de l'allégresse générale et des fêtes splendides,

Fig. 137. — L'ancienne porte Saint-Denis, près de laquelle on voit le gibet de Montfaucon.

son vassal, le comte de Flandre Ferrand si fortement enferré sur son chariot d'humiliation.

Voici de quelle manière on avait orné la porte Saint-Denis pour recevoir la reine Isabeau de Bavière.

« Dans le ciel tout étoilé, on voyait jeunes enfants appareillés et mis en ordonnance d'anges, lesquels chantaient moult mélodieusement et doulcement. Et avec tout ce il y avait une image de Nostre-Dame qui tenait par figure un petit enfant, lequel s'ébattait parfois à un moulinet fait d'une grosse noix, il était haut le ciel et armoyé très richement des armes de France et de Bavière à un soleil resplendissant et donnant ses rayons. Et il soleil d'or rayant était la devise du roi et pour la fête des joutes. Lesquelles choses la Reine et les Dames en passant entre et dessous la Porte virent moult volontiers et aussi firent tous gens qui passèrent » (*Paris à travers les âges*. Robida, p. 220).

Après avoir passé cette bastide Saint-Denis, la reine et sa suite arrivèrent devant la fontaine rue Saint-Denis qui

Fig. 138. — Entrée de Louis XI (Tattegrain).

était tapissée de drap bleu ciel, sur lequel se détachaient des fleurs de lis d'or, et aux piliers environnants cette fontaine, étaient suspendus les écus aux armes des princes et des hauts barons du royaume. Des jeunes filles très richement parées se tenaient autour de la fontaine, d'où coulait du vin, et chantaient très mélodieusement en tenant à la main des coupes et des hanaps d'or qu'elles emplissaient et offraient à tous ceux qui voulaient boire.

La rue Saint-Denis doit son illustration au saint patron de Paris. En effet, après avoir souffert d'horribles tortures dans la prison de Glaucin qui occupait l'emplacement de l'Hôtel-Dieu actuel, et transformée plus tard en l'église de *Saint-Denis de la Chartre*; après avoir été étendu sur un gril enflammé, exposé à la fureur des lions, jeté dans un four ardent et attaché à une croix sur la place publique, près de la Seine, en face de l'Ile du Palais, où on a bâti l'église de *Saint-Denis-du-Pas*, saint Denis, victorieux de ces épreuves, escorté par les soldats du gouverneur Fescennin, suivit le chemin pour se rendre sur la colline de Montmartre (dédiée à Mercure) où il fut décapité le 9 octobre vers l'année 117. Or, ce fut en souvenir du glorieux passage de leur héroïque apôtre et patron, que les Parisiens donnèrent à cette rue le nom de Saint-Denis. Plusieurs historiens prétendent qu'elle fut la première rue de Paris.

Cette rue avait une animation extraordinaire, non pas seulement à cause des entrées triomphales, mais à cause des grandes maisons de commerce qui s'y étaient établies et des processions, des pèlerinages et des grands convois qui se dirigeaient vers l'abbaye de Saint-Denis.

Indépendamment des fêtes publiques dont elle fut le théâtre, elle assista aussi à quelques épisodes qui offrent un certain intérêt. Suivant Froissart, c'est dans cette rue que mourut le peintre Lantara; comme son confesseur lui parlait du bonheur du ciel : « Réjouissez-vous, mon fils, lui disait-il, vous allez voir Dieu face à face durant l'éternité; » « Quoi, mon Père, s'écria le moribond, toujours de face et jamais de profil? ».

C'est là que Voltaire acheta son premier carrosse avec les cent louis que lui avait donnés la duchesse de Richelieu pour avoir lu ou corrigé ses vers. Il monta immédiatement en voiture ; mais les chevaux s'étant cabrés dans un embarras de véhicules, il fut renversé. Le lendemain, il retournait dans la même rue pour vendre à l'encan, une voiture qui lui avait joué un si vilain tour; il y perdit plus de la moitié.

C'est dans la rue Saint-Denis, remarque Arsène Houssaye, que les confrères de la Passion jouèrent pendant un siècle leurs pieuses farces et leurs grotesques mystères. Cette rue fut le berceau du premier théâtre français.

Enfin, dans cette rue, habita le peintre oublié Guyon-le-Doux; de là, le nom d'un bout de rue « Cul-de-sac des Peintres ». C'est lui qui avait peint, pour célébrer les entrées royales, un ciel nué et étoilé très richement, avec des petits enfants de chœur sous formes d'anges chantant moult doucement. C'est lui qui peignit aussi le Paradis dans le théâtre de la Trinité : « Jamais, disait-il dans

Cl. E. L. D.

Fig. 139. — La Porte actuelle de Saint-Denis, a été longtemps comprise dans la paroisse de Bonne-Nouvelle. Elle fut construite en 1672, sur les plans de Blondel, en souvenir des triomphes de Louis XIV sur la Hollande et l'Allemagne (24^m,65 de hauteur). Cette date coïncide avec celle de l'érection en cure de Notre-Dame de Bonne-Nouvelle.

sa naïve admiration pour son œuvre, on n'en a vu un aussi beau ». C'est dans ce même théâtre qu'il avait représenté, dans un tableau, la Nativité de Notre-Seigneur et saint Denis qui s'en *allait en chantant* jusque dans l'église quoiqu'il eût la tête coupée.

Ce fut d'une fenêtre ouverte sur la rue Saint-Denis que Henri IV, en voyant défiler la garnison espagnole, lui cria : « Mes baise-mains à votre maître : allez-vous-en, à la bonne heure, mais n'y revenez plus ».

Pour ce qui est de la porte Saint-Denis, ainsi qu'on vient

de le dire, elle fut construite par Louis XIV, pour célébrer le passage du Rhin dont

> Le dieu lui-même cède au torrent qui l'entraîne ;
> Et seul désespéré, pleurant ses vains efforts,
> Abandonne à Louis la Victoire et ses bords (1).

La rue du Croissant.

Cette rue qui commence à la rue Montmartre et finit à la rue du Sentier, est une des plus petites et des plus étroites, mais aussi une des plus animées. En voici la pittoresque description qu'en donne M. A. Martin.

« Nous voici dans un de ces coins curieux par leur originalité dont notre capitale fourmille. Voie étroite où de magistrales constructions du XVIIe siècle sont enclavées dans de vilaines et noires bâtisses, mais où règne, soir et matin, une animation extraordinaire ; c'est ici la foire aux journaux, c'est ici que de tous les coins de Paris les débitants de feuilles publiques viennent s'approvisionner, c'est ici que vous verrez, avant l'aube, si vous êtes matinal, vers quatre heures de l'après-midi si le hasard de votre promenade vous conduit de ce côté, une nuée de camelots se précipiter vers les guichets de vente des feuilles publiques, envahir les boutiques où s'éditent les *Canards* à sensation dont le titre, souvent menteur, vous sera cent fois répété dans la soirée par la voie enrouée des vendeurs, c'est ici la patrie du fameux : « Voilà ce qui vient de « paraître ! »

« Frayez-vous, en jouant des coudes, un chemin à travers la foule grouillante, bruyante et bariolée, souciez-vous peu des épithètes, n'ayez cure des quolibets, inquiétez-vous médiocrement des jurons, garez-vous des voitures des grands journaux, pleines d'exemplaires fraîchement imprimés et n'évoluant qu'avec peine, l'attelage excité par les cris des conducteurs, irrité par les protestations des piétons ; ne vous aventurez qu'avec prudence sur l'étroit

(1) Boileau, Ép. IV.

trottoir accoté de lourds camions ; de ces camions descendent, roulent et s'engouffrent sous les portes d'énormes cylindres blancs entourés d'enveloppes jaunes. C'est le papier sans fin qui va se transformer en d'innombrables exemplaires d'un journal qu'on s'arrachera tout à l'heure.

« Restez immobile un moment et regardez fuir de tous côtés, leurs lots d'imprimés sur la tête, sur l'épaule, sous les bras, pliant fiévreusement leurs feuilles sans cesser de courir, tous ces camelots dont la nuée, partie de la rue du Croissant, va s'abattre sur Paris et porter dans ses quartiers les plus éloignés : « la Nouvelle du jour » (1).

Arrivons maintenant aux rues. La paroisse Bonne-Nouvelle compte 35 rues et boulevards : voici leurs noms avec une courte explication.

Aboukir (rue d'). Elle a été formée par trois rues : la rue des Fossés-Montmartre, la rue Neuve-Sainte-Eustache et la rue Bourbon-Ville-Neuve.

En 1793 on lui donna le nom de rue Neuve-Égalité. De 1807 à 1815, elle s'est appelée rue *d'Aboukir* en mémoire de la victoire remportée par Bonaparte à Aboukir, Égypte, où le 25 juillet 1799, 6.000 Français battirent 18.000 Turcs (voir fig. 140). Depuis 1865, elle porte ce nom dans toute sa longueur. Elle a 121 maisons, commence au n° 26, coin de la rue Réaumur, et finit au 145 de la rue Saint-Denis.

Alexandrie (rue d'). En 1530 elle s'appelait rue Neuve-de-l'Usine. Lorsque les Filles-Dieu rentrèrent dans Paris en 1496, elles achetèrent un gros pâté de terrain qui bordait la rue Saint-Denis, sur lequel passait la petite rue dont nous venons de parler ; elle servit donc pour la construction du couvent des Filles-Dieu.

Ce couvent ayant été emporté par la tourmente révolutionnaire, on perça, sur son emplacement, une rue qu'on nomma Alexandrie en souvenir de la prise de cette ville par l'armée française commandée par le général Bonaparte, en 1798.

Beauregard (rue). Cette rue existait au commence-

(1) Paris, *Promenades dans les vingt arrondissements* (Hennuyer).

ment du xvııe siècle. Son nom de Beauregard lui vient de ce que, située au sommet de la colline dite du *Moulin*, on y jouissait d'une belle vue, d'un beau regard sur les jardins et villas qui existaient faubourgs Saint-Denis, Saint-Martin et sur les charmantes collines qui se dressaient du côté des gares actuelles de l'Est et du Nord. Le clocher

Fig. 140. — Bataille d'Aboukir, livrée le 7 thermidor an VII (25 juillet 1799).

de Bonne-Nouvelle fait le coin de la rue Beauregard et celui de la rue Notre-Dame de Bonne-Nouvelle. Sur cette rue se trouve également une porte de cette église. Au n° 32, on voit une statuette de la Sainte-Vierge. Enfin la fameuse Voisin, dont nous avons déjà parlé, habitait la rue Beauregard.

BONNE-NOUVELLE (boulevard). Ce boulevard fut ouvert en 1676. Il doit son nom à la proximité de l'église de

Notre-Dame de Bonne-Nouvelle, et a été formé sur les terrains de l'*impasse des Babillards*; au n° 20, le palais de Bonne-Nouvelle dit *La Ménagère*, construite en 1837 par Grisart. Autrefois, en 1855, c'était un café concert connu sous le nom de *Café de France*. C'est là que débuta Dacier, le fameux chansonnier populaire. Ce fut dans ce café qu'en 1865, s'exhibèrent les premiers tableaux vivants.

Fig. 141. — Rue de Cléry (*Coins de Paris*, par G. Caïn. C. Flammarion).
La maison d'André Chénier.

Au 26 et 28, se trouvait l'impasse des Babillards qui était autrefois située, rue Basse-Porte Saint-Denis, supprimée lors de l'alignement du boulevard en 1832. Cette partie occupe une partie de l'ancien cimetière.

Cléry (rue de). Ouverte en 1633 sur l'ancien *chemin des Gravois*, qui longeait les fossés de la Porte Saint-Denis, elle reçut le nom de Cléry à cause de l'hôtel de Cléry qui y était situé. Sur l'emplacement actuel de la rue de Mulhouse, était autrefois l'hôtel de Cussy, qu'habita Necker (voir fig. 141), Ministre de Louis XVI et sa fille Mme de

Staël (voir fig. 130). Au coin de la rue de Cléry, n° 29, on voit une statue de sainte Catherine qui tient d'une main, une palme et de l'autre une roue, instrument de son supplice ; c'est qu'au XVIII° siècle il y avait là, l'hôpital de Sainte-Catherine, dirigé par des religieuses de cet ordre. Le poète André Chénier, décapité le 25 juillet 1794, habitait au 97 de la rue de Cléry, au coin de la rue Beauregard dans la maison d'angle qui a conservé l'enseigne du *Signe de la Croix* « un cygne et une croix » jeu de mot fort en usage au XVIII° siècle. A l'angle de la rue de Cléry et de la rue Beauregard, on lit cette inscription : « Ici a habité en 1793 le poète André Chénier » (voir fig. 121). A la mort du duc de Guise, le grand Corneille n'ayant pu obtenir du roi Louis XIV l'autorisation de loger au Louvre, se vit forcé d'habiter une maison rue de Cléry (voir fig. 141), avant d'aller se fixer rue d'Argenteuil. C'est dans un hôtel portant le n° 19 rue de Cléry, aujourd'hui disparu, que la célèbre M%me% Vigée-Le Brun réunissait toutes les illustrations de l'époque. N'empêche qu'en 1793, ce salon historique fut offert généreusement par M. Le Brun, son propriétaire, au clergé de Bonne-Nouvelle pour y célébrer les diverses cérémonies du culte : on l'appelait l'Oratoire de la rue de Cléry. Cette rue a 100 maisons.

CAIRE (rue du). Percée en 1799 sur l'emplacement du couvent des *Filles-Dieu*, elle a été nommée rue du Caire en mémoire de la prise de cette ville par les Français sous les ordres de Bonaparte le 23 juillet 1798. En 1858, cette rue fut prolongée jusqu'au boulevard Sébastopol. Elle a 53 maisons.

Bonaparte, privé des moyens de continuer avec succès un siège opiniâtre et meurtrier, s'éloigna de Saint-Jean-d'Acre le 21 mai 1799 et rentra dans la Basse-Égypte avec son armée. Il arriva au Caire le 14 juin. Bientôt il apprit que Mohamet-Bey avait reparu à Chleich, il sortit sur-le-champ du Caire avec une partie de ses troupes et se dirigea vers les Pyramides. Mais le chef des Mamelucks s'était déjà jeté dans le désert... Campé de nouveau au pied de ces célèbres monuments, il était assis près du sphinx de granit, lorsqu'un Arabe envoyé d'Alexandrie vint lui annoncer le débarquement à Aboukir de 18.000 janissaires turcs protégés par la flotte anglaise. Il prit avec lui, les divisions Lannes, Bon et Murat et se porta sur Bantanieh et de là

Fig. 142. — Après la bataille d'Aboukir.

sur Alexandrie, afin de reconnaître la position de l'ennemi. Celui-ci occupait l'étroite presqu'île d'Aboukir, protégé par deux lignes de retranchements, par une forte redoute et par le feu de chaloupes canonnières. Bonaparte se décida à l'attaquer sur le champ avec 5.000 hommes seulement qu'il avait à sa disposition. Deux divisions marchèrent de front aux retranchements élevés sur les ailes de l'ennemi, tandis que Murat avec ses escadrons de hussards y pénétra par le centre. La première ligne brisée, les janissaires rentrèrent en désordre dans le village qui fut enlevé par les mêmes manœuvres après un combat opiniâtre. Vaincus une seconde fois les Turcs se dispersèrent dans un affreux désordre et cherchèrent à regagner les chaloupes anglaises, mais le plus grand nombre se noyèrent dans la mer. 12.000 hommes périrent dans les flots ou sur le champ de bataille. Ainsi fut effacée par une victoire éclatante l'humiliation que le désastre de la flotte française avait attaché un an auparavant au nom d'Aboukir. Kléber, enthousiasmé par cette victoire, s'avançant vers Bonaparte, se jeta dans ses bras en s'écriant : « Général, vous êtes grand comme le monde ! (voir fig. 142) »

CAIRE (passage du). Il fut construit en 1799 dans le style égyptien en souvenir de la prise du Caire par l'armée française. Il occupe l'ancien emplacement du couvent des Filles-Dieu.

Il est composé de trois galeries : galerie du Caire, Saint-Denis, Sainte-Foy. Il n'y a que des boutiques et des magasins vitrés ; c'est une véritable ruche où tout le monde travaille avec une activité fébrile. Un gardien vigilant y exerce la police et on doit reconnaître qu'il n'y a jamais de désordre.

CAIRE (place du). Elle a été ouverte en 1799. « Sur l'emplacement de la place du Caire s'élevait jadis un hôtel des Chevaliers du Temple. Un reste de chapelle gothique, où l'on conservait le casque de Jacques Molay (voir fig. 143), fondateur de l'Ordre, servait en 1835 de salle de réunion aux adeptes de ce rite, et le père de Rosa Bonheur, chevalier du Temple, y fit baptiser sa fillette (1) sous la voûte d'acier faite des épées qu'entrecroisaient les Chevaliers vêtus de tuniques blanches, la croix rouge brodée sur la poitrine, bottés de daim et la tête couverte d'une toque carrée en drap blanc, surmontée de trois plumes : jaune, noire et blanche. »

Arrêtons-nous quelques instants sur cet Ordre.

Ces religieux furent ainsi nommés parce que leur maison était bâtie sur l'emplacement du Temple de Jérusalem. Ils

---

(1) Nous tenons ce détail de M. Georges Cain.

furent fondés en 1118 par Hugues des Payens, Geoffroy de Saint-Alamar et d'autres gentilshommes. Leur costume consistait en un habit blanc et en un manteau sur lequel brillait une croix rouge. Ils s'étaient proposés pour but de faciliter aux chrétiens la visite des Lieux Saints, de les protéger contre les brigands et les Sarrazins, en un mot de tenir les chemins libres.

Saint Bernard leur avait fait une règle fort sage : ils devaient assister à l'office du jour et de la nuit, faire maigre le lundi, le mercredi, le vendredi et le samedi. Ils faisaient les trois vœux solennels ordinaires. Les grands services qu'ils rendirent à l'Église, à la patrie et à la société, leur attirèrent de la part des princes de nombreuses libéralités. Rien qu'en Europe, ils possédaient plus de neuf mille couvents ou commanderies. Ces grandes richesses furent leur perte : le luxe et les désordres envahirent leurs maisons; l'opinion publique en fut vivement émue. Accusés de renier Jésus-Christ, d'adorer des idoles, de pratiquer la magie, de s'obliger à un secret impénétrable par les plus affreux serments, et enfin de se soustraire à l'obéissance des patriarches, d'envahir les biens des églises et de commettre entr'eux, les plus abominables désordres; ils furent convoqués devant des prélats et des inquisiteurs par ordre de Clément V. Le pape lui-même en interrogea plusieurs. Après une enquête qui dura quatre ans, et après des aveux et des rétractations, ils furent reconnus coupables, du moins dans l'ensemble.

Fig. 143. — Jacques Molay.

L'Ordre fut supprimé le 22 mai 1312. La plupart de ses membres furent rendus à la liberté, plusieurs entrèrent dans l'Ordre de Saint-Jean, il n'y eut que les impénitents et les relapses qui furent punis selon les lois. Jacques Molay, leur grand-maître et Guy Dauphin d'Auvergne, furent brûlés tout vifs. Leurs biens, malgré toutes les accusations lancées contre le pape, furent attribués, soit aux Chevaliers de Saint-Jean, soit à d'autres ordres qui poursuivaient le même but que les Templiers. En somme, il est démontré que cette catastrophe qui impressionna vivement l'Europe chrétienne du commencement du xive siècle, est due à l'incurie de Jacques Molay, qui ne sachant ni lire ni écrire — ce qui est bien surprenant pour un si grand personnage — manqua de vigilance pour son Ordre. Il ne se doutait pas de la corruption dont il était le théâtre; aussi lorsque le 18 et le 20 août, il fut interrogé à Chinon par les trois cardinaux commissaires du pape, il fut étonné et étourdi par la déposition de la multitude de ses chevaliers qui avaient avoué leurs crimes à Paris et à Poitiers, au point de n'oser s'inscrire en faux contre cette preuve accablante.

Sur le même lieu, on voit un curieux spécimen de souvenirs égyptiens. Le patriotisme excité par les victoires de Bonaparte, voulut en éterniser le souvenir en donnant à ce coin de Bonne-Nouvelle une sorte de couleur locale, un caractère à la fois égyptien, oriental et glorieux qui rappelât les fameuses pyramides et les villes prises par l'audacieux général. Au lieu donc d'élever sur la place du Caire un monument vraiment artistique, on se contenta d'une maison (voir fig. 144) qui, malgré ses défauts archéologiques, n'en est pas moins d'un pittoresque qui saisit et arrête le passant. Voici le description qu'en fait Elie Berthet :

« En levant les yeux vers la maison au-dessous de laquelle est l'entrée principale du passage du Caire, on aperçoit trois ou quatre mascarons de pierre, à gros nez à visage carré, scellés dans la muraille : on dirait de ces masques grotesques que les costumiers suspendent au-dessus de leurs portes en temps de carnaval. Ce sont pourtant des sphinx à l'instar du sphinx géant qui, depuis trois mille ans, dort au pied des Pyramides. Plus haut, entre deux enseignes de tailleurs et de bottiers, se glisse une imperceptible frise décorée du nom de bas-relief et qui s'étend d'une extrémité à l'autre de la façade. Ce bas-relief représente de petits personnages égyptiens de cinq à six pouces de haut, qui sont la caricature parfaite de ceux qu'on voit sur l'obélisque et qui redisent sans doute en langue hiéroglyphique, la gloire du général Bonaparte et de l'armée d'Égypte. Et voilà ce qu'imaginèrent les dignes industriels pour éterniser le souvenir d'une victoire et pour justifier le nom donné au nouveau quartier (1) ».

Note de M. MARCEL POETE.
Conservateur de la Bibliothèque de la Ville (Hôtel Le Pelletier de Saint-Fargeau, 29, rue Sévigné).

Je ne crois pas que la maison sise place du Caire, n° 2, ait une histoire autre que celle de ses propriétaires successifs.

(Le propriétaire actuel est M. Dauverné à Luzarches, Seine-et-Oise).

En ce qui concerne le nez phénoménal qui figure sur l'entablement de cette maison, et qui a été reproduit dans *Les rues du vieux Paris*, par Victor Fournel, (Paris, Firmin Didot, 1879), voici tout ce que je sais :

Il y a des personnages qui, à Paris, ont dû leur popularité à des inscriptions pariétaires, dont, un beau matin, tous les murs de Paris ont exhibé le profil caricatural, crayonné par des mains invisibles. Sous la Restauration, Crédeville et le nez de Bouginier se tenaient compagnie dans toutes les rues de Paris. Bouginier ou Bougenier était un peintre, élève de Gros, né à Valenciennes, vers le commencement du XIXe siècle et plus fameux par les dimensions de son nez exhorbitant que par son talent.

(1) Berthel, *Rues de Paris*.

On raconte que des rapins partant pour un voyage pédestre et ayant laissé quelques camarades en retard, imaginèrent, pour indiquer le chemin qu'ils suivaient, de

Fig. 144. — Maison égyptienne, place du Caire.
Cette maison est occupée par de nombreux commerçants, tout particulièrement par M. Gruzelle, passementier et Eymeoud, imprimeur.

tracer, en guise de flèche, le nez de Bouginier. C'est ce nez phénoménal qui figure sur la frise de cette maison construite probablement par un architecte, camarade d'école ou d'atelier du sus-dit Bouginier

Cour des Miracles, dont il a été parlé renferme neuf maisons.

Degrés (rue des). Elle existait au milieu du xviie siècle. Elle est composée d'un escalier qui met en communication les rues Beauregard et Cléry. Elle n'a pas six mètres de long ; elle est sans maisons. Cette rue, qui est la plus courte de Paris, a survécu à toutes les transformations de la Capitale.

Dussoubs (rue). Précédemment rue des *Deux-Portes-Saint-Sauveur* : elle existait au xiiie siècle, sous le nom de rue *Pratte C*. La partie située entre la rue Saint-Sauveur et la rue Thévenot — aujourd'hui rue Réaumur — a été construite en 1486. En 1881 elle devint rue Dussoubs. Denis-Gaston Dussoubs, représentant du peuple, né à Limoges où a été érigée sa statue, fut tué le 4 décembre 1851 en défendant une barricade à la rue des Petits-Carreaux. On prétend que la belle Gabrielle d'Estrées habita le n° 24 dans la cour, un joli perron avec balustres en fer. Il y a dans cette rue quelques maisons intéressantes, au 15 et au 17. Elle a dix maisons.

Damiette (rue). Ouverte le 2 juillet 1808, sur l'ancienne cour des Miracles, elle fut prolongée en 1849. On lui a donné ce nom en souvenir de la prise de cette ville par les Français, sous Saint-Louis en 1248 et du temps de Bonaparte en 1798. Elle a 3 maisons.

Jeûneurs (rue des). Ouverte au commencement du xviiie siècle sur les terrains dépendants de *Deux Jeux* de boules récemment installés d'où le nom de *Jeux Neufs* et dont, par altération, on fit bientôt, rue des *Jeûneurs*. Au 17, ancien hôtel de Chalabre. Au 23, hôtel bâti en 1723. Au 28, hôtel de Talma (voir fig. 131). Au 38, hôtel Dargout. Au 16, Hôtel des Ventes Mobilières dont l'inscription se voit encore au-dessus de la porte. Au 24, école communale construite en 1897. Cette rue est, avec celles du Sentier, Saint-Fiacre, Mulhouse, le centre du commerce des tissus : percales, fantaisies, etc. Elle a 37 maisons.

Lune (rue de la). Construite en 1640. Elle doit son nom à une enseigne de la Lune. Par suite de travaux de terrassement opérés en 1826, ses maisons se trouvent placées en contre-bas du côté de la rue de la Lune, tandis que l'autre côté, qui est devenu le rez-de-chaussée, forme le premier étage des maisons de la rue Beauregard.

Cette situation singulière a donné lieu à un vieux vaudeville du Palais-Royal qui a pour titre « Le drame de la rue de la Lune ». Un quiproquo des plus amusants en constitue toute la trame. Au 14, se trouve une école communale de filles. Au 23 bis, l'église de Bonne-Nouvelle qui y a son entrée principale.

Au 32, où se trouvait anciennement un hôtel portant une enseigne, *Au Soleil d'Or*, a habité le poète Regnard. Il aimait à s'inspirer de la Lune; c'est ainsi que dans les *Joueurs*, où il se peignait lui-même, il disait en parlant des sous-fermiers :

> Il n'est que ce métier pour brusquer la fortune
> Et tel change de meuble et d'habit chaque lune.

Si comme poète comique, il a été le premier après Molière, comme homme privé, il ne fut qu'un viveur; il ne se faisait pas scrupule de dire à son fidèle Hector :

> Je ne suis pas du tout né pour le mariage;
> Des parents, des enfants, une femme, un ménage
> Tout cela me fait peur. J'aime la liberté,
> — Et le libertinage

ajoutait son valet.

MONTMARTRE (rue). Au XIV° siècle, elle se nommait rue de la Porte-Montmartre, *Mons Martyrûm*. Au 114 se trouvait l'ancien marché Saint-Joseph, lequel avait remplacé le cimetière.

Le numéro 176 a été habité par Bernard Sarrette, fondateur du Conservatoire de musique. Nous ne dirons rien de sa carrière, de son rôle pendant la Révolution ni de ses rapports avec la Convention, le Comité de Sûreté, Napoléon et Louis XVIII. Nous nous contenterons de noter qu'il a ouvert au n° 11 de la rue Saint-Joseph, sa première école de musique et qu'il a fondé au n° 15 du faubourg Poissonnière le Conservatoire National. Décédé le 11 avril

1858 au 176 de la rue Montmartre, il fut enterré à Notre-Dame de Bonne-Nouvelle « avec le concours de la Société des concerts du Conservatoire, des orchestres de l'Opéra, de l'Opéra-Comique et de plusieurs artistes choristes des théâtres de la capitale. » (*B. Sarrette*, par Constant Pierre, Bibliothèque du Conservatoire de musique.)

Il avait perdu sa mère en 1824, faubourg Poissonnière et sa femme en 1855. Une personne qui a connu M. et Mme Sarrette nous dit « que les deux servantes Antoinette et Rosalie à l'exemple de leur sainte maîtresse, suivaient, avec une édifiante assiduité tous les offices de Bonne-Nouvelle ».

Sarrette a laissé deux enfants : le premier, Charles était négociant, 10, rue de l'Echiquier; le second, Jules s'est marié à Bonne-Nouvelle en 1858.

L'hôtel d'Uzès, dont il est parlé plus loin, se trouvait dans la rue Montmartre. Cette rue a 34 maisons.

NIL (rue du). Elle s'appelait précédemment rue Neuve-Saint-Sauveur. Cette rue construite en 1590, sous le nom de rue des Cordiers, en raison des nombreux cordiers qui l'habitaient, s'appela aussi rue Boyer, du nom d'un propriétaire qui l'habitait en 1603.

Depuis 1867, le voisinage des rues du Caire et d'Alexandrie, créées en souvenir des campagnes de Napoléon en Égypte, lui ont fait donner le nom du grand fleuve égyptien. Elle a 9 maisons.

NOTRE-DAME-DE-BONNE-NOUVELLE (rue). C'était anciennement la rue Basse-Porte-Saint-Denis. Après la construction de la première chapelle, elle reçut le nom de rue Saint-Louis et Sainte-Barbe, ses premiers patrons : depuis, on lui a donné le nom qu'elle porte aujourd'hui. Au n° 8, il y avait une boutique de perruquier-coiffeur à l'enseigne d'Absalon avec ce quatrain :

> Passants, contemplez la douleur
> D'Absalon pendu par la nuque,
> Il eût évité ce malheur,
> S'il eût toujours porté perruque.

Cette rue a 8 maisons.

Notre-Dame-de-Recouvrance (rue). Jaillot prétend qu'elle existe depuis 1540 sous ce nom : mais il n'en donne aucune preuve.

Lors du siège de Paris par Henri IV, en 1594, tout le hameau de la Butte-en-Gravois fut détruit et puis reconstruit. En 1630 cette rue prit ce nom probablement en souvenir de la recouvrance de ce lieu pour le culte qui en avait été chassé par les fortifications (1). Elle a 7 maisons.

Petits-Carreaux (rue des). Ainsi appelée de ce que, d'après l'ordonnance de Philippe-Auguste en 1185, on dut paver un certain nombre de rues avec de fortes pierres taillées en grands et en petits carreaux. On croit aussi que ce fut à cause des petits carreaux ou éventaires en osier que les marchandes suspendaient devant elles. D'autres tirent cette étymologie d'une fabrique de petits carreaux qui aurait existé au 34 de cette rue; on pourrait aussi dire que ce nom vient du petit marché qui s'y était établi en opposition au *carreau des Halles*. On achète au carreau, c'est-à-dire, acheter sur le marché même des Halles. Elle a 12 maisons.

Poissonnière (rue). En 1290, ce n'était qu'un chemin appelé chemin des voleurs, *cheminus qui dicitur latronûm*. Son nom de Poissonnière lui vient de ce que, avant la création des chemins de fer, les voitures de marées suivaient cette rue pour se rendre aux Halles; elle porte ce nom depuis 1683. Elle a toujours eu une mauvaise réputation à cause de la qualité de ses habitants. Une nuit, Turenne, revenant de je ne sais où, y fut arrêté par des coupe-gorge. Comme il n'avait pas sur lui le prix de sa rançon, ces « gentilshommes » voulurent bien se fier à sa parole. Le lendemain, un d'entre eux vint à l'hôtel de Bouillon toucher la somme convenue, laquelle fut d'ail-

---

(1) Fessard affirme qu'elle portait ce nom en souvenir de la première chapelle qui se serait appelée *Notre-Dame-de-Recouvrance*. Le fait ne serait pas improbable, mais aucun document ne nous autorise à l'accepter comme certitude historique.

leurs scrupuleusement comptée. Cette rue était également fréquentée par un genre de personnes dont on disait : « Elles ont les talons courts et ne tombent qu'en arrière. »

Au n° 12, on voyait une statuette de la sainte Vierge ;

Fig. 145. — Hôtel Grétry. (Grétry, 1741-1813.)

au 21 habitait Grétry (voir fig. 145) actuellement l'immeuble est occupé par la grande maison de commerce connue sous le nom de *café Biard*; au n° 26, à l'angle de la rue de Cléry, on voit une maison construite en 1714 qui a appartenu à M. de Noisy. Au 38, une enseigne à la *Croix de Berny*.

Les historiens parlent aussi d'une caserne qui se trouvait au 26 dans la rue Poissonnière ; le 10 août 1793, une compagnie de gardes suisses s'y trouvait de service il est à craindre qu'elle fût anéantie ; ce qu'il y a de certain, c'est que d'après une gravure (voir fig. 146), avant la lettre, que

Fig. 146.

nous avons découverte dans nos recherches, nous savons qu'au coin de cette rue et du boulevard Bonne-Nouvelle, il existait un poste de police. Cette rue a 38 maisons.

Poissonnière (boulevard). Il a été créé en 1708 à cause de son voisinage avec la rue Poissonnière. A l'ancien n° 9 se trouvait l'hôtel de la duchesse de Richelieu, douairière, née de Roullié en 1808. Au 11, se trouvait en 1708, l'hôtel du fermier général Angeard. Au 19, que quelques historiens qualifient de « maison mystérieuse », parce que les fenêtres en sont toujours fermées ; il y a même eu visite d'un membre du parquet, probablement sous l'instigation de gens intéressés à attirer l'attention sur cet immeuble. L'histoire en est pourtant bien simple. En 1863, M. de Provigny qui en était propriétaire, étant allé à la chasse dans une de ses propriétés à Valmont près Chantilly, fut projeté par son cheval contre un arbre et tué net. Depuis ce tragique événement, sa veuve s'est, pour ainsi dire, casernée, avec son père et sa mère, dans cet établissement refusant d'en louer aucun étage, afin de vivre solitaire dans son immense douleur. Mme de Provigny, ainsi que nous l'avons vu, était la Providence du quartier de Bonne-Nouvelle (1). Au 23, c'était l'hôtel Montholon (voir fig. 89). En 1848, il fut habité par la famille Sallandrouze, et plus tard, lorsque Juliette Lambert fonda la *Nouvelle Revue*, elle y transporta les bureaux et la rédaction de sa *Revue*.

En face, de l'autre côté du boulevard, l'hôtel de Rougemont de Lowemberg, « ce délicieux oasis, cette maison de plaisance au milieu de Paris, ce nid de fleurs, de gazon et de rocailles qui faisait envie à Napoléon » (2).

A l'angle de la rue Saint-Fiacre, se trouve un magasin de bonneterie qui avait pour enseigne une plaque gravée aux Armes de France : « Aux limites de la Ville de Paris », parce que Louis XV avait porté un décret qui défendait « de bastir au delà des remparts ». Cette plaque qui est restée jusqu'en 1839 a été enlevée depuis.

Il y a 10 maisons.

RÉAUMUR (rue). Dulaure en annonçait déjà l'ouverture en 1820.

Elle a été ouverte en partie en 1851. Décrétée en 1864, elle n'a été exécutée qu'en 1895, époque où Félix Faure, président de la République, en a fait l'inauguration. Son percement a fait disparaître la rue Thévenot qui existait depuis 1372. Au 24 de cette rue, il y avait un hôtel (voir

(1) Cet hôtel est occupé, depuis peu, par l'*Établissement Pigier*.
(2) A. Robida, *Paris à travers les siècles*, p. 347.

fig. 147) de grande allure avec de magnifiques colonnes monolithes qui ont été transportées au musée Carnavalet. C'est dans cette maison qu'en 1781, Joséphine de Beauhar-

Fig. 147. — Hôtel de la rue Thévenot.
Bib. Nat. Estampes. Va 241. Quartier de Bonne-Nouvelle, 118.

nais (voir fig. 128) mit au monde le futur roi d'Italie, le prince Eugène de Beauharnais (voir fig. 129). En face, se trouvait une impasse, aujourd'hui passage de la Cour des Miracles.

Le nom de Réaumur lui a été donné en 1851, en l'honneur de René-Antoine Ferchault de Réaumur, né en 1683, mort en 1737, membre de l'Académie des Sciences et inventeur du thermomètre qui porte son nom. Elle a 29 maisons, du 65 au 126 (1).

Sentier (rue du). Cette rue était déjà indiquée dans le

Fig. 148. — La Pompadour (Antoinette Poisson, marquise de), favorite de Louis XV.

Fille d'un boucher des Invalides, qui fut obligé de fuir pour avoir malversé, elle devint pendant de longues années, l'arbitre des destinées, du goût et de la mode. Elle exerça sur l'esprit du faible roi, une désastreuse influence; elle fut l'auteur du traité de Versailles et coûta, par ses folles prodigalités, plus de 40 millions à la France.

plan Gomboust en 1632. La partie entre la rue de Cléry et la rue des Jeûneurs se nommait rue du Gros-Chenêt; en 1849 elle fut réunie à la rue du Sentier. Ce nom lui vient,

(1) Lorsque nous disons que telle rue a tant de maisons, nous entendons parler des maisons qui se trouvent sur notre paroisse.

semble-t-il, de l'altération du mot *Chantier*, parce que cette rue avait été ouverte sur l'emplacement d'un chantier.

Toutefois, on affirme qu'au commencement du règne de Louis XIII, c'est-à-dire, vers 1612 et 1613, un loup vint dans ce sentier et emporta une brebis ; d'où le nom de *Sentier au Loup*. Le Sentier est le centre du mouvement commercial du quartier Bonne-Nouvelle.

L'hôtel du coin du Sentier, au 8, aujourd'hui démoli, était habité par Mme Vigée-Le Brun (voir fig. 123).

Au n° 23, était l'hôtel du président Hénault, en 1760. Au 22 et 24 se trouvait l'hôtel du fermier général Le Normand d'Étoile qui, lorsqu'il eut quitté la Pompadour (voir fig. 148), dont il était le mari, épousa Mlle *Rem*, une danseuse de l'Opéra, à propos de laquelle parut ce quatrain peu flatteur :

> Pour réparer Miseriam
> Que Pompadour fit à la France,
> Le Normand plein de constance
> Vient d'épouser Rempublicam.

Cette rue a 33 maisons.

SAINT-DENIS (rue). Nous en avons déjà parlé.

Au n° 177 qui faisait le coin de la rue Saint-Sauveur se trouvait l'église Saint-Sauveur, dont nous avons déjà parlé.

En 1830, cette rue a été le théâtre d'un combat acharné entre les troupes de Charles X et les insurgés qui défendaient les barricades. Elle a 39 maisons.

SAINT-SAUVEUR (rue). Cette rue date de 1285, mais son nom actuel lui vient de l'église Saint-Sauveur qui était construite à son entrée. Elle a été aussi appelée rue du *Bout du Monde*, à cause de son éloignement du centre de Paris (1) ; un cabaretier eut même l'idée de faire un horrible calembour sur son enseigne ; il y mit un *os*, un *bouc*, un

---

(1) Aujourd'hui, cette rue est devenue le centre du monde (de Paris).

duc, un *globe terrestre*; ce qui signifiait : *au bout du monde*.

En 1807, elle s'appelait la rue du *Cadran*, à cause d'un grand cadran qui ornait une maison. Au n° 4, il y avait une enseigne : *Au Chemin Vert*.

Au 12, l'*Hôtel de Fanini*.

Fig. 149. — Enseigne du Soleil d'Or, rue Saint-Sauveur (cabaret du Jeu de Paume).

Au 14, 16, 18, 20 et 22 se trouvent de vieilles maisons fort intéressantes avec entrée cintrée et mascaron sculpté.

Au 21, mourut le fameux Goldoni; originaire de Venise; c'était le Molière italien.

Au 26, se trouvait un jeu de boules renommé.

Au 84, une superbe enseigne : « Au Soleil d'Or » (voir fig. 149).

On voit dans cette rue étroite, des maisons qui ont conservé de vastes cours et de beaux escaliers en fer forgé.

Au n° 22 se trouve l'école chrétienne des filles que nous y avons établie en 1904.

SAINT-FIACRE (voir fig. 150) (rue). Elle existait déjà en 1412. Elle doit son nom à une enseigne qui décorait l'Hô-

Fig. 150. — Saint Fiacre, patron des jardiniers.
Il leur prêche la foi et le travail.

tel de France et qui appartenait à Nicolas Sauvage, facteur des Maîtres Cochers.

En 1630, elle était si mal fréquentée qu'on la ferma avec des grilles en fer pour en défendre l'accès aux malfaiteurs. Ces grilles disparurent à la fin du XVIIIe siècle.

Actuellement, c'est une rue très calme : le n° 20 est habité par M. Frédéric Febvre (voir fig. 113), vice-doyen de la Comédie-Française. Au n° 27, siège social du Bouillon Duval. Elle a 12 maisons.

Saint-Joseph (rue). Existait en 1595 sous le nom de rue du Temps-Perdu. Elle doit son nom actuel à la chapelle de Saint-Joseph (voir fig. 151) et au cimetière du même nom dont l'emplacement a été occupé depuis par un marché qui a lui-même fait place à l'imprimerie Paul Dupont. Ce fut le chancelier Séguier qui bâtit la chapelle, et le cimetière qui l'entourait était le cimetière de Saint-Eustache. C'est là que furent enterrés Molière et La Fontaine avant leur transfert au Père-Lachaise.

Au n° 4 était l'hôtel d'Hautpoul.

Émile Zola naquit au 10 de la rue Saint-Joseph, le 2 avril 1840.

Mme de Montespan a demeuré dans cette rue et y est morte en 1709.

Elle a 20 maisons.

Saint-Philippe (rue). Cette rue a été créée en 1718. Son nom lui vient d'une enseigne; elle s'appelait avant, Saint-Philippe-de-Bonne-Nouvelle.

Elle a 5 maisons.

Sainte-Foy (rue). Ce nom lui vient de l'enseigne : *A la Sainte-Foy* qui existait dans cette rue au xve siècle. Elle s'appelait avant rue *Basse-du-Rempart Saint-Denis*, parce qu'elle se trouvait au pied du mur d'enceinte. Autrefois, cette rue était un foyer de prostitution. Aux n° 6, 24 et 31, on voit encore quelques maisons assez curieuses.

Elle a 10 maisons.

Saint-Spire (rue). Elle existait avant 1670, sous le nom de rue du Cimetière Saint-Sauveur, en raison du cimetière qui y était situé. En 1884, elle fut entamée pour le percement de la rue d'Alexandrie. Elle a 3 maisons.

Thorel (rue). En 1552, elle s'appelait rue Sainte-Barbe, à cause de la chapelle qui, sur la Butte aux Moulins, portait ce titre avec celui de Saint-Louis.

En 1861, elle fut dénommée rue *Portalès*, en souvenir

Fig. 151. — Cimetière Saint-Joseph. Enterrement de Molière.

de M. l'abbé Portalès, curé de Bonne-Nouvelle, où il était

resté en vénération à cause de ses vertus et spécialement de sa charité.

En 1885, elle fut débaptisée et reçut le nom de rue Thorel à cause de M. le Dr Thorel, conseiller municipal, qui l'habitait au moment de sa mort. Cette rue a 9 maisons.

Uzès (rue d'). Cette rue fut ouverte en 1870 sur l'emplacement de l'hôtel d'Uzès (voir fig. 152), magnifique demeure, naguère la résidence d'une de nos plus illustres familles. Plus tard, sur son emplacement, on a construit les fameux magasins de la Ville de Paris.

Ces magasins disparurent quelque temps avant la guerre franco-allemande.

Les douanes et l'administration des Domaines y avaient ouvert leurs bureaux. Actuellement, ce sont de belles et solides constructions qui se dressent des deux côtés et qui sont toutes livrées au commerce. C'est, avec la rue Réaumur, la rue vraiment moderne du quartier; on dirait qu'elle conserve un certain cachet de son aristocratique origine. Elle a 18 maisons.

Ville-Neuve (rue de la). Cette rue date du xvie siècle. Elle a été aussi nommée rue *Saint-Etienne*. Elle fut une des principales rues du quartier *Ville-Neuve-en-Gravois*. Ses maisons furent rasées lors du siège de Paris par Henri IV; mais elles furent presque toutes entièrement reconstruites. En 1792, Jean-Nicolas Pelletier assassina, rue de la Ville-Neuve, un passant pour le voler. Il fut exécuté le 29 avril en place de Grève et c'est lui qui étrenna la guillotine. Cette rue a 12 maisons.

Au n° 8, on voit un médaillon de Jean Goujon et un autre de Philibert Delorme.

Enseignes.

Ne quittons pas les rues de Bonne-Nouvelle sans jeter un coup d'œil sur certaines enseignes.

A côté des enseignes romantiques : « A la Lance d'a-

PORTE DE L'HOTEL D'UZES

Fig. 152. — Portail de l'hôtel d'Uzès (1).

Mme la duchesse d'Uzès conserve dans son château de Bonnelles, une fort belle gravure de ce portail. Elle n'a pas autre chose de cet hôtel historique. Elle a été touchée des documents que nous lui avons offerts pour compléter sa collection.

(1) Musée Carnavalet. Estampes, quartier Saint-Denis.

cier », « Aux Trois Éperons », « Au Chapeau Impérial », « Au Soleil d'or »; à côté de quelques autres moins poétiques : « Aux Trois Bouteilles », « Aux Trois Barillets », « A la Bonne Cave », « Au vrai Bourguignon », « Au Triomphe de Bacchus », nous en trouvons un nombre

Fig. 153.

considérable qui témoigne des sentiments religieux de cette paroisse.

Il y avait des enseignes dédiées « A la Sainte Trinité », 6, rue des Petits-Carreaux et 17, rue du Gros-Chenêt; « Aux Enfants Rouges du Saint-Esprit », 58, rue Saint-Sauveur; « Au Saint Nom de Jésus », 1, rue du Croissant, 46 rue Poissonnière, 6, rue des Filles-Dieu; « A l'Enfant Jésus », 89, rue Saint-Denis; « A l'Agneau de Dieu », 21, rue du

Gros-Chenêt; « Au crucifix », 42, rue Saint-Sauveur.

Il y en avait d'autres : « A l'Annonciation », 30, rue de la Lune et 15, rue Beauregard; « A la Visitation », 35, rue des Petits-Carreaux; « A l'image de la Vierge », 33, rue Saint-Sauveur, 17, rue Saint-Joseph, 16, rue Sainte-Barbe, 17, rue Sainte-Barbe, 31, rue des Filles-

Fig. 154. — Détail du portail d'Uzès.

Dieu, 9, rue des Filles-Dieu et 17, rue Sainte-Foy; « A l'Image de Notre-Dame », 61, rue de Cléry; « A la Vierge », 62, rue de Cléry; « A la petite Vierge », 43, rue des Petits-Carreaux.

Il y en avait : « A Saint-Louis », 66, rue de Cléry; « A l'Image de Saint-Louis », 11, rue des Filles-Dieu et 60, rue Saint-Roch; « Au Petit Saint-Antoine », 92, rue de Cléry;

« A l'Image de Saint-Antoine », 31, rue des Filles-Dieu ; « A Saint-Jacques », 28, rue des Petits-Carreaux ; « A Saint-Pierre », 1, rue Sainte-Foy et rue Neuve-Saint-Eustache ; « A Saint-Michel », 29, rue des Petits-Carreaux ; « A Saint-Denis », 33, rue Neuve Saint-Eustache ; « A Saint-André », 1, rue Bourbon ; « A Sainte Catherine », 33, rue Neuve-Saint-Eustache, 9, rue Poissonnière et on voit encore sa statue au 79, rue de Cléry ; « A Saint-Martin », 21, rue des Petits-Carreaux ; « A l'Image de Saint-Denis », 37, rue de Cléry ; « A l'Image de Saint-François », 24, rue Sainte-Foy ; « A l'Image de Saint-Roch », 22, rue du Gros-Chenêt ; « A l'Image de Saint-Charles », 20, rue de la Lune ; « A l'Image de Sainte-Anne », 61, rue Sainte-Barbe ; « A l'Image de Saint-Guillaume », 11, rue Beauregard ; « Au Chef de Saint-Jean », 72, rue de Cléry.

Enfin, les enseignes : « A la Croix Rouge », 40, rue du Gros-Chenêt ; « A la Croix Blanche », 28, rue Thévenot et 6, rue Poissonnière ; « A la Croix d'Or », 69, rue de Cléry ; « A la Croix de Fer », 41, rue du Gros-Chenêt ; « A la Croix de Lorraine », 4, rue Saint-Philippe ; « Au Chapelet », 111, rue Saint-Denis (1).

Terminons ces données sur ce quartier en faisant observer que depuis son origine, il a changé six fois de nom : tout d'abord, c'était la *Butte-aux-Moulins* ; en second lieu, *Ville-Neuve-en-Gravois* ; en troisième lieu, *Ville-Neuve* tout court, puis *Faubourg de la Ville-Neuve* ; pendant la Révolution, c'était le *district de Bonne-Nouvelle*, sous l'Empire et sous Louis-Philippe (2) il est devenu le *quartier de Bonne-Nouvelle*, dénomination qu'il conserve encore de nos jours.

Puisque ces rues ont été placées sous la protection de tant de saints, il est juste de les respecter, de les habiter d'une manière convenable, de les traverser et de s'y promener avec dignité et édification.

(1) Terrier du Roy pour la Ville de Paris, dressé le 14 décembre 1700. Arch. Nat., (Seine), Q¹, 1099. 8. N. III. 550-560.
(2) Plan de Paris, par Vicq. 1842, édité par Taride.

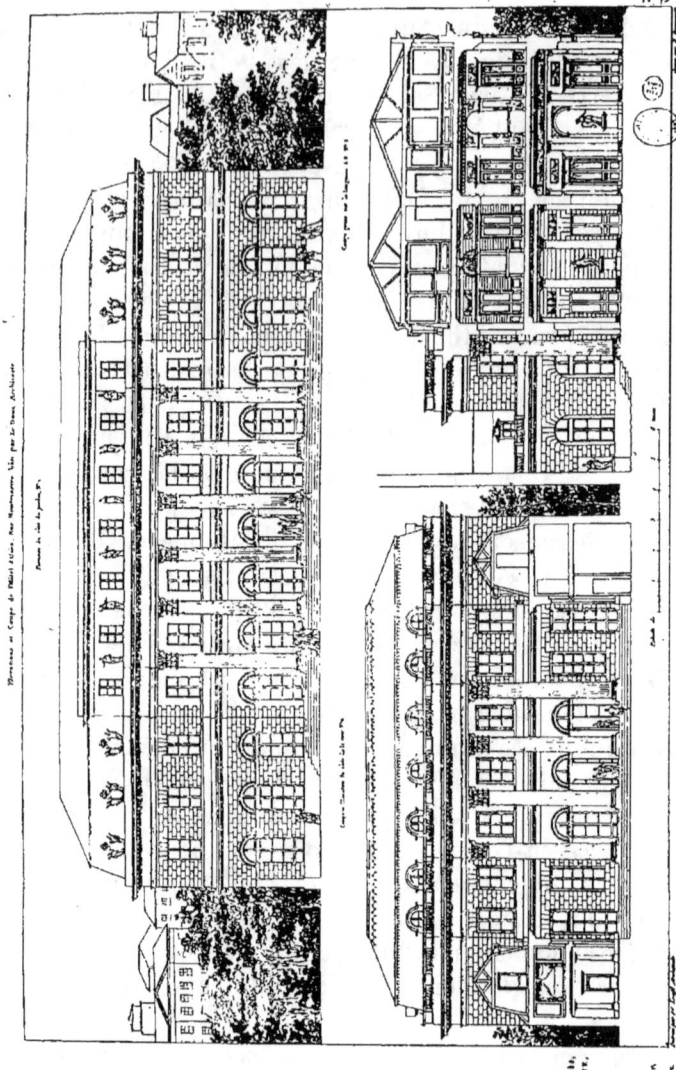

Fig. 155. — Vue d'ensemble de l'hôtel d'Uzès (Musée Carnavalet. Estampes, quartier Saint-Denis).

Clôturons cette histoire de Bonne-Nouvelle par trois traits qui montrent que même des personnes étrangères à cette paroisse y ont été l'objet de grandes bénédictions.

I
La première communion de Laure de Permon.

C'était pendant la Révolution : Mme de Permon désirait ardemment que sa fille Laurette fît sa première commu-

Fig. 156. — Deux ciboires.

nion. De son côté, l'enfant, qui en avait entendu parler par ses jeunes compagnes, souhaitait vivement goûter les joies de ce beau jour. Malheureusement, habitant la Chaussée-d'Antin, elles n'avaient pas de paroisse dans le voisinage. Et puis les promenades sanguinaires dans Paris, les troubles constants et les horreurs de la guillotine leur donnaient à réfléchir.

Mais la providence les servit à souhait. Une religieuse, amie de la famille, leur apprit qu'il y avait non loin de là, près du faubourg Poissonnière, une église où elle savait qu'on faisait le catéchisme. C'était l'église de Notre-Dame de Bonne-Nouvelle. Elle proposa à Mme de Permon d'y conduire sa fille ainsi qu'une autre de ses petites amies, Adèle de Boisgelin. Ce qui fut accepté avec empressement.

Au bout de six semaines de préparation, les deux jeunes filles « revêtues de robe bleu ciel en fourreau et sous un bonnet et un voile de dentelles, faisaient leur première communion, avec le plus grand recueillement. Les frères Bonaparte assistaient à cette cérémonie (1) ».

II

Le cachet de première communion de Mgr de Quélen
Archevêque de Paris.

Le pieux archevêque avait conservé, avec une religieuse sollicitude, son cachet de première communion; il y tenait comme à un objet sacré.

Mais voilà que pendant le sac de l'archevêché en 1830, ce cachet, confondu avec une foule de papiers, avait disparu. Mgr de Quélen, le croyant à tout jamais perdu, en demeura fort contristé.

Heureusement, il n'en était rien; voici ce qui était arrivé : un officier de la Garde Nationale l'avait ramassé et porté à sa femme qui était une pieuse paroissienne de Saint-Merri. Celle-ci en informa immédiatement son curé. De son côté, le curé sachant que Mgr de Quélen devait, à quelques temps de là, aller donner la confirmation dans une paroisse voisine, s'empressa d'y faire porter le précieux objet pour être remis à son auguste propriétaire. Après la cérémonie, Mgr l'Archevêque était reçu au presbytère; la conversation ayant été amenée habilement sur les joies de la première communion, M. le Curé présenta mystérieusement un petit rouleau à Sa Grandeur. C'était le précieux cachet heureusement retrouvé; on devine la joie de Mgr de Quélen. Or, l'église où venait d'avoir lieu cette confirmation et le curé qui venait de remettre ce cachet,

(1) *Souvenirs* de la duchesse d'Abrantès, 1784-1838.

c'étaient l'église et le curé de Notre-Dame de Bonne-Nouvelle.

Fig. 157. — Cachet de première communion de Bonne-Nouvelle, représentant le chœur de cette paroisse.

III

L'Œuvre de la Messe Réparatrice

C'est parce qu'elle a des liens étroits avec Bonne-Nouvelle que nous la mentionnons dans ce travail.

Cette œuvre a pour but de réparer, par l'assistance réitérée au saint-sacrifice de la messe, l'outrage que font à

Dieu ceux qui, sans motifs légitimes, se dispensent de ce devoir chrétien.

La personne qui l'a fondée le 19 juin 1869, jour de la Fête-Dieu, s'appelait Louise-Madeleine-Euphrosine Griselain Stain (voir fig. 158).

Les limites de ce travail ne nous permettent pas d'entrer

Fig. 158. — Sœur Rose Griselain.

dans les détails de la vie si curieuse de cette chrétienne; elle était tertiaire de Saint-Dominique et elle est morte embaumée d'édification chez les chanoinesses de Saint-Norbert à Saint-Anne de Beaulieu.

Qu'il nous suffise seulement de dire que son œuvre, approuvée par plusieurs archevêques, évêques et cardinaux et honorée d'un bref de Léon XIII, lui fut inspirée dans l'église de Notre-Dame de Bonne-Nouvelle.

Voici dans quelles circonstances : pendant qu'elle travaillait chez Mme Calbotain, sa maîtresse lui dit un jour en sortant : « Je ne puis t'emmener aujourd'hui avec moi chez ma sœur, nous avons à régler des affaires de famille ».

« Madame, lui dit Madeleine, si je m'ennuie je pourrai m'en aller chez ma tante en passant par l'église de Bonne-Nouvelle ».

Lorsque Madeleine y entra, un gracieux spectacle frappa ses yeux; la procession du Saint-Sacrement se déroulait majestueusement dans la nef; elle revoyait pour la première fois depuis sa première communion, Notre-Seigneur Jésus-Christ escorté de nombreux chrétiens.

Soudainement émue, elle tomba à genoux :

« Seigneur, dit-elle, je suis indigne de lever les yeux vers vous; c'est pourquoi je supplie la Sainte Vierge et tous les saints d'implorer pour moi votre infinie miséricorde ».

M. l'abbé Portalès, curé de la paroisse, prêcha justement sur la miséricorde divine; il fit un éloquent parallèle entre saint Pierre et Judas et démontra que c'était le manque de confiance qui avait perdu le traître. Moi aussi j'ai manqué de confiance, se dit Madeleine : sa résolution fut prise; elle s'en alla immédiatement trouver M. le Curé.

« J'ai fait, lui dit elle, une mauvaise communion, je veux me confesser ».

Le lendemain, elle revint en effet se confesser; c'était le jour des Cendres, mais elle ne reçut la permission de communier que pour faire ses Pâques. M. Portalès l'avait en effet engagée à suivre la retraite de la première communion. Ce fut un grand bonheur pour elle et elle put ainsi recevoir son Dieu dans un cœur vraiment pur.

« Ce jour-là, a-t-elle écrit plus tard, fut pour moi comme le Thabor pour les apôtres, autant par l'excès de mon bonheur que par sa courte durée ». Elle put encore assister à la messe le dimanche suivant et fréquenter la congrégation des Enfants de Marie.

Lorsque plus tard, enthousiasmée par la chaude parole de Mgr Foulon, elle fut sur le point d'aller en Chine, elle eut un songe.

Elle rêva de son ancien curé, M. l'abbé Portalès.

« Ce bon prêtre, dit-elle, m'apparut et me montra une

grande clarté qui couronnait toute la montagne de Montmartre et au milieu de cette clarté, je voyais Notre-Seigneur qui paraissait avoir trois ans et qui donnait la main à la Sainte Vierge et à saint Joseph. A leurs pieds se trouvait Mgr Forbin-Janson.

« Je compris le symbole, j'entendis la voix de M. Portalès qui disait : « C'est bien ; pensez-y, occupez-vous en ».

La sainte fille s'en occupa en effet, non sans de grandes difficultés, et Dieu récompensa son ardente charité en la choisissant pour être le hérault d'une grande œuvre dans son Église. Et voilà comment Bonne-Nouvelle peut passer à bon droit, pour avoir été le berceau de l'Œuvre de la Messe Réparatrice.

Remercions Dieu de cet honneur et demandons lui de daigner inspirer à tous nos paroissiens d'assister plus régulièrement à la messe, le dimanche et les jours de fêtes.

Pour de plus amples renseignements, on peut consulter les ouvrages suivants :

1° *Sœur Rose et la Messe Réparatrice*, par la R^{de} M. abbesse du monastère de Beaulieu.

2° *Sœur Rose, sa vie, son œuvre, la Messe Réparatrice*, par Arthur Loth. Bloud et Barral.

3° *Vie de Sœur Rose, Pourquoi la Messe Réparatrice*, par l'abbé Bouquerel. Librairie de Jésus, 31, rue de Sèvres. Paris.

Fig. 159. — La croix du banc-d'œuvre entre deux vases de fleurs en marbre et bronze doré.

ÉPILOGUE

Avant de déposer la plume, nous demandons à nos chers paroissiens la permission de faire quelques courtes réflexions :

1° La paroisse de Notre-Dame de Bonne-Nouvelle a des origines presque évangéliques sinon quant à l'histoire, du moins quant à la lettre et à l'esprit du texte sacré.

Le lecteur se rappelle en effet qu'au début il n'y avait, à l'endroit où se trouve actuellement l'église de

Bonne-Nouvelle, qu'une *colline* et un *moulin*. Or, ces deux choses reviennent fréquemment dans la vie et les enseignements de Notre-Seigneur Jésus-Christ. Pour ce qui est de la colline, nous savons que l'Esprit-Saint l'avait déjà sanctifiée, avant même la venue du Sauveur, en l'appelant « la Colline de Dieu », *collem Dei* (1). C'est en parlant de Notre-Seigneur, qu'Il nous le montre gravissant joyeusement les collines, *transilliens Colles* (2), se dirigeant mélancoliquement « vers la colline de l'Encens », *ad collem thuris* (3), et « se reposant pieusement au sommet d'une colline », *Ego stabo in vertice collis* (4).

Le même Esprit-Saint nous montre les collines s'animant en présence du Messie, soit pour « s'humilier devant sa majesté » *omnis collis humiliabitur* (5), soit pour « tressaillir de joie » devant sa divinité, *exultastis colles sicut agni ovium* (6) soit pour « chanter des hymnes en faveur de sa munificence » *et colles cantabunt coram te* (7).

La colline, mais elle remplit toute la vie de Notre-Seigneur ! C'est une colline qui lui sert de champ de bataille où il triomphe de Satan humilié ; c'est une colline qui lui sert de chaire pour prononcer son premier grand discours ; c'est une colline qui lui sert de cénacle pour sa miraculeuse multiplication des pains ; c'est une colline qui lui sert d'oratoire où il passe souvent ses nuits en prière ; c'est une colline qui lui sert de trône pour sa merveilleuse Transfiguration ; c'est une colline qui lui sert d'autel pour son héroïque sacrifice de la croix ; c'est une colline enfin qui lui sert de piédestal pour sa glorieuse Ascension.

Comme on le voit, la petite colline de Bonne-Nouvelle

---

(1) I Rois, x, 15.
(2) Cant., II, 8.
(3) Cant., IV, 6.
(4) Exode, XVII, 9.
(5) Is., IV, 4.
(6) Ps. CXIII, 4.
(7) Is., LV, 12.

par ses racines presque évangéliques, possède un passé chargé de bénédictions, plein de promesses et auréolé d'un prestige divin.

Quant au *moulin*; les idées qu'il éveille reviennent aussi très souvent sur les lèvres de Notre-Seigneur.

Dans un moulin en effet, il y a quatre choses : le *vent* qui le met en mouvement; la *meule* qui est son instrument de travail ; le *blé* qui est son champ d'action et la *farine* qui est son produit et qui nourrit l'humanité. Eh bien, ces diverses choses ont servi à Notre-Seigneur pour symboliser ses enseignements : le *vent* lui a servi à symboliser, tantôt certains caractères lâches et pusillanimes qui changent facilement d'idée, comme la girouette change de direction sous l'action du vent (1) ; et tantôt, la force et l'étendue de sa puissance « qui apaise les vents et les flots » (2) et qui rassemblera ses élus des quatre vents du monde (3).

La *meule* lui a servi à symboliser la rigueur du châtiment que mérite le scandaleux « qu'il préfèrerait voir une meule au cou et précipité au fond de la mer » (4).

Le *blé* lui a servi à symboliser, tantôt la stérilité ou la fécondité de la parole de Dieu suivant qu'elle tombe dans la terre spirituelle des âmes plus ou moins bien préparées (5); tantôt le dogme de la résurrection des corps qui doivent, comme le blé, « passer par la corruption de la mort pour se réveiller dans la gloire » et tantôt, les bonnes œuvres des élus qui, à l'instar du blé entassé dans les greniers de la terre, seront rassemblées dans les greniers du ciel (6). Enfin, la *farine* a servi à Notre-Seigneur, à formuler sa plus saisissante comparaison du Paradis : « Le royaume des Cieux, disait-il, est semblable à un ferment qu'une

(1) Math., XI, 17.
(2) Marc, IV, 27.
(3) Marc, XIII, 27.
(4) Math., XIII, 6.
(5) Jean, XII, 24.
(6) Math., XIII, 33.

femme met dans trois mesures de farine jusqu'à ce que la pâte soit entièrement levée (1) »; et l'on sait que ce fut avec du pain de farine de blé qu'il institua la Sainte Eucharistie destinée à nourrir l'âme et à lui procurer la vie éternelle (2). Nous avions donc bien raison de dire que la paroisse de Notre-Dame de Bonne-Nouvelle possède une origine presque évangélique. S'il en est ainsi, nos chers paroissiens doivent se montrer pleins de vénération et d'amour pour notre paroisse et justement fiers de sa mystérieuse origine.

2° Si la paroisse de Notre-Dame de Bonne-Nouvelle est déchue de son ancienne splendeur; si les parcs ombragés et les jardins paisibles ont été traversés par des rues vivantes, animées; si les hôtels luxueux et les maisons confortables ont fait place à des magasins et à des bureaux de commerce; si de nombreuses familles chrétiennes ont été, en partie, supplantées par les enfants de la tribu de Lévi, il n'en est pas moins vrai que l'esprit de la population est resté toujours bon; on y aime sincèrement la religion, l'Église, le clergé, les œuvres; on y aime le travail et la tranquillité, et les opinions politiques sont saines et modérées.

Daigne le ciel lui conserver toujours ce bon esprit!

3° Convaincu que nous sommes de n'avoir pas découvert tous les documents qui concernent notre paroisse et qu'il en reste encore beaucoup dans l'ombre, nous prions nos chers paroissiens de diriger de ce côté un peu de l'activité qu'ils dépensent pour leurs affaires commerciales. En les exhumant, s'ils n'augmentent pas leur fortune, ils augmenteront le patrimoine de leur paroisse.

4° Que la vie des nombreux personnages dont nous avons esquissé la silhouette, leur serve de leçon. Qu'ils s'appliquent à éviter les vices et les défauts des uns et à pratiquer les vertus et les qualités des autres. Alors, au lieu d'être un scandale et une humiliation pour la paroisse, ils en seront la gloire et l'honneur.

(1) Math., XIII, 33.
(2) Jean, VI, 52.

5° Enfin, puisque Notre-Dame de Bonne-Nouvelle a un passé si glorieux, qu'ils travaillent à faire revivre ce passé, en venant plus nombreux à l'église pour y prier, assister aux offices, aux prédications et participer aux

Fig. 160. — Le sanctuaire pendant l'Adoration perpétuelle.

sacrements ; en y amenant leurs parents, leurs voisins, leurs amis ; en s'associant aux œuvres du culte, de piété, d'enseignement, de charité ; enfin, en montrant dans leur langage, leur attitude et leur conduite qu'ils n'ont pas dégénéré de leurs ancêtres qui ont illustré Bonne-Nouvelle par la plume ou par l'épée, par la parole ou le pinceau, par la bienfaisance ou la piété, par l'héroïsme ou la vertu.

Nous ne savons plus quel auteur a dit : « La Providence semble avoir interdit aux plus grands génies la postérité ; Raphaël, Michel-Ange, le Dante, Mozart, Beethoven, Rossini et Donizetti sont morts sans enfants. On dirait que la nature, dans un effort suprême s'est épuisée ». La grâce, ajouterons-nous, ne connaît pas cet épuisement ; son éternelle fécondité autorise les paroissiens de Bonne-Nouvelle à dire :

Où le père a passé, passera bien l'enfant.

Cl. Conte.

Fig. 161. — La vraie Croix entre deux burettes.

FIN

APPENDICE

A

Une médaille d'Anne d'Autriche encastrée dans le mur de l'église de Notre-Dame-de-Bonne-Nouvelle, à Paris (1).

Le portrait numismatique de la reine Anne d'Autriche a été exécuté en divers types par les maîtres médaillistes du XVIIe siècle, Guillaume Dupré (fonte de 1620), Jean Darmand, dit l'Orphelin (fonte de 1643) et Nicolas Briot (jeton de 1643 à 1646). Un spécimen peu connu de l'œuvre de Guillaume Dupré existe à Paris en l'église paroissiale de Notre-Dame-de-Bonne-Nouvelle dans des conditions assez curieuses pour être signalées aux lecteurs de la *Gazette*.

C'est une médaille en bronze doré de 36 millimètres de diamètre encastrée, à environ 1m,50 au-dessus du sol, dans une pierre du mur de la chapelle située à hauteur et à gauche du maître-autel. Elle offre le buste de la reine Anne d'Autriche profilée à droite, coiffée en cheveux, en costume de cour avec la grande collerette, des pendants d'oreille, un collier de grosses perles et une croix étoilée à huit pointes sur le corsage; en légende circulaire : ANNA AVGVS GALLIÆ ET NAVARÆ REGINA; sous la tranche du bras

---

(1) *Gazette numismatique Française*, 1905. Paris, 192, rue des Petits-Champs.

droit : G. DVPRE. F. 1670, pour 1620, avec le chiffre 2 retourné.

A gauche et à droite de la médaille, les initiales L et A du roi et de la reine, entourées de branchages, sont gravées sur la pierre; au-dessous, un écu couronné, mi-parti de France et d'Autriche (1); plus bas, une inscription en huit lignes; les lettres V et R, au milieu de la cinquième ligne, sont conjointes :

ANNE D'AVTRICHE Par La Grace De DIEU ROYNE De FRANCE et de NAVARE AMis et Pose' Ceste Premiere Pierre DV Cœvr De L'esglise De NOSTRE Dame De Bonne NOVVELLES av Mois Davril de l'année 1628

La pierre a 0^m,79 en hauteur et 0^m,55 en largeur. Il faut qu'on sache de suite qu'un confessionnal, adossé au mur jusqu'à hauteur de la médaille et des initiales L, A, masque entièrement l'écusson et l'inscription; je ne peux donc reproduire ici cette dernière qu'en la tirant du recueil épigraphique de F. de Guilhermy (2).

Quant à la médaille, restée à peine à découvert, il a fallu, pour en prendre l'empreinte, se hisser, à l'aide d'une échelle, sur la plateforme du confessionnal au niveau de laquelle elle apparaît. Son élévation au dessus du sol et l'exiguité des lettres paraissent avoir empêché Guilhermy de lire nettement la légende; il y a suppléé, dans la gravure de son dessinateur, en conjecturant qu'elle devait être, en latin, conforme au début protoco-

---

(1) Pour le détail des armoiries de la maison d'Autriche, voir le P. Menestrier, *Nouvelle méthode raisonnée du blason.*

(2) F. de Guilhermy, *Inscriptions de la France du Ve siècle au XVIIIe*, I, 1873, p. 99, dans la *Collection de documents inédits sur l'histoire de France publiés par les soins du Ministre de l'Instruction publique.*

laire de l'inscription ; il a en conséquence traduit les premières lignes de celle-ci par :

. ANNA D . G FR ET NAV REG

et a fait graver cesmots dans le fac-similé de médaille au-dessus du texte épigraphique.

Cette soi-disant légende est donc fausse, comme on peut s'en convaincre en la comparant avec ma propre lecture ci-dessus donnée. Ma description est d'ailleurs conforme à celle d'un exemplaire du Cabinet des Médailles publiée dans le *Trésor de numismatique* (1), sauf en ce que les rédacteurs de ce recueil ont fautivement donné 1630 pour le millésime au lieu de 1620; il serait, en effet, impossible qu'une médaille de 1630 fût encastrée dans une inscription portant la date 1628 ; l'erreur s'explique par le fait du 2 retourné [ƨ] qui peut être aisément confondu avec un 3. Cette faute n'a pas été reproduite par M. F. Mazerolle dans son important recueil (2) : *Les médailleurs français du XVe siècle au milieu du XVIIe*, II, 1902, p. 137, nos 685 (Cabinet de France), 686 (Collection J. Pichon). Je retiens la remarque qu'il fait sous le n° 686 : c'est une variante uniface, sans l'effigie habituelle de Louis XIII sur le côté opposé. Il est à croire que la pièce encastrée dans l'inscription d'Anne d'Autriche est pareillement uniface et qu'elle appartient à la même émission que l'exemplaire de la collection J. Pichon. Il n'y a aucun point dans la légende; les exemplaires du Cabinet de France, nos 416, 416 *bis*, 417, sont également sans interponctuation. Chacun de ces derniers est muni d'un anneau de bélière fixe, venu de fonte et percé dans le sens perpendiculaire à la face de la médaille, ce qui indique qu'il était destiné à être accroché à un clou, comme un tableau

---

(1) Paul Delaroche, Henriquel Dupont et Charles Lenormant, *Trésor de numismatique et de glyptique, médailles françaises*, 2e partie, p. 5; pl. VI, f. 4.

(2) Ce recueil fait partie de la *Collection des documents inédits de l'histoire de France*.

à un mur, et non suspendu à un collier ou passé dans une chaîne de suspension, auquel cas il eût été percé dans le sens latéral; c'est un de ces trois exemplaires que représente la gravure ci-dessus. Quant à la pièce encastrée dans l'inscription d'Anne d'Autriche, elle est privée de l'appendice en question qui, nécessairement, avait perdu sa raison d'être dans cette position.

Dernière observation : les éditeurs du *Trésor de numismatique* se sont trompés en interprétant par *Georgius* l'initiale du prénom de Dupré; c'est *Guillelmus* qu'il eût fallu lire, ainsi que M. Mazerolle a fait dans la notice de son n° 623, à la page 125. Cela résulte de documents officiels, tels que lettres patentes, lettres de jussion, arrêt du Conseil d'État, arrêts de la Cour des Monnaies et autres archives, dans lesquelles le nom de Guillaume Dupré est explicitement écrit en toutes lettres (1).

L'incrustation d'une médaille est une particularité remarquable très rare; je n'en puis guère citer d'autre exemple que les monnaies et médaillons romains incrustés dans les *loculi* des Catacombes de Rome, notamment dans le cimetière de Domitilla, et signalés à diverses reprises par G. B. de Rossi dans le *Bulletino di archeologia cristiana*. Mais le cas de la médaille d'Anne d'Autriche ne procède pas de cet usage des premiers chrétiens; il dérive plutôt de la coutume consistant à noyer dans la maçonnerie des fondations d'un édifice des monnaies contemporaines à titre commémoratif.

Il ne paraît pas avoir été souvent imité; il n'a même pas été répété par Anne d'Autriche dans une circonstance analogue, car la médaille qu'elle fit frapper (2) quand elle posa la première pierre du prieuré de Nanterre le 16 mars 1642, est biface et, par le fait de l'encastrement, il eût fallu sacrifier soit l'effigie de la reine, soit le revers portant en onze lignes l'inscription dédicatoire :

(1) F. Mazerolle, *Les Médailleurs français*, I, 1902, p. 485-492.
(2) F. Mazerolle, *Les Médailleurs français*, II, p. 157, n. 779.

| D · OM | ANNA · AUSTRIACA · FRANC · ET | NAVAR · REGINA · IN ·
B · GENOVEFAM | URBIS · ADEOQVE · ORBIS · GALLICI | PATRONAM ·
EXIMIVM | PIETATIS | SVÆ · MONIMENTUM · PRIMARIVM | HUNC ·
ET · ANGULAREM · LAPIDEM · P · | NOMINE · ET · TITULO · FVNDATRICIS
| ANNO · DNI · M · D · C · XLII | VRBANI · VIII · PONT · XIX | LVD ·
XIII · XXXII

Or ces hypothèses sont inadmissibles, l'une aussi bien que l'autre.

Robert MOWAT.

A propos de la médaille d'Anne d'Autriche scellée dans le mur du chœur de l'église N.-D. de Bonne-Nouvelle, à Paris.

La *Gazette Numismatique* a publié p. 41 une médaille à l'effigie d'Anne d'Autriche, dont un exemplaire aurait été scellé dans le mur du chœur de l'Église de Notre-Dame de Bonne-Nouvelle et constituerait le monument commémoratif de la pose de la première pierre par cette reine en avril 1628. Un deuxième exemplaire de cette pièce également en bronze doré avec bélière, portant d'un côté l'effigie du roi Louis XIII avec la date 1623, avait été remis en même temps à l'église à titre de souvenir. Comme aucun document ne constatait cette destination, cette seconde médaille était restée finalement perdue au XIXe siècle dans le fond d'un tiroir avec de vieux jetons des règnes de Louis XIII et de Louis XIV. Elle en est sortie en 1861 pour entrer dans la collection de M. Paul Bordeaux à Paris, par suite d'un don effectué par des desservants de la paroisse. Les renseignements donnés ont permis de se rendre ainsi compte de ce qui a réellement dû se passer depuis 1628.

M. Mowat a omis de signaler que la présence d'Anne d'Autriche pour la pose de la première pierre de l'église de Notre-Dame de Bonne-Nouvelle s'expliquait par la particularité suivante. Louis XIII avait épousé Anne d'Autriche le 25 décembre 1615. Ce mariage ne fut suivi de la naissance d'un Dauphin que le 5 septembre 1638, après 23 années d'une union stérile, qui avait été amèrement reprochée à la souveraine. Cette dernière, pour y remédier, avait fait suivant la coutume du temps de nombreux pélerinages à différents sanctuaires de la Vierge (1), pour que la Madone lui permît de donner à la Cour la Bonne Nouvelle d'une grossesse attendue. Le pèlerinage à l'église de Notre-Dame de la Bonne-nouvelle, dont on venait de commencer la construction en 1624 (2), était d'autant plus naturel que le vocable de ce sanctuaire provenait de l'Annonciation, qu'un ange avait faite à la Vierge de la Bonne Nouvelle, qu'elle mettrait au monde un fils (3). On comprend que ce vocable avait occasionné un pèlerinage fréquenté par les épouses qui désiraient avoir un enfant. Anne d'Autriche s'y était rendue et avait offert à l'église un tableau qui existe encore aujourd'hui et sur lequel elle est représentée à côté d'Henriette de France. La tradition rapporte que ce tableau a eu justement pour but de rappeler le vœu qu'Anne d'Autriche avait fait à ce sanctuaire avant la naissance de Louis XIV (Inventaire des richesses d'art de la France. Paris. *Monuments religieux*, t. I, p. 95).

Une note de l'ouvrage où ce renseignement vient d'être pris, énonce que la médaille originale figurant dans l'église au-dessus de l'inscription rapportée par M. Mowat et rappelant la fondation a été enlevée sous la Commune en 1871 et remplacée depuis par une reproduction en plâtre doré donnée par l'architecte de l'église, qui en avait fait prendre un moulage. Par suite, la médaille de la collection de M. Bordeaux constituerait actuellement le dernier souvenir métallique de la fondation réalisée en 1628.

P. BORDEAUX.

(1) *Histoire de France sous Louis XIII*, par Bazin. Vol. II, p. 96.
(2) Dom Félibien, *Histoire de la Ville de Paris*. Paris, 1725, t. II, p. 1327, et t. I, p. 275.
(3) Piganiol de la Force, *Description de Paris*, t. III, p. 370.

Observations sur l'article, *A propos de la médaille d'Anne d'Autriche scellée dans le mur du chœur de l'église N.-D. de Bonne-Nouvelle, à Paris.*

Avant de livrer à la publicité l'article précédent dans lequel je suis nominativement pris à partie, le directeur de la *Gazette*, se conformant à un usage de convenance et de courtoisie, me l'a communiqué en épreuve. Voici quelques observations qu'il me paraît nécessiter.

On y lit, dans les termes suivants, une phrase qui vise la notice publiée récemment par moi dans le présent recueil, p. 41-45 : « M. Mowat a omis de signaler que la présence d'Anne d'Autriche pour la pose de la première pierre de l'église de Notre-Dame de Bonne-Nouvelle s'expliquait par la particularité suivante ». S'ensuivent les déductions au moyen desquelles l'auteur conjecture, d'ailleurs, avec vraisemblance, que la reine pèlerinait à différents sanctuaires de la Vierge pour obtenir une grossesse impatiemment attendue pendant vingt-trois ans, et qu'elle avait en conséquence posé la pierre de fondation de la nouvelle église à cause du vocable faisant allusion à l'Annonciation apportée par un ange à la future mère du Christ. Je lui en donne acte.

Tout d'abord il tombe sous le sens que, faisant simplement œuvre de numismatiste et d'épigraphiste, je n'avais pas à m'en écarter pour me lancer dans des recherches les dévotions spéciales de la reine, recherches qui, par leur nature, incombent plutôt aux chroniqueurs et aux historiographes. En vérité, il serait plaisant que, sous peine d'encourir le reproche d'omission, je fusse tenu de deviner une explication inédite, à ce que je crois, et nouvellement éclose dans l'esprit de M. Bordeaux ; ce serait là une exigence inattendue et, j'ose dire, inouïe. Si au contraire, cette explication se trouvait relatée quelque part à sa connaissance, que ne l'a-t-il lui-même signalée dans la communication faite par lui à la Société française de numismatique (1) dans sa séance du 2 février 1906 ? C'est moi alors qui serais en droit de lui rétorquer le reproche d'omission qu'il m'adresse.

Ce n'est pas tout. L'article de l'*Inventaire général des richesses d'art de la France* auquel il renvoie, contient de graves inexactitudes qu'il n'a pas relevées ; puisqu'il m'en offre l'occasion, je supplée à son omission en signalant les rectifications nécessaires. Dans l'*Inventaire* l'inscription est transcrite en cinq lignes avec les fautes NAVARRE pour NAVARE, CETTE pour CESTE, CŒUR pour CŒVR, NOUVELLE pour NOVVELLES, AUTRICHE pour AVTRICHE, DIEU pour DIEV, AU pour AV :

ANNE D'AUTRICHE,
PAR LA GRACE DE DIEU ROYNE DE FRANCE ET DE NAVARRE,
A MIS ET POSÉ
CETTE PREMIÈRE PIERRE DU COEUR DE L'ESGLISE DE NOSTRE-DAME
DE BONNE-NOUVELLE
AU MOIS D'AVRIL DE L'ANNÉE 1628.

Or, sur la pierre, l'inscription est en *huit* lignes, conformément au texte que j'ai publié p. 42, *supra*; en outre, dans la légende de la médaille encastrée le mot NAVARÆ a été fautivement transcrit NAVARRÆ.

On est stupéfié d'apprendre que la médaille qui était encastrée dans la pierre de fondation en a été retirée par l'architecte sous la Commune en 1871 M. Huillard, et remplacée par un méchant moulage doré. C'est bel et bien une soustraction frauduleuse et une détérioration de monument public à la charge de ce singulier fonctionnaire commis à la garde et à la conservation de l'édifice. Il y aurait aussi matière à réflexions sur la manière dont certains desservants inconscients ont compris leur devoir en aliénant, de leur autorité privée, une médaille faisant en réalité partie du modeste trésor de l'église où elle s'était miraculeusement conservée dans un tiroir pendant

(1) *Pr. v. des séances de la Soc. fr. de num.* dans Rev. num., 4° sér., X, 1906, p. xxii, pagination spéciale.

233 ans; admirons enfin les euphémismes employés pour atténuer ce qu'avait de blâmable la sortie de cette pièce soi-disant perdue au fond d'un tiroir et sans importance aux yeux de ses gardiens naturels.

Je termine en faisant observer que cette médaille passée dans la collection de M. Bordeaux constituerait actuellement le dernier souvenir métallique de la fondation réalisée en 1628, s'il était prouvé que la médaille désencastrée par l'architecte est détruite ou perdue, ce qui n'est guère probable; il en existe heureusement trois exemplaires au Cabinet des médailles sous les n°s 417, 421, 424, ce dernier en bronze *doré* comme celui que l'architecte a enlevé et qui se trouve peut-être entre ses mains ou celles de ses héritiers. Serait-ce le même? Un moulage en plâtre de l'inscription, montrant l'encastrement circulaire veuf de sa médaille existe dans les bureaux de l'architecte à la mairie du 1er arrondissement où l'on ignore la date et les circonstances de son entrée.

Pour clore ce débat par une bonne nouvelle (sans jeu de mots), je puis annoncer que M. le curé Casabianca qui prend un vif intérêt aux souvenirs historiques de son église et qui en prépare une monographie, s'est montré très accessible à l'idée de faire pratiquer dans le panneau du dossier du confessionnal une lucarne assez grande pour remettre au jour l'inscription de fondation.

Robert Mowat.

Extrait des procès-verbaux de la Société nationale des Antiquaires de France.

Séance du 19 juillet 1905.

M. F. Mazerolle, membre résidant, lit la note suivante de M. R. Mowat, membre honoraire :

« L'église paroissiale Notre-Dame de Bonne-Nouvelle, sise dans le haut de la rue de la Lune, possède un titre intéressant de fondation qui, bien qu'il soit en quelque sorte affiché sur ses murs et qu'il ait été publié dans le recueil des inscriptions du diocèse de Paris (1), est généralement peu connu, à tel point que même les desservants de cette église en ignoraient l'existence jusqu'au jour où un visiteur mieux informé la découvrit, au grand étonnement du vicaire auquel il s'était adressé pour la lui montrer ; le mot *découvrit* n'est sans doute pas très exact, mais je n'en trouve pas d'autre pour rendre ma pensée qui se comprend moyennant ce correctif; en effet, l'inscription est entièrement masquée par un confessionnal dont elle dépasse à peine le sommet de quelques centimètres; il n'est donc point surprenant qu'elle échappe aux regards des personnes non prévenues. Pour la signaler à l'attention par une indication précise, il suffit de dire qu'elle est placée dans la travée de la chapelle aménagée à la gauche du maître-autel, à environ $1^m,80$ au-dessus du sol. C'est en démolissant les vieilles constructions de l'église réédifiée en 1830 qu'on a retrouvé la première pierre de l'ancien chœur portant l'inscription en question et qu'on l'a fixée contre le mur de cette chapelle dans son emplacement actuel. Feu le baron F. de Guilhermy, dont je regrette de n'avoir que tardivement

---

(1) F. de Guilhermy, *Inscriptions de la France du Ve siècle au XVIIIe* ; *ancien diocèse de Paris*, I, p. 99 (dans la collection des *Documents inédits sur l'histoire de France*).

fait la connaissance dans la maison municipale de santé du faubourg Saint-Denis, sans me douter que j'allais bientôt être appelé à l'honneur d'occuper son siège à la Société des Antiquaires, a fort heureusement sauvé de l'oubli cette inscription qu'il lisait ainsi :

> ANNE D'AVTRICHE Par La Grace de DIEV ROYNE DE FRANCE et de NAVARE AMis et Pose' ceste Premiere Pierre DV Cœvr de L'esglise de NOSTRE DAME DE BONNE NOVVELLES av Mois Davril de l'annee 1628

« L'inscription est surmontée d'un écusson couronné mi-parti de France et d'Autriche entre une palme et une branche de laurier liées par un ruban ; au-dessus, les initiales de Louis XIII et d'Anne d'Autriche, entourées de rameaux et accostant une grande médaille dorée à l'effigie de la reine, incrustée dans la pierre.

« Dans le fac-similé publié par Guilhermy, le dessin de la médaille, qui a 0^m,056 sur l'original, est réduit à 0^m,011 de diamètre ; on y lit en lettres minuscules ANNA D · C FR ET NAV REG. Or, vérification faite sur des empreintes et un moulage en plâtre exécutés par une personne qui est montée sur le confessional à l'aide d'une échelle, la légende se lit en réalité :

ANNA AVGVS · GALLIÆ ET NAVARÆ REGINA

« Il semble donc que l'auteur, n'ayant pu la déchiffrer nettement à cause de son exiguïté et de sa position peu accessible, y a conjecturalement suppléé par une traduction latine du début protocolaire de l'inscription, *Anne d'Autriche, par la grâce de Dieu, royne de France et de Navare*.

« La médaille est connue par d'autres exemplaires conservés au Cabinet de France. Elle a été publiée en gravure, d'après le procédé Achille Colas, dans le *Trésor de numismatique et de glyptique* (1) ; par Paul Delaroche, Henriquel Dupont et Ch. Lenormant.

« L'effigie de la reine est profilée à droite, en costume de cour et en cheveux, avec la grande collerette, des pendants d'oreille, un collier de grosses perles et sur le corsage un bijou en forme de croix étoilée à huit pointes. Sous la tranche du bras droit la signature du graveur G : DVPRE F · 1630 ; les éditeurs ont commis deux erreurs, d'abord en attribuant à l'artiste le prénom G(*eorgius*) ; il s'appelait Guillaume ; ensuite dans le troisième chiffre du millésime ; il est en effet impossible d'associer une médaille prétendûment frappée en 1630 à une inscription datée de 1628 ; il faut lire 1620.

« M. F. Mazerolle, notre confrère, a donné la description exacte de cette pièce dans son laborieux ouvrage sur *Les médailleurs français du XV° siècle au XVII°* (2). Le côté opposé porte l'effigie de Louis XIII avec la date 1623 gravée sur la tranche du bras, et au-dessous le nom du graveur G · DVPRE · F, postérieurement par conséquent de trois ans à la gravure de la tête d'Anne d'Autriche.

« Le n° 686 est une variante consistant en ce que la médaille est uniface sans l'effigie de Louis XIII. M. Mazerolle fait remarquer que le chiffre 2 dans le millésime est retourné. C'est vraisemblablement un exemplaire de cette fonte qui est encastré dans la dédicace posée par Anne d'Autriche. La fausse lecture 1630 donnée par le *Trésor de numismatique* s'explique par l'inversion du 2 qui l'a fait prendre pour un 3, 1660.

« Est-ce par hasard ou avec intention que dans le dispositif de l'inscription le mot « grâce » a été placé, au début de la deuxième ligne, exactement sous le nom de la reine ? La question peut se poser, si l'on considère qu'en hébreu ce nom, porté par la femme de Tobie et par la pro-

---

(1) *Médailles françaises*, 2° partie, 1834 ; p. 5, pl. VI, n. 4.
(2) T. II, p. 137, n. 685, 686.

phétesse, fille de Phanuel (Luc, III, 36), signifie « grâce, don gratuit »; c'est aussi le nom punique de la sœur de Didon.

« L'incrustation d'une médaille dans une inscription lapidaire mérite d'être notée à titre de particularité d'autant plus intéressante qu'elle est très rare; pour en citer d'autres exemples, il faut remonter jusqu'aux premiers âges du christianisme; à Girgenti, l'ancienne Agrigente, et à Rome, dans le cimetière de Domitilla, on a trouvé des monnaies et des médaillons de bronze ainsi encastrés, entre autres un Gordien III, un Constance II, un Valentinien III, un Justinien II, un médaillon de Cyzique (Mysie). A l'occasion d'une trouvaille de ce genre dans le cimetière de Domitilla, G.-B. de Rossi (1) fait une remarque importante pour la connaissance de l'emploi de quelques médaillons romains : « *Sulla pietra sono inta-*
« *gliati due incavi circolari per infigervi una moneta di mez-*
« *zo modulo ed un medaglione che sono scomparsi. Il mas-*
« *simo numero dei medaglioni imperiali cosi adoperati nei*
« *loculi dei cimiteri furono del secolo terzo (Roma sotter-*
« *ranea*, III, p. 571). »

« Par une réminiscence de cet usage vénérable, le bureau de la Société des Antiquaires a fait sertir la grande médaille de l'Exposition universelle de 1889 dans le diplôme qui lui a été décerné et qui orne la salle de ses séances.

« L'érection du confessionnal qui fait office d'écran devant l'inscription d'Anne d'Autriche est postérieure à l'époque où Charles Fichot, dessinateur de Guilhermy, en fit la copie, de 1856 à 1862. Cette occultation d'un texte historique constitue un fait très regrettable qui n'est malheureusement pas isolé. »

---

(1) *Bullettino di archeologia cristiana*, ser. 1 (in-4°), 1, p. 81 ; VII, p. 36 ; ser. 2 (in-8°), IV, 1873, p. 152 ; VI, 1875, p. 16, 83 ; ser. 3, VI, 1881, p. 65 ; ser. 4, II. 1883, p. 78.

B

Cause de béatification de M. l'abbé André Angar

Archevêché de Paris.

Paris, le 15 novembre 1906.

Monsieur le Curé,

Après avoir pris l'agrément de son Éminence le cardinal Richard, archevêque de Paris, et au nom de la Commission instituée par lui, le 14 mars 1901, à l'effet de promouvoir la cause de la béatification des évêques et des prêtres martyrisés à Paris, aux journées de septembre 1792, j'ai l'honneur de vous exposer ce qui suit :

Le procès ordinaire de ces serviteurs de Dieu est terminé à Paris, depuis quelques mois. Il a été déposé à Rome, à la Congrégation de Rites, le 9 février, et l'examen en est commencé et se poursuit activement.

Nous sommes donc entrés dans une période, où des frais sont inévitables. Pour les rendre moins lourds, la commission a pensé qu'il conviendrait de les diviser entre les personnes, familles ou corps plus directement intéressés au prompt succès de cette cause nationale.

Elle a estimé qu'en demandant une cotisation annuelle de cent francs, pendant cinq années successives, pour chacune des victimes, elle arriverait à courir tous les frais de l'instance.

Sur ces bases, votre paroisse, M. le Curé, étant représentée dans cette glorieuse phalange par :

André Angar, né à Paris, second vicaire de Saint-Sauveur à Paris, nous avons l'honneur de vous adresser respectueusement notre requête, et de vous demander de vouloir bien coopérer à l'œuvre commune par une offrande annuelle de 100 francs, pendant cinq ans, à moins qu'il ne vous plaise de la racheter par un seul versement.

Les fonds peuvent être adressés à M. le chanoine Wiesnegg, 127, rue de Grenelle, et seront conservés en lieu sûr.

Daignez agréer, M. le Curé, l'hommage de mes sentiments les plus respectueux en N.-S.

P.-L. Péchenard.

C

Extrait des registres du Conseil de Fabrique de Notre-Dame de Bonne-Nouvelle.

Du lundi 31 décembre 1855.

M. le Curé donne connaissance au Conseil d'une ordonnance de Mgr l'Archevêque qui érige en succursale, sous le vocable de Saint-Eugène, la nouvelle église élevée dans le quartier du faubourg Poissonnière.

M. le Secrétaire donne lecture entière de la dite ordonnance, laquelle est ainsi conçue :

Archevêché de Paris,

Marie Dominique Auguste Sibour,

Par la Miséricorde de Dieu et la grâce du Saint Siège apostolique, Archevêque de Paris.

Considérant que l'accroissement de la population de Paris a rendu nécessaire la création de nouvelles paroisses.

Considérant la distance qui sépare une partie du quartier du faubourg Poissonnière des églises actuellement existantes, et voulant faciliter, autant qu'il est en nous, aux fidèles de ce quartier, l'accomplissement de leurs devoirs religieux.

Vu le décret impérial, en date du 6 mars 1853, qui autorise quant aux effets civils, l'érection d'une nouvelle succursale dans le quartier du faubourg Poissonnière, à Paris, sous le vocable de Saint-Eugène.

Nous avons ordonné et ordonnons ce qui suit :

Article I. — L'église de Saint-Eugène est érigée en succursale.

Article II. — Les limites de la nouvelle paroisse sont fixées ainsi qu'il suit, conformément au décret :

Rue Bleue, 1 côté. Rue Paradis, 1 côté. Rue du fauboug Saint-Denis, 1 côté. Boulevard Bonne-Nouvelle, 1 côté. Boulevard Poissonnière, 1 côté. Rue du faubourg Montmartre, 1 côté. Rue Cadet, 1 côté jusqu'à la rue Bleue point de départ.

Article III. — Sera notre présente Ordonnance lue et publiée au prône de la grand'messe paroissale dans les églises de Saint-Vincent-de-Paul et de Bonne-Nouvelle, le dimanche qui suivra sa réception; elle sera transcrite sur les registres des fabriques de ces deux paroisses et recevra, à dater du 22 décembre courant 1855, sa pleine et entière exécution.

Donné à Paris, sous notre Seing, le sceau de nos armes et le contre seing du secrétaire de notre archevêché, le dix décembre mil huit cent cinquante-cinq.
    Signé :
                    M. D. Auguste,
                    Archevêque de Paris.

Par Mandement de l'Archevêque de Paris,
    Signé :
                    E. Lagarde,
                    chan. h. Secrétaire.

D

La visite pastorale et le compte-rendu des œuvres de la paroisse.

Lettre de M. le Curé.

Mes chers paroissiens et associés,

Après vous avoir adressé ma religieuse gratitude pour votre nombreuse assistance aux fêtes de la Toussaint et des Morts, je désire vous entretenir, dans cette lettre, de trois choses fort importantes : de la visite pastorale, de la fête de Noël et de vos devoirs de fin d'année.

Visite pastorale. — Une paroisse, vous le savez, se compose de plusieurs éléments : d'une église, avec son culte, ses offices et ses cérémonies ; d'un personnel ecclésiastique avec ses graves obligations ; d'œuvres multiples et variées de piété, de charité et d'enseignement, avec leurs précieux avantages ; enfin, de fidèles avec des devoirs à remplir et des droits à exercer.

Mais ces diverses choses, qui renferment nécessairement un mélange d'intérêts spirituels et d'intérêts temporels, ne peuvent atteindre leur but et produire les résultats qu'on est en droit d'attendre, qu'autant qu'elles seront réglementées, coordonnées et dirigées avec la sagesse et la fermeté, la vigilance et l'énergie qu'elles comportent.

Or la mise en marche de cette organisation de la vie paroissiale s'opère sous une double responsabilité : la première m'incombe, en ma qualité de pasteur de Bonne-Nouvelle : c'est la partie la plus lourde, surtout depuis la désastreuse loi de séparation ; Dieu m'est témoin que je fais tous mes efforts pour assurer cette bonne marche pour améliorer notre situation spirituelle et temporelle et pour la protéger contre les empiétements de nos ennemis.

La seconde réside dans les mains du premier pasteur de notre diocèse, Mgr l'archevêque de Paris. Le Saint Concile de Trente rappelle aux évêques la grave obligation qu'ils ont de visiter eux-mêmes, chacune des paroisses de leur diocèse, ou, s'ils en sont légitimement empêchés, de se faire remplacer par leurs vicaires généraux.

C'est pour satisfaire à cette obligation que son Éminence le Cardinal Richard, empêché par l'âge et les infirmités et Sa Grandeur Mgr Amette, son coadjuteur, retenu par les sollicitudes générales du diocèse, ont délégué Mgr Philippe Fages, protonotaire apostolique et archidiacre de Notre-Dame, pour venir, en visite pastorale, à Notre-Dame de Bonne-Nouvelle, le dimanche 8 décembre, fête de l'Immaculée-Conception.

Mgr le Délégué examinera sur place l'organisation et le mouvement de notre vie paroissiale. Cérémonies religieuses, assistance aux offices, marche des œuvres, vie du clergé, situation administrative, état de l'église, vases sacrés, ornements, mobilier, tout sera l'objet de sa visite, de son examen et de ses soins afin de s'assurer que tout y est en ordre et conforme aux règles canoniques et liturgiques.

Voici d'ailleurs l'horaire, l'ordre et les matières de cette visite pastorale :

VISITE PASTORALE

Faite par Mgr Fages, archidiacre de Notre-Dame, à la paroisse de Notre-Dame de Bonne-Nouvelle.

Dimanche

A 8 h. 1/2, visite au catéchisme de première communion des garçons et filles réunis.

A 9 h., visite au catéchisme de persévérance des garçons.

A 9 h. 1/2, visite au catéchisme de persévérance des filles.

A 9 h. 3/4, présentation de MM. les membres du Conseil de M. le Curé.

A 10 h., grand'messe ; souhaits de bienvenue par M. le Curé ; prône par Mgr Fages.

A 11 h. h. 1/2, déjeûner.

A 1 h. 1/2, visite chez les Sœurs : Œuvres, Patronage, Enfants de Marie, Orphelinat, Bonne-Garde, Providence, Pauvres malades, Vestiaire, Dispensaire-clinique.

A 2 h. 1/2, visite au patronage libre de filles des écoles laïques.

A 3 h., vêpres et salut par Mgr Fages.

A 4 h., présentation des Œuvres :

De Piété : Confrérie du Très Saint-Sacrement, du Sacré-Cœur, de Notre-Dame Consolatrice, du Tiers-Ordre de saint François, de l'Adoration nocturne, de la Bonne mort.

De Charité : Confrérie de Saint-Vincent-de-Paul, de Sainte-Agnès, Œuvre du pain du vendredi, Œuvre de la petite robe de l'Enfant-Jésus, Œuvre des Loyers, Association paroissiale, Patronage des garçons des écoles chrétiennes, Patronage des garçons des écoles laïques, Association des pères de famille chrétiens, Œuvre de la messe des défunts du mois, Œuvre des Annales de Bonne-Nouvelle.

A 5 h., visite de l'église : autels, tabernacles, confessionnaux, fonts baptismaux, etc., etc.

Visite de la sacristie : vases sacrés, ornements, lingerie, coffre-fort, tableau des fondations, registres des messes, des malades, des prêtres étrangers, des mariages, des baptêmes et des convois.

Lundi

A 8 h., service célébré par Mgr Fages, pour tous les défunts de la paroisse.

Tous les pauvres sont convoqués à ce service.

A 9 h., visite à l'école des garçons.

A 9 h. 1/2, visite à l'école des filles.

Vous voyez, mes chers paroissiens, cette visite, qui sera un événement pour notre paroisse, nous offrira à tous un grand intérêt et sera, je l'espère, une source de bénédictions. Nous recevrons Mgr le Délégué avec toutes les marques de respect et de vénération que méritent ses vertus personnelles et la haute mission dont il est chargé auprès de nous. Je vous invite donc, mes chers paroissiens et associés, à venir ce jour-là en grand nombre aux offices et spécialement à la grand'-messe, aux vêpres et au salut. Mgr Fages, après les souhaits de bienvenue et le très rapide exposé paroissial que je lui ferai, du banc-d'œuvre, nous adressera la parole. Il est de toute convenance que l'église soit pleine de fidèles pour recevoir ses précieux enseignements. J'invite aussi d'une manière spéciale MM. les Directeurs et Mmes les Directrices des œuvres ainsi que les divers membres ou associés à se rendre, aux heures fixées, dans la salle de réunion.

Enfin, je vous invite tous à vous préparer à cette visite par une bonne confession et une bonne communion, par de ferventes prières et par quelques bonnes œuvres, afin d'attirer sur Bonne-Nouvelle d'abondantes bénédictions.

Lettre de M. le Curé.

1er janvier 1908.

Mes chers paroissiens et associés,

Deux mots résumeront cette lettre au début de la nouvelle année 1908 : Prière et Reconnaissance.

Prière : en montant ce matin à l'autel, j'ai prié Dieu, avec tout ce que j'avais de confiance, de ferveur et d'amour, de daigner protéger et bénir notre chère paroisse, vos personnes et vos familles ; de conserver à chacun de vous la santé du corps, la paix de l'âme et les joies du cœur ; de faire prospérer vos travaux, votre commerce, vos projets et vos espérances ; de veiller sur vos sollicitudes et vos préoccupations touchant l'âme et l'avenir de vos enfants, les infirmités de vos vieillards, les souffrances de vos malades, les fatigues et les dangers de vos voyageurs. Je lui ai demandé d'éloigner de vos foyers les catastrophes de fortune, d'honneur et de mort violente qui laissent derrière elles, la misère, l'humiliation, l'épouvante.

Voilà pour le temps, car ne l'oubliez jamais, nous ne sommes ici-bas que des passants et des mortels. Pour ce qui est de l'éternité, je vous dirai volontiers ce que le saint curé d'Ars disait un jour à ses paroissiens : « Je voudrais être saint Pierre : je vous donnerais pour étrennes les clefs du Paradis ».

Allons, mes bons amis, que cette première journée de visite à l'Église, de chaudes embrassades, de fortes poignées de mains, de souhaits, de sourires et de joyeuses réunions de famille, soit l'image de toute l'année !

Si Dieu bénit ma prière je serai le plus heureux des pasteurs.

Reconnaissance : Tout en remerciant le Bon Dieu des grâces individuelles et domestiques qu'il vous a accordées, aussi bien qu'à moi, durant le cours de l'année qui vient de s'écouler, il est un bienfait paroissial dont je dois plus particulièrement le remercier ; c'est la visite pastorale dont nous avons été honorés le jour de l'Immaculée Conception.

Ici, pour mieux vous montrer l'étendue et l'intensité de ma reconnaissance, je crois que le mieux est de vous faire tout simplement le récit de cette splendide journée.

Le dimanche, à 7 h. du matin, j'avais envoyé M. l'abbé Lot chercher Mgr Fages qui arriva à la paroisse à 8 heures précises, accompagné de M. l'abbé Fichot, secrétaire de l'Archevêché. Monseigneur se rendit immédiatement au chœur où venait de commencer la messe des enfants des catéchismes ; après l'Évangile, M. l'abbé Chosson, premier vicaire et directeur, les lui ayant présentés, Mgr le Délégué adressa à son jeune auditoire quelques paroles ; il venait, au nom du cardinal, les visiter et les bénir. Ils doivent fréquenter assidûment les catéchismes pour s'instruire de la religion et bien se préparer à la première communion : un enfant qui fait une bonne première communion assure, en général, une vie chrétienne et une bonne mort. Soyez, leur a-t-il dit, obéissants en famille, studieux à l'école, chrétiens partout.

A 9 h. c'était le tour du catéchisme de persévérance des garçons dont M. l'abbé Boyer est le directeur : après l'Évangile, Mgr Fages s'est applaudi de se trouver en présence de tant de persévérants. Il les a félicités de venir puiser dans ce catéchisme un plus grand développement de leurs connaissances religieuses : ils y trouveront ainsi des armes pour les défendre et des arguments pour confondre ceux qui les attaquent. Ici, pas de respect humain, mais la pratique courageuse des devoirs chrétiens : celui qui persévérera jusqu'à la fin sera sauvé.

Monseigneur venait à peine de terminer sa petite allocution, que je le priai de me suivre pour aller visiter le catéchisme de persévérance des jeunes filles. J'ai dit à Monseigneur que malgré leur différente origine, les enfants libres, les enfants des écoles chrétiennes, de l'orphelinat et des écoles laïques, se retrouvaient dans une commune pensée de fidélité et d'exactitude à la messe, aux séances catéchistiques et à la communion du mois. Mgr Fages leur dit sa joie de se trouver au milieu de l'élite de la jeunesse de Bonne-Nouvelle : il dit à nos chères enfants que le catéchisme de persévérance est le meilleur préservatif de leur intelligence, de leur âme et de leur cœur contre l'erreur, l'impiété et la corruption. C'est le catéchisme de persévérance qui forme des jeunes filles sérieuses, de véritables chrétiennes. Imitez, leur a-t-il dit, les vertus de la Sainte Vierge dont nous célébrons aujourd'hui l'Immaculée Conception et vous serez sauvées.

Le quart avant dix heures nous avertissait que les

membres du Conseil Curial attendaient dans mon cabinet pour être présentés à Monseigneur. Le représentant du cardinal leur a dit combien il les remerciait du précieux concours qu'ils m'apportaient par leur compétence, leur sagesse et leur dévouement, au milieu des temps douloureux que nous traversons.

Mais voici l'heure de la grand'messe : précédé de mon clergé et des membres de mon conseil, croix en tête, nous nous rendîmes à la porte principale de l'église pour recevoir, avec le cérémonial liturgique, Mgr Fages. Après le baiser de la croix et l'aspersion, Mgr le Délégué fut conduit processionnellement au siège qui lui avait été préparé dans le sanctuaire, en face de celui du célébrant. En attendant, Messieurs les conseillers prenaient place au banc-d'œuvre. Ces messieurs, en cravate blanche et en habit noir, faisaient grande figure à leur place d'honneur : il y avait longtemps qu'on n'avait vu pareil spectacle.

Après l'Évangile, je me rendis avec tout le clergé au banc d'œuvre, d'où je souhaitai la bienvenue à Monseigneur dans les termes que je vous demande la permission de reproduire.

« Monseigneur,

« Il y a 22 ans (1) c'était Mgr Richard, coadjuteur de Paris, qui venait en visite pastorale, à Notre-Dame de Bonne-Nouvelle. Aujourd'hui c'est le cardinal Richard, archevêque de Paris, qui, retenu par l'âge et les infirmités, nous délègue, pour ce ministère, un nouveau Timothée, dans la personne d'un dignitaire qui est depuis de longues années son confident et son appui. Daignez, Monseigneur, en exprimer à Son Éminence, ma plus respectueuse gratitude.

« C'est un honneur et une joie pour moi, Monseigneur, de recevoir, dans mon église en visite pastorale, un pieux et doux prélat qui a été mon condisciple édifiant dans ce

(1) La dernière visite avait eu lieu le 22 janvier 1885.

cher séminaire de Saint-Sulpice, dont les portes, hélas ! il y a juste une année, nous ont été brutalement fermées ; espérons qu'elles ne le seront pas à jamais, pas plus qu'à jamais on n'a pu éteindre les lumières du ciel.

« Si le temps me le permettait, Monseigneur, je devrais vous faire l'exposé de l'état de la paroisse et des œuvres.

« Le tableau que je ferais passer sous vos yeux, ne serait certainement pas aussi beau que celui dont parle saint Paul et qui était sans tache et sans ride, *sine macula, sine ruga* (1) ; mais il ressemblerait à toutes les choses d'ici-bas, où la Providence se plaît à mêler « les douces joies aux larmes amères » *miscens gaudia fletibus* (2).

« Vous verriez dans ce tableau, des ombres et des ruines, mais aussi, des points lumineux et de consolantes restaurations.

« A côté des profanations de l'année 1871 et des malheureux événements de février et de décembre 1906, vous verriez, Monseigneur, notre chrétienne population faisant oublier ces tristes épisodes, par une foi pleine d'énergie, par une piété tendre et vraie et par une générosité insoupçonnée dont, encore cette année, elle m'a donné un si réconfortant témoignage.

« Vous verriez mes vénérés prédécesseurs illuminant ce tableau de l'éclat discret du zèle et de la sainteté, comme aussi du glorieux rayonnement du martyre. Vous verriez enfin, cette église se débarrasser de ses vêtements défraîchis pour se revêtir d'une blanche parure et attirer, sous ses voûtes transfigurées, de nombreux fidèles qui ont imprimé, avec la grâce de Dieu, un élan merveilleux à notre vie paroissiale : mais comme le temps me presse, je suis obligé de remettre cet exposé à cet après-midi, dans la salle des œuvres. Je me bornerai donc, Monseigneur, à vous offrir en mon nom, au nom de mon excellent clergé, de mes dévoués conseillers et de mes chers paroissiens,

(1) Eph. V, 27.
(2) Hymne de la fête de saint Joseph.

l'hommage de notre reconnaissance et de notre vénération. Et maintenant, Monseigneur, il m'est agréable de me taire, afin que le pasteur et le troupeau écoutent votre voix à l'ombre de votre houlette pastorale, *sub tegmine fagi* ».

Monseigneur a répondu par des paroles aimables pour le clergé et les paroissiens. Voici d'ailleurs en substance ce qu'il nous a dit.

« Mes chers Frères,

« Comme vous le disait tout à l'heure M. le Curé, je viens au nom du vénéré cardinal, visiter cette paroisse. Il l'a visitée lui-même et en a conservé un excellent souvenir. Aussi m'a-t-il chargé de vous apporter à tous sa bénédiction paternelle.

« Pour ma part, cette église me rappelle de doux et chers souvenirs : J'ai connu intimement deux ecclésiastiques qui ont travaillé longtemps dans votre paroisse : M. Caron et M. Bureau. L'un et l'autre ont été mes prédécesseurs : je les ai connus pendant une trentaine d'années; hommes de Dieu, hommes de devoir et tout dévoués au service des âmes. J'espère que, du haut du ciel, ils nous regardent et prient pour la paroisse.

« Je n'ai pas oublié non plus votre pasteur avec lequel j'ai été élevé au séminaire de Saint-Sulpice, il y a plus de quarante ans, et avec lequel j'ai conservé des relations amicales. Je suis d'autant plus heureux d'être venu dans votre paroisse que je constate avec bonheur que depuis qu'il en est le curé il a fait du bien parmi vous ; cette église a été transformée et embellie et, comme il vous le disait si bien, vous en êtes le plus bel ornement; vous tous, mes bien chers frères, qui lui prêtez si généreusement votre concours ; ses collaborateurs zélés et dévoués qui marchez sous sa direction pour la gloire de Dieu et le salut des âmes ; vous, ses conseillers qui voulez bien lui continuer votre concours, et vous tous bons paroissiens, âmes excellentes, qui vous unissez à lui pour entretenir cette église, les œuvres de la paroisse et qui travaillez avec lui afin de glorifier Dieu et de maintenir les âmes dans la pratique des vertus chrétiennes.

« Les bénédictions des hommes sont bien peu de chose, mais c'est au nom du vénéré cardinal que je vous remercie ; je demande à la Très Sainte Vierge et à Notre-Seigneur de vous bénir et de vous accorder les grâces nécessaires pour entretenir la vie chrétienne autour de nous. »

Mgr Fages a tiré de la fête de l'Immaculée Conception quelques leçons pratiques pour ses auditeurs : « Cette fête qui est la glorification de la grâce, doit vous inspirer une vive horreur du péché ; elle doit aussi vous exciter à pratiquer la vertu et vous devez demander les choses à Dieu par l'intermédiaire de la Sainte Vierge qui est toute bonne et toute puissante. Marie, a-t-il dit, est toujours notre Mère, elle nous invite à l'invoquer sous le titre de refuge des pécheurs, allons à elle comme à notre mère car, comme dit saint Bernard, un serviteur de Marie ne saurait périr ; oui, si nous avons confiance en Marie, nous aurons le bonheur de chanter éternellement sa gloire dans le ciel ».

Revenu à son siège, Mgr Fages a entendu la grand'messe dont les chants étaient alternés par la maîtrise et les nombreux fidèles qui remplissaient l'église. Au moment de la bénédiction du pain bénit, MM. les Conseillers, que le Suisse avait été chercher au banc-d'œuvre, sont venus à l'autel baiser l'instrument de paix et la messe s'est ainsi terminée laissant dans l'âme de Monseigneur et des paroissiens la plus religieuse satisfaction.

A 11 h. 1/2 déjeuner au presbytère où j'avais réuni tout mon clergé. Après le *Benedicite*, M. l'abbé Vexenat a lu quelques versets de l'épître de saint Timothée concernant la dignité et les obligations du prêtre ; Mgr Fages, ayant dit : *Tu autem Domine miserere nobis*, ainsi que cela se pratique au séminaire, les jours des grandes fêtes, le silence a été rompu et nous avons commencé une agréable conversation dont M. l'Archidiacre a fait les plus grands frais en l'émaillant de traits inédits sur le vénéré cardinal Guibert et sur la piété du cardinal Richard. En attendant, tandis que les fourchettes menaient bon train, l'aiguille de la montre galopait de son côté et nous avertissait que l'horaire nous avait fixé rendez-vous à 1 h. 1/2 chez les Sœurs, 85 rue Réaumur, pour la visite des œuvres qui se tiennent dans leur maison. Nous voilà en route, recueillant sur notre passage de nombreuses marques de respect. Mgr Fages a été reçu par la Sœur Montesquiou, supérieure, qui l'a conduit au fauteuil au milieu d'un délicieux chœur de chant et d'une affluence considérable de jeunes filles et de dames patronesses. Je lui présentai l'œuvre de la *Bonne garde*, l'*Orphelinat*, celle de la *Providence*, du *Vestiaire des pauvres*, des *Dames de Charité*, du *Dispensaire*, de la *Clinique*, Le *Patronage des jeunes filles*, l'*Association des Enfants de Marie*.

Je dis à Monseigneur qu'il avait sous les yeux ce que j'appelais le cœur de la paroisse : les Religieuses, les Dames de charité, les Dames catéchistes qui se dévouent, avec un zèle admirable, à l'assistance et à l'instruction des orphelins et des petits enfants, à la visite et à la consolation des pauvres et des malades, à la surveillance et à la formation chrétienne de grandes jeunes filles, au soin des infirmes et des opérés, à l'habillement des pauvres honteux, c'est bien leur cœur, leur tendresse et leur charité qu'elles dépensent chaque jour, sans compter, uniquement pour l'amour de Dieu.

Mgr Fages qui était littéralement émerveillé du consolant spectacle qu'il avait sous les yeux, en a exprimé toute sa joie; il a remercié les Sœurs et les Dames patronesses et félicité les enfants de correspondre si bien aux inspirations de la charité chrétienne et d'être l'objet de tant de zèle, de sollicitude et de dévouement. Monseigneur, après avoir béni la pieuse assistance, a visité, avec beaucoup d'intérêt, la chapelle, le réfectoire de la Providence, le dispensaire, le vestiaire, la clinique : de là, nous avons été visiter le Patronage des jeunes filles des écoles laïques, rue Saint-Sauveur. Les enfants attendaient, moitié dans le préau et moitié dans une salle voisine ; après avoir présenté à Mgr l'archidiacre, Mme Duhamel qui a la direction de cette œuvre et ses dévouées collaboratrices, j'ai prié Mme la Directrice de lui en faire un rapide exposé.

L'auguste visiteur, qui l'a écoutée avec une réelle satisfaction, l'a félicitée de s'intéresser à l'âme des jeunes filles qui sont privées du bienfait de l'enseignement chrétien ; il a vivement exhorté ses jeunes auditrices à venir nombreuses aux réunions du Patronage qui est la sauvegarde de leur vertu et il les a bénies au nom du cardinal. Il était l'heure de retourner à l'église. Malgré les fatigues d'une matinée et d'un après-midi si bien remplis, Monseigneur a tenu à présider les vêpres. Après le sermon, aussi doctrinal que littéraire de M. l'abbé Emmanuel Barbier sur l'Immaculée Conception, agrémenté d'un délicat compliment à l'adresse de Sa Grandeur et du pasteur de la paroisse, a eu lieu la procession de la Sainte Vierge, où la longue théorie des enfants de Marie en blanc a vivement charmé le pieux officiant.

Un salut solennel a clôturé les exercices de la journée. Au moment de rentrer à la sacristie, pressé par un sentiment de reconnaissance et de satisfaction, j'ai dit à mes paroissiens toutes mes félicitations pour leur nombreuse assistance et leur recueillement ; j'ai remercié de nouveau Mgr Fages de tout le bien que sa visite avait fait parmi nous et j'ai fait monter vers Dieu toute ma joie et ma gratitude pour les consolantes bénédictions qu'il avait daigné répandre, en ce jour, sur notre chère paroisse.

Vous croyez, mes chers paroissiens, que c'est fini et que Mgr le Pronotaire apostolique va se retirer pour prendre un peu de repos ! Eh bien non ; les bons ouvriers travaillent jusqu'à la fin de la journée. Et comme nous étions dans la rue de la Lune, Mgr Fages a tenu à nous prouver que les rayons de cet astre lui suffisaient pour travailler même la nuit. Vous vous rappelez que le programme portait : à 5 heures, visite des autres œuvres d'hommes et de dames qui relèvent plus directement de la paroisse.

Voici dans quel ordre elles ont été présentées, à l'appel de M. l'abbé Chosson qui était chargé de les admettre à la sacristie :

Œuvres d'hommes.

La maîtrise.
La conférence de Saint-Vincent Paul.
La conférence de Saint-Agnès.
L'œuvre des loyers.
L'association des pères de famille chrétiens.
L'association de la procession du 1er dimanche du mois.
L'association du patronage des garçons des écoles chrétiennes.
Patronage des garçons des écoles laïques.
L'association Paroissiale.
L'association de l'adoration nocturne à Montmartre.

Œuvres de dames.

Confrérie du Saint-Sacrement.
Confrérie de N.-D. Consolatrice des affligés.
Association du Tiers-Ordre de Saint-François.
Œuvre des dames catéchistes.
Association des dames du vestiaire.
Association de la petite robe de l'Enfant-Jésus.
Association de la Bonne Mort.
Propagation de la foi.
Œuvre de Saint-François de Sales.
Œuvre de la Sainte-Enfance.
Les Annales de Bonne-Nouvelle.

En présentant les œuvres d'hommes dont je lui faisais l'énumération, j'ai dit à Monseigneur que je les considérais comme le corps et les membres de la paroisse. Ce sont en effet leurs associés qui parcourent la paroisse, les rues étroites, les pauvres mansardes, les taudis obscurs, comme aussi les grands boulevards et les riches habitations, pour chercher des pauvres à secourir, des malades à soigner, des loyers à payer, des enfants à vêtir, des ménages à régulariser, des nouveaux-nés à faire baptiser, des moribonds à faire administrer, des exhibitions pornographiques à faire disparaître ; pour distribuer des secours en vêtements, en bons, en argent, en douceurs, à tant de malheureux délaissés, qui souffrent et qui attendent avec impatience une visite qui les soulage, les console et les réjouit.

En voyant tant d'œuvres pleines d'activité, d'entrain et de dévouement, Monseigneur les a félicitées et bénies au nom de Son Éminence. Pendant le défilé, j'ai pu à peine décliner à Monseigneur le nom des présidents qui recevaient un petit mot d'encouragement.

Voici le tour des Œuvres de dames. Pour ne pas encourir leurs foudres vengeresses de ne pas les avoir fait défiler avant les messieurs, ainsi que cela se passe dans le monde, je m'étais excusé d'avance de ma non galanterie, en leur disant que dans l'Église, je devais imiter ce que Dieu avait fait dans la création quand il fit passer Adam avant Ève. Je dois reconnaître que les petites filles ont eu meilleur esprit que leur grand'mère et qu'elles ont accepté leur tour avec une bonne grâce charmante Je crois bien que le baume est entré dans leur cœur lorsque j'ai dit à Mgr Fages que je lui présentais dans leurs personnes, l'âme de la paroisse. Faisant plus spécialement partie des œuvres de piété, dans les confréries du Saint-Sacrement, du Sacré-Cœur de Jésus, de Notre-Dame Consolatrice, du Tiers-Ordre de Saint-François, des Dames catéchistes, leur âme vit en contact plus immédiat et plus fréquent avec Dieu, avec la Sainte Vierge et avec la grâce de la prière et des sacrements ; c'est leur âme qui s'épanouit et rayonne pendant les offices privés et les grandes cérémonies religieuses, et qui répand ainsi le parfum toujours efficace du bon exemple et de l'édification.

Mgr Fages, que la vue d'une si douce variété d'œuvres

avait ému, a été particulièrement aimable pour cette forme de vrai féminisme chrétien. Il a dit à ses auditrices qu'il rapporterait au vénéré cardinal tout ce qu'il avait vu et entendu dans cette belle journée et il les a bénies ainsi que leurs œuvres et leurs familles.

Pendant que Mgr Fages passait en revue les œuvres de la paroisse, M. l'abbé Fichot, son secrétaire, visitait les autels, les confessionnaux, les vases et les linges sacrés, les registres de mariages, de baptêmes et de convois.

Il était six heures ; Monseigneur se retira, satisfait de sa visite et nous donna rendez-vous pour le lendemain.

Le lundi matin à 7 h. 3/4, Monseigneur était déjà dans l'église ; à 8 h. il voulut bien célébrer la messe pour tous les défunts de la paroisse, montrant ainsi sa touchante sollicitude pour l'âme de nos chers trépassés ; à l'Évangile, il adressa une allocution émue à son auditoire ; il lui dit les souffrances du Purgatoire, les besoins des âmes qui y sont plongées et les divers moyens de les secourir pour hâter leur délivrance. Il a, comme conclusion pratique, exhorté à veiller à ce que les malades reçoivent les derniers sacrements en pleine connaissance. Il leur a raconté la sollicitude du cardinal Guibert à recevoir l'extrême-onction alors qu'il se croyait, malgré l'avis contraire des médecins, à l'article de la mort. Enfin, ils doivent préparer une bonne mort, par une sainte vie.

Après la messe, Monseigneur a donné l'absoute. Pendant qu'il prenait son petit déjeuner dans mon cabinet, je distribuais un secours aux pauvres du vendredi qui avaient tenu à venir prier pour leurs morts. A 9 h. nous nous rendîmes à l'école des garçons, rue des Petits-Carreaux : en l'absence de M. le baron de Vaux, président du Comité, malade et de M. Grandgeorges trésorier, en voyage, ce fut M. Ernest Lefébure, secrétaire, président honoraire de la fabrique, assisté de MM. Denoyel et Auguste Lefébure, qui reçut Mgr Fages. Il lui fit un lumineux exposé de l'école, du pensionnat et du restaurant : puis M. Rocipon, directeur de l'école, conduisit Monseigneur dans chaque classe : Mgr Fages a eu un mot approprié à l'âge et à la force des enfants, il les a bénis et il leur a promis de dire au cardinal, qu'il représentait, combien il avait été frappé de la sagesse des enfants de Bonne Nouvelle. Monseigneur a voulu visiter, avec un visible intérêt les salles du restaurant, les dortoirs, la salle du patronage et celle des Conférences de Saint-Paul et de Sainte-Agnès. De là, nous nous sommes rendus à l'école des filles, 22 rue Saint-Sauveur.

La directrice, Mlle Loison, qui est toujours vaillamment à son poste, étant indisposée depuis quelques jours, j'ai dû présenter nos quatre classes à Monseigneur.

Depuis la classe enfantine jusqu'à l'état-major, toutes les enfants ont accueilli Monseigneur le visiteur par des chants pleins d'une juvénile fraîcheur qui l'ont bien charmé.

Monseigneur a eu un mot aimable pour les élèves et pour les maîtresses et, avant de partir, il leur a donné sa bénédiction au nom du vénéré cardinal, dont le nom d'ailleurs revenait fréquemment sur ses lèvres au cours de ses visites et dans ses allocutions.

La visite pastorale était achevée.

Je dois ajouter, pour être complet, qu'indépendamment d'un long procès-verbal mentionnant toutes les choses qui concernent la paroisse, j'ai remis à Mgr Fages le compte-rendu de chaque œuvre en particulier. Mon intention est de publier ce compte rendu dans les *Annales* du mois de février prochain.

Mgr Fages m'a répété, à diverses reprises, toute sa satisfaction de trouver tant de vitalité dans cette paroisse dont il gardera un impérissable souvenir.

Cette visite, mes chers paroissiens, que je considère comme une bénédiction divine, nous impose des devoirs : à moi, un devoir de reconnaissance à votre égard de ce que, malgré une journée pluvieuse, vous êtes accourus à rangs pressés aux offices du matin et à ceux de l'après-midi, pour participer aux bienfaits de cette visite extraordinaire. A vous, un devoir d'émulation, en travaillant avec plus d'ardeur à mériter, par votre vie franchement chrétienne, les bénédictions du ciel.

A nous tous, un devoir d'action de grâce envers Dieu qui, pendant deux journées consécutives, nous a accordé une faveur dont la paroisse avait été privée durant vingt-deux ans.

Et maintenant, mettons-nous tous à l'œuvre, prêtres et fidèles, rivalisons de bonne volonté, de zèle, d'ardeur, pour pratiquer les leçons et les conseils que nous a donnés Mgr Fages, pour déraciner nos défauts, pour acquérir de nouvelles vertus afin de nous rendre dignes, à notre tour, d'être admis en visite éternelle au paradis.

Veuillez agréer, mes chers paroissiens et associés, l'assurance de mon affectueux dévouement.

L.-M. Casabianca,
Curé de N.-D. de Bonne-Nouvelle.

Compte rendu

Des œuvres de la paroisse de N.-D. de Bonne-Nouvelle présenté à Mgr Fages, le 8 décembre 1907 lors de sa visite pastorale.

Mes chers paroissiens,

Ainsi que je vous l'ai promis, je tiens à publier ce compte rendu dans les *Annales de Bonne-Nouvelle*, pour un double motif : d'abord pour vous procurer la joie d'en prendre connaissance, car vous n'étiez pas tous présents au moment de sa lecture : ensuite pour que nos archives paroissiales gardent le souvenir de cet heureux événement. Voici l'ordre que nous suivrons dans cet exposé.

I. Les œuvres de piété ; II. Les œuvres de charité ; III. Les œuvres d'enseignement et œuvres postscolaires ; IV. Les œuvres d'apostolat. L'œuvre du Denier du Culte.

I. Œuvres de piété :

Sous ce titre nous grouperons : Les Exercices spirituels

de la paroisse. — La confrérie du Très-Saint-Sacrement. — La confrérie de Notre-Dame-Consolatrice des affligés. — La confrérie du Sacré-Cœur de Jésus. — La Fraternité du Tiers ordre de Saint-François. — L'Association de la Procession du Saint-Sacrement du premier dimanche du mois. — L'Association de l'Adoration nocturne au Sacré-Cœur de Montmartre. — La Confrérie des enfants de Marie. — L'Association de la Bonne-mort. — L'œuvre de la messe pour les défunts du mois.

II. Œuvres de Charité :

La Conférence de Saint-Vincent-de-Paul. — La petite conférence Sainte-Agnès. — La petite robe de l'Enfant-Jésus. — L'œuvre des pauvres malades. — L'œuvre de la lingerie des pauvres. — L'œuvre des loyers des pauvres. — L'œuvre du pain du vendredi. — L'œuvre de la bonne garde. — L'œuvre de l'orphelinat. — L'œuvre de la Providence. — L'œuvre du vestiaire de la sacristie. — Le Dispensaire. — La Clinique.

III. Œuvres d'enseignement et postscolaires :

L'école chrétienne de garçons. — L'école chrétienne de filles. — L'Association amicale des jeunes gens de l'école chrétienne. — Le patronage de jeunes filles de l'école chrétienne. — Le patronage de jeunes filles des écoles laïques. — Le patronage de garçons des écoles laïques.

IV. Œuvres d'apostolat.

L'association des pères de famille chrétiens. — La Propagation de la Foi. — L'œuvre de Saint-François-de-Sales. — L'œuvre de la Sainte-Enfance.

I. — Œuvres de piété.

Les exercices spirituels.

Les exercices spirituels, étant à la fois l'aliment et la manifestation de la vie d'une paroisse, réclament du pasteur une constante et minutieuse sollicitude ; voici tous ceux qui sont en vigueur à Notre-Dame de Bonne-Nouvelle.

Chaque dimanche : Nous avons dix messes : à 6 h., 7 h., 8 h., à cette messe on fait les publications de mariage et les enfants des écoles de garçons y assistent et y chantent des cantiques ; à 9 h. messe des jeunes gens des patronages, et des enfants des écoles de jeunes filles : Instruction du catéchisme de persévérance des garçons ; à la même heure, dans la chapelle des catéchismes, messe et catéchisme de persévérance des filles ; à 9 h. 3/4, grand'messe, avec diacre et sous-diacre ; prône. A 11 h., 12 h. et 1 h. dernière messe. A 3 h., vêpres et salut du Saint-Sacrement ; à 4 h. 1/2, tous les premiers dimanches du mois, réunion de la confrérie du Saint-Sacrement et les autres dimanches, réunion de l'archiconfrérie de Notre-Dame-Consolatrice des affligés. Ces réunions comportent une instruction.

Chaque jour : De la Toussaint à Pâques, la première messe a lieu à 6 h. 1/2 ; de Pâques à la Toussaint à 6 h., les autres messes ont lieu à 7 h., 8 h., 9 h. et 10 h. ; à 5 h., prière et bénédiction du Saint Ciboire lequel est rentré tous les soirs à la sacristie et renfermé dans le coffre-fort.

Chaque semaine : Le lundi à 7 h. messe pour l'œuvre de la bonne-mort. A 8 h. messe en l'honneur du Saint-Esprit devant le Saint-Sacrement exposé, chant du *Veni Sancte* et du *Lauda Sion* ; bénédiction du Saint-Sacrement. Le jeudi, à 8 h. messe du Saint-Sacrement, pendant laquelle on chante des motets, bénédiction du Saint-Sacrement, à 4 h. le salut. Tout le clergé assiste aux deux exercices.

Le vendredi, à 8 h. messe à laquelle assistent les pauvres, après la messe allocution par M. le Curé et distribution des bons de pain.

Le samedi, à 7 h. messe de l'archiconfrérie de Notre-Dame Consolatrice. Litanies de la Sainte Vierge.

Chaque mois : Le premier dimanche à vêpres, procession du Saint-Sacrement à laquelle prennent part les confréries de ce nom, les patronages de garçons et de filles et les enfants de Marie.

Le premier vendredi, à 8 h. messe du Sacré-Cœur devant le Saint-Sacrement exposé : Chant des Litanies du Sacré-Cœur, acte de Consécration et bénédiction du Saint-Sacrement : à 4 h. réunion de la confrérie du Sacré-Cœur, bénédiction. Tous les dimanches, il y a prône à la grand'-messe par MM. les membres du clergé.

Chaque année : Prédication : on invite des prédicateurs étrangers pour prêcher le jour de la Toussaint, le triduum des morts, la fête des saintes Reliques, la Dédicace des Églises. La station de l'Avent. La station du Carême qui comprend le dimanche, le mardi et le jeudi de chaque semaine. La retraite pascale, une pour tous les paroissiens et une spécialement pour les hommes. La fête patronale. Le mois de Marie et la station du Saint-Sacrement. Sans oublier l'adoration perpétuelle, la retraite de première communion. La retraite pascale ; des jeunes filles, et les petites prédications de la messe du Saint-Esprit pour la rentrée des classes, la Sainte-Catherine, la Saint-Nicolas et la Passion pour les écoles des garçons et des filles réunies sont faites par MM. les membres du clergé de la paroisse. En plus de ces prédications, nous avons pendant le mois de mai, les exercices du mois de Marie tous les jours ; pendant le mois d'octobre, ceux du saint Rosaire ; pendant le carême, ceux du chemin de la croix, et nous célébrons fidèlement les octaves du Saint-Sacrement, du Saint-Esprit, le triduum des morts et le chant des grandes Antiennes appelées O. Malgré le caractère essentiellement commerçant du quartier où tout le monde travaille — les millionnaires aussi bien que les modestes ouvriers — nous constatons avec joie que l'ensemble de la population suit assez régulièrement les offices du dimanche, les prédications de l'année et qu'elle participe volontiers aux bonnes œuvres.

Les communions ont augmenté dans une proportion fort consolante puisque dans l'année 1907, il y a eu à Bonne-Nouvelle quatorze mille communions ; on sent que la persécution religieuse produit d'excellents résultats en secouant la torpeur des indifférents, en excitant l'ardeur des bons, en donnant à réfléchir à quelques hostiles et en attirant énormément d'esprits vers les questions religieuses. Nous ajoutons, avec plaisir, que l'obligation où nous sommes d'aller à domicile quêter pour le denier du culte, nous est une occasion favorable de ramener à l'église bon nombre de paroissiens qui en avaient oublié le chemin. On y vient par politesse, pour apporter une offrande, par curiosité, on finit par y venir par piété.

C'est ce qui fait que cet apostolat forcé, qui est en soi assez fatigant et parfois désagréable, est toujours fructueux et consolant.

La Confrérie du Très-Saint-Sacrement.

Cette œuvre se propose de rendre à Notre-Seigneur Jésus-Christ un culte très spécial d'adoration, d'honneur, d'amour et de réparation. Ses membres s'engagent à lui consacrer chaque semaine, une demi-heure de présence à l'église et à accompagner le Saint-Sacrement dans la procession du premier dimanche du mois.

Je constate avec peine que la première de ces obligations subit un certain relâchement qui tient, en partie, aux conditions laborieuses de notre population.

Érigée en 1822, par M. de Cagny, curé de Bonne-Nouvelle, elle se glorifie d'un premier bref de Sa Sainteté Pie VII (12 août 1823), d'un second et d'un troisième du 6 avril 1824 en vertu desquels de nombreuses indulgences sont accordées aux membres de la pieuse association. Mgr de Quélen, archevêque de Paris, voulut bien encourager cette œuvre dès sa naissance. Sous de si précieux auspices, cette association se répandit bientôt dans les diverses paroisses de Paris et dans les principaux diocèses de France, tels que Beauvais, Toulouse, Dijon, Poitiers, Orléans, Lille, Le Mans, Troyes, Verdun, etc., et même dans les pays étrangers, en Suisse et en Belgique; à cette œuvre uniquement composée de dames, nous avons eu la joie, dès notre arrivée dans la paroisse, d'affilier des hommes à la tête desquels nous avons placé un zélé paroissien qui est chargé de les grouper, de leur distribuer les cierges et de surveiller leur marche ; c'est un bien consolant spectacle que celui que nous donnent ces pieux associés, hommes et femmes, accompagnant Notre-Seigneur et lui faisant après la procession, dans le sanctuaire, — les messieurs seulement — comme une couronne de cœurs et de lumières.

Daigne Notre-Seigneur bénir ces pieux adorateurs et augmenter chez tous nos paroissiens, la foi en sa Présence Eucharistique ! Après le salut, M. le Directeur adresse aux associés quelques paroles de piété.

La Confrérie du Sacré Cœur de Jésus

Cette association est séculaire à Bonne-Nouvelle. Ce fut également par les soins de M. de Cagny, que Sa Sainteté Pie VII l'institua par un bref en 1805. Tout le monde sans distinction d'âge et de condition peut en faire partie.

Cette œuvre a pour but d'honorer d'une manière toute spéciale le divin Cœur de Jésus. C'est pour cela que chaque membre s'engage à faire chaque mois, une demi-heure d'adoration devant le Saint-Sacrement. Afin de lui donner un peu plus de vie nous avons obtenu son érection en archiconfrérie affiliée à l'œuvre centrale du Sacré-Cœur de Montmartre. Le diplôme d'affiliation, daté du 30 octobre 1904, se trouve suspendu dans la chapelle du Sacré-Cœur. Tous les premiers vendredis du mois, les associés assistent, à 7 heures, à une messe en l'honneur du Sacré-Cœur ; à 4 heures, à une réunion à laquelle on lit les recommandations suivies de prières, d'une petite instruction, de l'acte de consécration et du salut du Saint-Sacrement.

Daigne le Cœur Sacré de Jésus susciter de plus nombreux adorateurs et réchauffer les cœurs attiédis par l'indifférence religieuse.

Nous voudrions que nos chers paroissiens soient bien

convaincus des précieux avantages que cette dévotion procurerait à leurs âmes, à toute la paroisse, et à notre pauvre France.

Cœur Sacré de Jésus ayez pitié de nous!

Fraternité du Tiers-Ordre de Saint-François.

Cette œuvre est de fondation récente. C'est à mon vénéré prédécesseur, M. le chanoine de Montferrier, rappelé à Dieu, il y aura bientôt deux ans, qu'en revient l'honneur. Il en avait puisé l'inspiration dans les recommandations réitérées de Léon XIII et dans cette parole du saint curé d'Ars; « Le Tiers Ordre de Saint-François disait M. Vianney, sera un des plus puissants moyens de procurer le renouvellement des âmes et la résurrection des paroisses ». Après avoir pris avis de Sa Grandeur Mgr Richard, alors coadjuteur de Paris, le zélé pasteur groupa quelques personnes et le 21 décembre 1885, eut lieu la réception solennelle de la première prise d'habit de onze premiers membres. Le règlement prescrit une réunion tous les 4e dimanches de chaque mois dans la chapelle des catéchismes; comme il est nécessaire qu'il y ait dans l'église même une chapelle, comme siège de l'association et à laquelle seront attachées les indulgences accordées par les Souverains Pontifes, Sa Grandeur Mgr Richard, désigna à cet effet la chapelle du Sacré-Cœur. Les réunions se tiennent régulièrement, les registres de l'association sont parfaitement en règle et le Révérend Père Visiteur, qui vient un jour par an faire la visite canonique, nous dit sa satisfaction sur la marche de cette œuvre que nous voudrions cependant voir plus prospère.

L'Archiconfrérie de N.-D. Consolatrice.

Cette œuvre pie, la plus considérable de la paroisse de Notre-Dame de Bonne Nouvelle, qui en est le siège principal, est due à l'initiative de M. de Montferrier. Il y consacra avec son argent et son temps les dernières années qu'il passa comme curé. Il espérait renouveler avec cette association sa paroisse, aussi délaissée et pour les mêmes raisons que Notre-Dame des Victoires.

Dans ce but, il fonda en 1890 la confrérie de Notre-Dame Consolatrice, qui devint en 1894 archiconfrérie, par un bref apostolique. L'archiconfrérie se propose « d'honorer la Très Sainte Vierge sous le titre touchant de Consolatrice des affligés et d'obtenir sa bienveillante intervention dans les souffrances et les périls de ses enfants : conversion des pécheurs, guérison des malades, situations pénibles et difficiles, délivrance des âmes du Purgatoire ; son but spécial est d'implorer le secours de la Reine des miséricordes pour les causes qui paraissent humainement désespérées ».

Tout catholique peut en faire partie. L'inscription seule est suffisante. Aucune cotisation n'est exigée. On doit réciter chaque jour la salutation angélique, suivie de l'invocation à Notre-Dame, consolatrice des affligés.

L'œuvre à laquelle M. de Montferrier se dévoua complètement réunit des adhésions de nombreux diocèses de France et de l'Étranger. Il en vint même de l'Arménie. Du vivant de son fondateur, l'œuvre connut des jours éclatants : grandes cérémonies, grandes processions, prédicateurs de marque, évêques, attirèrent de nombreux fidèles. Elle n'allait pas sans grandes dépenses aussi. La séparation ralentit ce mouvement.

Le principe de cette œuvre n'en demeure pas moins excellent. Chaque dimanche, à l'issue des vêpres, les plus zélés de l'archiconfrérie se réunissent pour chanter des cantiques, prier la Vierge consolatrice, et écouter une allocution du sous-directeur. On aimerait à revivre les anciens jours, où la chapelle de Notre-Dame Consolatrice, étant trop étroite, on fut obligé de transporter la réunion dans la grande nef ; où les enfants de Marie, base première de l'association actuelle, prêtaient le concours de leurs voix à la réunion ; où malgré les vicissitudes des hommes et des choses, on demeurait fidèle à honorer la

Vierge qui console. Rien n'empêche ce souhait de devenir une réalité ; tout au contraire y invite.

Le mardi, à sept heures du matin, il y a une messe dite à la chapelle de l'archiconfrérie par le sous-directeur, où l'on recommande les intentions des associés.

Pour atteindre ses lointains associés et les grouper dans un même sentiment de fraternité, M. de Montferrier créa le 1ᵉʳ mars 1905 le *Bulletin de l'Archiconfrérie de N.-D. Consolatrice des Affligés*. L'abonnement est de 2 francs. Ce bulletin est mensuel. Il est arrivé cette année à sa quatorzième année d'existence. Exclusivement confrérial au début, il se transforma un peu avec la venue de M. l'abbé Casabianca comme curé qui lui donna le titre d'*Annales de Notre-Dame de Bonne-Nouvelle et Bulletin de N.-Dame Consolatrice*. On y trouve les offices du mois, les recommandations faites à N.-D. Consolatrice, une lettre de M. le Curé à ses paroissiens et aux associés sur les choses de la paroisse ou de l'Église ; un mot de piété du sous-directeur ; la chronique du sanctuaire et les échos paroissiaux.

Telles qu'elles sont, ces *Annales* sont à encourager, car loin de répudier le passé, elles le complètent en y faisant voisiner les choses concrètes de la paroisse. Elles deviennent ainsi un précieux instrument d'action chrétienne qui porte dans les familles des leçons de religion, des actes de vertu et des exemples de piété.

Œuvre de l'Adoration nocturne au Sacré-Cœur de Montmartre.

Répondant au pieux désir de notre vénéré cardinal sur la participation des paroisses de Paris à l'adoration de nuit devant le Saint-Sacrement, au Sacré-Cœur de Montmartre, nous nous sommes fait un devoir d'en faire part à nos chers paroissiens.

Nous avons communiqué, tout d'abord, notre pensée à la conférence de Saint-Vincent de Paul du vendredi 22 novembre et le dimanche suivant à la messe de 9 h. à laquelle assistent spécialement les jeunes gens et les hommes, ainsi qu'à la grand'messe.

Nous leur avons dit que tout doit nous porter à nous associer à cette œuvre. Les souffrances de notre chère Église de France réclament impérieusement les bénédictions du ciel. Ces bénédictions, nous devons les implorer dans un acte religieux qui demande un sacrifice qui ne soit pas ordinaire : quelques heures de la nuit passées en prières au pied du Sacré-Cœur et une bonne communion faite à Montmartre, tel serait notre sacrifice. Nous devons ensuite participer à cette adoration nocturne pour offrir à Notre-Seigneur de particulières expiations pour tant de fautes et de crimes peut-être qui se sont commis à Bonne-Nouvelle, pendant toutes les nuits de l'année. Nous devons le faire enfin pour imiter les autres paroisses de Paris ; Bonne-Nouvelle qui est au cœur de Paris doit avoir à cœur de ne pas rester en arrière des autres paroisses.

Nous ne devons pas imiter les apôtres qui dormaient au jardin des Oliviers tandis que Jésus souffrait. Pratiquons le conseil du divin Maître : « Veillons et prions ».

J'ai eu la joie de constater que mon appel a été entendu ; plusieurs paroissiens m'ont apporté leurs noms et j'ai tout lieu d'espérer que Bonne-Nouvelle sera largement représentée aux pieds du Sacré-Cœur de Montmartre, dans la nuit du 11 au 12 décembre.

En effet, le 11, à 9 h. du soir, dix-sept de mes paroissiens m'attendaient dans la grande Basilique. Étant les premiers à la peine, je veux qu'ils le soient aussi à l'honneur d'être cités à l'ordre du jour. Voici leurs noms : MM. Bacuez, Barbey père, Barbey Fernand, Briançon fils, Caron, Chamouillet, Déjardin, Dubard, Frisch, Jeaudeau, Lebeault, Lebreton, Perquin, Renault, Simonnot-Godard, Soirat et Sorton. Nous avons commencé notre adoration à 9 h. 1/2 du soir et l'avons finie à 6 h. du matin ! A la messe que j'ai célébrée à 5 h. j'ai eu la consolation de distribuer la sainte communion à presque tous les adorateurs; car je dois dire qu'il y avait trois autres paroisses qui s'étaient jointes à Bonne-Nouvelle.

Quelle bonne et sainte nuit! avec quelle édification ces braves chrétiens récitaient l'office du Sacré-Cœur, le chapelet, l'amende honorable, l'acte de consécration et cela, toutes les heures. J'espère que cette pieuse nuit attirera quelques bénédictions sur notre paroisse et que nos chers paroissiens continueront cette religieuse tradition.

Les Enfants de Marie.

Cette association a été fondée par M. Aladel (Confesseur de la Sœur Catherine Labouré) presqu'au centenaire de l'apparition de la médaille miraculeuse en 1830. Elle compte 110 membres; conformément au règlement, les réunions ont lieu une fois par mois dans la chapelle des Sœurs de la rue Réaumur. C'est un bien doux spectacle que celui de ces jeunes filles qui sacrifient quelques heures de promenade dominicale pour se réunir dans une chapelle afin d'être reçues aspirantes ou titulaires, pour entendre une courte allocution, chanter les louanges de Marie et recevoir la bénédiction du Saint-Sacrement. Honneur à ces vaillantes! La sainte Vierge n'abandonnera jamais *ses enfants*.

L'Association de la Bonne Mort.

Une lacune se trouvait, à mon arrivée, dans ma chère paroisse de Bonne-Nouvelle, où il y avait déjà tant d'œuvres intéressantes.

C'était l'absence de l'œuvre de la Bonne Mort. Il ne suffit pas de bien vivre, il faut travailler à bien mourir : il faut travailler même à obtenir une bonne mort aux personnes qui ont eu une vie de péché.

Il faut songer aussi à ceux de nos parents et de nos amis qui nous ont quitté pour l'Éternité. Il y a tant d'âmes qui souffrent dans le purgatoire parce que personne ne songe à leur envoyer le secours d'une messe, d'une communion, d'une prière, d'une bonne œuvre. Eh bien ! l'œuvre de la Bonne Mort répond à ce double but ; prier pour les morts et obtenir une bonne mort pour soi et pour les autres. Nous l'avons donc instituée au mois de novembre 1904. Nous remercions Dieu de l'avoir bénie, car de nombreux paroissiens se sont empressés de se faire inscrire : leur nombre dépasse la soixantaine.

Voici les jours où l'on dit une messe pour les âmes du purgatoire : Tous les lundis, le jour de la Nativité de la Sainte Vierge, de la fête de Saint Michel et tous les jours de l'octave des morts.

Je voudrais que chaque paroissien dise tous les matins à son réveil, les paroles de nos saints livres.

Puissé-je mourir de la mort des justes !

Je voudrais enfin qu'ils vinssent se faire inscrire nombreux, à cette pieuse confrérie.

La messe pour les défunts de la paroisse. Tous les derniers vendredis du mois, a lieu à 8 h. du matin, une messe pour les paroissiens décédés dans le mois.

Une lettre d'invitation est envoyée aux familles qui ont perdu un de leurs membres.

Il y a des familles trop pauvres qui n'ont pu se procurer pour leurs défunts un service religieux avec messe. Il y en a d'autres dont le convoi a eu lieu, dans l'après-midi, à une heure trop tardive et par conséquent sans messe : C'est pour combler ces lacunes et pour procurer aux âmes des défunts les suffrages du saint sacrifice que cette messe a été instituée ; on y invite également les familles qui ont déjà assisté à la messe d'enterrement de leurs chers défunts.

Après la messe, M. le Curé leur adresse une courte allocution pour leur dire toute la part qu'il prend à leur deuil, pour leur parler de leurs chers disparus, des souffrances probables auxquelles ils sont momentanément soumis dans le purgatoire, des divers moyens de les soulager et de hâter leur délivrance.

Il leur donne quelques conseils pratiques concernant leur propre vie pour assurer une bonne mort.

Cette pieuse pratique est accueillie avec une extrême satisfaction par les familles qui se font un devoir d'assister à cette messe.

Nous sommes profondément touché de voir avec quelle effusion elles viennent nous remercier à la sacristie, de l'intérêt que nous leur portons ainsi qu'à leurs chers défunts.

Il n'est même pas rare que cette messe ne devienne une occasion de retours sérieux aux pratiques religieuses.

Tant il est vrai que toutes les fois qu'on parle au cœur, même des plus indifférents, on est sûr de trouver un écho favorable et plein de consolations.

L'heure sainte.

Un récent congrès diocésain avait émis le vœu de voir s'établir à Paris la coutume d'honorer pendant une heure la Sainte Eucharistie. M. le curé de Bonne-Nouvelle, désireux de promouvoir la dévotion au Saint-Sacrement parmi ses chers paroissiens, vient d'établir dans son église cette pieuse pratique. *L'heure sainte* eut lieu à Bonne-Nouvelle le lundi 2 mars, à 8 heures 1/2 du soir. C'est l'heure où les paroissiens ont achevé de régler leurs affaires, l'heure où l'on cause à la table de famille, l'heure par conséquent où l'on peut plus facilement s'occuper des « affaires » divines. Aussi les a-t-on vus nombreux et recueillis se presser dans la *nef* de l'église. *L'heure sainte* se divise en quatre quarts d'heure saintement employés à la récitation du chapelet, le chant des cantiques, une prédication de M. le Curé et le salut du Saint-Sacrement qui est exposé pendant l'heure entière. A la fin de la cérémonie, M. le Curé distribua à chacun de jolies croix en argent, précieux souvenir de la première *heure sainte* à la paroisse de N.-D. de Bonne-Nouvelle.

II. — Œuvres de charité.

La Conférence de Saint-Vincent de Paul.

En tête de ces œuvres, il est juste d'inscrire la Conférence de Saint-Vincent de Paul. La première Conférence, fondée à Paris, est celle de Saint-Germain-l'Auxerrois ; mais la seconde est celle de Notre-Dame de Bonne-Nouvelle, fondée en 1836; elle a soixante et onze ans d'existence, elle en est par conséquent à ses noces de diamant.

Je salue, avec reconnaissance, son pieux fondateur, M. Bonnet, qui était également, à cette époque, membre du Conseil de notre Fabrique.

C'est avec émotion, qu'il y a deux ans, je serrais la main à l'un de ses enfants, M. le général Bonnet, que nous avions invité à présider la distribution des prix de notre école des Petits-Carreaux.

A ses débuts, les membres qui la composaient étaient au nombre de 18, aujourd'hui ils atteignent le chiffre de 30.

Ces Messieurs, malgré les fatigues de leurs journées, extrêmement laborieuses, assistent régulièrement aux réunions du vendredi et s'acquittent avec un zèle touchant de leurs visites auprès des pauvres.

Voici la situation de cette année :
La Conférence a visité 78 familles.

En a dépensé : 1.360 fr. en bons de pain.
　　　　　　　 370 fr. de lait.
　　　　　　　 270 fr. bons de viande.
　　　　　　　 350 fr. bons de charbon.
　　　　　　　　18 fr. kilos chocolat.
　　　　　　　　65 fr. paires de chaussures.
　　　　　　　　50 fr. objets de literie.
　　　　　　　　40 fr. notes de pharmacien.
　　　　　　　 100 fr. secours en argent.
　　　　　　　 100 fr. Petites Lectures, almanach.
　　　　　　　 400 fr. au Patronage, œuvres diverses.
　　　　　　　 400 fr. au Conseil.
　　　　　　　　50 fr. honoraires de messes.
　　　　　　　 600 fr. Conférence de Sainte Agnès.
　　　　　　　 600 fr. caisse des loyers.
　　　　　　　　80 fr. tabliers d'écoliers.

4.853 francs.

Enfin, elle a obtenu la régularisation de 18 ménages, le baptême de 4 enfants et la légitimation de cinq autres.

La petite Conférence de Sainte-Agnès.

Cette œuvre est un héritage de la paroisse de Saint-Eustache. Bien avant la laïcisation des écoles chrétiennes, le Cher Frère directeur, fonda avec des anciens élèves de son école, une petite conférence, sous le vocable de Sainte-Agnès, seconde patronne de Saint-Eustache.

Cette petite œuvre obtint son agrégation à la Société de Saint-Vincent-de-Paul, le 4 novembre 1875 lors des décrets de 1880, quand l'école des Frères, transformée en école libre, fut transférée rue des Petits-Carreaux, sur la paroisse de Bonne-Nouvelle. Elle resta aux Petits-Carreaux jusqu'au mois d'octobre 1904, époque de l'application de la loi contre les congrégations qui expulsa de cette école, les Frères des écoles chrétiennes. De 1904 à 1906, elle suivit, pour ses réunions, le sort de la Société amicale des Jeunes gens, pour laquelle je trouvai un local au 31, rue Poissonnière ; huit mois après, l'immeuble ayant changé de propriétaire et de destination, nous dûmes transporter ces deux œuvres au 6 de la cour des Miracles. Enfin, en 1906, grâce au bon vouloir du comité de l'école chrétienne de garçons, elle revint au berceau qui l'avait abritée pendant de longues années.

Enfant gâtée de la grande conférence de Bonne-Nouvelle, cette petite conférence participa à toutes ses grandes réunions, à toutes ses fêtes, aux processions du Saint-Sacrement, à l'adoration nocturne, au pèlerinage des pauvres au Sacré-Cœur de Montmartre, au repas familial. Ce sont les jeunes gens de la petite conférence qui amènent les vieillards et les éclopés sur la montagne et leur donnent la joie de se sentir transportés au grand air, loin de leurs mansardes et de leurs sombres escaliers. Le jour de l'Épiphanie, après la messe, ils distribuent aux pauvres le gâteau des Rois. Le 2 novembre, la messe des Morts les réunit dans une commune prière. Enfin, aux assemblées générales, la jeune conférence y prend sa grande part par un rapport qui traduit les sentiments des jeunes gens en présence des misères qu'ils secourent.

Voici la statistique de l'œuvre : elle compte 19 membres qui visitent 23 familles ; ils visitent également 11 familles qu'ils ont fait admettre à la Salpêtrière et à Ivry.

Ses recettes s'élèvent actuellement à 1.745 fr. 55. Elle a distribué en bons de pain, de viande, de charbon, de chaussures, de secours en argent, etc., la somme de 836 fr. 30. Elle a en caisse 909 fr. 25.

Les réunions se font régulièrement et le meilleur esprit anime tous les membres.

Bref, la conférence de Saint-Vincent-de Paul et celle de Sainte-Agnès se complètent l'une l'autre. La cadette s'inspire de la prudence et de la sagesse de son aînée et celle-ci tire le plus grand parti de l'activité et de l'ardeur de sa jeune sœur.

La petite Robe de l'Enfant Jésus.

Cette œuvre est la plus aimable, la plus tendre et la plus gracieuse par la naïveté de son origine, par la délicatesse touchante de son objet et par la qualité de ses membres.

C'est une petite fille de Bonne-Nouvelle qui en a été la fondatrice. C'était en 1863 ; cette enfant avait alors dix ans ; élevée par une mère chrétienne, elle sentait son jeune cœur attiré vers le cœur de Jésus-Enfant. Au moment de Noël, la vue du divin Enfant, simplement enveloppé de quelques pauvres langes, la rendait rêveuse ; de la vue de cette misère, sa pensée courait vers tant de petits enfants, aussi pauvres que lui, et que la misère des parents empêchait d'habiller. « Comme ces enfants doivent avoir froid en hiver ! se disait-elle. Comme ils doivent souffrir ! » Et voilà qu'elle est triste et soucieuse ; voilà qu'elle prie.

M. l'abbé Bréhier, premier vicaire de la paroisse, était son confesseur : l'enfant va le trouver et lui conte sa peine et son projet : elle voudrait fonder une œuvre qui aurait pour but de procurer des vêtements aux petits enfants pauvres, à partir de leur naissance jusqu'à leur première communion. Elle chercherait des petites filles de son âge pour devenir ses collaboratrices.

Le prudent confesseur, tout en admirant l'ingénieuse pensée de sa jeune pénitente, ne vit tout d'abord dans cette ouverture, qu'une idée pieuse, mais passagère ; il se borna donc à lui donner quelques bonnes paroles et à l'exhorter à bien aimer le bon Dieu. Aux approches de la première communion, la jeune enfant redoubla d'insistance. Craignant de décourager cette jeune initiative et de s'opposer à la volonté de Dieu, M. l'abbé Bréhier consulta son curé, M. Millaut, qui l'engagea à bien étudier la question et à agir de son mieux. Après avoir bien prié, il autorisa la chère enfant à poursuivre la réalisation de son désir.

Heureuse de cette décision, l'enfant réunit ses petites amies et ses compagnes, communiqua sa pensée aux jeunes mamans, qui l'accueillirent avec empressement. C'est ainsi qu'elle jeta les bases de sa charmante association. On se procura des étoffes, on chercha de nouveaux concours de personnes et de finances, on confectionna de petites robes, on en distribua, on fit des heureux ; enfants, parents, jeunes ouvrières, tout le monde était dans la joie. Voilà quarante-quatre ans que cette œuvre existe, elle compte près de 50 membres ; elle a distribué cette année 1,041 objets, elle a dépensé 1.637 fr. 85. Sa situation est assez prospère puisqu'à la dernière réunion nous avons décidé d'acheter un petit titre de rente.

La paroisse de Bonne-Nouvelle est heureuse, non seulement de posséder cette œuvre, mais aussi sa pieuse fondatrice, qui est restée toujours jeune par la fraîcheur de sa foi, la tendresse de sa piété et la délicatesse de sa charité : sa modestie m'en voudrait de proclamer son nom sur les toits, mais mon devoir de pasteur et d'historien m'oblige à l'inscrire dans les archives de notre paroisse ; c'est Mlle Marthe Chartroule.

OEuvre de la visite des pauvres malades.

Cette œuvre date de saint Vincent-de-Paul. Le saint amant des pauvres en eut la première idée et en fit la première application en 1616, pendant une mission qu'il prêchait à Châtillon-en-Bresse. Une famille malheureusement éprouvée par la maladie, y fut, par le conseil de M. Vincent, soignée et approvisionnée par les dames de la ville. Les localités voisines voulurent imiter cette forme de la charité, et ainsi de proche en proche, se propagea dans un grand nombre de villes et de diocèses, cette charitable pratique.

En 1629, pendant qu'il habitait l'hôtel de Gondi, rue Pavée, sur la paroisse de Saint-Sauveur, il eut l'idée de l'implanter à Paris. L'église Saint-Sauveur était située sur la rue Saint-Denis, en bordure de la rue Saint-Sauveur.

Tout ce coin du quartier fait actuellement partie de notre paroisse.

Comme on le voit Saint-Sauveur était le frère aîné de Notre-Dame de Bonne-Nouvelle, érigée en cure en 1673 par Mgr de Harlay, archevêque de Paris.

Ce fut donc notre territoire qui fut choisi pour les premiers et timides essais de l'œuvre dans notre grand Paris, et ce furent nos dames du quartier de Bonne-Nouvelle qui eurent les premières l'honneur de la visite régulière et du soin des pauvres malades.

Peu de temps après, Saint-Nicolas-du-Chardonnet, Saint-Eustache, Saint-Benoît et Saint-Paul furent associés à cet honneur et ces belles réunions de dames reçurent de leur pieux fondateur le titre de *Confrérie de la Charité*.

Cependant, plus le zèle s'augmentait pour la création de nouvelles confréries, surtout dans les quartiers riches, et plus apparaissait la difficulté pour ces dames, aux habitudes plus raffinées, de se plier au service pénible des pauvres : retourner les lits, préparer la cuisine, rapproprier une misérable masure, tout cela n'était guère attrayant pour des mains délicates et habituées à ne rien faire, et tout au plus à des travaux d'agrément.

C'est alors que M. Vincent accueillit le dévouement de quelques bonnes filles chrétiennes qui se proposaient pour aider les dames des confréries de la Charité.

Non loin de l'hôtel de Gondi, rue Courteauvillain, sur la paroisse de Saint-Sauveur, habitait, avec son mari, une jeune dame, Louise de Marillac, épouse Le Gras.

Sur l'invitation de M. Vincent, son confesseur, elle réunit dans sa propre demeure, en 1633, d'abord quatre jeunes filles, puis huit, puis douze, et elle les pénétra vivement de l'esprit de leur mission Ce fut le berceau des Sœurs de la Charité, dont Louise de Marillac devenait la providentielle fondatrice.

Une pieuse tradition place la maison occupée par cette jeune pépinière de la Charité au 22 de la rue Saint-Sauveur, où, dès notre arrivée à Bonne-Nouvelle, nous avons ouvert une école chrétienne de jeunes filles. Quoi qu'il en soit, les sœurs de Saint-Vincent, après leur expulsion de leur maison rue de la Lune, ont habité assez longtemps rue Saint-Sauveur, au coin de la rue Dussoubs. Ce qu'il y a de certain, c'est que les mêmes Sœurs de Charité gardent précieusement dans leur maison du 85, rue Réaumur, un tableau peint par Louise de Marillac. Ce tableau représente l'Enfant Jésus retrouvé au temple et donnant la main à la Sainte Vierge et à saint Joseph ; n'était-ce pas une touchante allusion à l'Œuvre des Enfants trouvés, créée par son infatigable directeur et à laquelle elle avait pris une si grande part?

Depuis lors, l'Œuvre de la visite des pauvres n'a cessé d'exister à Bonne-Nouvelle ; elle y est, à l'heure qu'il est, assez prospère, grâce à d'anciennes paroissiennes qui sont fidèles aux réunions (1). Ce qu'il y a de certain enfin, c'est que Louise de Marillac, déclarée depuis longtemps véné-

(1) Dans l'année 1907, les Dames patronesses aidées par les Sœurs ont fait mille cent neuf visites ; elles ont assisté 509 familles et distribué 750 bons de pain, sans compter les situations régularisées,

rable, est sur le point d'être canonisée ; le 20 du mois de novembre dernier, en effet, la Congrégation rotale des Rites a fait faire un grand pas à sa cause en reconnaissant la validité de son procès apostolique ; il ne reste qu'à entamer la discussion de l'héroïcité de ses vertus.

Ne quittons pas la rue Saint-Sauveur sans rappeler que ce fut là que Sœur Marguerite Nazeau mourut victime de sa charité en couchant dans son lit, qu'elle avait prêté à une pauvre femme, qui y avait succombé au terrible fléau de la peste.

Lingerie des pauvres.

Je crois bien que c'est encore au zèle industrieux de M. Portalès qu'est due la fondation de cette lingerie.

Sachant combien il est difficile d'obtenir des pauvres qui manquent de vêtements la propreté nécessaire pour bien soigner les maladies, M. Portalès a comblé cette lacune en instituant une œuvre qui prêtait des chemises et des draps. Chaque famille reçoit tous les jeudis le linge nécessaire et le rapporte le jeudi suivant ; les bonnes sœurs se chargent du blanchissage. Débarrassé du souci de la malpropreté corporelle et tout heureux de se trouver dans un linge fraîchement blanchi, le pauvre malade se sent comme renaître à la vie ; il est plus disposé à songer à la propreté spirituelle de son âme et à supporter plus patiemment sa malheureuse situation.

A l'heure qu'il est, l'œuvre possède :

1.000 draps de lit,
560 chemises.

Elle a visité cette année 100 familles et prêté 950 draps de lit.

Le vestiaire a habillé cette année plus de 150 pauvres.

Honneur et bénédiction aux personnes qui, sensibles à

les baptêmes conférés et les derniers sacrements administrés aux malades.

la parole émue de Notre Seigneur : « J'étais pauvre et vous m'avez vêtu », appliquent une partie de leurs ressources à l'entretien d'une œuvre aussi utile!

Le Vestiaire des pauvres.

Cette œuvre a pour but de réunir des dames charitables pour confectionner des vêtements destinés aux pauvres. Elle date, à Bonne-Nouvelle, de 1858; M. Bernier, curé de la paroisse, en a été le fondateur.

Dans le principe, des dames se réunissaient tous les vendredis de 2 à 5 heures et travaillaient pour les pauvres. Celles qui ne pouvaient se réunir versaient une cotisation. Ce qui alimentait cette œuvre, c'étaient justement les cotisations et la quête, le dimanche, à la porte de l'église.

Les conditions de la paroisse étant changées, il en résulte que toutes les dames, même les plus aisées, étant occupées, le nombre des membres actifs est devenu de plus en plus restreint. Déjà, mon vénéré prédécesseur disait en 1885 :

« Nous serions heureux de voir apparaître dans notre quartier, si en proie au fléau de l'émigration, quelques dames libres et généreuses de leur temps en faveur des pauvres du bon Dieu, qui apporteraient leur charitable concours à cette bonne œuvre du vestiaire ».

Manquant de bras, cette œuvre ne se maintient que grâce au zèle et à l'activité de nos bonnes sœurs ; elles ont tout de même pu habiller dans le courant de l'année plus de 150 pauvres.

L'OEuvre des Loyers des Pauvres.

L'échéance du terme, voilà le cauchemar du pauvre honnête et qui tient à faire honneur à ses engagements. Malheureusement, il arrive trop souvent que, malgré un travail obstiné et malgré de minutieuses économies, ce brave ouvrier ne peut parvenir à payer son terme. Cette situation si intéressante émut le cœur de M. Millaut, curé de Bonne-Nouvelle, qui fonda l'OEuvre des Loyers. Cette œuvre rendit de grands services, soulagea bien des misères et arrêta probablement des saisies, des expulsions, peut-être le désespoir et le vice.

Malheureusement, des abus, qui gâtent les meilleures choses, se glissèrent dans cette œuvre, et obligèrent le pasteur navré, à la dissoudre.

En arrivant à Bonne-Nouvelle, M. de Montferrier, touché de la détresse de certaines familles dignes d'intérêt, reprit l'œuvre de son prédécesseur, lui imprima une organisation simple, claire et vigoureuse, et, grâce au persévérant concours d'un des membres de la conférence de Saint-Vincent de Paul, la remit sur pied. Pleine d'une nouvelle vitalité, cette œuvre n'a cessé de rendre depuis lors et jusqu'à ce jour de signalés services à ses membres. Voici son organisation. Il y a un grand-livre où l'on inscrit les membres et leurs cotisations. Chaque indigent reçoit un livret qui porte son nom et son numéro d'ordre. Le trésorier se tient tous les dimanches dans une salle *ad hoc*, attendant les membres qui lui apportent leurs économies de la semaine et dont le chiffre est porté au grand-livre. La semaine qui précède le terme, les adhérents se présentent pour toucher le montant de leur dépôt, auquel M. le Curé ajoute une prime de 20 0/0. En possession de leurs fonds, ils vont eux-mêmes payer leur propriétaire, dont ils doivent rapporter la quittance au trésorier.

Pour donner une idée du bien que fait cette œuvre, il suffira de dire que depuis sa fondation elle a fait comme recettes 154.480 francs, et comme dépenses 150.000 fr. 65.

Voici l'état actuel de cette œuvre : 92 familles en font partie. Dans le courant de l'année, elles ont versé 3.339 francs et elles ont reçu 333 fr. 90. Nous ne saurions trop engager les ménages d'ouvriers à faire partie d'une œuvre qui leur procure ces avantages.

Le Pain du Vendredi.

Cette œuvre a été fondée en 1831 par M. l'abbé Portalès, curé de Bonne-Nouvelle. S'inspirant de cette parole de

Notre-Seigneur : « L'homme ne vit pas seulement de pain, mais de toute parole qui sort de la bouche de Dieu », le charitable pasteur a fondé cette œuvre pour distribuer justement ces deux sortes de pain : le pain du corps et le pain de l'âme.

Voici en quoi elle consiste : un certain nombre de pauvres de la paroisse, soigneusement choisis parmi les plus dignes d'intérêt et munis d'une carte d'identité portant leur nom, leur adresse et la signature de M. le Curé, viennent, tous les vendredis à l'église. Ils assistent à la messe de 8 heures ; après la messe, M. le Curé récite avec eux les prières liturgiques, leur adresse une courte instruction, soit sur un sujet dogmatique ou moral, soit sur la fête principale de la semaine ou celle du jour ou même sur l'Évangile qu'on vient de lire à la messe, et il leur distribue un bon de pain d'un kilo.

Indépendamment des bienfaits matériels et spirituels immédiats que cette œuvre procure à nos chers pauvres, l'expérience nous prouve qu'ils reçoivent tous, les sacrements au moment de leur mort.

Cette œuvre, en possession des sympathies des paroissiens, a déjà provoqué quelques fondations pour son entretien. Nous livrons cette pensée à la charité des fidèles de Bonne-Nouvelle et prions Dieu de faire quelque chose en sa faveur.

Une chose m'a toujours édifié depuis que je suis à la tête de cette paroisse : c'est de voir que nos bons pauvres assistent à la messe, en groupe, tous les dimanches, et, chose touchante, donnent leur petit sou à la quête.

Tous les successeurs du vénéré M. Portalès ont fidèlement gardé sa pieuse pensée, et, pour mon compte, je bénis Dieu de mettre sous mes yeux, tous les vendredis, ce réconfortant spectacle.

L'Œuvre de la Bonne Garde.

Il est inutile de rappeler les nombreux dangers que courent les jeunes filles, au milieu de notre grand Paris, où les personnes, les plaisirs, les gravures, les mauvais exemples et les excitations de tout genre s'étalent quotidiennement à leurs yeux et les provoquent au mal.

La Sœur Montesquiou, supérieure des Filles de la Charité, a voulu remédier à ce mal, en fondant, en 1898, dans sa maison de la rue Réaumur, 85, une œuvre dite *La Bonne Garde*. Là, les jeunes filles entrent comme pensionnaires et elles trouvent le vivre et le lit dans de douces conditions. Un règlement sévère préside à la direction de cette œuvre, soit pour les visites, soit pour l'heure des rentrées.

De cette façon, les jeunes filles employées dans les magasins du quartier sont sûres de trouver un abri contre les dangers du dehors.

La surveillance des bonnes sœurs, les exercices de piété, de petites fêtes récréatives exercent sur ces chères jeunes personnes la plus heureuse influence. La maison compte actuellement 72 pensionnaires.

C'est une excellente bonne garde de leur âme et de leur vertu contre l'impiété et la corruption.

Bon nombre de ces jeunes filles font partie des Enfants de Marie et du Patronage.

Les familles de la campagne qui envoient leurs jeunes filles à Paris pour apprendre une profession ou pour gagner leur vie dans les magasins, n'ont qu'à se louer de cette *bonne garde*.

L'OEuvre de la Providence ou l'Orphelinat.

Cette œuvre date de 1822. Une mission prêchée à Bonne-Nouvelle par les missionnaires de France et spécialement par M. l'abbé Hilaire Aubert, ayant remué et renouvelé la foi paroissiale, et la visite pastorale, faite à cette époque par Mgr de Quélen, archevêque de Paris, ayant provoqué une allégresse générale dans les âmes d'élite de la population, quelques paroissiens eurent la touchante pensée de perpétuer le souvenir de ces heureux événements par la création d'une œuvre qui eût un double but : recueillir chez les Sœurs quinze jeunes orphelines de père et de mère, et secourir quelques pauvres femmes âgées et infirmes. M. de Cagny, curé de la paroisse, accueillit avec reconnaissance cet élan de charité et institua une œuvre qui est allée en progressant, et qui a dépensé cette année pour les orphelines, dont le chiffre est de 32, et pour les vieillards, la somme de 26.000 fr.

Je crois savoir que c'est à ce mouvement spontané de charité qu'est due la fondation, dans l'hospice d'Ivry, de 6 lits pour des vieillards de la paroisse de Bonne-Nouvelle. Ces lits ne sont jamais vacants et les aspirants toujours nombreux.

Cette œuvre a eu des moments de prospérité, puisque, en 1846, nous avons trouvé que, rien qu'aux portes de l'église, elle récoltait de dix à onze mille francs d'offrandes.

Œuvre du Vestiaire de la Sacristie.

S'il est convenable et charitable de travailler à habiller les pauvres, vieillards et enfants, parce qu'ils sont comme les membres vivants de Jésus-Christ, combien plus n'est-il pas convenable, charitable et chrétien de travailler pour l'habillement des ministres du culte et des autels; il y a là une question de décence pour la sainteté des mystères, pour l'édification des cérémonies et pour le bon renom de la paroisse.

La Sainte Vierge employait une grande partie de son temps à la lingerie du Temple; sainte Radegonde et sainte Jeanne de Valois consacraient leurs mains royales à broder des ornements sacerdotaux et des nappes d'autel.

A l'heure présente, indépendamment de ces considérations supérieures qui sont un honneur pour les personnes qui se vouent à ce religieux travail, ce qui nous a inspiré la pensée de fonder le *Vestiaire de la Sacristie*, c'est une considération économique. L'entretien et le renouvellement du linge et des ornements constituent une lourde charge pour la caisse paroissiale. Nous avons donc pensé d'alléger cette charge en faisant appel à la bonne volonté et à la générosité de nos infatigables paroissiennes; elles y ont répondu avec un empressement qui nous a plus charmé que surpris. On peut en faire partie, soit en donnant une partie de son temps, une fois par mois, soit en faisant une offrande facultative, soit en fournissant de l'étoffe.

La première réunion de l'œuvre aura lieu, dans le cabinet de M. le Curé, le jeudi 12 mars.

Dispensaire et clinique. — Cette œuvre, fondée en 1888 par la Sœur Montesquiou, donne des consultations et fait de petites opérations et des pansements gratuitement.

Pendant l'année 1906-1907, il y a eu 2.656 consultations et 248 opérations.

III. — Œuvres d'enseignement et Œuvres post-scolaires.

L'école libre chrétienne des garçons.

Mes premiers pas, en arrivant à Bonne-Nouvelle, portaient sur des ruines scolaires. L'école des Filles dirigée par les Sœurs, était fermée, et les Frères des Écoles chétiennes, qui dirigeaient celle des Garçons, avaient reçu leur ordre de départ. J'eus la douleur de présider leur dernière distribution de prix, qui était pour moi la première. Je n'oublierai jamais l'explosion de regrets, d'émotion, de sympathie et de reconnaissance dont furent hachées toutes les phrases de mon discours. Les chers parents, les pauvres enfants, les bons Frères (1) les assistants, les invités de l'estrade d'honneur, tout le monde pleurait comme à un enterrement. Ne perdions-nous pas nos chers et dévoués maîtres qui, depuis de longues années, avaient enseigné le science et la vertu aux parents et aux enfants

(1) Voici les noms de ces vaillants derniers combattants : Frère Néonile, Fr. Hiéron, Fr. Benoist; Fr. Louis, Fr. Marie Ansber, Fr. Germain, Fr. Augustin Mercier, Fr. Michel Alexis Fr. Alexis Benoit, Fr. Marcel.

de notre chère paroisse. Daigne le ciel nous ramener des maîtres qui avaient fait leurs preuves, qui avaient conquis l'estime générale, et dont le départ est un deuil pour toute la paroisse.

Il fallut donc s'occuper de réorganiser l'école sur des bases nouvelles. Après des démarches sur démarches, des enquêtes et des contre-enquêtes, motivées par l'hostilité visible de la Commission départementale d'Enseignement primaire, nous avons pu, grâce à l'énergie, à la prudence et à la générosité du comité et de son président (1) en particulier, rouvrir notre école des Petits-Carreaux. Malgré que cette ouverture n'ait pu être faite que le 1er novembre, à cause des travaux de séparation d'avec le patronage et le syndicat, qui nous furent imposés par l'Administration, nos anciennes familles nous demeurèrent fidèles, et notre école conserva le chiffre normal de ses élèves.

Notre personnel professoral, sous l'impulsion d'un Directeur compétent, vigilant et chrétien, a su conquérir la confiance et l'affection des élèves, et inscrire tous les ans, sur les registres de l'école, des succès et des résultats bien consolants.

Ici il nous est agréable de laisser la parole à M. Ernest Lefébure, secrétaire du Comité, faisant connaître à Mgr Fages la situation de cette école :

« Monseigneur,

« Nous ne pouvons en ces courts moments de votre visite paroissiale vous faire un historique complet de notre œuvre des Écoles chrétiennes libres du 2e arrondissement ; la relation détaillée a été faite déjà, d'ailleurs, au Vénéré Cardinal Archevêque, que vous représentez aujourd'hui, quand Son Éminence a pu venir, il y a quelques années, nous faire l'insigne honneur de sa visite.

« Qu'il nous suffise de vous dire aujourd'hui que notre Comité, fondé il y a plus de vingt-cinq ans, lors des pre-

---

(1) M. le baron Almyre de Vaux.

mières menaces de laïcisation, a supporté seul, sans faiblir, la tâche écrasante de faire vivre pendant longtemps les deux écoles des Frères et des Sœurs établies sur cette paroisse. Il a été secondé dans cette tâche par une société civile de propriétaires chrétiens, qui a acheté tous les immeubles où se sont installées ces écoles. Enfin, après bien des vicissitudes et des transformations encore récentes, notre Comité se trouve actuellement n'être plus chargé directement que de l'école des garçons, dans la maison où vous êtes en ce moment, dont nous sommes les locataires responsables. Des œuvres accessoires occupent tous les locaux qui ne sont pas nécessaires aux classes, une maison de famille avec des logements pour de jeunes employés de commerce, un restaurant et une société amicale des anciens élèves. Nous logions même gratuitement depuis sa fondation, jusqu'à ces derniers mois, le Syndicat des Employés, qui étant arrivé à grouper 4.000 jeunes et vaillants catholiques, a dû chercher un local plus vaste au boulevard Poissonnière.

« Cinq classes de 30 à 40 élèves composent notre école sous la direction de M. Rocipon. Elles sont bien appréciées par les familles, car elles sont toujours au complet. Les études y sont bien conduites, et les classements dans les concours avec les autres écoles nous prouvent, en nous attribuant souvent les premières places, que nos professeurs se montrent tous à la hauteur de leur tâche.

« Les exercices religieux, auquel nous attachons la plus haute importance, se font à la paroisse, et M. le Curé Casabianca, qui fait partie de notre Comité peut vous dire que nos élèves sont l'élite de ses catéchismes par leur piété et leur bonne préparation. En sorte que les traditions chrétiennes sont conservées ici autant qu'à l'époque où nos élèves étaient sous la direction des Frères, dont la dispersion a été pour nous une peine bien amère.

« Notre école étant commune en même temps à la paroisse Notre-Dame-des-Victoires, les enfants qui sont de cette paroisse en suivent les catéchismes, et M. le Curé

Rataud, en raison de ce concours, nous accordait une subvention annuelle : nous ne savons s'il pourra nous la continuer maintenant.

« Toujours est-il que c'est avec cette subvention, avec les souscriptions de membres honoraires recrutés sur Bonne-Nouvelle, Notre-Dame-des-Victoires et ailleurs, avec un sermon de charité où de pieuses dames nous apportent ce qu'elles ont pu récolter dans leurs démarches et dans leurs quêtes, et enfin par la générosité de ses présidents, qui étaient autrefois Félix Aubry puis Roswiel, que nous pleurons, et aujourd'hui le baron Almir de Vaux, qui est absent, pour cause de maladie, mais d'un dévouement inlassable. C'est en groupant tous ces efforts que nous avons pu, par un vrai miracle, solder des budgets annuels qui ont varié de 30 à 50.000 francs.

« La maison de famille loge 25 jeunes gens, le restaurant sert journellement 160 déjeûners, et ces œuvres prospèrent sous la direction de MM. Marcel et Gagne.

« Après avoir soldé toutes nos dépenses, nous avons pu encore, comme les années précédentes, apporter un peu d'aide aux écoles chrétiennes des filles, soit en nous intéressant aux orphelines de notre chère Sœur Montesquiou, soit en contribuant aux charges de M. le Curé pour l'école chrétienne de la rue Saint-Sauveur.

« Nous vous prions, Monseigneur, de vous associer à nous pour remercier le Bon Dieu, à qui nous devons tout, d'avoir aussi manifestement protégé notre œuvre sans se lasser depuis tant d'années ! »

École chrétienne de filles.

Si j'ai trouvé l'école des garçons ouverte, il n'en a pas été de même de celle des filles. C'est à peine si j'ai trouvé un minuscule groupe d'enfants dont s'occupait, avec un zèle digne d'éloges, une jeune paroissienne, dans le local occupé par les jeunes filles du Patronage des écoles laïques. Ma première pensée fut de m'aboucher avec la directrice de ce patronage pour obtenir d'elle une sous-location de l'immeuble. Ses jeunes filles ne venant que le dimanche et le jeudi, je pouvais faire servir l'immeuble à mon école libre. La location signée, le personnel trouvé, le mobilier en place, nous ouvrîmes notre école le 1ᵉʳ octobre 1904 : quatre-vingt-dix élèves répondirent à notre appel ; l'année suivante, elles arrivaient à cent vingt, et cette année elles ont atteint le chiffre de cent quatre-vingt, c'est-à-dire que nous n'avons plus de place pour en recevoir de nouvelles. Cette école est payante, mais elle reçoit beaucoup d'élèves gratuitement.

Les examens du certificat d'études, pour le brevet élémentaire et les divers concours auxquels nos élèves ont pris part nous ont donné les plus heureux résultats. Grâces soient rendues à Dieu et aux personnes généreuses de Bonne-Nouvelle, de nous avoir permis de continuer l'enseignement religieux et l'éducation chrétienne aux chers enfants de notre pieuse paroisse.

Cette école comprend une directrice, quatre sous-maîtresses et un professeur de piano et d'anglais (1).

Les dépenses de l'année dernière se sont élevées à la somme de 12.395 fr. 60. Cette école est entretenue par la petite rétribution scolaire, par la quête à l'église du premier dimanche du mois, par une subvention du Comité des écoles chrétiennes du 2ᵉ arrondissement, par celle du Comité diocésain, par l'Œuvre de Saint François de Sales et par M. le Curé, qui comble les petits déficits.

Œuvres-postscolaires.

Patronages de Jeunes filles des Écoles chrétiennes.

Ce patronage qui avait été florissant tant que les Sœurs de Saint-Vincent-de-Paul dirigeaient l'école de la rue Réaumur, tomba presque en même temps que cette école, lors de sa fermeture en 1903. En ouvrant notre école paroissiale de la rue Saint-Sauveur, ma première pensée

---

(1) Le 1ᵉʳ octobre 1908, nous y avons ouvert un cours de sténographie et de dactylographie.

fut de relever le patronage. Grâce à Dieu, au bon esprit des familles, à la bonne volonté des enfants et surtout à la maternelle sollicitude de nos bonnes Sœurs, notre patronage est aujourd'hui en pleine prospérité. Il compte plus de deux cents jeunes filles.

Elles se réunissent dans le grand préau des Sœurs, chez elles lesquelles trouvent aussi une vaste cour. Jeux, distractions, petits travaux, récompenses, surveillance constante et affectueuse, rien ne leur manque. Dans mes visites, je suis toujours édifié de leur enjouement de bon aloi, de la simplicité de leur tenue et de leur excellent esprit chrétien. Les réunions du dimanche et du jeudi sont pour elles de véritables fêtes. Il convient de dire que bon nombre d'enfants des écoles laïques, se font une joie de se faire inscrire à notre patronage chrétien. C'est une grande consolation de constater que cette œuvre, fondée en 1853, par M. Portalès est encore pleine de vitalité. Voici quelle est sa situation financière :

Les cotisations ont donné . . . . , ...	280 fr.
Les quêtes hebdomadaires	168 75
Une rente de.	65 »
Reliquat de l'année dernière.	1.522 35
	2.036 10
Dépenses.	647 50
Reste.	1.388 60

Patronage de Jeunes filles des Écoles laïques.

Ce patronage a été établi au 22, rue Saint-Sauveur, en 1900, par l'Œuvre de Sainte-Clotilde, sur l'initiative de Mme Duhamel, secrétaire générale. Mais c'est aussi sous la protection et avec le concours de MM. les Curés de Saint-Eustache, Saint-Nicolas-des-Champs, Saint-Leu, Sainte-Elisabeth et de Bonne-Nouvelle qu'il fonctionne normalement.

C'est assez dire qu'il reçoit les jeunes filles qui suivent les écoles laïques établies sur ces paroisses.

Les enfants s'y réunissent le dimanche et le jeudi, sous la surveillance de dames chrétiennes, qui sont chargées de les conduire à la messe, aux offices et aux catéchismes de leurs paroisses respectives.

Il y en a 450 d'inscrites, mais toutes n'y viennent pas, malheureusement, aussi exactement qu'elles devraient.

Le dimanche on leur fait une petite instruction religieuse. Le jeudi elles assistent à des leçons de couture, de chant; elles prennent part à des petites fêtes récréatives, à des promenades accompagnées de goûter. Plusieurs même bénéficient d'une quinzaine de jours de vacances dans la belle saison, en Savoie, en Bourgogne. D'autres y trouvent la facilité de se placer, comme ouvrières dans les maisons chrétiennes du quartier.

Cette œuvre fait beaucoup de bien à ces chères enfants, à leurs familles, et procure à un certain nombre de dames et de jeunes filles, l'occasion d'employer une partie de leur temps à un apostolat méritoire pour leur âme et fructueux pour les pauvres enfants des écoles laïques.

La Société Amicale des Jeunes Gens de Bonne-Nouvelle.

Cette société, qui rend de si grands services à la jeunesse chrétienne de Bonne-Nouvelle (1), vient de traverser une crise qui a failli lui coûter la vie.

Malgré les charges écrasantes que lui créent le Denier du Culte, l'École de Filles et d'autres œuvres paroissiales, M. le Curé qui, avait déjà sauvé cette intéressante société en 1904 et en 1906, lors de son expulsion des Petits-Carreaux, de la rue Poissonnière et de la Cour des Miracles, n'a pas hésité à lui tendre la main et à lui ouvrir son cœur.

Ayant trouvé et aménagé un spacieux local au numéro 1 de la rue de Damiette, il y a réuni ses Jeunes Gens, le samedi 11 avril à 9 heures du soir.

Malgré une installation sommaire — les ouvriers en

(1) Il a été déjà parlé de la fondation de cette société, au chapitre des *Communautés Religieuses*.

ayant encore pour quelques jours — tout le monde a admiré les avantages de ce local.

Après la prière, M. Casabianca a pris la parole pour dire à la nombreuse assistance que cette première réunion n'avait pas un but administratif d'élections ni d'organisation, ces choses se feraient la semaine de Pâques.

Il a voulu uniquement que la société entrât dans le nouveau local, la veille du jour où Notre Seigneur est entré triomphant dans Jérusalem, malgré que quelques semaines auparavant on l'eût cherché pour le faire mourir.

Les jeunes gens trouveront dans ce local une abondante vie paroissiale : instruction et apologétique chrétiennes; lectures intéressantes et variées, billards, jeux, distractions saines en un mot tout un ensemble d'hygiène morale.

M. le Curé a voulu également prendre immédiatement contact avec ses Jeunes Gens et leur donner comme aumôniers, deux de ses vicaires, MM. Lot et Boyer; donnant à sa parole une couleur locale, il leur a dit qu'en suivant les conseils de leurs chers aumôniers, ils éviteraient de tomber dans les eaux dangereuses du Nil, de se laisser séduire par les délices d'Alexandrie, de se perdre dans les rues tortueuses du Caire et d'essuyer les désastres d'Aboukir (1).

Enfin, M. le Curé a remercié M. Fliche, avocat à la Cour d'Appel et le Président général du Comité central des Conférences de Saint-Vincent de Paul, de les honorer de sa présence, MM. Hamon, Gruhier, Barbet et la sœur de Montesquiou de leur bienveillant concours; il a remercié tout particulièrement M. Rossin qui a été l'âme du repêchage de la chère société : c'est lui qui a fait toutes les démarches, qui s'est occupé des travaux, de l'aménagement, qui a été en un mot le précieux collaborateur de M. le Curé. Il a recommandé aux jeunes d'accepter d'une manière pacifique et chrétienne l'épreuve à laquelle

---

(1) Ce sont quatre rues de la paroisse et qui avoisinent la rue de Damiette.

ils avaient été soumis et de garder leur estime et leur gratitude à ceux qui leur avaient donné pendant deux ans, une généreuse hospitalité et qui avaient été leurs protecteurs et leurs conseillers.

Ensuite, MM. Fliche, Guy et Rossin ont pris successivement la parole pour remercier M. le Curé de tout ce qu'il a fait pour cette œuvre et pour donner de sages conseils aux jeunes gens qui ont témoigné leur joie et leur gratitude par de fréquents applaudissements. On s'est donné rendez-vous au mercredi suivant pour la bénédiction des locaux et pour l'assemblée générale.

La prière a clôturé cette réunion qui a laissé la plus réconfortante impression dans l'esprit de tous les assistants.

Patronage des Elèves de l'Ecole libre Chrétienne du 14, rue des Petits-Carreaux.

Ce Patronage, de fondation récente, se recrute uniquement parmi les élèves de cette école. Il les maintient dans les principes chrétiens. A vingt ans, les membres de ce Patronage peuvent aller grossir les rangs de la *Société Amicale* qui les recevra à bras ouverts. M. le Curé bénit de tout cœur cette nouvelle création.

Patronage libre des Garçons des écoles laïques.

Afin d'atteindre et d'imprégner de l'influence chrétienne les enfants qui fréquentent les écoles laïques, nous avons pensé à fonder un patronage qui leur serait spécialement destiné.

Grâce au zélé concours de quelques paroissiennes et en particulier de Mme l'amirale Bienaimé, la femme du député du 2e arrondissement, cette œuvre existe et fonctionne depuis quelques semaines, 6, cour des Miracles (1).

(1) Cette Cour était décidément destinée à abriter la jeunesse de la paroisse; nous trouvons en effet qu'en 1847 il y avait un asile pour les petits enfants des deux sexes; une école tenue par les Frères du

Les enfants s'y réunissent le dimanche et le jeudi. Ils trouvent là une petite bibliothèque pour des lectures saines et intéressantes, des jeux, et des surprises avec projections. Une cour spacieuse leur permet de se livrer à de joyeux ébats sous une surveillance aussi maternelle qu'énergique. Ce Patronage compte actuellement de 40 à 50 garçons. Dans la visite que je leur ai faite, le dimanche 26 janvier, j'ai pu constater avec quel joyeux empressement ces chers enfants accueillaient les médailles que je leur ai distribuées en souvenir de la Fête de la *Sainte Famille* que nous célébrions ce jour là. Ils écoutèrent avec attention tout ce que je leur racontai, de l'obéissance, de la docilité et du travail de l'Enfant Jésus. Ils étaient si contents de leur médaille qu'ils m'en demandèrent pour leurs petites sœurs.

Il y a là, un grand bien à faire et une salutaire neutralisation à opérer contre certaines influences malsaines de l'école sans Dieu.

Nous ne saurions trop engager les familles à y envoyer leurs petits garçons qui vont aux écoles communales.

Comme on le voit, ces trois patronages atteignent les jeunes gens des diverses écoles; le premier se recrute parmi les jeunes gens de l'école des Petits-Carreaux et des écoles communales; le second, rien que parmi les élèves des Petits-Carreaux; et le troisième, uniquement parmi les élèves des écoles communales.

IV. — Œuvres d'apostolat.

L'Association des pères de famille chrétiens qui se propose de veiller tout particulièrement sur l'âme de leurs enfants en faisant respecter la neutralité dans l'école et

---

Vénérable de la Salle; une école de filles tenue par Mme Boquet. Enfin, une école de filles tenue par les Sœurs de Saint-Vincent de Paul de la rue Montmartre et de la rue Saint-Sauveur. Il y avait en tout 1.200 enfants qui recevaient l'instruction gratuite dans ce coin de la paroisse.

en empêchant les exhibitions pornographiques aux devantures des magasins et dans la rue.

Ces messieurs s'engagent à assister à la messe, le dimanche et se réunissent régulièrement une fois par mois.

Cette association fondée par M. le général Bonnet, existe depuis deux ans, à Bonne-Nouvelle.

Inutile de dire que les œuvres de la Propagation de la Foi, de Saint-François-de-Sales et de la Sainte-Enfance, sont dans une situation assez prospère.

V. — L'Œuvre du Denier du Culte.

J'ai réservé cette œuvre pour la fin, parce qu'elle est la dernière comme institution et parce que j'y suis plus personnellement en cause ; mais, comme il s'agit ici d'histoire, l'humilité ne saurait s'alarmer de la vérité.

Depuis la désastreuse loi de séparation, on peut dire que c'est l'œuvre capitale devant laquelle s'effacent toutes les autres, puisque c'est du Culte que les œuvres de piété, de charité, d'enseignement et d'éducation tirent leur vie, leur efficacité et tout leur intérêt. C'est l'Église qui est le véritable foyer des œuvres chrétiennes et paroissiales. Si l'Église était fermée, leur source serait tarie : elles seraient condamnées à mort; elles périraient, elles se dessécheraient, elles s'écrouleraient comme un homme sans poumons, un arbre sans terre, un édifice sans fondement.

C'est pourquoi, me conformant aux directions de S. S. Pie X, aux prescriptions de notre saint cardinal Richard, pour maintenir, dans ma paroisse, l'exercice du Culte et donner satisfaction aux besoins religieux, j'ai fondé l'œuvre du Denier du Culte, au mois de janvier 1907.

Il faut dire que l'année précédente, j'en avais posé les bases préliminaires en envoyant à tous mes paroissiens une lettre explicative et un bulletin d'adhésion ; l'historique et les documents de cette première campagne sont relatés dans les *Annales de Bonne-Nouvelle* de 1906. C'était un coup de sonde qui me donna d'assez bons résultats. Mais il s'agissait d'arriver à la partie matérielle ; il nous fallait des ressources. Comment nous les procurer ?

Ma première pensée avait été de sectionner la paroisse en autant de quartiers que j'avais d'ecclésiastiques sous ma direction et de leur confier la visite d'un quartier respectif. Ce système offrait d'inappréciables avantages ; il nous mettait toute la paroisse dans les mains et nous aurait permis d'exercer une influence plus générale, plus immédiate et plus efficace ; atteignant toutes les familles, nous établissions un lien de connaissance et de sympathie, de respect et de confiance entre tous nos paroissiens et tous les membres du clergé. Nous aurions aisément orienté leurs pensées vers l'Église soit pour l'assistance aux offices, soit pour le baptême, le catéchisme et l'enseignement chrétien de leurs enfants, soit pour leurs malades et pour leurs morts, soit enfin pour les œuvres de charité dont on les aurait rendus tributaires étant riches, ou bénéficiaires, étant pauvres ; c'était en un mot comme autant de coups de filet jetés sur toutes les parties de la paroisse qui auraient sûrement produit une pêche abondante, sinon miraculeuse.

Malheureusement le petit nombre de mes confrères, leurs occupations, la timidité des uns et la crainte de ne pas réussir des autres m'ont fait renoncer à la réalisation de ce plan. Je me suis donc mis à l'œuvre tout seul. J'ai fait un certain nombre de visites ; mais j'ai vu tout de suite, qu'avec toutes mes sollicitudes paroissiales, il me serait impossible de fournir cette tâche. Je me suis donc décidé à adresser aux familles chrétiennes une lettre dans laquelle je leur disais l'obligation du denier du culte, ses bienfaits, comme aussi les tristes conséquences de sa non existence. Cette lettre tirée à 12.000 exemplaires et distribuée le dimanche à toutes les messes et à tous les offices, et envoyée à domicile par l'intermédiaire d'une agence de publicité (1). Malgré que ce service n'ait pas été fait avec toute la diligence et la con-

(1) Cette lettre a paru dans les *Annales* de janvier 1907.

science voulues, je reçus un assez grand nombre de réponses. Mais leur résultat n'ayant pas répondu à mon attente, j'ai adressé une lettre à toutes les personnes qui, sans habiter sur Bonne-Nouvelle y ont soit des propriétés soit des intérêts ; je dois reconnaître qu'un certain nombre de ces personnes a généreusement répondu à mon appel. Malheureusement, l'année avançait et j'étais encore assez loin de l'équilibre de mon budget. Je me suis décidé à faire un nouvel appel. M'étant procuré l'adresse de tous mes paroissiens, j'ai fait porter par mes employés d'église, 8.000 lettres à domicile. De cette façon j'étais sûr qu'elles parviendraient à leurs destinataires. C'était là un travail long et minutieux : préparer les adresses, plier les lettres, les mettre sous enveloppe, les coller, les timbrer avec ma griffe pour leur donner accès auprès des concierges : les classer par rues, par chiffres pairs et impairs, enfin les porter dans toutes les directions de la paroisse, tout cela a été mené à bon terme par mes braves employés auxquels j'adresse toute ma reconnaissance. Ce travail vient à peine d'être terminé.

En attendant la réponse à ce nouvel appel, voici quel a été le résultat du premier. . . . . . 25.395 fr.

Le second a produit. . . . . . . 4.630 fr. 40

Total . . . . 30 025 fr. 40

En somme, c'est un résultat bien consolant. Si dans le courant de l'année, je vous ai un peu secoués, soit du haut de la chaire, soit dans mes visites, soit dans nos conversations privées, afin de stimuler votre générosité, j'avoue que j'en éprouve quelque regret ; cependant ce regret ne va pas jusqu'à la contrition parfaite, car la joie que j'éprouve du résultat obtenu me fait presque oublier la douleur de vous avoir quelque peu bousculés.

Cela prouve tout simplement une chose, mes bons amis. C'est que vous avez un cœur d'or ; lorsque vous voyez votre curé dans la peine, vous vous hâtez pour le consoler, de le lui ouvrir, compatissant et généreux.

C'est donc du plus profond de mon âme que je vous dis un très grand *merci*! Vous savez que je suis obligé de remettre la moitié de cette somme à l'Archevêché pour l'aider à faire face à ses nombreuses charges diocésaines ; mais n'empêche qu'avec ce qui nous reste et ce que Son Éminence daignera nous accorder sur la répartition générale, j'espère pouvoir vous dire : ne craignez rien; ayez confiance! l'église de Bonne-Nouvelle ne sera pas fermée; vos prêtres resteront fidèles à leur poste; avec la grâce de Dieu et votre inlassable concours, nous travaillerons à l'extirpation de l'ignorance, de l'erreur et du vice, à l'exaltation de l'Église, à la glorification de Dieu, à la sanctification de vos âmes (1).

(1) Ce compte rendu a paru sous forme de Lettre dans les *Annales de Bonne-Nouvelle*. C'est ce qui en explique le ton. Il en est de même de plusieurs autres œuvres.

Diocèse de Paris.

Manuel Paroissial de Notre-Dame de Bonne-Nouvelle.
(Renseignements généraux) 1904.

Paris, le 1ᵉʳ octobre 1904.

Mes Chers Paroissiens,

En attendant que j'aie l'honneur et la joie d'aller faire votre connaissance, permettez-moi de charger ce petit Manuel Paroissial de vous porter mon premier salut.

Je le charge de saluer, avec respect et affection, vos personnes et vos familles ; vos enfants et vos malades; vos désirs et vos espérances.

Je le charge de vous dire que c'est de tout cœur que je m'intéresse à tout ce qui vous touche; que je m'associe à vos joies et à vos peines et que je prie Dieu de bénir vos âmes et vos corps, vos travaux et vos demeures.

Je le charge enfin, de vous faire connaître l'organisation de la vie paroissiale de N.-D. de Bonne-Nouvelle ; il vous dira des choses qui vous intéresseront certainement.

Je suis persuadé que vous ferez bon accueil à mon petit messager; que vous écouterez tout ce qu'il vous racontera et que vous lui donnerez une place d'honneur au foyer domestique.

Je vais plus loin ; j'espère qu'avec l'esprit religieux qui vous distingue, vous entrerez résolument dans un mouvement paroissial qui entraîne, depuis quelque temps d'une manière si consolante, vers notre chère église, en voie de restauration (1), toutes les âmes qui sentent le

---

(1) Je me permets de faire appel à la générosité de tous ceux qui liront ces lignes, en faveur de la restauration de notre église. J'accep-

besoin d'une vie pratiquement chrétienne et qui sont soucieuses de leur salut.

Veuillez agréer, mes Chers Paroissiens, l'assurance de mon affectueux dévouement.

l'Abbé CASABIANCA,
Curé de N.-D. de Bonne-Nouvelle,
Ch. hon.

Renseignements généraux sur la Paroisse de Notre-Dame de Bonne-Nouvelle.

I. — Dates fixes.

1° De la fondation de la première église de Notre-Dame de Bonne-Nouvelle, 21 août 1552 ; de sa bénédiction, le 23 décembre 1563, par Mgr Thiercelin, évêque de Luçon. — De la fondation de la seconde : 28 avril 1628 ; de son érection en cure, le 22 juillet 1673, par Mgr De Harlay, archevêque de Paris. — De la fondation de l'église actuelle : 25 mars 1823. — De sa consécration : 25 mars 1830, par Mgr De Quélen, archevêque de Paris.

2° *De la Fête Patronale* (L'Annonciation de la Sainte Vierge) remise au deuxième dimanche après Pâques.

3° *De la Première Communion.* Le jeudi du quatrième dimanche après Pâques.

4° *De l'Adoration Perpétuelle* dans le courant du mois de mars.

5° *Du Pèlerinage au Sacré-Cœur de Montmartre.* Le second dimanche du mois de mai.

6° *Du Renouvellement de la* 1re *Communion.* Le dimanche de la fête du Sacré-Cœur.

II. — Horaire des Messes et des Offices.

Dimanche et jours de Fêtes : A 6 heures, 7 heures, Messe ; à 8 heures, Messe Paroissiale avec Chant ; à 9 heures, Messe des hommes avec Chant ; à 9 h. 3/4, Grand'Messe,

terai la moindre offrande avec la plus grande reconnaissance. — Ce manuel a été tiré à 12.000 exemplaires et distribué aux paroissiens.

Prône; à 11 heures, Messe, Allocution par M. le Curé; à 12 heures, 1 heure, Messe; à 3 heures, Vêpres, Salut du Saint-Sacrement; à 4 heures, Réunion de l'Archiconfrérie de Notre-Dame Consolatrice des Affligés.

Lundi. — A 6 heures, Messe; à 7 heures, Messe pour l'Œuvre de la Bonne-Mort; à 8 heures, Exposition du T. S. Sacrement, Messe du Saint-Esprit, avec Chant; à 9 heures et 10 heures, Messe.

Mardi. A 6 h., 7 h., 8 h., 9 h. et 10 heures, Messe.

Mercredi. A 6 h., 7 h., 8 h., 9 h. et 10 heures, Messe.

Jeudi. A 6 heures, 7 heures, Messe; à 8 heures, Exposition du T. S. Sacrement, Messe avec Chant; à 4 h., Salut.

Vendredi. A 6 heures, Messe; à 7 heures, Messe du Sacré-Cœur; à 8 heures, Messe, Allocution par M. le Curé, et Distribution des Bons de pain aux pauvres; à 9 heures. 10 heures, Messe.

Samedi. A 6 h., 7 h., 8 h., 9 h. et 10 heures, Messe.

Nota. — 1° La Prière du soir a lieu tous les jours à 5 heures. 2° Le Deuxième et le Quatrième Samedi de chaque mois, à 7 heures, Messe de l'Archiconfrérie de Notre-Dame Consolatrice des Affligés. 3° Le dernier vendredi de chaque mois, à 8 heures, Messe pour tous les défunts du mois à laquelle sont convoqués par lettre, les membres de leur famille. Allocution par M. le Curé.

III. — Prédications.

1° *De l'Avent.*

1° La Toussaint, à Vêpres. 2° Le Jour des Morts, après l'Évangile de la Messe de 8 heures. 3° Le Triduum des Morts, le soir à 8 heures 1/2. 4° Les Quatre Dimanches de l'Avent, à Vêpres. 5° Le Jour de Noël et de l'Épiphanie, à Vêpres.

2° *Du Carême.*

Le Dimanche à Vêpres; le Mardi et le Jeudi, à 8 h. 1/2 du soir; le Vendredi, à la Messe de 9 heures. Tous les Mercredis du mois de Mars, à la Messe de 8 heures.

3° *Du Mois de Marie.*

Tous les jours à 8 heures 1/2 du soir.

4° *De la Station du Saint-Sacrement.*

1° Fête Patronale, à Vêpres. 2° La Pentecôte, à Vêpres. 3° La Fête-Dieu, à Vêpres. 4° La Fête du Sacré-Cœur, à Vêpres. 5° L'Assomption de la Sainte-Vierge, à Vêpres.

IV. — Catéchismes.

1° De première année (Garçons et Filles) de 9 à 10 ans, le Jeudi à 10 h. 1/2.

2° De première Communion (Garçons et Filles) le lundi, à 4 heures 1/2 et le jeudi, à 8 heures 1/4. Ces Catéchismes commencent le jeudi de la troisième semaine d'octobre.

3° De Persévérance. Garçons, le dimanche, à 9 heures à l'église ; filles, le dimanche, à 9 heures à la chapelle des Catéchismes.

L'ouverture de ces deux catéchismes a lieu le premier dimanche de novembre.

V. — Œuvres

I° D'Enseignement.

1° École chrétienne de garçons, 14, rue des Petits-Carreaux.

2° École chrétienne de filles, 22, rue Saint-Sauveur.

II° Post-scolaires.

1° Patronages paroissiaux de jeunes gens, 14, rue des Petits-Carreaux et 1, rue de Damiette.

2° Patronage paroissial de jeunes filles, 85, rue Réaumur.

3° Patronage libre des jeunes filles qui suivent les écoles communales, 22, rue Saint-Sauveur.

4° Patronage libre des garçons des écoles communales.

III° De Piété.

1° Confrérie du T. S. Sacrement de Dames, pour l'adoration quotidienne ; d'Hommes, pour la procession du 1ᵉʳ dimanche du mois.

2° Confrérie du Sacré-Cœur de Jésus.
3° Archiconfrérie de Notre-Dame Consolatrice des Affligés.
4° Association des Enfants de Marie.
5° Tiers-Ordre de Saint-François.
6° Association des Mères chrétiennes.
7° Œuvre de la Bonne-Mort.
8° Œuvre de la Messe des Morts du mois.

IV° D'Assistance.

1° Conférence de Saint-Vincent de Paul.
2° Conférence de Sainte-Agnès.
3° Les petits pains des pauvres du vendredi.
4° La robe de l'Enfant-Jésus.
5° La lingerie des pauvres.
6° Le loyer des pauvres.
7° Les pauvres malades.

V° D'Apostolat.

1° Propagation de la foi.
2° Œuvre de Saint-François de Sales.
3° Œuvre de la Sainte-Enfance.
4° Œuvre des mariages.
5° Œuvre des baptêmes.
6° Œuvre du pain bénit.
7° Bulletin de l'Archiconfrérie et des Annales paroissiales.

IV. — Recommandations aux paroissiens.

1° Tous les fidèles seront exacts aux messes et aux offices qui commenceront à l'heure précise.

2° Ils voudront bien régler leur montre sur l'horloge intérieure de l'église.

3° Ils sont invités à se faire inscrire aux Œuvres paroissiales.

4° Les parents qui désirent pour leurs enfants un enseignement religieux et une éducation chrétienne, sont priés de les faire inscrire aux écoles libres de la paroisse. A cet effet, ils se muniront : 1° de leur extrait de naissance ; 2° de leur extrait de baptême ; 3° du certificat de vaccin.

5° Ils s'empresseront de les faire inscrire au catéchisme correspondant à leur âge, ainsi qu'au patronage de garçons ou de filles.

6° Ils auront soin de faire tous les soirs, la prière en commun.

7° Ils sont prévenus, contrairement à une erreur : 1° qu'il n'est dû aucune rétribution pour les baptêmes et les billets de confession ; 2° que les mariages et les enterrements des pauvres sont célébrés gratuitement ; 3° que des places sont réservées pour les pauvres, à toutes les messes et à tous les offices.

VII. — Nota.

1° M. le premier vicaire reçoit, pour les mariages : tous les jours, de 8 heures 1/2 à 11 heures du matin ; et le samedi : de 4 heures à 6 heures, et à 8 heures.

2° M. le second vicaire reçoit, pour les convois et les services ; tous les jours, de 8 heures du matin à 5 heures du soir.

3° M. le vicaire de service reçoit tous les jours : de 6 heures 1/2 du matin à 6 heures du soir, pour l'inscription des messes, les baptêmes, les confessions et la visite des malades.

4° L'église est ouverte tous les jours, à partir de 5 h. 1/2 du matin, jusqu'à 6 heures du soir.

5° La sonnette des sacrements se trouve rue de Beauregard, dans le retour du clocher.

Fait à Paris, le 10 août 1904, en la fête de Saint-Laurent.

L'abbé Laurent-Marie Casabianca,
Chanoine-honoraire,
Curé de N.-D. de Bonne-Nouvelle.

Vu et approuvé,
Paris, le 10 août 1904.
P. FAGES,
Vicaire général.

APPENDICE

Direction des œuvres de la paroisse.

I. Catéchisme des enfants de sept à neuf ans, MM. Lot et Lacaille, directeurs.

II. Catéchisme de 1re année, MM. l'abbé Vexénat, Lot, Boyer, directeurs.

III. Catéchisme de 1re communion, MM. l'abbé Chosson, 1er vicaire, Vexénat, Lot, Boyer, directeurs.

IV. Catéchisme de persévérance des garçons, M. l'abbé Boyer, directeur.

V. Catéchisme de persévérance des filles, MM. le Curé, Vexénat, Lot, directeurs.

VI. Patronage des jeunes gens, MM. Lot, Boyer, directeurs.

VII. Patronage des jeunes filles (école paroissiale), M. le Curé, directeur et M. Boyer.

VIII. Enfants de Marie, M. le Curé, directeur et M. Boyer.

IX. Association du Saint-Sacrement (Dames), M. Chosson, 1er vicaire, directeur.

X. Confrérie de N.-D. Consolatrice des Affligés (et bulletin) : MM. le Curé, directeur ; Lot, sous-directeur.

XI. Tiers-Ordre de Saint-François, M. Chosson, 1er vicaire, directeur.

XII. Association des Dames du Vestiaire de la Sacristie, M. le Curé, directeur.

XIII. Œuvre des pauvres, M. le Curé, directeur.

XIV. Œuvre des petits pains, M. le Curé, directeur.

XV. Œuvre de la lingerie, M. le Curé, directeur.

XVI. Œuvre de la robe de l'Enfant-Jésus, M. Vexénat, directeur.

XVII. Œuvre de la messe de 1 heure le dimanche, M. Lot, directeur.

XVIII. Œuvre du pain bénit, M. Boyer, directeur.

XIX. Œuvre des quêtes du mois de Marie, M. Vexénat, 2ᵉ vicaire, directeur.

XX. Œuvre de la Bonne-Mort, M. Vexénat, directeur.

XXI. Œuvre des morts du mois, M. le Curé, directeur.

XXII. Association du Saint-Sacrement (Hommes), M. Lot, directeur.

XXIII. Propagation de la foi, M. Vexénat, directeur.

XXIV. Œuvre de Saint-François de Sales, M. Boyer, directeur.

XXV. Œuvre de la Sainte-Enfance, M. Lot, directeur.

XXVI. Œuvre du Vestiaire de la Sacristie, M. le Curé, directeur.

Confessions.

École chrétienne de garçons, M. Lot, directeur.
École chrétienne de filles, M. Vexénat, directeur.
École communale de garçons, M. Lot, directeur.
École communale de filles, M. Boyer, directeur.

F

Conseil de Fabrique de Notre-Dame de Bonne-Nouvelle.
15 *décembre* 1837.

Fresque d'Abel de Pujol.

Un membre du Conseil de Fabrique communique à l'assemblée un article inséré dans le journal de la *Gazette de France*, du 2 décembre dernier, relatif au magnifique tableau que vient d'exécuter M. Abel de Pujol, dans la partie circulaire du chœur.

Cet article présentant, avec autant d'esprit que de clarté, la grandeur du sujet traité et la perfection de son exécution, l'assemblée arrête que copie en sera faite sur le registre de la présente délibération.

BEAUX-ARTS. — *Notice sur un tableau de Notre-Dame-de-Bonne-Nouvelle.*

Le dimanche 3 décembre, les paroissiens de Notre-Dame-de-Bonne-Nouvelle ont vu disparaître les toiles qui cachaient depuis six mois le haut de l'enceinte circulaire du chœur de cette église, et tous les yeux se sont portés sur une grande scène religieuse, représentée en peinture genre de grisaille en relief, sur le mur de cette enceinte et due au pinceau de M. Abel de Pujol. Ce peintre, en faveur duquel de grands ouvrages ont depuis longtemps parlé aux yeux du public de la capitale, dans les plafonds du palais du Louvre, dans l'église de Saint-Sulpice et ailleurs, vient assurément aux œuvres qui jusqu'ici lui ont donné un rang distingué parmi nos grands peintres, un morceau qui égale au moins, s'il ne surpasse pas ce qu'il a fait auparavant.

Le pinceau de l'artiste avait à retracer cette vision rapportée dans l'Apocalypse aux chapitres IV et V, dans laquelle l'apôtre, ravi en extase, voyait l'intérieur du ciel et, dans ce ciel, un trône sur lequel était assis celui qui règne dans les siècles des siècles; de ce trône, qui environnait l'arc-en-ciel, il sortait des éclairs, des tonnerres et des voix ; à droite et à gauche de ce trône, vingt-quatre vieillards se prosternaient devant Celui qui était assis.

Un livre, écrit dedans et dehors, était entre les mains de Celui qui était assis sur le trône, et ce livre était fermé ; alors un ange demandait à haute voix : « Qui est digne d'ouvrir le livre et d'en lever les sceaux ? » Et nulle créature ni dans le ciel, ni sur la terre ni sous la terre n'ayant pu ouvrir ce livre, le lion de la tribu de Juda, le rejeton de David, c'est-à-dire, l'agneau égorgé, obtint par sa victoire, d'ouvrir le livre et d'en lever les sceaux ; et après qu'il l'eut ouvert, les vingt-quatre vieillards se prosternèrent devant l'agneau, ayant chacun des harpes et des coupes pleines de parfums, qui sont les prières des saints.

Cette scène sublime de la vision de l'apôtre inspiré, a été indiquée à l'artiste par le digne pasteur de cette église, si constamment occupé de ce qui peut exciter et fortifier la piété de ses paroissiens ; elle a été retracée dans la dernière partie, sur un espace en demi-cercle, de quarante-cinq pieds d'étendue, sur neuf d'élévation.

Tout dans l'œuvre du peintre se trouve en harmonie avec la gravité et la majestueuse grandeur du sujet. Mais, ainsi que cela devait être, la figure majestueuse qui est sur le trône attire la première les regards et l'attention.

On voit sur un trône dont la simplicité fait l'unique ornement Celui que nulle force au monde ne peut renverser ni même ébranler. On contemple cette face antique sur laquelle les ans et les siècles semblent devoir passer sans y rien ajouter ; on s'arrête sur ce regard de Maître souverain de toutes choses, qui pénètre à la fois tous les temps et toutes les ténèbres. Son trône est posé sur le croissant de l'arc-en-ciel et des foudres s'en échappent ; l'agneau égorgé est étendu sur un autel formé par des nuages, au pied du trône du Père Éternel. Du milieu de cet autel de nuages, sort la partie supérieure de la Croix, autel véritable sur lequel fut immolé Celui dont l'agneau n'est que l'emblème. Douze vieillards en des attitudes diverses sont placés à droite et à gauche du trône, les uns prosternés en adoration, les autres présentent des coupes fumantes de parfums, et d'autres faisant vibrer les cordes de leurs harpes.

On ne pouvait attendre que d'un maître consommé dans son art, la pose de vingt-quatre vieillards, qui, semblables par l'âge, et le costume et l'action, ont pourtant chacun leur figure, leur contenance et leur intention particulière.

Cette composition qui est l'œuvre du pinceau seul, fait pour les yeux l'illusion d'un vaste haut-relief de sculpture; toutes ces grandes figures semblent être en saillie.

L'aspect de cette scène imposante et divine fait naître dans l'âme des spectateurs des sentiments graves et religieux, et l'on se trouve porté naturellement à penser, en le voyant, que, lorsque le talent du peintre sait s'élever jusqu'à elles, comme dans l'œuvre dont nous parlons, les idées inspirées par les livres saints fournissent et fourniront toujours les sujets les plus beaux et les plus capables de toucher les cœurs.

Extrait du livre des délibérations du Conseil de fabrique, 15 décembre 1837.

G

La presse et les peintures de Bonne-Nouvelle.

« L'UNIVERS » (1)

Dimanche dernier, a eu lieu, à Notre-Dame de Bonne-Nouvelle, l'inauguration solennelle de la nouvelle décoration de cette église. Mgr Fages, protonotaire apostolique, présidait la cérémonie, au cours de laquelle l'éloquente voix de M. le chanoine Janvier a fait entendre à l'assistance les enseignements de la Foi mêlés aux préceptes de l'Art. L'église — faut-il le dire ? — était bondée ; et M. le chanoine Casabianca, curé de Notre-Dame de Bonne-Nouvelle, a eu à se féliciter d'avoir voulu cette fête, dont la réussite fut parfaite. Il avait d'ailleurs employé à l'organiser telle tout son zèle de pasteur et tout l'amour intelligent de son esprit et de son cœur.

Ce zèle et cet amour, cet esprit et ce cœur, j'avais eu l'occasion d'en savourer la qualité, quand, quelques jours avant l'inauguration dont je parle, j'avais, avec le digne prêtre, qui s'était fait pendant une heure mon cicerone, fait le tour des échafaudages où les décorations achevaient de parfaire leur œuvre. Et, n'eût été une grippe maligne qui m'empêcha de travailler comme j'eusse voulu, je n'aurais pas manqué, dès avant l'inauguration, de conter ici cette conduite.

Les nouvelles peintures de Notre-Dame de Bonne-Nouvelle, composent une suite de grandes toiles dues au talent du très bon peintre catholique, Félix Villé, mort l'an dernier à Bourg, à l'âge de 88 ans. Ces toiles ont été

(1) Ces divers articles des journaux ont été publiés du 20 au 26 mai 1908.

marouflées en frise du vaisseau de l'église sous l'habile direction de M. Baudry, architecte décorateur. Elles représentent les mystères joyeux et douloureux de la vie historique de Notre-Dame : côté de l'évangile, sa nativité, sa présentation au temple, ses fiançailles, son annonciation et sa divine maternité ; côté de l'épître, la présentation de Jésus, la rencontre au chemin du calvaire, la station au pied de la Croix, la descente de Croix et la dormition. Ces dix compositions, d'un style simple et d'une couleur calme, sont pathétiques sans pathos, impressionnantes sans violence. Conçues pour faire prier plutôt que pour faire applaudir, elles attestent une inspiration dont la piété, tout intérieure, rayonne aimablement à travers les moindres détails.

Autour de ces tableaux, règnent, en guise d'encadrement, d'harmonieuses guirlandes de palmes et de lys entremêlées de roses, la séparation des tableaux étant constituée par des bandes verticales, chacune de trois médaillons, où sont représentés les symboles scripturaires des faits historiques pris pour thèmes : l'aurore qui se lève dans l'échancrure d'une montagne, les biches couchées, la lune dans ses trois états, le soleil d'élection, la solitude fleurie, le loup cohabitant en paix avec l'agneau, les oliviers, Rama en deuil, le champ de myrrhe, la porte sainte, la vallée d'absinthe, les cyprès, les roses de Jéricho, etc.

Aux quatre angles de chaque tableau, dans des carrés encadrés d'or, sont peintes d'autres allégories.

— Chacune d'elles, m'a dit M. Casabianca, est comme l'hiéroglyphe d'une étape de l'histoire de Notre-Dame-de-Bonne-Nouvelle. Ainsi, le moulin que voici dans le carré de gauche en bas de la première toile, rappelle la Butte aux Moulins, nom que l'on donnait autrefois au quartier dont nous sommes le centre. Les gravois et la petite ville du deuxième signifient la Ville-Neuve en Gravois, comme on nomma le premier village qu'on y fonda. L'arbre de celui-ci est le chêne de saint Louis, patron de la première chapelle ; et cet anneau avec cette palme rappelle sainte

Barbe, qui en fut la seconde patronne. Voici un fort, qui commémore les fortifications qu'il y avait ici lors du siège de Paris par Henri IV, tandis que le gril que voilà nous aide à nous ressouvenir que la petite chapelle Saint-Louis et Sainte-Barbe fut fondée sur le territoire de la paroisse de Saint-Laurent. Suivez maintenant, toujours à gauche, les emblèmes des carrés du haut. Cette abbaye est Saint-Martin, dont les abbés nommaient les curés de Bonne-Nouvelle ; cette couronne est celle d'Anne d'Autriche, laquelle en 1682, posa la première pierre du chœur ; cette porte est la porte Saint-Denis qui se trouvait dans la paroisse ; ces armoiries sont celle de Louise de Marillac, paroissienne de Saint-Sauveur, fondatrice des Filles de la Charité, et de Saint-Vincent-de-Paul, dont les premières religieuses inaugurèrent ici leur ministère de dévouement ; cet édifice est la chapelle des sœurs de Saint-Chaumond, qui s'élevait rue de la Lune, entre la rue Thorel et la rue Poissonnière. Enfin cet écusson est celui de Mgr François II de Harlay de Champvallon, qui, en 1672, érigea en cure la paroisse.

Infatigablement, M. Casabianca m'explique et m'évoque tout le passé de son église, qui n'a pour lui aucun secret. Il se propose, m'a-t-il confié, d'en publier bientôt une monographie complète ; et, de l'avoir ouï m'en dire, d'abondance, avec cette précision et cette chaleur, ce qu'il m'en dit au cours de cette trop brève causerie, je suis resté persuadé que l'histoire qu'il publiera sera du plus intense et du plus réel intérêt.

Après l'explication des sigles historiques de la frise, côté de l'épître, nous voici revenus, par l'étroit escalier en colimaçon du jubé, en bas, dans le vaisseau central.

Là, dans les écoinçons qui reposent sur les colonnes, des médaillons attirent l'attention. Ce sont, avec texte en exergue, des représentations prophétiques des tableaux du haut : Salomon annonçant la création *ab initio et ante sæcula* de la Sagesse, dont Marie est nommé le Siège ; Moïse prophétisant la venue de la Femme qui écrasera la tête du serpent; Isaïe prédisant la conception miraculeuse; Sarah et les trois visiteurs; Rachel refusant d'être consolée; Esther évanouie devant la gloire d'Assuérus; la mère des Machabées exhortant ses fils à mourir, et Judith à sa dernière heure, pleurée par le peuple fidèle.

J'ai dit le détail des peintures. L'ensemble est d'un effet aussi heureux qu'il est possible. Les deux lanterneaux de la voûte, à travers leurs carreaux peints en jaune clair, filtrent sur tout une lumière d'or, qui relève, en la réchauffant, la tonalité générale. L'atmosphère, ainsi unifiée, vibre d'une paix joyeuse et douce.

— Quand Dieu voudra, me dit M. Casabianca, je ferai remplacer par des vitraux les vitres de là-haut. J'ai mes sujets ; l'assomption et le couronnement de Notre-Dame ; les mystères glorieux dominant tous les autres et servant à les éclairer. Le malheur des temps me contraint à remettre à plus tard cet achèvement complet de l'œuvre.

En attendant, le peintre a joliment bien fait de vouloir que le digne prêtre signât en une manière cette décoration qui restaure, d'aspect, son église. Dans un des carrés de la frise, il y a quelque part une petite maison blanche, *Casa bianca*, qui, longtemps, dira aux fidèles de la paroisse de Bonne-Nouvelle le nom du bon pasteur dont l'initiative leur vaut ce réconfort : avoir, pour lieu de leur prière, une église claire et propre, ornée avec art, agréable, où les murs même, désormais, leur diront les merveilles de Dieu.

Edouard BERNAERT.

« LA CROIX »

Le dimanche, 24 mai, à 3 heures, sous la présidence de Mgr Fages, vicaire général, on inaugurera et on bénira après un sermon qui sera prononcé par M. le chanoine Janvier, les peintures dont le peintre Villé a merveilleusement décoré l'église Notre-Dame de Bonne-Nouvelle. Il ne nous paraît pas sans intérêt de dire à nos lecteurs l'histoire de ces peintures, œuvre d'art et de haute piété.

M. l'abbé Casabianca, curé de Bonne-Nouvelle, a bien voulu nous la dire. La voici trop brièvement résumée, à notre gré. Mais une visite vaudra mieux que tous les commentaires.

Il était fort naturel qu'en cette paroisse dédiée à Notre-Dame, la décoration fût évocatrice de sa gloire. Ce sont donc dix épisodes de sa vie joyeuse et douloureuse qui forment le sujet des dix grandes toiles resplendissant sur la voûte de l'église. *La Naissance, la Présentation au Temple, le Mariage, l'Annonciation, la Maternité de la Vierge, la Présentation de Jésus, la Rencontre sur le chemin du Calvaire, la Crucification, la Descente de croix, la Mort de la Mère du Christ*, tels ont été les épisodes choisis. Ils représentent la partie historique de l'œuvre.

Dans les écoinçons, au-dessus des colonnes, et sur les bandes qui remplissent l'intervalle entre chaque tableau, a été peinte la vie de Marie, et cette fois envisagée sous son aspect prophétique et symbolique. Ici, près de la toile représentant le mariage de la Vierge, se trouve un médaillon représentant Isaïe qui porte sur une banderole le texte prophétique : *Ipsa concipiet filium* : elle concevra un fils. Là, près de la croix où le Christ agonise tandis que sa Mère souffre atrocement, c'est dans l'écoinçon, la mère des Machabées invitant ses enfants au moment de leur mort à regarder le ciel. Dans les quatre médaillons qui entourent le sujet principal sont les symboles : le soleil qui, voilant sa lumière, plonge la ville déicide dans une profonde obscurité; le voile du Temple qui se déchire, une vallée d'Absinthe, symbole de souffrance, et enfin le cri de la Mère des Douleurs : « O vous qui passez par ce chemin, regardez et voyez s'il existe une douleur semblable à ma douleur ! »

Il nous faut arrêter là cette énumération destinée à montrer comment l'ensemble de l'œuvre a été conçu. Ajoutons, toutefois, que dans le cintre qui est au-dessus du maître-autel, sont placés deux groupes d'anges qui escortent et qui transportent la sainte maison de Nazareth, en souvenir de la « Bonne-Nouvelle » du mystère de l'Annonciation qui est la fête patronale de la paroisse.

M. l'abbé Casabianca a inspiré au peintre les sujets de ces multiples compositions. Mais le curé de Notre-Dame de Bonne-Nouvelle n'est pas seulement un prêtre tout pénétré de piété, c'est aussi un érudit de grande valeur qui nous donnera prochainement une histoire de sa paroisse, composée après de longues et fructueuses recherches. Aussi, a-t-il eu l'idée de compléter les éléments de décoration dont il vient d'être parlé, par un certain nombre de médaillons, dont les sujets rappellent un souvenir du passé de l'église ; ces médaillons sont placés à l'intersection des toiles.

Le moulin que vous voyez ici évoque la *Butte-aux-Moulins*, qui était la première dénomination du quartier. Cet arbre c'est le chêne de saint Louis qui fut le premier patron de la première chapelle construite en ces parages. Cette couronne, c'est l'image de celle d'Anne d'Autriche qui, en 1628, posa la première pierre du chœur de l'église actuelle. Ces armes, sont celles de Mgr François II de Harlay de Champvallon qui, en 1672, érigea la paroisse en cure. Ce parchemin figure celui où fut écrite la protestation des fidèles de Bonne-Nouvelle en 1791 pour le rétablissement de la paroisse supprimée par l'Assemblée Nationale. Cette porte de prison c'est celle de Mazas où fut emprisonné pendant la Commune M. l'abbé Bécourt, curé, fusillé le 27 mai 1871. La vraie porte a pu servir de modèle, conservée qu'elle est dans l'église même. Enfin, voici les armes de Pie X, du cardinal Richard, de Mgr Amette, dont la présence n'a pas besoin d'être justifiée. Le dernier médaillon représente une maison blanche ; c'est la signature modeste du prêtre qui a conçu le plan et fixé les sujets de cette œuvre décorative si considérable, M. l'abbé Casabianca : *Casa* maison, *bianca* blanche.

Rien n'est banal comme l'énumération que nous venons de faire, nous le sentons fort bien ; rien surtout n'est incomplet par rapport à l'ensemble de l'œuvre comme l'analyse que nous venons de tenter. Aussi l'arrêtons-nous à ce point. La plume est parfaitement impuissante à rendre les impressions ressenties devant les toiles de Félix Villé, peintre poète et tout imprégné de sentiment religieux. On a dit qu'il ne fallait chercher dans les productions de son art « que des éléments de méditation et d'oraison, des leçons de vie intérieure ». Ceci est fort juste et très particulièrement ici. C'est pour cela que nous déclarons avoir écrit ces lignes surtout pour inciter nos lecteurs à aller à Notre-Dame de Bonne-Nouvelle prier la Vierge Marie sous l'inspiration des œuvres qui viennent de lui être consacrées.

M. E.

« LE SOLEIL »

Il y a quelques jours, à propos d'une exposition organisée par la Société de Saint-Jean, qui se propose d'encourager la peinture religieuse, je disais que ce genre avait pu subir une crise, mais qu'il ne pouvait disparaître. Toujours les artistes épris d'idéal et de sentiments humains à la fois seront amenés à demander leurs inspirations aux mystères divins et aux légendes. Et la meilleure preuve, c'est que l'un de nos maîtres les moins contestés, à l'un de nos salons les plus récents, M. Lhermitte, exposait un grand tableau représentant Jésus chez de bons villageois, et que, cette année même, au Grand Palais, figurent des toiles où les cérémonies du culte catholique sont reproduites en plus grand nombre avec leur splendeur et leur poésie.

Mais voici que l'actualité vient encore à mon secours. Une série importante de compositions consacrées à l'histoire de la Vierge sera inaugurée aujourd'hui à Notre-Dame de Bonne-Nouvelle en une imposante cérémonie. Cette œuvre est due à un artiste distingué qui s'est fait connaître par d'autres travaux, notamment grâce à une *Vie de saint Antoine de Padoue* exposée à l'hôtel de

Condé où se révélaient les mêmes qualités que l'on retrouvera dans la vieille église parisienne. Les nouvelles peintures décoratives sont placées dans le pourtour de la voûte et les écoinçons qui reposent sur les colonnes. Vues d'en bas, l'effet en est excellent et harmonieux. Conçues dans un esprit mystique qui rappelle les primitifs, elles attestent une grande préoccupation de la ligne et une réelle délicatesse d'inspiration. L'érudition non plus ne fait pas défaut et l'on voit que M. Villé a tenu à se conformer fidèlement aux révélations de l'Écriture. Ainsi procédaient Fra Angelico et tous les moines qui, loin du monde, s'absorbaient dans le symbolisme de leur foi.

Dix tableaux ont ainsi permis à M. Villé de retracer les circonstances principales de la Vie de la Sainte Vierge : *la Nativité, la Présentation au Temple, le Mariage de la Sainte Vierge, l'Annonciation, la Maternité, Jésus au Temple, Jésus sur le chemin du Calvaire, la Sainte Vierge au pied de la Croix, la Sainte Vierge recevant le corps inanimé de son fils, la Mort de la Sainte Vierge.* Il faudrait décrire chacune de ces remarquables œuvres qui prouvent que tels sujets, bien que traités depuis des siècles, ne peuvent vieillir. L'antique chanson nous émeut même davantage à mesure que les échos de sa poésie sont plus lointains. Aujourd'hui je me bornerai à signaler l'importance des beaux travaux de M. Villé et de la cérémonie de ce jour qui, par le temps actuel, prend le caractère d'une imposante manifestation. Il y a surtout pour le pasteur une occasion mémorable de se réjouir avec ses paroissiens des embellissements menés à bonne fin et qui complètent l'ornementation d'une église parisienne.

Notre-Dame de Bonne-Nouvelle est placée au centre d'une agglomération devenue très considérable. A son origine, qui ne remonte pas au delà du XVIe siècle, elle fut une simple chapelle qui desservait un petit bourg voisin des murailles de Paris. Le sanctuaire eut à souffrir du siège de Paris par Henri IV, et ce ne fut qu'en 1624 que sa reconstruction eut lieu. Anne d'Autriche en posa la première pierre, événement qui eut pour résultat avec l'agrandissement de la nouvelle paroisse de transformer tout ce quartier et d'y provoquer la destruction de la fameuse Cour des Miracles. L'édifice actuel date de 1828, et son architecture extérieure très lourde ne séduit pas les yeux. Mais à l'intérieur, l'installation de l'église Notre-Dame de Bonne-Nouvelle prouve que ses paroissiens se soucient du culte, que les offices y sont suivis. L'art n'y a jamais été méconnu. Ce sont deux toiles attribuées à Mignard, d'un intérêt historique, que l'on peut voir à une extrémité des bas-côtés, au-dessus du chœur, une grisaille d'Abel de Pujol représentant la *Vision de l'Apocalypse*, dans la chapelle de Saint-Vincent de Paul, une *Sainte Famille* de Carrache, des peintures de Hesse, dans la chapelle de la Vierge. Les décorations de M. Villé complètent ce bel ensemble. Elles y ajoutent même une note heureuse et ce résultat est entièrement dû à M. le curé Casabianca.

Depuis sa nomination à la cure de Notre-Dame de Bonne-Nouvelle, ce distingué ecclésiastique a étudié l'histoire du quartier où est situé sa paroisse. Il a fouillé les archives, il a compulsé les vieux grimoires, et actuellement, il a réuni tous les éléments d'un livre qu'il se propose de publier. Mais là ne se sont pas bornés ses efforts et son zèle, il a tenu à ce que dans la décoration confiée à M. Villé, l'artiste consacrât des allégories au passé du quartier Bonne-Nouvelle.

C'est ainsi que dans l'intersection des dix tableaux dont j'ai donné la nomenclature un moulin rappelle la *Butte aux moulins*, dénomination première de ce monument sur lequel existe la rue de la Lune; puis, c'est le fort qui symbolise les fortifications détruites par Henri IV; un édifice religieux, plus loin, commémore l'abbaye de Saint-Martin; la porte Saint-Denis, qui était enclavée dans le territoire de la paroisse, apparaît aussi au loin. Une telle innovation mériterait d'être suivie dans toutes nos églises, car elle ne peut que réveiller le sentiment de la tradition, maintenir ce lien indispensable entre le passé et le présent. Que ne peuvent-elles pas raconter les pierres de nos vieilles églises parisiennes !

Et l'on conçoit que le grand prédicateur de Notre-Dame, le R. P. Janvier, prête le concours de sa parole à cette solennité d'inauguration où l'art et l'histoire se mêlent si heureusement aux manifestations du culte.

Furetières.

« La Libre Parole ».

Les Peintures de Notre-Dame de Bonne-Nouvelle.

M. Casabianca, curé de Notre-Dame de Bonne-Nouvelle, nous avait convié à visiter les nouvelles peintures murales de son église.

Nous nous sommes rendu à cette aimable invitation hier matin.

Pour le critique d'Art, ce n'est qu'un salon de plus à faire, par ce temps où l'on en ouvre un tous les jours, et celui-là est particulièrement agréable à visiter parce que les fresques qui le composent s'identifient pleinement avec le cadre, et qu'on a un mentor courtois et charmant en la personne de l'abbé Casabianca qui a guidé l'artiste dans le choix des sujets et des symboles.

C'est la vie de la Vierge qui est glorifiée dans ces fresques : à gauche, les joies, à droite, les douleurs et le triomphe.

Les joies se composent de la Nativité, la Présentation au Temple, le Mariage de la Vierge, l'Annonciation et la Maternité.

Les douleurs inspirent les fresques suivantes : la Présentation de son Fils au Temple, la rencontre de Jésus sur le chemin du Calvaire, la Sainte Vierge, au pied de la Croix, la Mort de la Sainte Vierge.

L'œuvre entière est empreinte d'un grand sentiment religieux; le coloris en est harmonieux et discret.

Entre chaque fresque se trouvent peints divers attributs qui retracent ingénieusement l'histoire de l'église de Notre-Dame de Bonne-Nouvelle.

Et l'abbé Casabianca nous donne sa remarquable notice sur les fresques d'où nous extrayons les passages suivants :

Le *Moulin* que vous voyez dans le premier carré, au bas du premier tableau rappelle la *Butte-aux-Moulins* qui était la première dénomination de quartier. Les débris, les *gravois* et la petite ville que vous voyez dans le second carré du bas rappelle la *Ville-Neuve-en-Gravois* qui était le nom de ce premier village. L'*arbre* que vous voyez dans le troisième carré rappelle le *Chêne* de saint Louis qui a été le premier patron de la première chapelle bâtie dans ce quartier. L'*Anneau* traversé par une palme dans le quatrième, rappelle la seconde patronne de cette chapelle, *sainte Barbe*, à laquelle Notre-Seigneur est apparu en lui présentant un anneau d'or et la palme du martyre.

Le *Fort* que vous voyez dans le cinquième carré, symbolise les fortifications qui, pendant le siège de Paris par Henri IV, occupaient l'emplacement actuel de l'église.

Le *Gril* du sixième carré, rappelle que la petite chapelle Saint-Louis et Sainte-Barbe fut fondée sur le territoire de la paroisse de *Saint-Laurent* qui, vous le savez, fut brûlé sur un gril.

L'*édifice religieux* du premier carré du haut, en commençant par le bas de l'église, rappelle l'*Abbaye de Saint-Martin-des-Champs*, dont les prieurs avaient le droit de nomination des curés de Bonne-Nouvelle comme étant une paroisse de leur fondation.

La *Couronne* du second carré rappelle *Anne d'Autriche* qui en 1628 posa la première pierre du chœur de l'église. La *Porte* que vous voyez dans le troisième rappelle la belle porte *Saint-Denis* qui faisait anciennement partie de Bonne-Nouvelle. Dans le quatrième, les deux *Armoiries* rappellent Louise de Marillac — Mlle Le Gras — qui a institué la congrégation des Filles de la Charité pendant qu'elle habitait sur la paroisse de Saint-Sauveur devenue en partie notre paroisse; les autres armoiries sont celles de saint Vincent de Paul parce que ses premières religieuses ont inauguré leur ministère de charité dans le quartier de Bonne-Nouvelle. Dans le cinquième vous voyez un *édifice*, c'est l'ancienne chapelle des Sœurs du Petit Saint-Chaumont — l'*Union chrétienne* — qui se trouvait rue de la Lune, entre la rue Thorel et la rue Poissonnière et donnait sur le boulevard. Enfin, les *Armes* qui sont dans le dernier carré, sont celles de Mgr François II de Harlay de Champvallon, qui, en 1672, érigea en cure notre paroisse et nomma comme curé, M. Charles de Lestocq.

Revenons au bas de l'église du côté de l'épître; dans le premier carré, vous voyez un *Parchemin* à peine déroulé; celà rappelle la *Protestation* des paroissiens de Bonne-Nouvelle en 1791 pour le rétablissement de leur paroisse qui avait été supprimée par l'Assemblée Nationale.

Et l'on va ainsi jusqu'en 1871, où une *porte de prison* évoque *Mazas*, d'où l'abbé Bécourt, curé de Bonne-Nouvelle sortit pour être fusillé par les communards.

Le dernier attribut est une *Maison Blanche*, c'est la signature du curé actuel qui s'appelle, nous le savons, *Casabianca*.

Désormais, l'église de Notre-Dame de Bonne-Nouvelle est une des plus curieuses de Paris, et par le trésor d'art qu'elle contient, et par son histoire qui nous est ingénieusement contée, en marge des fresques, dont l'inauguration sera une manifestation d'art catholique impressionnante et puissante.

Jean DRAULT.

« GAZETTE DE FRANCE »

Les Peintures murales de Notre-Dame de Bonne-Nouvelle.

Les fresques qu'on inaugurera demain, glorifient la vie de la Vierge, joies et douleurs. Elles sont d'un coloris harmonieux et discret et empreintes d'un grand sentiment religieux.

Entre chaque fresque se trouvent peints divers attributs qui retracent ingénieusement l'histoire de l'église de Notre-Dame de Bonne-Nouvelle . . . .

Le dernier attribut est une *Maison Blanche* signature du curé actuel qui s'appelle Casabianca.

« Les Débats ».

On inaugurera demain dans l'église de Notre-Dame de Bonne-Nouvelle dix-huit peintures décoratives qui sont l'œuvre d'un peintre de talent, M. Félix Villé.

Ces peintures qui ont été placées dans le pourtour de la voûte et dans les écoinçons reposant sur les colonnes, traitent de sujets de l'histoire locale de la paroisse. En ce qui concerne plus particulièrement ces allégories, on remarque sur quelques-unes de ces toiles, un *Moulin* rappelant la Butte aux Moulins qui était la première dénomination du quartier ; un *Fort* symbolisant les fortifications qui, pendant le siège de Paris par Henri IV, occupait l'emplacement actuel de l'église..... Une *Chapelle* évoquant le souvenir de la chapelle Saint-Joseph, bâtie à l'endroit où se trouve la rue de ce nom et où furent enterrés, en premier lieu, La Fontaine et Molière . . . .

Ajoutons que c'est grâce au curé de l'église, M. Casabianca qui pendant quatre années a poursuivi de patientes et studieuses recherches à la Bibliothèque Nationale ou dans les différents Musées parisiens, que l'histoire de Notre-Dame de Bonne-Nouvelle a pu être ainsi reconstituée.

« Le Figaro »
Une inauguration à Notre-Dame de Bonne-Nouvelle.

M. l'abbé Casabianca, le zélé curé de Notre-Dame de Bonne-Nouvelle, vient de doter son église de très belles peintures qui seront inaugurées le dimanche 24 mai à 3 heures, sous la présidence de Mgr Fages, archidiacre de Notre-Dame.

Ces peintures offertes par le peintre Félix Villé, représentent la vie de la Sainte Vierge, ou du moins les épisodes principaux de cette vie : La Nativité, la Présentation au Temple, le Mariage de Marie, l'Annonciation, la Maternité de Marie, la Présentation de son Fils au Temple, la Rencontre de Jésus sur le chemin du calvaire, la Sainte Vierge au pied de la Croix, la Sainte Vierge recevant le corps inanimé de son Fils, enfin sa mort.

A l'intersection de ces toiles, des allégories tirées de l'histoire de la paroisse de Bonne-Nouvelle : le *Moulin* rappelant la Butte aux Moulins qui fut la première dénomination du quartier; les *Gravois* et la petite Ville rappelant la Ville-Neuve-en-Gravois qui fut le nom de ce premier village; l'*Arbre* rappelant le chêne de saint Louis premier patron de la paroisse; le Fort symbolisant les fortifications qui occupaient l'emplacement de l'église lors du siège de Paris, par Henri IV.

M. le chanoine Janvier prononça le discours d'inagution.

Jean de NARFON.

« LA PATRIE ».

Une manifestation artistique.

A Notre-Dame de Bonne-Nouvelle. — L'histoire d'une église et d'un quartier. — Une inauguration.

Dimanche prochain on inaugurera dans l'église de Notre-Dame de Bonne-Nouvelle, dix-huit peintures décoratives, œuvre d'un peintre de talent Félix Villé, dont la carrière a été consacrée à la peinture religieuse.

L'importante décoration — sa dernière œuvre — qui vient de prendre place à Notre-Dame de Bonne-Nouvelle, a trait tout spécialement à la vie de la Sainte Vierge ainsi qu'à de nombreuses allégories tirées de l'histoire locale de la paroisse.

C'est grâce, hâtons-nous de le dire, à M. Casabianca, curé de cette église qui, pendant plus de quatre années de patientes et studieuses recherches, tant à la Bibliothèque Nationale que dans les différents musées de la capitale, que l'histoire de cette église très ancienne a pu être entièrement reconstituée.

Ces toiles ont été placées dans le pourtour de la voûte et dans les écoinçons qui reposent sur les colonnes et dans l'ordre suivant, après le maître-autel du côté droit.

La Nativité de la Sainte Vierge, Salomon déployant une banderole portant le texte prophétique de la naissance de la Sainte Vierge. Le médaillon de la bande verticale qui correspond à ce panneau représente le soleil qui montre ses premières clartés à travers l'échancrure d'une montagne. . . . .

Toutes ces peintures ont été traitées avec une grande science de la décoration. Le dessin, d'une belle sobriété, l'harmonie de la composition, ainsi que la symphonie des tonalités font de toutes ces peintures un ensemble des plus remarquables.

« Le Gaulois ».

A Notre-Dame de Bonne-Nouvelle.

Hier, après-midi, ont été inaugurées à l'église de Notre-Dame de Bonne-Nouvelle, dix-huit peintures décoratives œuvre de M. Félix Villé, peintre de talent qui s'est consacré exclusivement à la peinture religieuse. . . . . .

Plusieurs de ces toiles concernent des allégories tirées de l'histoire locale de la paroisse. Ajoutons que c'est grâce à l'éminent curé M. l'abbé Casabianca, que l'histoire de Notre-Dame de Bonne-Nouvelle a pu être ainsi reconstituée.

« Le Journal des Arts ».

Dimanche dernier, 24 mai, l'église de Notre-Dame de Bonne-Nouvelle a été décorée d'une vingtaine de tableaux dus au peintre Félix Villé. Ces tableaux qui ont pour sujets principaux des événements empruntés à la vie de la

Vierge sont également très intéressants au point de vue de l'histoire locale du quartier de Bonne-Nouvelle. Sur l'un d'eux un moulin rappelle que le quartier était dénommé d'abord la Butte aux Moulins ; une vieille fortification rappelle de son côté que, lors du siège de Paris par Henri IV, cette fortification faisait partie de celle de la ville et occupait l'emplacement de l'église actuelle dont la première pierre fut posée par Anne d'Autriche en 1628 ; une chapelle, dite de Saint-Joseph, fait revivre l'image de l'ancienne chapelle qui existait sur la rue Saint-Joseph longeant un cimetière où furent d'abord inhumés La Fontaine et Molière. Une porte de prison fait allusion à l'emprisonnement à Mazas de l'abbé Bécourt, curé de Notre-Dame de Bonne-Nouvelle qui fut fusillé pendant la commune le 27 mai 1871.

« SEMAINE RELIGIEUSE DE PARIS », 30 mai 1908, p. 958.

Inauguration des peintures de Notre-Dame de Bonne-Nouvelle.

Ces peintures recouvrent tout le pourtour de la voûte centrale.

Elles représentent la vie prophétisée, symbolisée, réalisée de la Sainte-Vierge. Elles ont été traitées par le peintre Félix Villé, avec un art merveilleux de dessin, de coloris, d'attitudes. L'artiste a fait passer son âme, sa foi, sa piété dans tous ses personnages qui impressionnent par leur caractère profondément religieux : ils prient, ils prêchent, ils sentent la vertu, ils édifient, ils invitent au ciel,

C'est ce que M. le chanoine Janvier a fait ressortir, avec un rare bonheur d'expression, dans son éloquent discours qui restera sa meilleure page sur l'art chrétien. Ces peintures sont agrémentées d'une fort curieuse et intéressante innovation : des allégories tirées de l'histoire paroissiale de Bonne-Nouvelle, encadrent cette magnifique composition ; puisque la loi défend à l'Église de sortir avec ses cérémonies dans les rues, la religion place dans l'église les faits, les événements et les épisodes religieux qui, dans le cours des siècles, se sont déroulés dans les rues de ses paroisses. Il y a là, un enseignement historique et archéologique qui frappera les plus indifférents en matière religieuse.

L'inauguration de ces peintures a eu lieu le dimanche 24 mai, à 3 heures, sous la présidence de Mgr Fages, représentant Mgr Amette, archevêque de Paris, retenu à Rome par les cérémonies de la béatification de la Vénérable Mère Barat.

Voici la lettre que Sa Grandeur a écrite à M. l'abbé Casabianca, curé de Notre-Dame de Bonne-Nouvelle :

Paris, 20 mai 1908.

Cher Monsieur le Curé,

Ce sera pour moi un vrai regret de ne pouvoir présider l'inauguration des peintures religieuses dont, grâce au talent et à la générosité d'un artiste chrétien, vous avez pu doter votre église. Mais vous le savez, dimanche prochain, je dois être à Rome.

De la basilique de Saint-Pierre où j'assisterai à la béatification d'une sainte Française et parisienne, ma pensée se reportera vers l'église de Notre-Dame de Bonne-Nouvelle. Je demanderai à Dieu qu'en contemplant sur les murs de leur église les scènes de la vie de la Sainte Vierge, vos paroissiens apprennent à la mieux connaître et à l'aimer davantage, et méritent ainsi de plus en plus ses maternelles faveurs.

Recevez, cher Monsieur le Curé, l'assurance de mes sentiments bien dévoués en Notre-Seigneur.

Léon-Adolphe
Archevêque de Paris.

M. le Curé a donné du banc-d'œuvre lecture de cette lettre, puis il a souhaité la bienvenue à Mgr Fages. Faisant un heureux rapprochement avec Judith qui délivra Béthulie, M. le Curé lui a dit que Bonne-Nouvelle avait connu trois fois les cruelles angoisses de cette ville ; en 1779, un décret du Parlement avait supprimé Bonne-Nouvelle ; quelques mois après, ce décret était rapporté ; en 1791, l'Assemblée nationale l'avait également supprimée, et Bonne-Nouvelle a survécu à cette Assemblée ; enfin la loi de séparation de 1906, en lui enlevant ses ressources, espérait la faire disparaître ; or Notre-Dame de Bonne-Nouvelle a triomphé de ces trois assauts sans effusion de sang et par la simple effusion de ses prières, de ses larmes et son inlassable générosité.

C'est pour la récompenser de ces brillants exploits que, suivant la pittoresque parole du saint cardinal Richard, M. Casabianca a voulu la « décorer » en changeant son vêtement de misère contre un manteau de gloire. Ces peintures sont plus qu'une récompense, elles sont une leçon : elles apprendront aux paroissiens à pratiquer les vertus des saints personnages qu'ils auront sous les yeux ; ils deviendront alors les plus beaux ornements de leur église, par les pierreries vivantes et sanctifiées de leurs âmes, *de vivis et electis lapidibus*.

Une nombreuse assistance remplissait l'église. Mgr Fages a remercié tout le monde avec sa bienveillance habituelle. Il a donné le salut du Saint-Sacrement, pendant lequel on a chanté de beaux motets avec accompagnement de harpe ou de violon.

M. le Curé a distribué à tous les assistants un souvenir de cette cérémonie.

Cette splendide journée, qui marquera dans les annales de Notre-Dame de Bonne-Nouvelle, a laissé la plus suave impression dans tous les cœurs.

Poésie dédiée à M. l'abbé L. M. Casabianca
curé de Notre-Dame de Bonne-Nouvelle

A propos de l'Inauguration solennelle des nouvelles peintures « La Vie de la Sainte Vierge » offertes par le peintre FÉLIX VILLÉ, et qui a eu lieu le 24 mai 1908.

Est-ce un rêve? Que vois-je, ô vénéré Bécourt?
Dans ce temple sacré de la Bonne-Nouvelle,
Pourquoi tout cet éclat, ces pompes en ce jour?
Serait-ce en ton honneur que ton peuple fidèle,
Montant, à flots pressés, près de ce saint autel,
Y célèbre, aujourd'hui, tes vertus et ta gloire?
Proche est le vingt-sept Mai, jour sacré, solennel,
Où, dans ton propre sang, tu scellas ta victoire :
Non, Rome encor n'a pas prononcé son décret.
Soumis, nous attendrons : cette fête est l'image,
L'espérance permise... et ton nom, en secret,
O Bécourt, vole ici, comme un pieux nuage.
Ce que nous célébrons, c'est l'Art, en ce beau jour,
L'art pieux, idéal, la divine peinture,
Que Villé, dans ce temple expose avec amour :
De la Reine des Cieux, la suave figure.
Sa vie et ses grandeurs, ses douleurs et sa mort,
Dont, l'Artiste à grands traits, retrace la mémoire.
Mais avant d'exposer ces sujets frais encor,
De l'artiste, je veux dire l'intime gloire.
Félix Villé! grand nom! et de l'Art parmi nous
Représentant auguste! Et Souvenir bien doux!
Lui-même, je l'entends nous révéler sa flamme,
Nous dire son secret et le fond de son âme.
Écoutez : « Oui, pour moi l'idéal est le vrai ;
D'un bien supérieur, ce monde est le portrait :
Tout ce vaste univers, cet ensemble de choses,
Ces beautés, ces accords, ces sourires, ces roses,
Ne sont de l'Infini que le simple manteau,
Et, dans tous ces objets, j'en contemple un plus beau.
Aussi, tout sur la terre et me parle et m'enchante,
Tout m'apparaît la face aimable et souriante.
La nature et la grâce ont le même discours,
Et vers Dieu, toutes deux me ramènent toujours :
Le chant pur de l'oiseau me touche en son ramage,
Du calice des fleurs, j'entends le doux langage,
Et rien n'est ici-bas sans amour et sans voix.
Avec tous ces objets, je converse parfois,

Et, toujours, ils m'ont dit les plus charmantes choses :
Pensers profonds, mystère, espoir, parfums de roses.
Car, dans cet univers, je me trouve chez moi,
Comme au temple sacré dont Jésus est le Roi.
Pour moi, cette nature est une amie, un frère,
Elle m'aime et, partout, sur cette vaste terre,
Je saisis mille voix, de l'oreille du cœur,
S'échappant de tous lieux, de toute profondeur :
Du temple où, de mon Dieu, réside la présence,
Des beaux yeux de l'enfant, calice d'innocence,
Du parfum embaumé des fleurs de nos jardins,
Et des brises des soirs, des senteurs des matins,
Du silence et du bruit, du calme et de l'orage,
Du vent doux ou strident qui chasse le nuage.
Et ces voix, ces accents (parler mystérieux
Emprunté, par la terre, au langage des Cieux,
Distinct et tour à tour, voilé dans son murmure,
Et sans cesse vivant dans la grande nature),
Redit à mon oreille ou murmure à mon cœur :
« Ensemble, Artiste, peintre, aimons le Créateur
« Qui nous forma tous deux; rendons à sa puissance
« L'affectueux tribut de la reconnaissance,
« Moi, par mes fleurs, mes chants, mes flots et mon azur. »
« Toi, par le don total d'un pinceau tendre et pur,
Tel fut Villé, tel fut le peintre et le poète,
Deux fleurons glorieux qui couronnent sa tête !
D'ailleurs, dans ces sujets du Temple l'ornement,
Du talent de Villé vous possédez l'image :
Ce goût, cette fraîcheur, ce profond sentiment,
Cette simplicité, des Maîtres le partage.
Ces tableaux instruiront les peuples à venir,
Leur redisant encore les grandeurs de Marie.
Ces mystères joyeux, quel touchant souvenir !
Qu'ils sont peints, devant nous, pleins de grâce et de vie !...
Qu'elle est pure et modeste, en son pas virginal,
Cette divine enfant ! Les cohortes des Anges
La contemplent déjà d'un regard triomphal,
Et, pour la protéger, ils pressent leurs phalanges.
Cette fille d'Adam, que Dieu, dans son dessein,
Pour être, de son Fils, la mère sur la terre,
A choisie entre mille, oh ! que son cœur est saint !
Que tout respire en elle un auguste mystère !...
La douleur cependant la rend plus belle encor
Son Fils doit s'immoler pour expier le crime :

Elle l'imitera ; jusqu'aux bras de la mort :
Pour le salut du monde, elle sera victime.
Contemplez-là, chrétiens : debout devant la Croix !
En ce superbe aspect, Villé vous la présente :
Regardez bien, jamais vîtes-vous, à la fois,
Amour aussi profond, douleur aussi poignante ?
Maintenant il est mort !... Son œil éteint, fermé.
Sanglant, il est remis aux genoux de sa mère !
« Est-ce bien là, mon Fils, mon Dieu, mon Bien-aimé ?
« Vous me l'aviez donné, je vous le rends, ô Père !.... »
Pleurez, Anges du Ciel, car la Sainte n'est plus !...
Elle dort son sommeil de larmes entourée !...
Quel calme ! Mais près d'elle, empressé, son Jésus
Porte son âme au Ciel, d'un grand éclat parée !...
Telle est donc, de Villé, l'œuvre et la piété
Que le peuple avec joie en ce jour, inaugure.
Cette œuvre doit durer, et, la Postérité
Gardera, dans son temple, une gloire si pure.
Mais, à Villé, je dois unir un autre nom,
Nom bien doux ! âme ardente et pleine de noblesse !
Oui, Casabianca, qui porte sur son front
Le zèle dévorant et du cœur la tendresse !
Déjà, nous l'avons vu, le temple sous sa main,
Se dépouillant du temps et de ses noirs outrages,
Avait de la jeunesse, emprunté l'air serein.
Et, par son vif éclat, égayait les visages.
Le sillon était prêt : vigilant laboureur,
Il avait défriché le champ par sa culture :
Le temple soupçonnait sa future splendeur.
Et, de saintes beautés, la prochaine parure.
Il ne se trompait pas ! Que voit-il, en ce jour ?
Qu'entend-il ? Et pourquoi, sous sa voûte brillante,
Ce peuple à flots pressés, ému d'un saint amour ?
Ces chants, ces doux transports, cette voix éloquente !
A l'Auguste Marie, il était consacré :
Il l'est en ce grand jour, d'une façon nouvelle !
Pour nous, à l'avenir, il est deux fois sacré !
Deux fois, il gardera son nom : Bonne-Nouvelle !

Eug. ROLLAND, Prêtre,
Docteur en théologie,
Ancien Curé de Dugny, Succ^r de M. Bécourt
dans cette Paroisse,
le 24 mai 1908 (Anniversaire de ma naissance).

FIN

NOTA

Au moment où nous donnions le dernier bon à tirer, nous avons reçu de M. l'abbé Carré, 2ᵉ vicaire de Saint-Paul-Saint-Louis, quelques notes complémentaires sur quelques-uns des curés de Bonne-Nouvelle, dont nous avons eu tant de mal à retrouver la trace. Bien volontiers nous en tiendrons compte au cas où nous ferions une nouvelle édition.

ERRATUM

Page 258, ligne 9, *au lieu de* ou temple, *lire* au temple.
Page 377, ligne 8, *au lieu de* le chemin, *lire* ce chemin.
Page 464, ligne 8, *au lieu de* 1905, *lire* 1895.

Librairie Vve Ch. POUSSIELGUE
RUE CASSETTE, 15, PARIS, VIe

Mgr BAUNARD
VINGT ANS DE RECTORAT
Facultés Catholiques de Lille (1887-88 — 1907-08)
Tome I
Rapports et discours de rentrée

In-8, écu.

Fonssagrives (Abbé)
SAINT GILDAS DE RUIS ET LA SOCIÉTÉ BRETONNE
AU VIe SIÈCLE (493-570)

In-18 jésus, avec grav. et cartes 3,50

J. Burnichon
UN JÉSUITE. AMÉDÉE DE DAMAS
1821-1903

In-8, écu 5,00

De Gibergues (Abbé)
LA CHASTETÉ
AUX HOMMES ET AUX JEUNES GENS

In-12 1,50

Morice
CATHOLIQUES, DÉFENDONS NOTRE FOI !

In-12 2,00

Th. Joran
AUTOUR DU FÉMINISME

In-12. 3,50

Millon (Abbé)
LA FOI EN BRETAGNE, HIER ET AUJOURD'HUI

In-8 4,00

Angers, Imp. A. Burdin. 10-1908